만들면서 배우는

파이썬과 40개의 작품들

앤써북
ANSWERBOOK

만들면서 배우는

파이썬과 40개의 작품들

자동화, 크롤링, 이미지처리, 데이터분석, 웹 페이지,
GUI 프로그램, 게임, 인공지능 프로그램 직접 만들며 배우기

초판 1쇄 발행 | 2022년 02월 28일
초판 6쇄 발행 | 2023년 09월 20일

지은이 | 장문철
펴낸이 | 김병성
펴낸곳 | 앤써북

출판사 등록번호 | 제 382-2012-0007 호
주소 | 파주시 탄현면 방촌로 548
전화 | 070-8877-4177
FAX | 031-942-9852
도서문의 | 앤써북 http://answerbook.co.kr
ISBN | 979-11-85553-93-1 13000

Preface

머리말

파이썬으로 40개의 프로그램을 만들면서 자연스럽게 파이썬을 이해하고 흥미를 가질 수 있도록 구성하였습니다.

파이썬 개발환경 구축 하고 기본 문법을 익힌 후 다양한 주제의 40개 프로그램을 직접 만들어볼 수 있습니다. 40개의 프로그램 작품은 크게 5개의 큰 챕터로 구성하였습니다.

"Chapter 03 기초 프로그램 만들기"에서는 숫자 맞추기 게임, 텍스트를 음성으로 변환하기 등 비교적 간단한 코드 실습을 통해 파이썬의 기초를 다집니다.
"Chapter 04 자동화 프로그램 만들기"에서는 파이썬으로 사무자동화 등 자동으로 동작하는 파이썬 코드를 만들어봅니다.
"Chapter 05 크롤링, 이미지처리, 데이터분석 시각화 프로그램 만들기"에서는 웹페이지 정보수집, 이미지보정, 로또데이터분석 등의 실습을 통해 파이썬으로 다양한 기능을 만들어봅니다.
"Chapter 06 웹 페이지 제작 및 GUI 프로그램 만들기"에서는 웹서버를 만들고 그래픽환경의 GUI 프로그램을 만드는 방법에 대해 알수 있습니다.
"Chapter 07 게임 및 인공지능 프로그램 만들기"에서는 pygame을 이용한 게임을 만들고 파이썬의 정점인 인공지능을 활용하여 봅니다.

파이썬은 수많은 프로그램 언어 중 하나입니다. 파이썬을 프로그램 언어로 접근하기 보다는 하나의 도구로 접근하여 필요하면 만들어 사용할 수 있도록 다양한 기능을 책에 넣었습니다. 반복되는 작업 등을 파이썬의 도움을 받아 자동화하여 정시에 퇴근하는 것을 목표로 합니다. 40개의 다양한 작품을 만들어보면서 파이썬이라고 하는 도구의 사용방법을 익혀 반복되는 지루한 작업 등을 파이썬에게 맡기고 여러분은 가족과 함께 좋은 시간 보내시기 바랍니다.

마지막으로 가족에게 "우리가족 행복하고 건강하게 오래오래 잘살자"라고 전하고 싶습니다. 저조차도 지루하고 반복적인 작업은 파이썬에게 맡기고 정시에 퇴근하여 가족과 함께 좋은 시간을 보내도록 하겠습니다.

2022년 02월
저자 **장문철**

Reader Support Center

독자 지원 센터

독자 지원 센터는 이 책을 보는데 필요한 책 소스 파일, 독자 문의 등 책을 보는데 필요한 사항을 지원합니다.

책 소스 및 프로젝트 파일

이 책과 관련된 실습 소스 및 프로젝트 파일은 앤써북 카페(answerbook.co.kr)의 [도서별 독자 지원 센터]-[만들면서 배우는 파이썬과 40개 작품들] 게시판을 클릭합니다. 4080번 "〈만들면서 배우는 파이썬과 40개 작품들〉 책 소스입니다." 게시글을 클릭한 후 안내에 따라 다운로드 받으시면 됩니다.

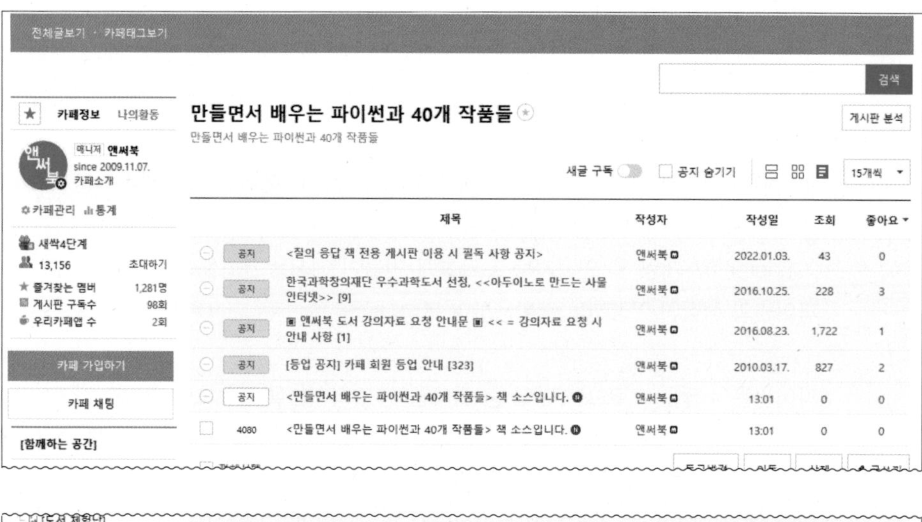

동영상 강의 시청하기

"파이썬과 40개의 작품들" 책을 기반으로 1일 3시간, 3일 총 9시간 동안 진행된 저자의 실시간 강의를 녹화한 동영상을 제공합니다. 동영상과 함께 책을 보시면 내용을 이해하는데 많은 도움이 됩니다. 녹화 영상은 저자가 운영하는 유튜브 채널에서 무료로 시청할 수 있습니다.
유튜브 검색창에서 "다두이노TV"로 검색하신 후 다두이노 TV 유튜브 채널에서 "파이썬과 40개의 작품들" 동영상을 순서대로 시청하시면 됩니다.

- **유튜브 채널: 다두이노TV**

독자 문의

이 책과 관련된 실습 소스 및 프로젝트 파일은 앤써북 카페(answerbook.co.kr)의 [도서별 독자 지원 센터]-[도서별 독자 지원 센터]-[만들면서 배우는 파이썬과 40개 작품들] 게시판을 클릭합니다. 우측 아래의 [글쓰기] 버튼을 클릭한 후 제목에 다음과 같이 "[문의] 페이지수, 질문 제목"을 입력하고 궁금한 사항은 아래에 작성 후 [등록] 버튼을 클릭하여 등록합니다. 등록된 질의글은 저자님께서 최대한 답변드릴 수 있도록 안내합니다.

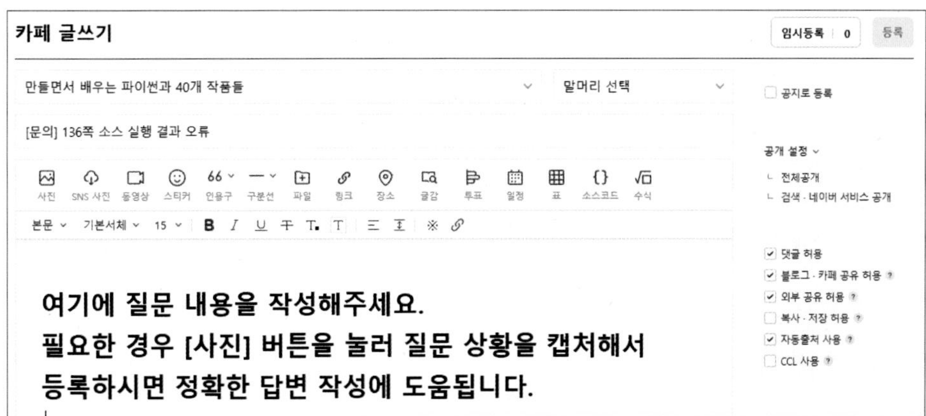

[안내]
질문은 책 실습과 직접 연관된 내용만 가능하고, 직접 연관된 질문 중에서도 그 내용에 따라 답변드릴 수 없는 경우도 있음을 너그러이 양해 부탁드리겠습니다.

Contents
목차

Chapter 01 파이썬 시작하기

01 _ 01 파이썬 살펴보기 • 17
파이썬이란? • 17
파이썬 언어의 특징 및 장점 • 17
01 _ 02 파이썬 개발환경 구성 • 19
아나콘다를 통한 파이썬 설치 • 19
VS CODE 설치 및 파이썬 개발환경 구성 + 아나콘다 연동 • 24
VS CODE의 유용한 기능 추가 설치하기 • 33
파이참 설치 및 아나콘다 연동 • 34

Chapter 02 파이썬의 기본 문법 익히기

02 _ 01 출력 print • 45
02 _ 02 입력 input • 49
02 _ 03 변수 – 숫자형, 문자형, 소수점형, BOOL형 • 51
02 _ 04 자료형 – 리스트, 튜플, 딕셔너리, 집합 • 54
리스트(List) • 54
튜플(Tuple) • 56
딕셔너리(Dictionary) • 56
집합(set) • 57
02 _ 05 연산 – 사칙연산, 논리연산, 비교연산 • 58
사칙연산 • 58

논리연산 • 59
비교연산 • 60

02 _ 06 조건문 • 62

02 _ 07 반복문 while문, for문 • 65
for문 • 65
while 반복문 • 69

02 _ 08 오류 및 예외처리 • 70

02 _ 09 함수 • 71

02 _ 10 클래스 • 73

02 _ 11 주석 • 76

02 _ 12 import • 78

기초 프로그램 만들기

PROJECT 01 _ 숫자 맞추기 게임 만들기 • 81
임의의 숫자 생성 코드 만들기 • 81
숫자 맞추는 게임 코드 만들기 • 82
게임 코드 트러블슈팅 • 83

PROJECT 02 _ 컴퓨터의 외부 및 내부 IP 확인하기 • 85
컴퓨터 내부 IP 알아보는 코드 만들기 • 85
컴퓨터 외부 IP 알아보는 코드 만들고 실행 • 86
내부, 외부 IP 한 번에 출력하는 코드 만들고 실행 • 87

Contents

목차

PROJECT 03 _ 텍스트를 음성으로 변환하기 • 88

텍스트를 음성으로 변환하는 코드 만들기 • 90

파일에서 문자를 읽어 음성으로 출력하는 코드 만들고 실행 • 92

PROJECT 04 _ QR코드 생성기 • 94

QR코드 생성 코드 만들고 실행 • 94

여러 개의 QR코드를 한 번에 생성하는 코드 만들고 실행 • 95

PROJECT 05 _ 컴퓨터의 정보 확인 • 97

컴퓨터 정보 확인 코드 만들기 • 97

필요한 정보만 출력하는 코드 만들기 • 98

1초당 반복해서 정보를 출력하는 코드 만들기 • 99

PROJECT 06 _ 압축파일 암호 푸는 프로그램 • 101

압축파일 생성하기 • 101

압축 푸는 코드 만들고 실행 • 103

비밀번호를 찾으면 프로그램이 종료되는 코드 만들고 실행 • 105

PROJECT 07 _ 환율 변환기 • 107

지원되는 통화목록 출력 코드 만들기 • 107

1달러를 원화로 변환한 결과 출력 코드 만들기 • 108

실시간 환율 정보 크롤링 코드 만들기 • 109

PROJECT 08 _ 쓰레드를 사용한 프로그램 • 110

2가지 동작이 동시에 실행되는 코드 만들고 실행 • 110

메인코드가 동작할 때에만 쓰레드 동작하는 코드 만들기 • 111

다수의 쓰레드를 동작시키는 코드 만들고 실행 • 112

Chapter 04

자동화 프로그램 만들기

PROJECT 09 _ 영어 문서를 한글로 자동번역 • 115

번역 프로그램 코드 만들기 • 115

영어 문서를 한글로 번역하는 코드 만들기 • 117

번역 내용을 새 파일로 저장하는 코드 만들기 • 118

PROJECT 10 _ 오토마우스를 활용한 웹페이지 자동화 • 119

마우스의 좌표를 출력하는 코드 만들기 • 119

네이버에서 자동으로 서울 날씨 검색하는 코드 만들기 • 121

서울 날씨 화면 자동 캡처 후 저장하는 코드 만들기 • 122

여러 지역 날씨를 자동으로 검색 후 저장하는 코드 만들기 • 125

PROJECT 11 _ 오토마우스를 활용한 PC카카오톡 자동화 • 127

PC카카오톡에서 내 사진 캡처 후 저장 • 128

사진에서 좌표 추출하는 코드 만들기 • 129

좌표를 이용하여 메시지를 자동으로 보내는 코드 만들기 • 130

일정 시간마다 동작하는 코드 만들기 • 131

일정 간격마다 보내는 코드 만들기 • 132

PROJECT 12 _ 엑셀의 정보를 불러와 수료증 자동 생성 • 135

수료증명단 엑셀 파일 만들기 • 135

판다스 라이브러리로 값을 엑셀로 저장 후 불러오는 코드 만들기 • 136

수료증 레이아웃을 워드 문서로 만들기 • 137

수료증 내용을 채운 후 저장하는 코드 만들기 • 140

수료증 생성 후 PDF로 변환하는 코드 만들기 • 142

PROJECT 13 _ 이메일을 수집하여 엑셀에 기록하기 • 146

이메일 형식을 추출하는 코드 만들기 • 146

리스트에서 중복 내용 제거하는 코드 만들기 • 147

사이트에서 이메일 수집하는 코드 만들기 • 148

Contents

목차

수집한 이메일 주소를 엑셀에 저장하는 코드 만들기 • 149

PROJECT 14 _ 구글 및 네이버 이메일 보내기 및 대량 이메일 전송 • 151

네이버와 구글 이메일 설정 • 151

네이버 메일을 보내는 코드 만들기 • 155

구글 메일을 보내는 코드 만들기 • 156

파일을 첨부하여 메일 보내는 코드 만들기 • 158

html 형식 메일 보내는 코드 만들기 • 159

엑셀 파일에서 대량으로 이메일 보내는 코드 만들기 • 162

PROJECT 15 _ slack으로 스마트폰에 메시지 보내기 • 165

워크스페이스 생성과 봇(로봇) 만들기 • 165

봇(로봇) 채널로 메시지 보내는 코드 만들기 • 170

스마트폰에서도 봇(로봇)이 보낸 메시지 확인 • 171

PROJECT 16 _ 이메일로 특정 키워드가 오면 스마트폰으로 알림 보내기 • 173

네이버 이메일을 읽는 코드 만들기 • 173

이메일 본문 내용을 읽는 코드 만들기 • 175

특정 키워드의 이메일을 받으면 메시지 보내는 코드 만들기 • 177

반복 실행하여 새로운 이메일이 있을 경우에만 메시지 보내는 코드 만들기 • 178

PROJECT 17 _ 텔레그램으로 스마트폰에 메지시 보내기 • 181

라이브럴리 설치 • 181

텔레그램을 통해 BotFather 봇 설치 • 181

API Token을 이용하여 bot의 ID 알아내는 코드 만들기 • 185

텔레그램 bot 기능을 활용하여 메시지의 자동응답 보내는 코드 만들기 • 186

PROJECT 18 _ 스마트폰 자동화 • 188

adb 서버 실행 • 193

스마트폰을 제어하는 코드 만들기 • 194

웹 브라우저 화면 캡쳐 후 저장하는 코드 만들기 • 196

Chapter 05

크롤링, 이미지처리, 데이터분석 시각화 프로그램 만들기

PROJECT 19 _ 구글 이미지 크롤링 • 199

크롬 드라이버를 자동으로 설치하는 코드 만들기 • 199

구글 상에서 이미지 크롤링하는 코드 만들기 • 201

크롤링한 이미지 다운로드 받는 코드 만들기 • 206

주피터 노트북 코드를 py 코드로 변경 • 208

PROJECT 20 _ 실시간 검색어 모아보기 • 209

크롬에서 실시간 검색 사이트 확인하기 • 209

파이썬 코드로 제어할 수 있는 크롬 창 띄우는 코드 만들기 • 210

실시간 검색어 원소를 찾아 저장하는 코드 만들기 • 211

검색 포털사이트에서 실시간 검색을 확인하는 코드 만들기 • 213

검색 포털의 실시간 검색어 출력하는 코드 만들기 • 215

PROJECT 21 _ 핫딜 알리미 • 217

사이트의 특정 게시판에서 원하는 키워드가 검색되면 알림 보내는 코드 만들기 • 217

PROJECT 22 _ 이미지에서 글자 추출하기 • 225

OCR 프로그램 설치 • 225

이미지에서 한글 찾아 추출하는 코드 만들기 • 227

사용 가능한 언어 확인하는 코드 만들기 • 228

변환된 언어를 파일로 저장하는 코드 만들기 • 228

PROJECT 23 _ 사진에 얼굴만 찾아 모자이크처리(OpenCV) • 230

OpenCV로 얼굴 사진 찾는 코드 만들기 • 230

사진 속 얼굴을 모자이크 처리하는 코드 만들기 • 232

PROJECT 24 _ 사진을 그림으로 변환하기(OpenCV) • 234

여행사진을 그림으로 변환하는 코드 만들기 • 234

Contents

목차

PROJECT 25 _ 가상화폐 데이터 획득하여 데이터베이스 저장 • 237

DB Browser for SQLite 설치 • 237

가상화폐 시세 조회 코드 만들기 • 238

비트코인의 분봉 데이터를 데이터베이스에 저장하는 코드 만들기 • 239

데이터베이스의 데이터 읽고 출력하는 코드 만들기 • 240

비트코인 데이터를 읽어 데이터베이스에 저장하는 코드 만들기 • 243

PROJECT 26 _ 로또번호 시각화하기 • 246

로또 당첨번호 자료 엑셀 파일 다운받기 • 246

판다스로 값 읽고 그래프로 그리는 코드 만들기 • 247

당첨번호의 빈도수를 출력하는 코드 만들기 • 250

PROJECT 27 _ 전국의 대학교 위치 시각화하기 • 252

전국의 대학교 주소록 엑셀 파일 자료 받기 • 252

판다스에서 학교명과 주소 찾는 코드 만들기 • 253

오픈 API를 이용해 주소를 좌표로 변환하는 코드 만들기 • 254

특정 학교의 위치에 마커를 표시하는 코드 만들기 • 259

live server를 vs code에 설치 • 260

자료의 모든 대학교 주소에 마커 표시하는 코드 만들기 • 262

웹 페이지 제작 및 GUI 프로그램 만들기

PROJECT 28 _ 플라스크 웹서버 만들기 • 265

flask로 간단한 웹서버 만들고 구동하는 코드 만들기 • 265

flask에 페이지를 추가하는 코드 만들기 • 266

flask을 이용하여 html 파일을 서버로 만들어 보여주는 코드 만들기 • 267

PROJECT 29 _ 쉬운 웹앱만들기 • 269
streamlit을 이용하여 차트 그리는 코드 만들기 • 269
달력에서 날짜를 선택하는 코드 만들기 • 271
선택한 날짜의 비트코인 시세를 그래프로 출력해주는 웹앱 코드 만들기 • 272

PROJECT 30 _ 가상화폐 금액표시 GUI 프로그램 만들기 • 274
tkinter를 사용하여 GUI 코드 만들기 • 274
글자 크기를 키우는 코드 만들기 • 275
1초마다 반복해서 동작하는 코드 만들기 • 276
1초마다 반복해서 동작하는 GUI 코드 만들기 • 277
exe 실행파일 만들고 응용프로그램으로 실행 • 278

PROJECT 31 _ 로또번호 생성기 GUI 프로그램 만들기 • 280
랜덤 번호 중 5개의 번호를 출력하는 코드 만들기 • 280
tkinter를 이용하여 버튼을 누를 때마다 6개의 랜덤 번호를 출력하는 코드 만들기 • 280
번호를 누르면 번호를 자동 생성하여 GUI에 표시하는 코드 만들기 • 281

PROJECT 32 _ 메모장 만들기 • 283
tkinter GUI를 이용하여 메모장 뼈대와 메뉴 구성하는 코드 만들기 • 283

PROJECT 33 _ 계산기 만들기(PYQT) • 287
Qt Designer로 계산기 Widget 만들기 • 287
Qt Designer로 계산기 Widget 만들기 • 293
버튼 입력받아 출력하는 코드 만들기 • 294
수식을 계산 코드 추가하여 계산기 코드 완성 • 296

PROJECT 34 _ 그림판 만들기(PYQT) • 298
Qt Designer로 그림판 Widget 만들기 • 298
버튼과 마우스 동작에 반응하는 그림판 코드 만들기 • 303

Contents

목차

Chapter 07 게임 및 인공지능 프로그램 만들기

PROJECT 35 _ 점프 게임 만들기 • 307

게임화면 구성하고 스페이스바를 입력받는 코드 만들기 • 307

게임 플레이어 만드는 코드 만들기 • 308

적을 만들고 적과 닿으면 종료하는 게임 코드 만들기 • 311

PROJECT 36 _ 똥 피하기 게임 만들기 • 314

게임 화면 만드는 코드 만들기 • 314

플레이어 클래스 생성하고 구현하는 코드 만들기 • 315

적을 만들고 적과 닿으면 게임을 종료하는 코드 만들기 • 317

적을 만들고 적과 닿으면 게임을 종료하는 코드 만들기 • 319

사진을 게임에 적용시키는 코드 만들기 • 310

PROJECT 37 _ 인공지능 사과와 오렌지 구분하기 • 323

가상환경 구성 • 323

터미널 설정 구성 • 325

터미널 생성과 라이브러리 설치 • 326

라이브러리 설치 • 327

학습용 사진 다운로드 받기 • 327

학습데이터 생성하기 • 327

사진을 구분하고 분류하는 코드 만들기 • 330

PROJECT 38 _ 음성인식 비서 만들기 • 333

음성 녹음하는 코드 만들기 • 333

음성을 텍스트로 변환하는 코드 만들기 • 335

특정 키워드에 답변하는 음성인식 비서 코드 만들기 • 336

PROJECT 39 _ 삼성전자의 주식 예측하기 • 337

삼성전자 주식의 10년간 주식 데이터를 불러오는 코드 만들기 • 338

주식 예측 모델 구성 코드 만들기 • 340

특정 주식의 실제값과 예측값을 그리는 코드 만들기 • 342

PROJECT 40 _ 사진에서 사람을 인식하여 분류하기 • 343

이미지를 찾아 리스트의 형태로 변환하는 코드 만들기 • 343

파이토치를 이용해서 사진 폴더에서 특정 사진을 찾는 코드 만들기 • 345

특정 사진을 찾아 특정 폴더로 이동하는 코드 만들기 • 347

동영상 강의 시청하기

"파이썬과 40개의 작품들" 책을 기반으로 1일 3시간, 3일 총 9시간 동안 진행된 저자의 실시간 강의를 녹화한 동영상을 제공합니다. 동영상과 함께 책을 보시면 내용을 이해하는데 많은 도움이 됩니다. 녹화 영상은 저자가 운영하는 유튜브 채널에서 무료로 시청할 수 있습니다.

유튜브 검색창에서 "다두이노TV"로 검색하신 후 다두이노 TV 유튜브 채널에서 "파이썬과 40개의 작품들" 동영상을 순서대로 시청하시면 됩니다.

- **유튜브 채널: 다두이노TV**

Python project

CHAPTER 01

파이썬 시작하기

파이썬에 대해 알아보고 파이썬을 개발하기 위한 환경을 구성합니다.

01 _ 01 파이썬 살펴보기

파이썬이란?

파이썬이란 1991년 귀도 반 로섬(Guido van Rossum)이 만든 프로그램 언어입니다. 파이썬은 쉽고 간결하고 강력한 기능 덕분에 2021년 11월 기준 가장 많이 사용하는 1위 프로그램 언어입니다.

Oct 2021	Oct 2020	Change	Programming Language	Ratings	Change
1	3	^	Python	11.27%	-0.00%
2	1	v	C	11.16%	-5.79%
3	2	v	Java	10.46%	-2.11%
4	4		C++	7.50%	+0.57%
5	5		C#	5.26%	+1.10%
6	6		Visual Basic	5.24%	+1.27%
7	7		JavaScript	2.19%	+0.05%
8	10	^	SQL	2.17%	+0.61%
9	8	v	PHP	2.10%	+0.01%
10	17	^^	Assembly language	2.06%	+0.99%
11	19	^^	Classic Visual Basic	1.83%	+1.06%
12	14	^	Go	1.28%	+0.13%
13	15	^	MATLAB	1.20%	+0.08%

◆ 출처: 티오베 https://www.tiobe.com/tiobe-index/

파이썬 언어의 특징 및 장점

파이썬 언어의 특징과 장점에 대해서 알아보겠습니다.

❶ 파이썬은 인터프리터 언어입니다.

프로그램 언어는 컴퓨터가 알아들을 수 있는 기계어로 바뀌어 컴퓨터에게 전달되어야 합니다. 파이썬 언어는 인간이 만든 코드를 기계어로 변경하여 컴퓨터에게 전달하는 명령어 해석기가 존재 합니다. 우리가 코드를 만들고 실행하면 한 줄 한 줄 명령어 해석기가 코드를 해석하여 컴퓨터에게 전달하여 동작합니다. 코드를 만들고 바로 실행할 수 있습니다.

프로그램 작성과 실행 2단계로 코드의 실행이 가능합니다.

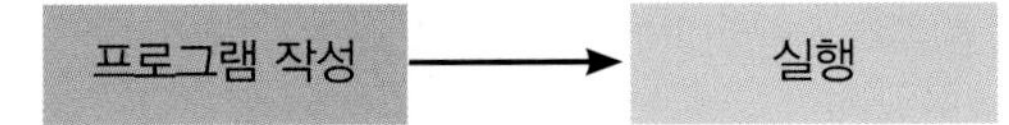

❷ 간결한 코드와 쉬운 문법으로 배우기 쉽습니다.
❸ 무료로 사용 가능합니다.
❹ 다른 언어와 쉽게 상호작용이 가능합니다.
예를 들어 파이썬 언어의 단점으로는 속도가 느리다는 단점이 있습니다. 빠른속도를 필요로 할 때는 C 언어로 만든 라이브러리 등을 사용하여 빠른속도로 처리할 수 있습니다.
❺ 윈도우, 맥OS, 리눅스 등에서도 동일한 코드로 실행 시킬 수 있습니다.
❻ 라이브러리가 많습니다.

사실 위의 5가지 내용은 생각하지 않아도 될 정도로 라이브러리가 많다는 장점만으로도 충분히 배울 만한 의미가 있습니다.

프로그램 언어에서 라이브러리란 음식으로 예를 들면 떡볶이를 만들기 위해 떡, 설탕, 고추장, 고춧가루, 간장, 조미료 등등 여러 가지 재료가 필요합니다. 떡볶이를 만들 때 적당한 비율로 다양한 재료를 섞어 끓여서 만들면 떡볶이를 손쉽게 완성할 수 있습니다. 여기서 떡볶이는 완성된 제품을 의미하고 재료들은 라이브러리를 의미 합니다. 만약 재료들이 없다면 떡, 설탕, 고추장, 고춧가루, 간장, 조미료를 손수 직접 만들어 사용해야 합니다. 떡을 만들기 위해 쌀이나 밀을 구해야 합니다. 쌀이나 밀을 구하기 위해 농사를 지어야 합니다. 농사를 짓기 위해 땅을 사야합니다. 이런 식으로 하나의 재료를 만들기 위해서만 하더라도 엄청난 노력과 시간이 필요로 합니다.

파이썬에서는 무료로 사용할 수 있는 라이브러리(재료)가 정말 많아 우리는 제품을 만드는 데만 집중 할 수 있습니다. 처음에는 다양한 라이브러리를 사용하다가 실력이 늘고 필요하면 그때 직접 만들어 사용하면 됩니다.

동영상 강의 시청하기

"파이썬과 40개의 작품들" 책을 기반으로 1일 3시간, 3일 총 9시간 동안 진행된 저자의 실시간 강의를 녹화한 동영상을 제공합니다. 동영상과 함께 책을 보시면 내용을 이해하는데 많은 도움이 됩니다. 녹화 영상은 저자가 운영하는 유튜브 채널에서 무료로 시청할 수 있습니다.
유튜브 검색창에서 "다두이노TV"로 검색하신 후 다두이노 TV 유튜브 채널에서 "파이썬과 40개의 작품들" 동영상을 순서대로 시청하시면 됩니다.

- **유튜브 채널: 다두이노TV**

01 _ 02 파이썬 개발환경 구성

※ 아나콘다 및 vs code가 업데이트 되어 설치가 진행되지 않을 경우 네이버 [앤써북] 까페의 [파이썬과 40개의 작품들] 게시판에 최신 설치방법을 공지하도록 하겠습니다. 계속 업데이트가 이루어지고 있다보니 설치방법은 변경될 수 있습니다.

아나콘다를 통한 파이썬 설치

컴퓨터에 파이썬을 설치한다는 것은 파이썬 설치 + 통합개발환경 IDE 설치 이 두 가지를 설치해야 합니다. 일반적으로 파이썬을 설치하면 간단한 IDE가 설치되지만 파이썬 언어를 다루기에는 부족한 점이 많아 통합개발환경을 추가적으로 설치합니다. 파이썬의 경우 파이썬 사이트에서 다운로드 받아 설치를 해도 사용하는데 무방하나 많이 사용하는 라이브러리 등이 추가된 아나콘다를 이용하여 설치합니다.

아나콘다는 파이썬+많이 사용하는 라이브러리가 추가되어 라이브러리를 추가적으로 설치하는 수고를 덜어주고 또한 가상환경 등을 쉽게 구성할 수 있게 도와줍니다. 파이썬의 경우 2021년 11월 기준 3.10.0 버전이 최신버전입니다. 버전이 올라감에 따라서 동작을 하지 않는 라이브러리 등이 있어 파이썬의 버전에 따라 또는 라이브러리에 따라서 가상환경을 구성할 경우 아나콘다가 유리합니다.

파이썬을 개발하기 위한 통합 개발환경의 경우 파이참과 VS CODE가 1, 2위로 VS CODE가 근소한 차이로 2 등을 하고 있습니다. 각각의 장단점이 있지만 이 책에서는 주로 VS CODE를 이용합니다. VS CODE를 선택한 이유로는 두 가지가 있는데 첫 번째로는 프로그램이 가볍습니다. 이 책을 필요로 하는 곳은 전문 개발자보다는 필요에 의해 파이썬을 써야 하는 곳일 것으로 생각하여 컴퓨터의 성능이 좋지 않아도 잘 동작할 수 있는 개발환경을 선택하였습니다. 물론 파이참 IDE가 엄청 고성능에서 동작하지는 않지만 두 개와 비교하자면 VS CODE가 프로그램이 가볍습니다.

두 번째 이유는 주피터 노트북의 호환 여부입니다. 주피터 노트북의 경우 코드를 한 번에 실행하지 않고 코드를 나누어 실행하고 추가하는 방식의 파이썬 코딩방식으로 웹 크롤링이나 데이터분석을 할 때 유용하게 사용할 수 있는 기능입니다. 주피터 노트북의 경우 VS CODE는 무료로 사용이 가능하나 파이참의 경우 유료 버전에서만 사용할 수 있어서 주피터 노트북을 무료로 사용할 수 있는 VS CODE를 선택하였습니다.
우리가 진행하는 작품 중에 주피터 노트북의 방식으로 코드를 만들고 진행하는 작품이 여러 있습니다. 아나콘다를 설치하면 주피터 노트북이 기본적으로 설치됩니다.

다른 파이썬 개발툴에는 서브라임 텍스트, 노트패드++ 등이 있습니다. 물론 좋은 툴이지만 파이참과 VS CODE에 비해 사용빈도가 낮아 이 책에서는 다루지 않았습니다. 통합개발환경은 코드를 작성할 때 도움을 주는 도구로 파이썬을 개발하기위해서 자신이 편한 개발환경을 선택하여 사용하면 됩니다. 극단적으로는 윈도우의 기본 메모장으로도 코드를 작성하여 개발할 수도 있습니다만 불편하여 사용하지 않을 뿐입니다.

이제 아나콘다와 VS CODE를 설치합니다.

파이썬(명령어 해석기)	통합개발환경
1. 파이썬 2. 아나콘다(선택)	1. 파이참 2. VS CODE(선택) 3. 서브라임 텍스트 4. 노트패드++

> 인공지능 부분으로 파이썬 버전과 tensorflow 등의 버전을 맞추어야 합니다. 아나콘다를 설치하면 최신 버전의 파이썬이 설치됩니다. 2022. 06. 02일 기준 3.9.12의 파이썬 버전이 설치됩니다. 우리가 진행하는 프로젝트는 파이썬 3.8.8에서 잘 동작합니다. 아나콘다에서 파이썬 3.8.8 버전을 가상환경으로 구성하는 방법은 323 쪽을 참조합니다.

❶ 개발환경은 수시로 변경될 수 있으므로 설치방법이 변경되었다면 아래의 블로그를 통해 최신 설치 방법을 제공합니다.

https://munjjac.tistory.com/2

❷ [Download] 버튼을 클릭하여 아나콘다를 다운로드 받습니다.

❸ 다운로드 받은 아나콘다 설치파일을 더블클릭하여 설치를 진행합니다.

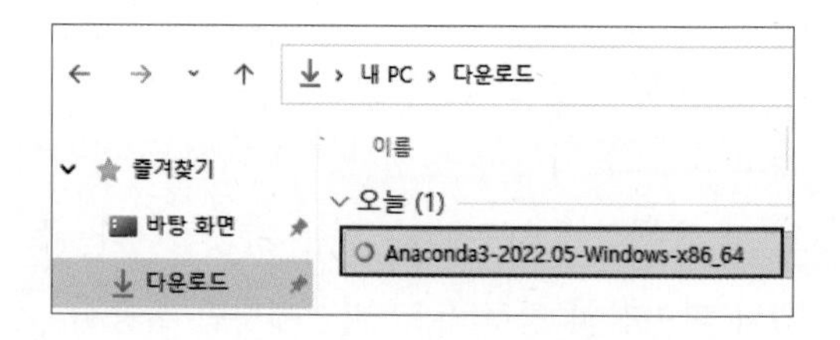

❹ [Next] 버튼을 눌러 계속 진행합니다.

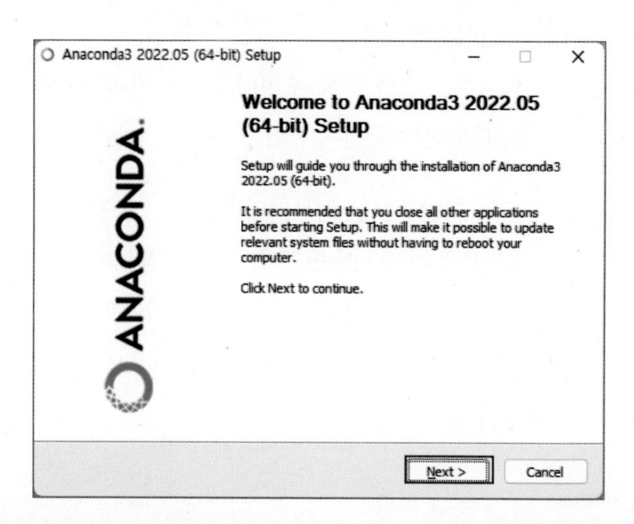

5 [I Agree] 버튼을 눌러 계속 진행합니다.

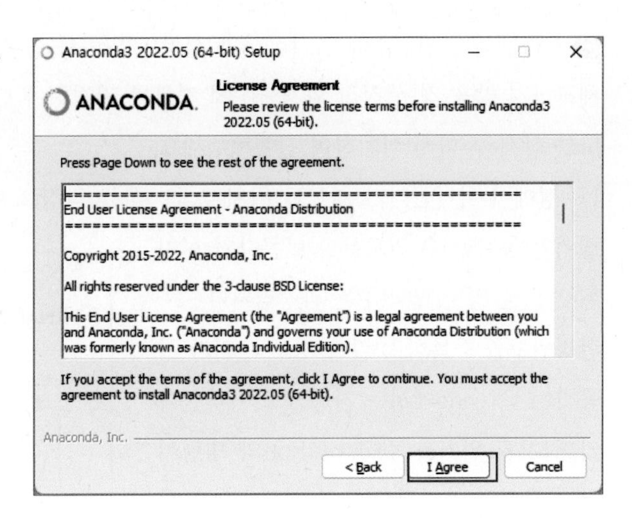

6 아나콘다의 정책이 변경되어 All Users로 선택 시 환경변수를 자동등록 할 수 없습니다.

[Just Me]를 선택 후 [Next] 버튼을 눌러 계속 진행합니다.

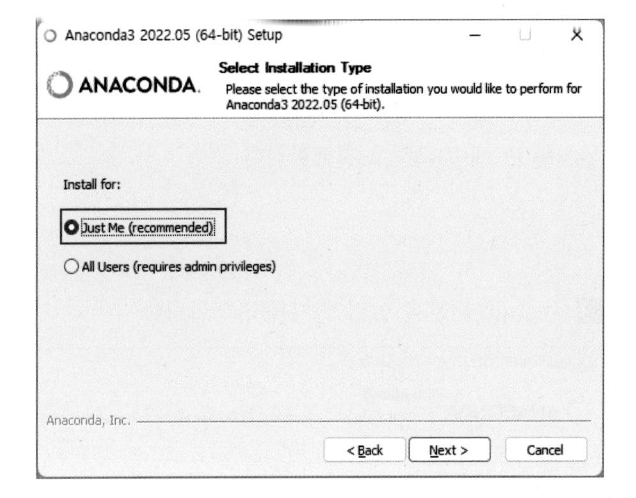

7 [C:₩Users₩jang₩anaconda3] 의 위치에 설치됩니다. jang은 PC의 사용자 이름입니다. 자신의 PC 이름 폴더 아래에 설치됩니다. 윈도우의 계정이 한글일 경우 아나콘다 설치시 에러가 발생합니다. 한글일 경우 C:₩anaconda3 위치를 직접 지정하여 설치합니다.

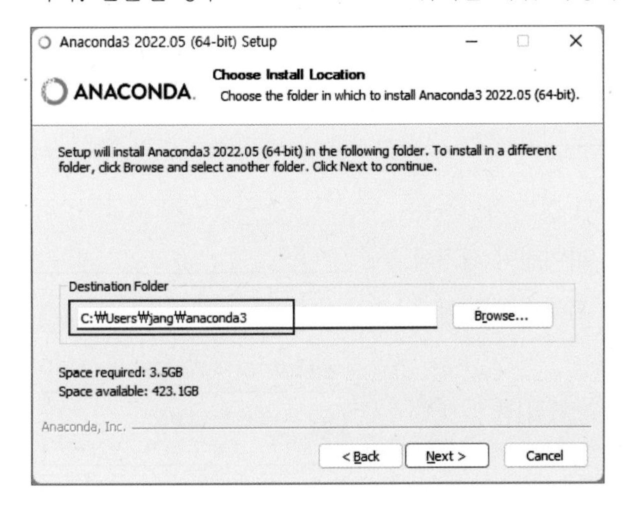

❽ 시스템의 환경변수에 아나콘다가 설치된 위치를 등록하는 옵션으로 꼭 체크를 하고 진행합니다. 체크하지 않을 경우 직접 환경변수에 경로를 지정해야 합니다. 체크하지 않고 진행하였다면 아나콘다를 삭제 후 다시 설치하여 진행해주세요.

PC 상에서 아나콘다가 설치된 위치를 등록하는 과정으로 python, pip 명령 입력 시 어디에서든 명령어가 동작할 수 있도록 아나콘다가 설치된 경로를 PC에 알려주는 과정입니다.

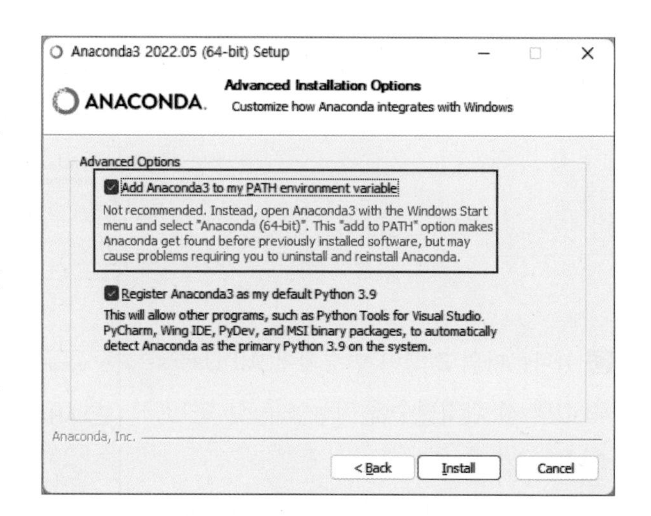

환경변수를 등록하지 않을 경우 우리가 사용하는 vs code에서는 자동으로 아나콘다가 설치된 위치를 찾아 python의 명령어를 이용하여 파이썬 코드의 실행은 가능하나 pip로 라이브러리 설치시 pip가 설치된 위치를 찾지 못해 라이브러리를 설치할 수 없습니다. 이 때문에 아나콘다가 설치된 위치를 PC에 등록하고 진행합니다.

❾ [Install] 버튼을 눌러 설치를 진행합니다.

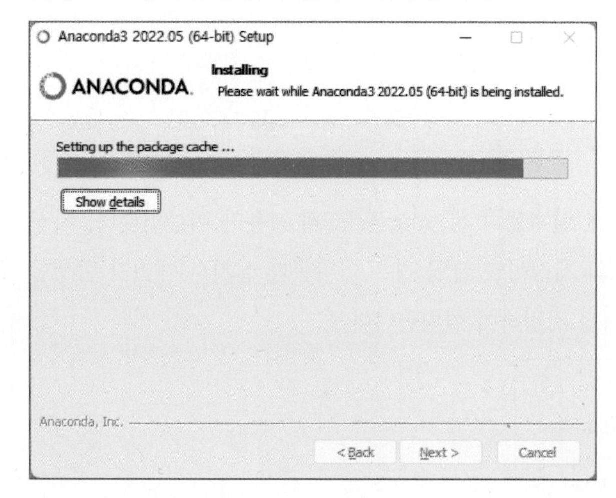

❿ 아래의 과정은 윈도우에서 환경변수가 등록된 것을 확인하는 것으로 진행하지 않습니다. 다만 기존에 다른 파이썬이 설치되어 있다면 아래의 과정을 통해 다른 파이썬의 환경변수를 삭제합니다.

윈도우에서 찾기 기능을 통해 [시스템 환경 변수 편집]를 실행합니다.

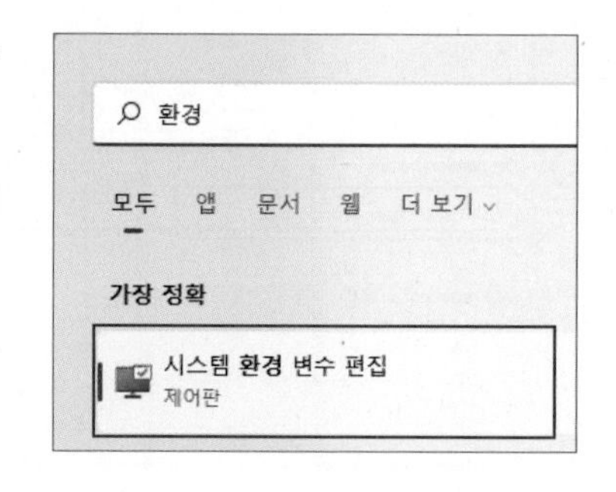

⓫ [환경 변수(N)...] 부분을 클릭합니다.

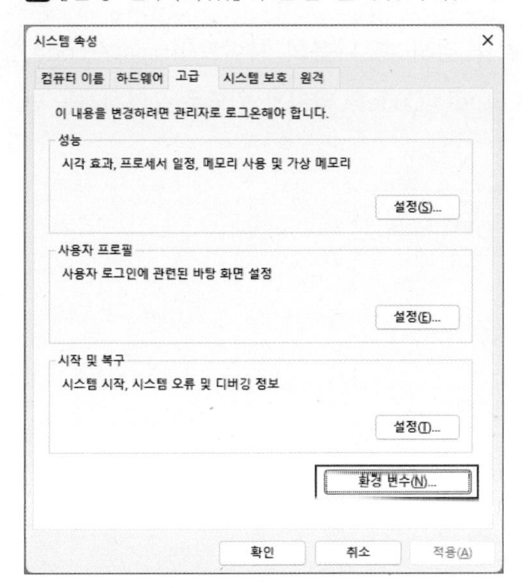

⓬ [Path] 부분을 더블클릭합니다.

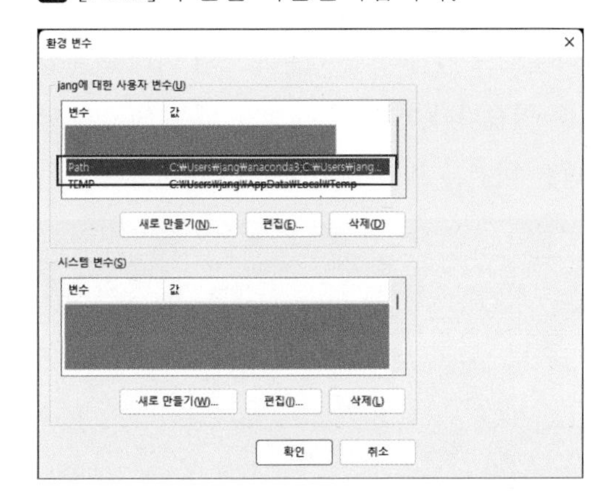

⓭ 아나콘다가 설치된 위치 [C:₩Users₩jang₩anaconda3]에 환경변수가 등록되었습니다. jang은 PC의 이름입니다.

컴퓨터에 파이썬을 위한 환경변수가 여러개 등록되어 있다면 아래의 아나콘다의 경로만 남겨두고 나머지는 삭제합니다.

예를 들어 python 정식홈페이지에서 파이썬을 설치 후 아나콘다를 설치하면 여러개의 환경변수가 등록될 수 있습니다. python, pip등의 명령어가 아나콘다로 설치된 파이썬이 실행되야 하는데 정식홈페이지에서 등록된 파이썬이 실행될 수 있습니다.

VS CODE 설치 및 파이썬 개발환경 구성 + 아나콘다 연동

❶ VS CODE를 설치하기 위해 구글에서 "vs code"를 검색 후 다음의 사이트(https://code.visualstudio.com/)에 접속합니다. vs code는 Visual Studio Code의 약자로 윈도우 운영체제를 만든 마이크로소프트사에서 만든 통합 개발환경입니다.

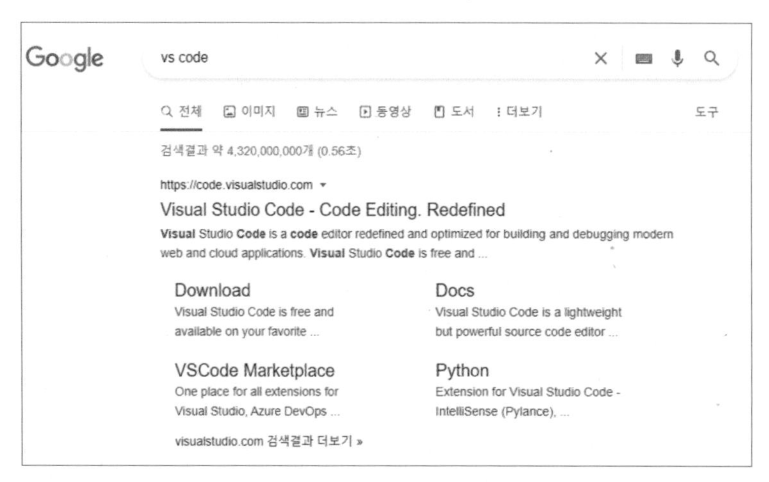

❷ [Download for Windows]를 클릭하여 설치파일을 다운로드 받습니다. 다운로드의 아래쪽 화살표를 클릭하여 Mac이나 리눅스 버전을 다운로드 받을 수 있습니다. 다운로드 받을 때는 Stable(안정적인) 버전을 받도록 합니다. Download를 클릭하여 받은 버전은 Stable(안정적인) 버전입니다.

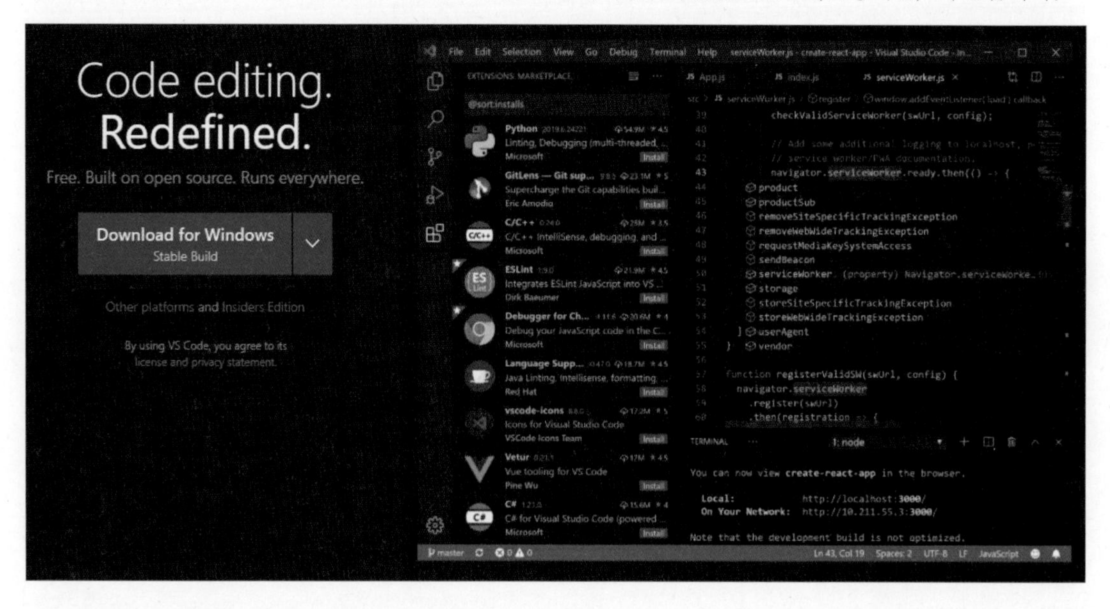

❸ 다운로드 완료 후 다운로드 폴더에서 방금 다운로드 받는 VS CODE 설치파일을 더블클릭하여 설치를 진행합니다. 계속 버전은 업데이트 되고 있으므로 버전이 틀린 것은 신경 쓰지 않고 넘어가도 됩니다.

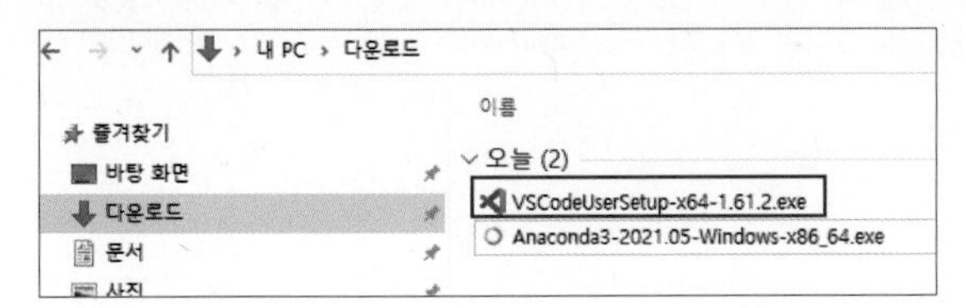

❹ [동의합니다] 체크 후 [다음] 버튼을 눌러 다음으로 진행합니다.

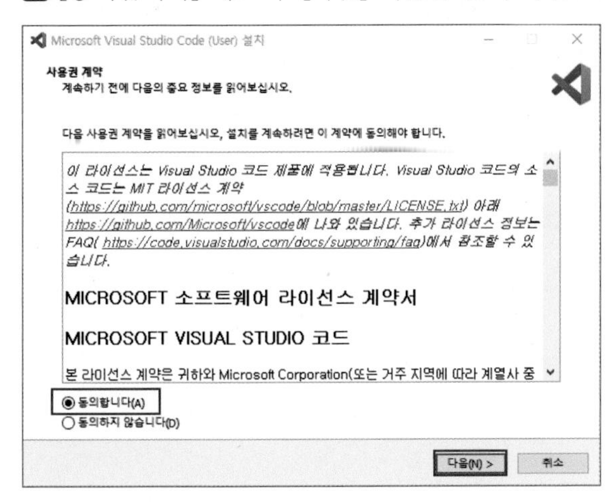

❺ 경로는 변경하지 않고 [다음] 버튼을 눌러 다음으로 진행합니다.

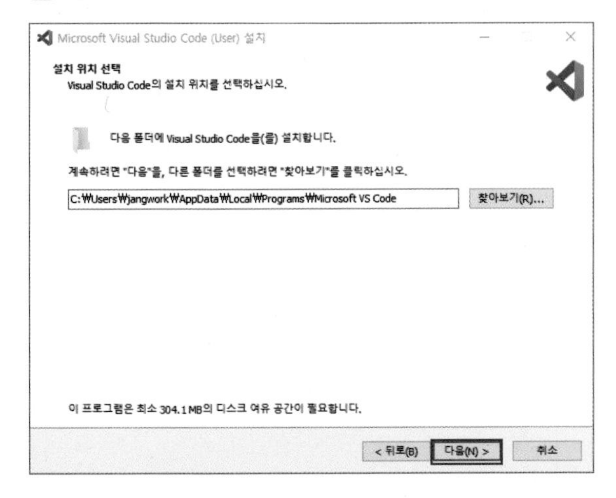

❻ [다음] 버튼을 눌러 다음으로 진행합니다.

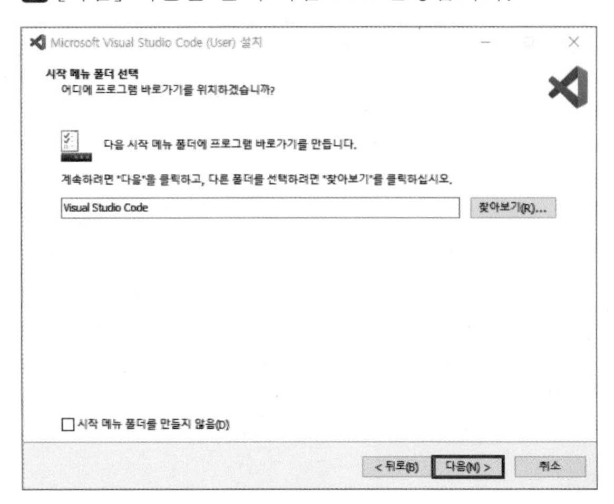

❼ "바탕 화면에 바로가기 만들기" 체크 박스만 선택한 후 [다음] 버튼을 눌러 다음으로 진행합니다. 바탕 화면에 아이콘을 만들면 찾기 쉽게 때문에 체크하였습니다.

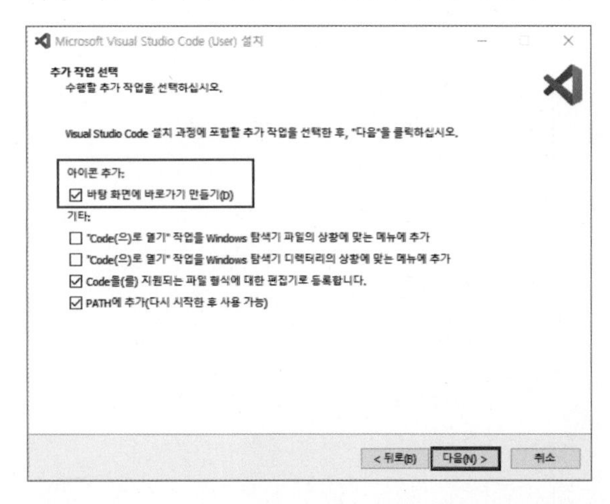

❽ [설치] 버튼을 눌러 프로그램을 설치합니다.

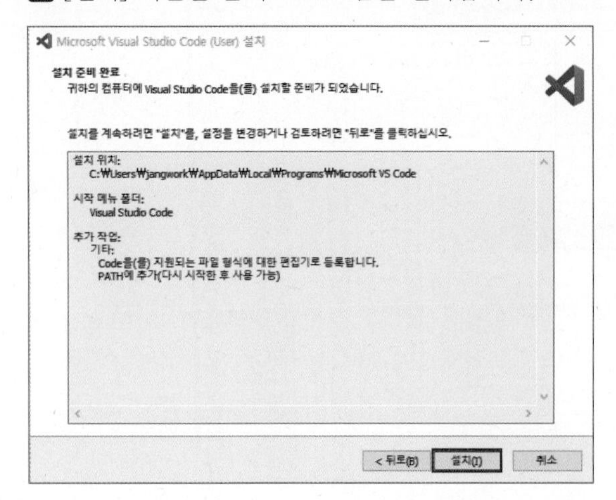

9 [종료] 버튼을 누르면 VS CODE 실행에 체크가 되어있기 때문에 VS CODE가 실행됩니다.

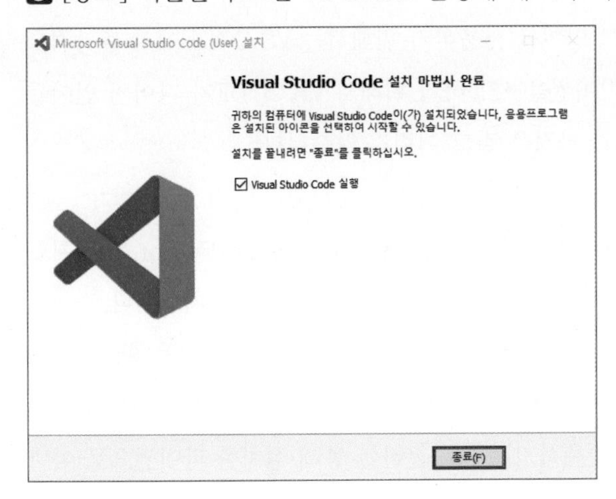

10 VS CODE 아이콘을 더블클릭하여 실행합니다.

또는 찾기 기능을 이용하여 VS CODE를 검색 후 클릭하여 실행하여도 됩니다.

11 VS CODE가 실행되었습니다.

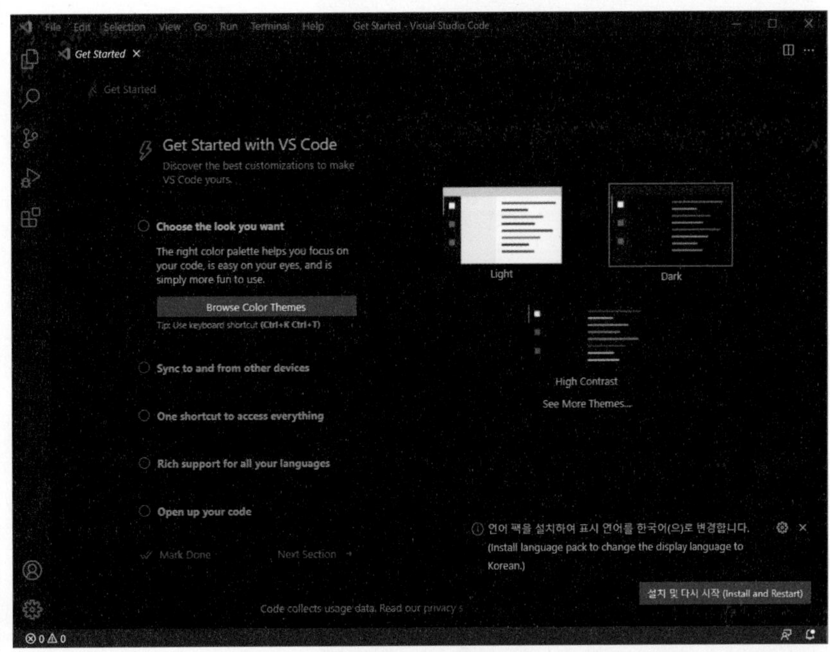

VS CODE는 파이썬 언어뿐만 아니라 C, 자바, 자바스크립트, HTML 등등 다양한 언어를 지원 합니다. 다양한 언어를 지원한다는 장점이 있지만 그 언어를 사용하기 위해서는 VS CODE에서 추가적으로 설치해야 한다는 단점도 있습니다. 우리는 파이썬을 사용하기 위해서 VS CODE가 파이썬 언어를 지원하도록 추가적으로 설치하도록 합니다. 설치 과정은 결코 어렵지 않습니다.

1 VS CODE에서 다음의 아이콘(Extensions)을 클릭한 후 python을 검 색한 후 Python을 설치합니다. Microsoft에서 제공한 Python입니다. 파란색의 [Install] 버튼을 클릭하면 설치됩니다.
인기순위에 따라서 순서대로 표시되므로 아래처럼 표시되지 않을 수도 있습니다. 이름을 확인 후 설치합니다. 이 설치과정은 파이썬 명령어 해석기를 설치하는게 아닌 파이썬 언어를 사용하기 위한 구문강조, 언어팩 등을 설치하는 것입니다. 명령어 해석기는 아나콘다를 통해 설치한 파이썬으로 아나콘다를 설치할 때 설치되었습니다.

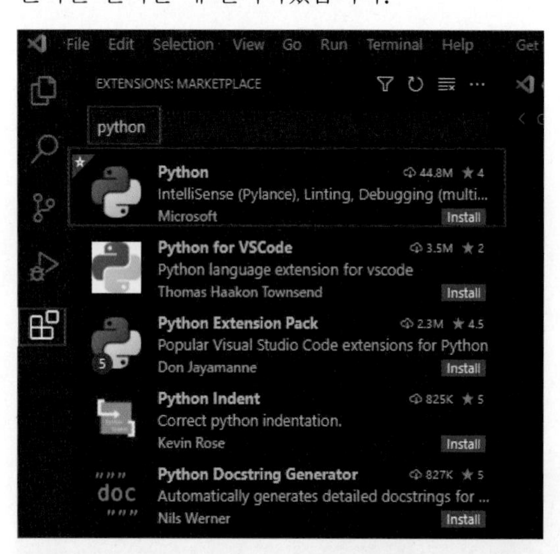

• [python]: InteliSense, liniting, 디버깅, 코드탐색, Jupyter Notebook 지원 등의 기능 지원

2 설치가 완료되면 [Install] 버튼이 사라집니다.

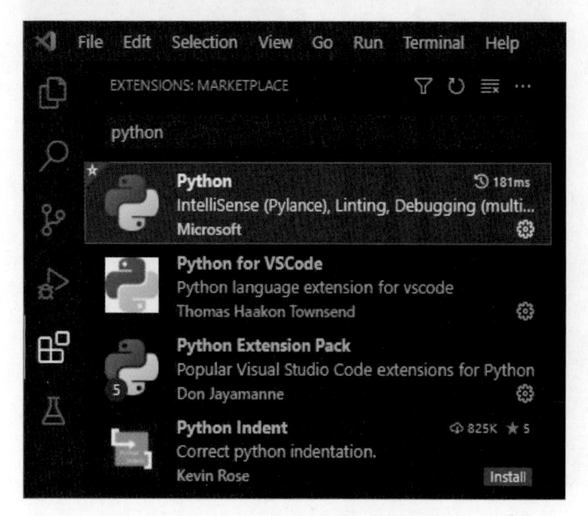

❸ VS CODE를 한국어로 사용하기 위해서 korean을 검색 후 다음을 [Install] 버튼을 눌러 설치합니다.

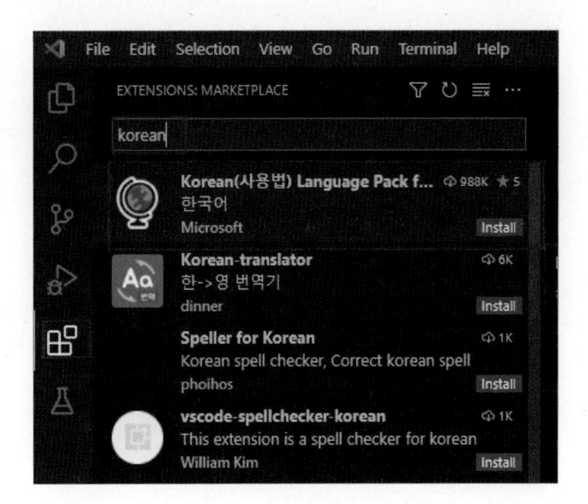

❹ 설치 완료 후 VS CODE를 재시작 해야 한글이 적용됩니다. 오른쪽 아래에 자동으로 뜨는 알림에서 [Restart] 버튼을 눌러 VS CODE를 재시작 하거나 VS CODE를 종료 후 다시 실행하면 한글로 적용됩니다.

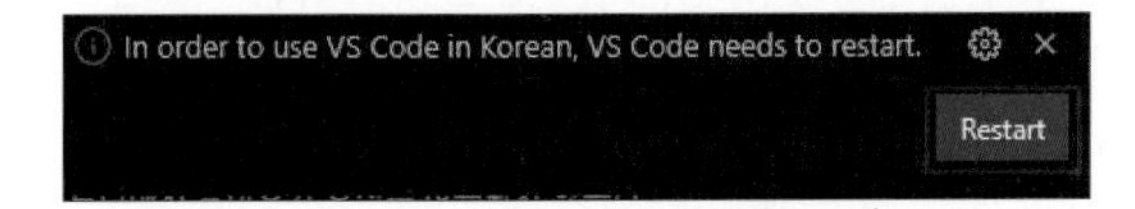

❺ 한글로 변한 VS CODE가 실행되었습니다. [폴더 열기] 버튼을 눌러 이 책에서 사용하는 코드를 저장할 폴더를 생성하고 폴더를 지정해주도록 합니다.

❻ C드라이브로 이동 후 마우스 오른쪽을 클릭한 다음 [새 폴더]를 클릭합니다.

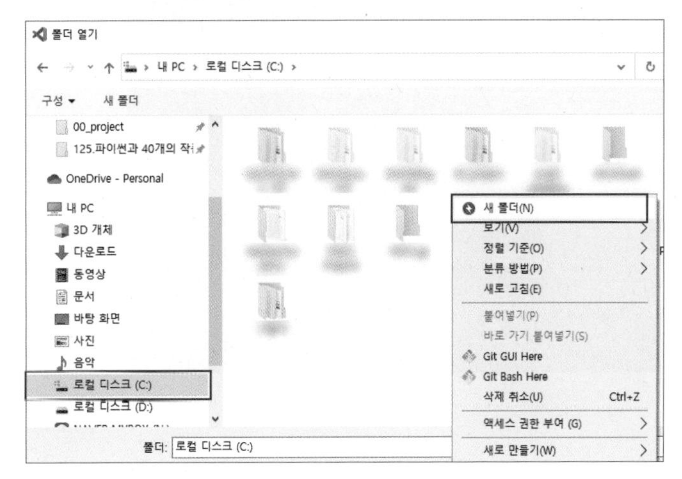

7 폴더의 이름을 [파이썬과 40개의 작품들]로 만들었습니다. [파이썬과 40개의 작품들] 폴더를 더블클릭하여 접속합니다.

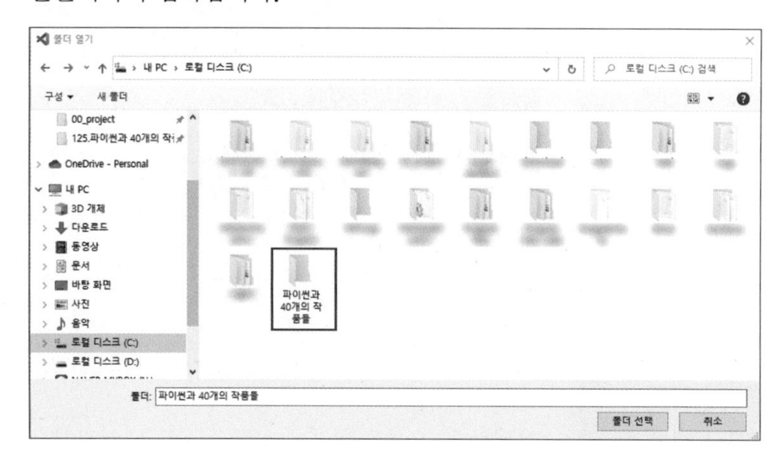

8 C드라이브에 "파이썬과 40개의 폴더"에 접속하였습니다. [폴더 선택] 버튼을 클릭합니다.

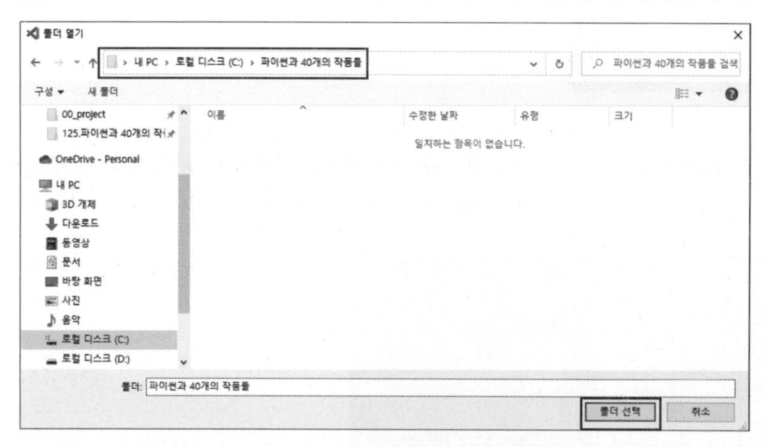

9 다음 항목을 체크한 후 [신뢰합니다] 버튼을 클릭합니다.

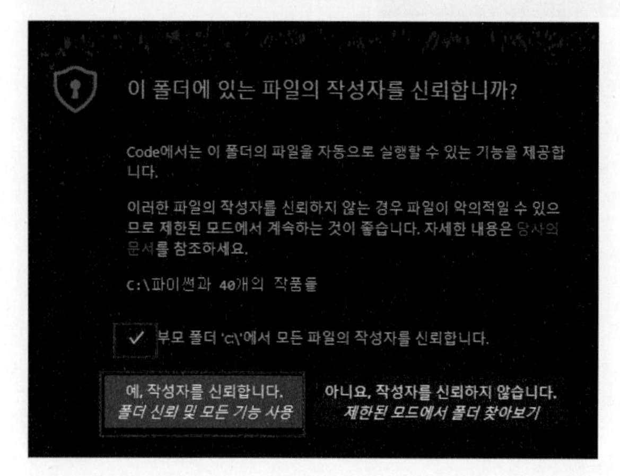

10 파이썬과 40개의 작품들 폴더가 생성되었습니다.

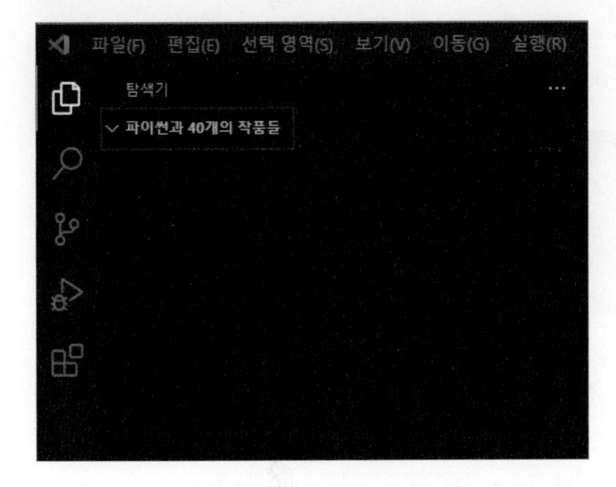

11 파일생성 버튼을 클릭 후 test.py로 파이썬 파일을 생성합니다.

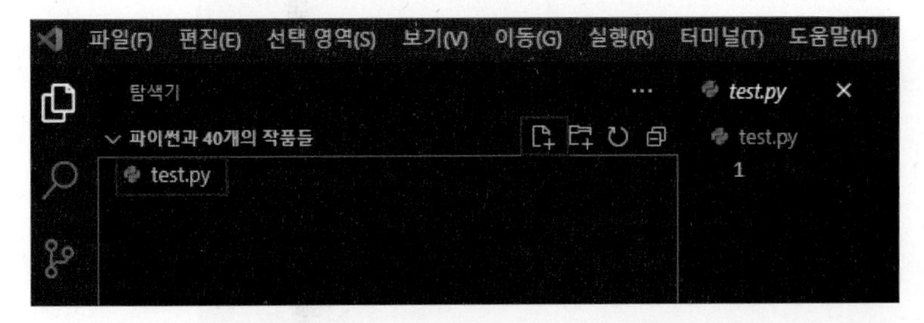

12 .py는 파이썬 파일로 VS CODE코드에서 파이썬 언어로 인식하여 자동으로 파이썬 코드를 실행시키기 위한 파이썬 명령어 해석기를 찾습니다. VS CODE에서 오른쪽 아래 부분을 클릭합니다.

13 아나콘다를 통해 설치한 파이썬 파일을 선택합니다. 파이썬 명령어 해석기를 이것으로 사용하겠다는 것입니다. 자동으로 파이썬이 설치된 경로를 찾습니다. 다음을 선택합니다. 아나콘다의 설치시점에 따라 파이썬 버전을 다를 수 있습니다.

14 test.py의 코드영역에 print("hello")를 작성 후 실행 버튼을 클릭하면 아래 터미널 영역에서 실행된 것을 확인할 수 있습니다.

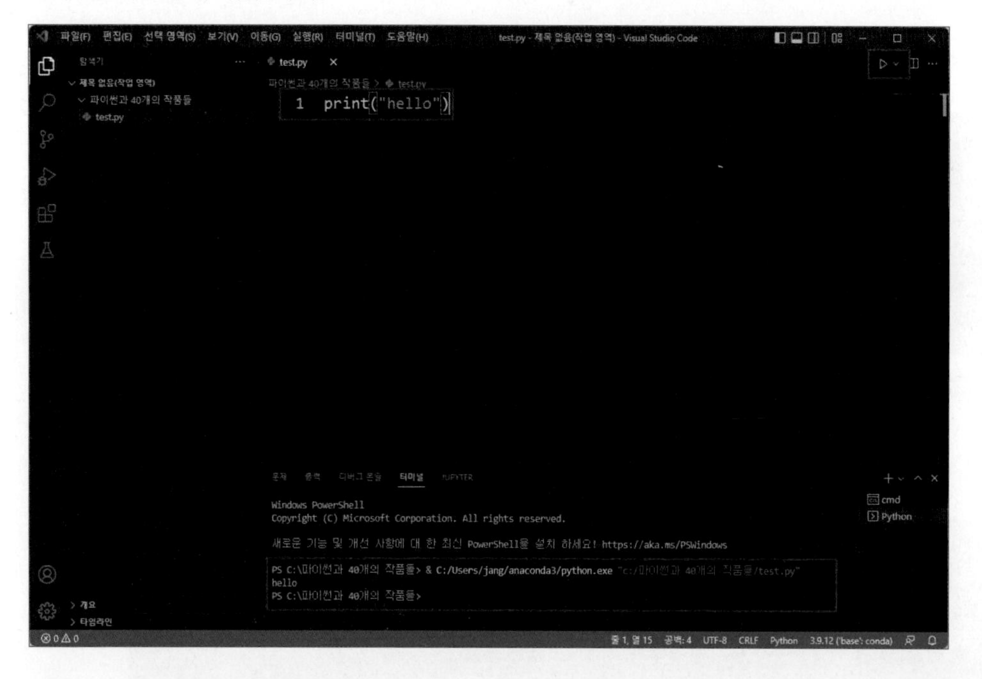

15 VS CODE의 설치를 하였고 파이썬과 연동하였습니다.

지금까지 내용을 정리하면 아나콘다는 파이썬(명령어 해석기) + 유용한 라이브러를 설치한 것이고, VS CODE는 파이썬 언어를 쉽게 사용하고자 하는 편집기를 설치하였다고 보면 됩니다.

우리가 글을쓰기 위해서 메모장, 한글, 워드 등 편한 것을 사용하면 됩니다. 하지만 표를 만들거나 그림을 넣거나 고급 기능을 사용하기 위해 한글, 워드 등을 설치하여 사용하는 것처럼 파이썬 언어를 쉽게 쓰기 위해 VS CODE를 설치하였습니다.

VS CODE는 다양한 프로그램 언어를 지원하기 때문에 파이썬 언어의 강조를 위해서 VS CODE에서 추가적인 기능을 설치하였습니다. VS CODE에서 만든 간단한 코드를 파이썬(명령어 해석기)와 연동하여 프로그램의 동작까지 확인해 보았습니다.

VS CODE의 유용한 기능 추가 설치하기

VS CODE는 여러 확장 기능을 추가하여 설치 할 수 있습니다. 추가적인 기능을 프로그램에 도움을 주는 기능으로 설치하지 않아도 프로그램의 동작에는 전혀 문제없습니다.

1 첫 번째로 vscode-icons은 VS CODE의 탐색기에서 밋밋하게 보이는 폴더 및 파일을 아이콘으로 변경하여 보기 편하도록 합니다.

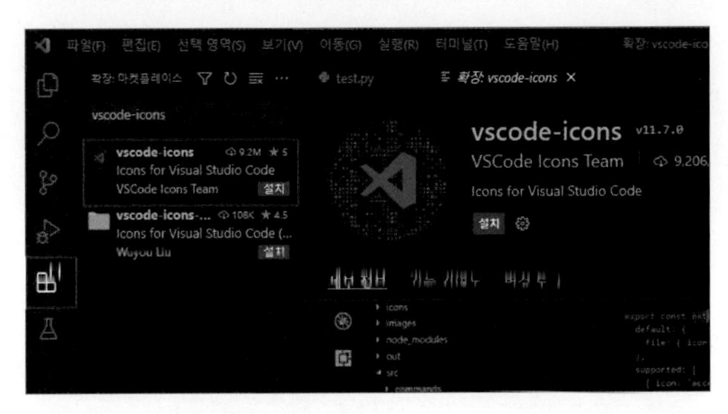

2 VS CODE의 기본상태에서 폴더와 파일이 다음과 같이 보입니다.

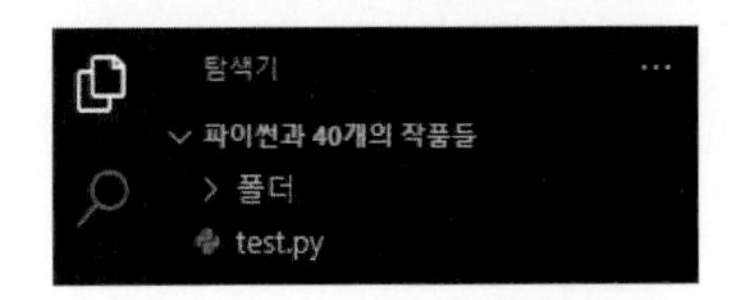

3 vscode-icons을 설치 후 테마를 적용하면 다음과 같이 폴더와 파일에 아이콘이 생겨 보기가 편합니다.

4 두 번째로는 indent-rainbow입니다. 파이썬 언어는 들여쓰기를 통해 조건문 안에서 동작하거나 함수 등 속해있다고 판단합니다. indent-rainbow는 코드에서 칸별로 색상을 표시해줍니다.

5 VS CODE에서 기본적용되는 스타일로 코드를 작성하였을 때입니다.

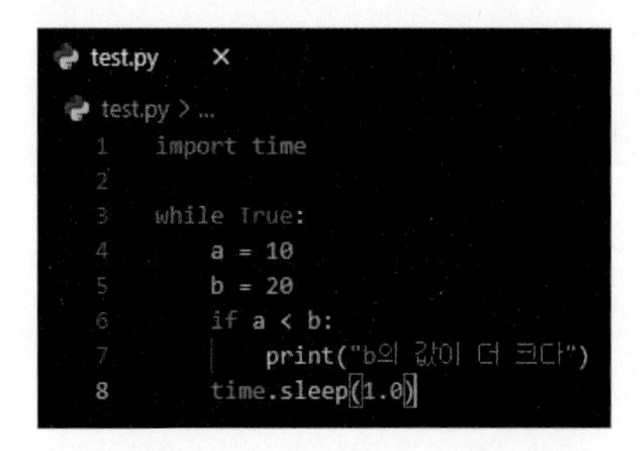

6 indent-rainbow를 적용하였을 때 코드 앞에 색상이 생겨 코드의 가독성이 좋아집니다.

```
test.py ×
test.py > ...
1  import time
2
3  while True:
4      a = 10
5      b = 20
6      if a < b:
7          print("b의 값이 더 크다")
8      time.sleep(1.0)
```

VS CODE에는 다양한 추가 기능들이 있으니 추가 기능을 찾아서 자신의 개발환경을 구성하는 것도 하나의 재미입니다.

파이참 설치 및 아나콘다 연동

파이참도 많이 사용하는 개발환경으로 파이참을 설치한 후 아나콘다와 연동하는 방법에 대해서 알아보도록 합니다. 통합 개발환경은 하나의 컴퓨터에 여러 개를 설치하여 사용해도 전혀 문제가 없습니다. 자신이 편한 환경으로 설치하여 사용하면 됩니다.

1 구글에서 "파이참 다운로드"를 검색 한 후 다음의 사이트에 접속합니다. 또는 다음의 주소로 직접 접속합니다.

https://www.jetbrains.com/ko-kr/pycharm/download

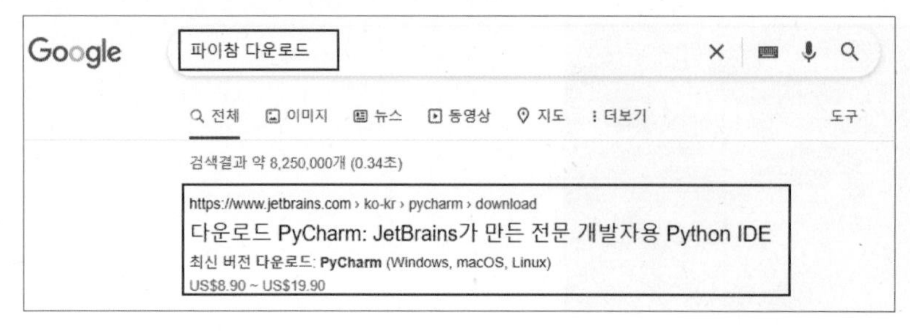

❷ 무료인 Community 버전을 다운로드 받습니다.

❸ 다음의 페이지로 변경되지만 자동으로 다운로드 되니 창을 닫아도 됩니다.

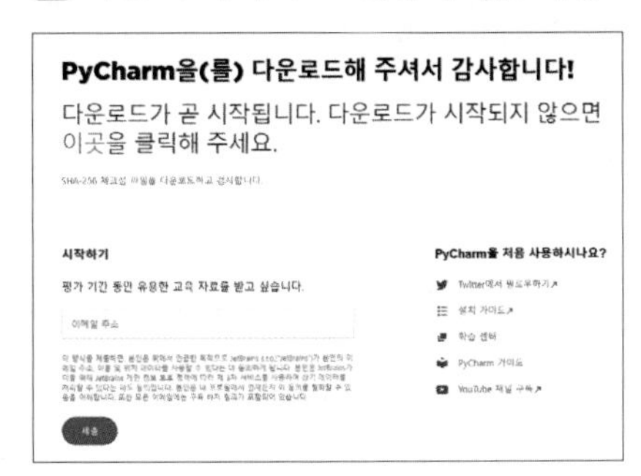

❹ 다운로드 폴더에서 다운로드 받은 파이참 설치파일을 더블클릭하여 설치합니다.

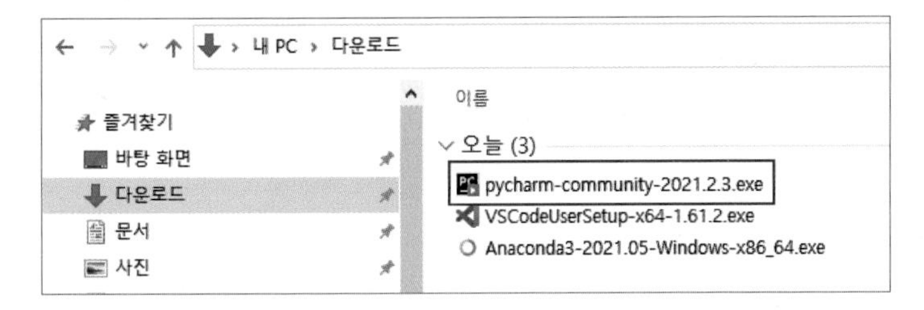

[Next] 버튼을 눌러 다음으로 진행합니다.

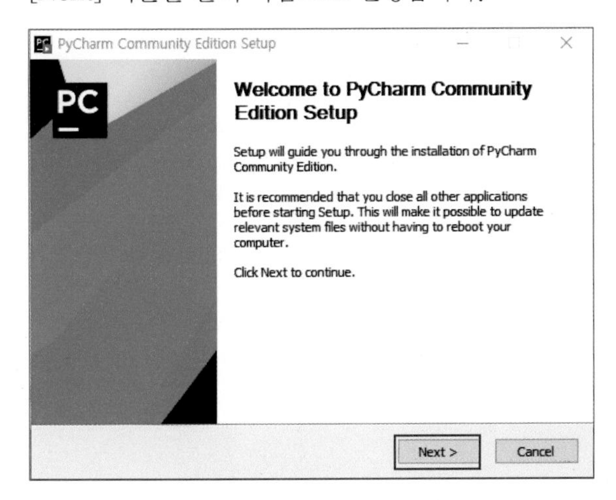

❺ [Next] 버튼을 눌러 다음으로 진행합니다.

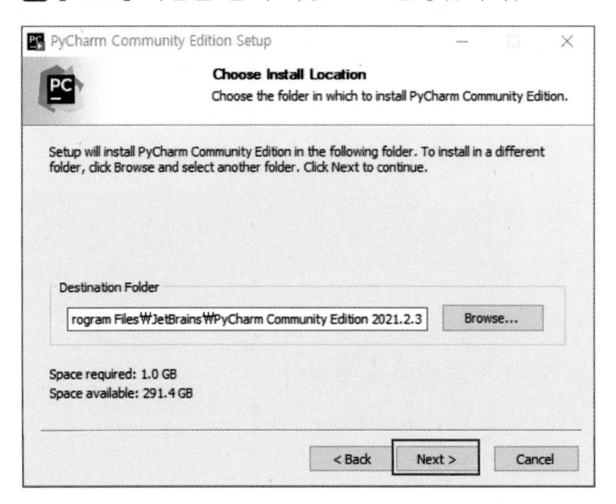

❻ [Next] 버튼을 눌러 다음으로 진행합니다.

Create Desktop Shortcht과 Update PATH Variable 옵션만 선택하였습니다. 다음의 기능을 확인 후 필요한 옵션을 선택 후 [Next] 버튼을 눌러 다음으로 진행합니다. Update context menu와 Create Associations은 다른 개발환경을 주력으로 사용하기 때문에 체크하지 않았습니다. 파이참을 주력 개발환경으로 사용할 것이라면 체크하는 것이 좋습니다.

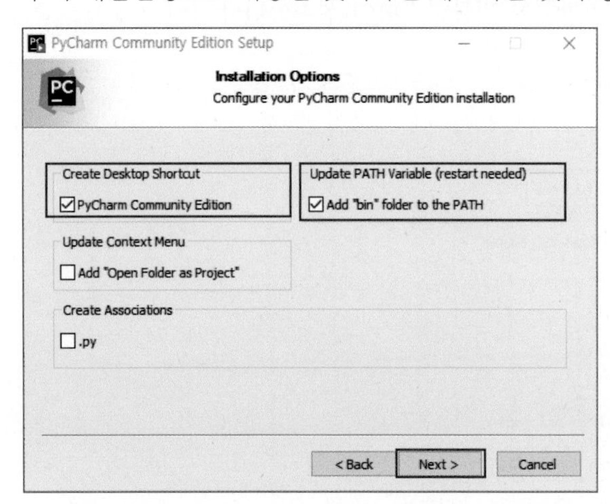

- Create Desktop Shortcht: 바탕화면에 아이콘을 생성합니다.
- Update PATH Variable: 명령 프롬프트에서 파이참에 직접 접근할 수 있습니다.
- Update context menu: 폴더에 마우스 오른쪽 버튼을 클릭하면 파이참으로 해당 프로젝트 폴더의 열기가 가능합니다.
- Create Associations: 파이참에서 .py 확장자 파일을 열 수 있습니다.

7 [Install] 버튼을 눌러 프로그램을 설치합니다.

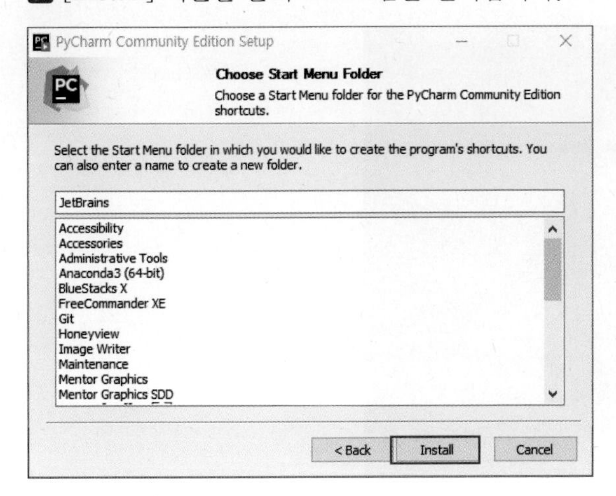

8 [Finish] 버튼을 클릭하여 설치를 마무리 합니다.

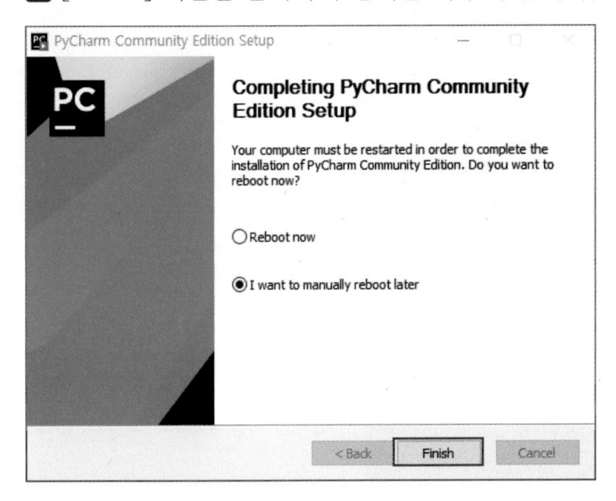

9 바탕화면에 생성된 파이참 아이콘을 클릭하여 파이참을 실행합니다.

10 처음 실행 시 설정을 저장하고 불러올 수 있는 창이 나옵니다. 우리는 불러올 설정이 없기 때문에 [OK] 버튼을 눌러 다음으로 진행합니다.

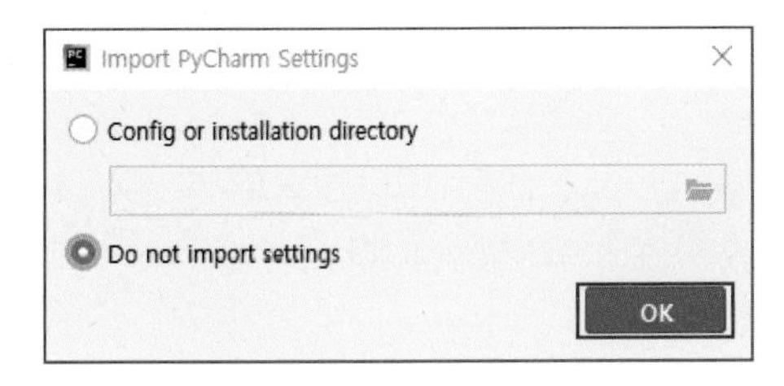

⓫ [New Project] 아이콘을 클릭하여 새로운 프로젝트를 생성할 수 있습니다.

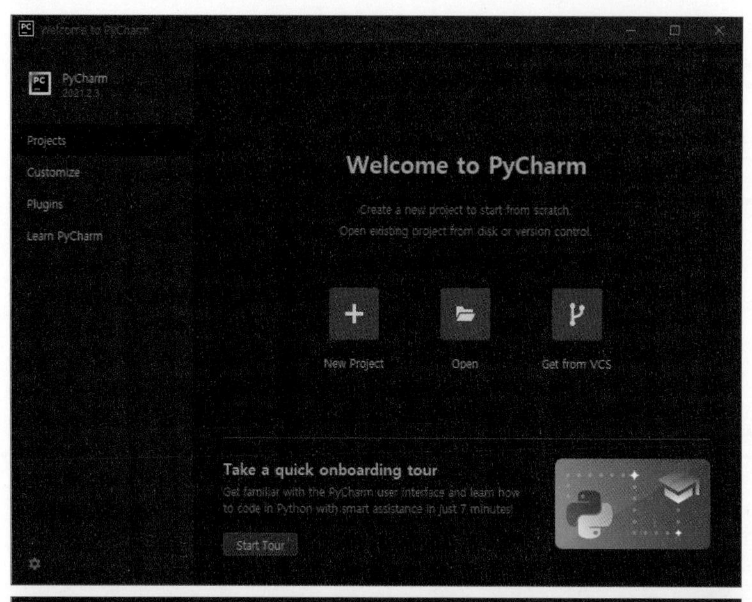

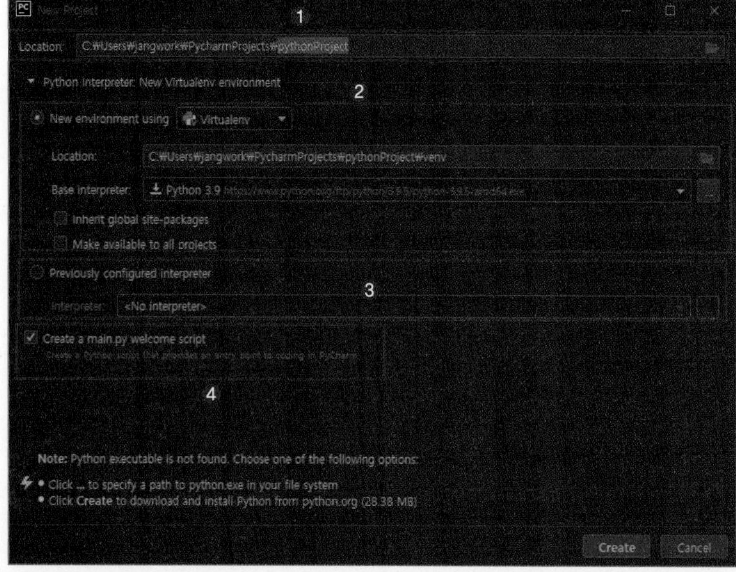

❶ 프로젝트의 경로를 설정합니다.

❷ 파이썬의 가상환경을 설정합니다. Conda(아나콘다)로 설정하여 프로젝트의 가상환경을 만들 수 있습니다. 다만 이 옵션을 사용하여 가상환경을 만들 경우 파이썬의 최소 기능으로 가상환경이 만들어져 아나콘다의 다양한 패키지를 추가적으로 설치해야 하는 단점이 있습니다. 초보자에게는 프로젝트별로 가상환경이 구성되어 편리한 장점이 있습니다.

❸ 컴퓨터에 설치된 파이썬 환경을 찾아 구성하는 옵션입니다. 우리는 이 옵션을 통해 컴퓨터에 설치된 아나콘다 파이썬의 환경으로 구성합니다.

❹ Create a main.py welcome script 옵션은 기본으로 체크되어 있습니다. 이 옵션을 체크하면 프로젝트 생성 시 main.py가 자동으로 생성되고 welcome script라고 불리는 간단한 파이썬 코드가 생성됩니다.

⑫ 프로젝트 경로를 설정하기 위해 Location의 폴더 아이콘을 클릭합니다.

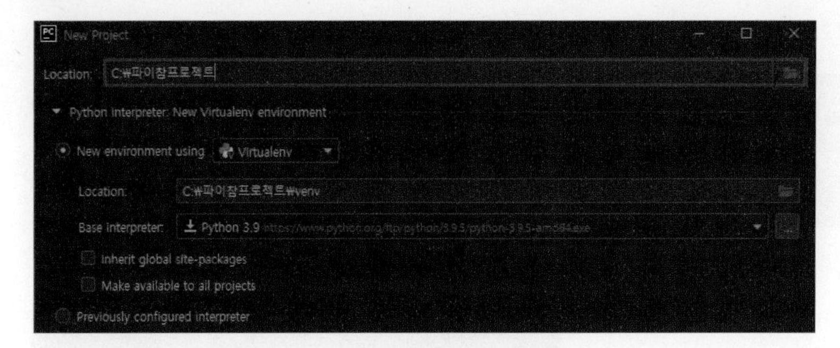

⑬ C드라이브 경로에 파이참 프로젝트 폴더를 생성한 후 [OK] 버튼을 클릭합니다.

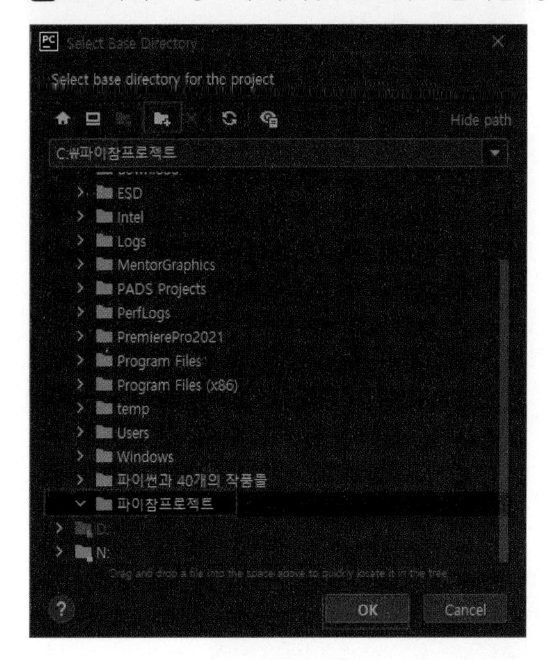

⑭ 경로설정 후 아나콘다와 연동하기 위해서 Previosly configured interpreter를 체크한 후 [...]을 클릭합니다.

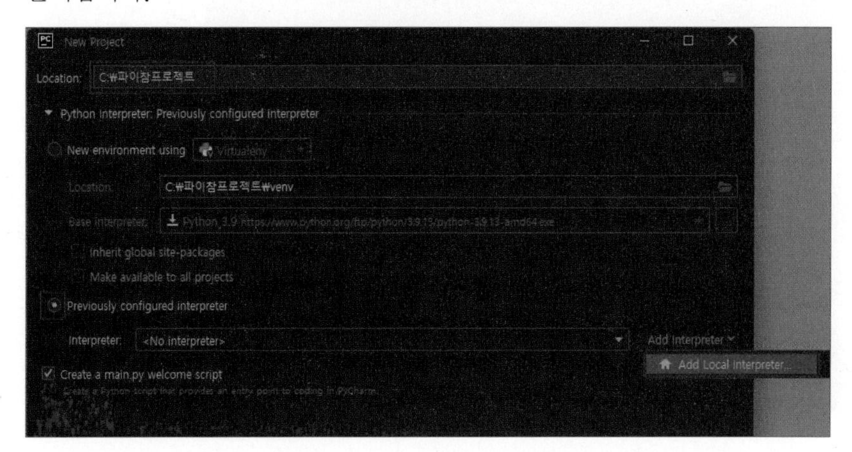

⑮ System Interpreter를 선택 합니다.윈도우에서 사용중인 파이썬 인터프리터를 설정합니다. 아나콘다를 통해 설치한 파이썬의 경로입니다.

⑯ 아나콘다는 [C:₩Users₩jang₩anaconda3] 의 위치에 설치됩니다. jang은 PC의 사용자 이름입니다. 자신의 PC 이름 폴더 아래에 설치됩니다. 아나콘다의 경로를 자동으로 찾지 못하였다면 다음의 폴더로 이동하여 python.exe 파일을 선택합니다.

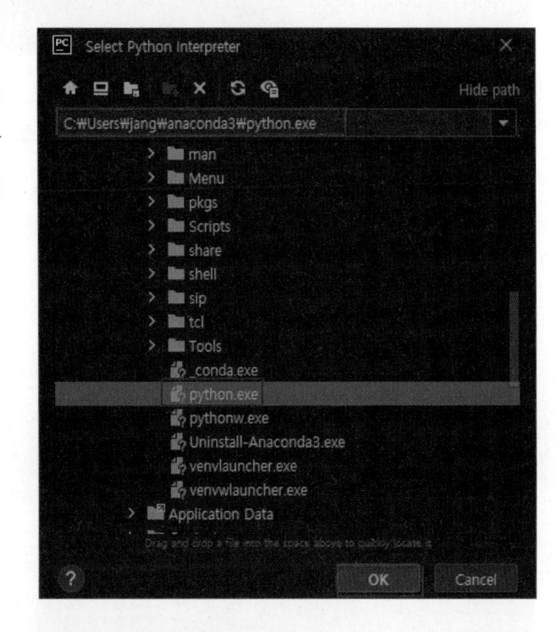

⑰ [OK] 버튼을 눌러 Interpreter를 설정합니다.

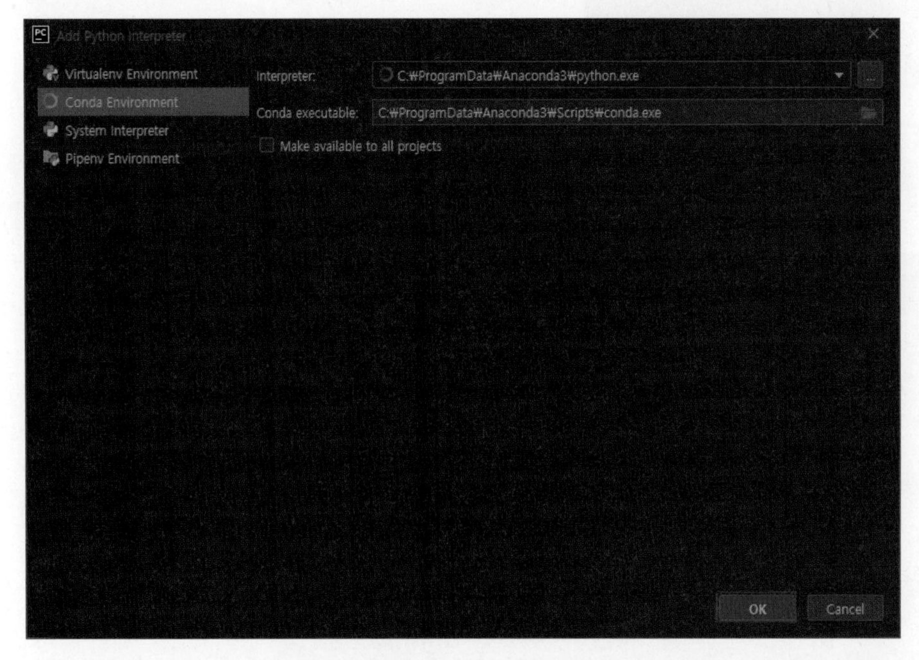

⑱ 프로젝트의 경로와 아나콘다와 연동하였습니다. [Create] 버튼을 눌러 프로젝트를 생성합니다.

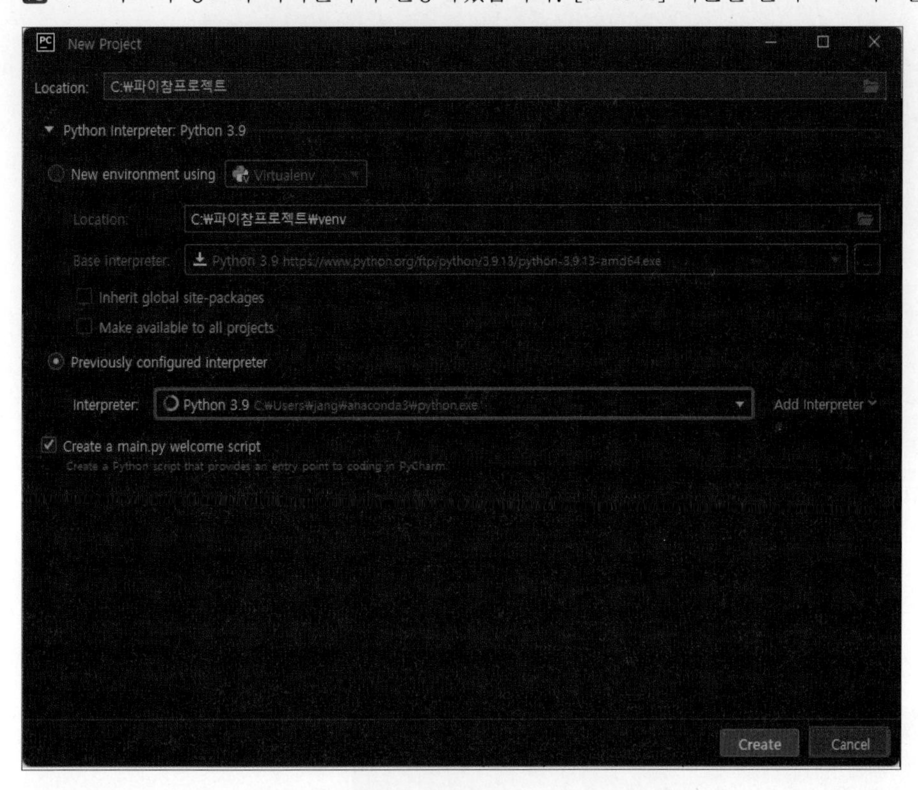

⑲ 파이참을 처음 실행하는 나오는 팁으로 Don't show tips 박스 체크 후 [Close] 버튼을 클릭합니다.

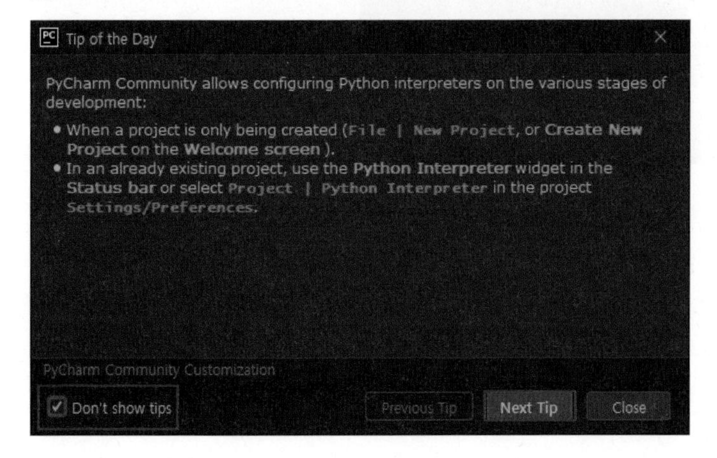

⑳ Create a main.py welcome script 옵션이 체크되어 main.py 파일이 생성되었고 간단한 코드가 생성되어 있습니다. ▶을 클릭하여 코드를 실행 할 수 있습니다. 파이참은 이름에서도 알 수 있듯이 파이썬 전용 언어로 파이썬 코드를 실행하기 위해서 다른 추가적인 기능의 설치할 필요가 없습니다.

21 파이참의 하단에 코드가 실행된 결과의 확인이 가능합니다. ▶를 클릭하여 다시 실행 할 수 있습니다.

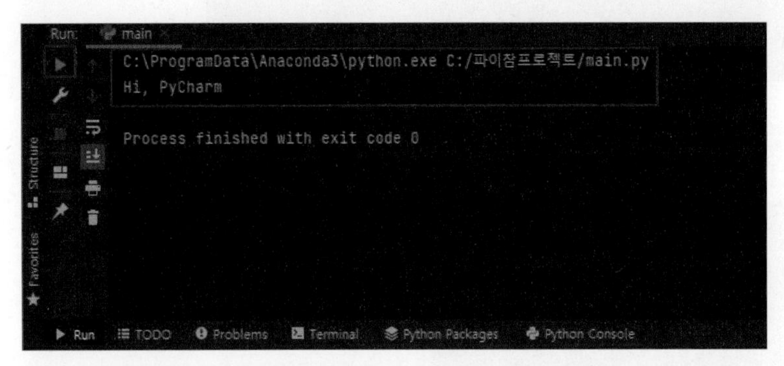

22 처음 프로젝트를 만들 때 파이썬 인터프리터를 변경하고 싶다면 File –> Settings...을 클릭합니다.

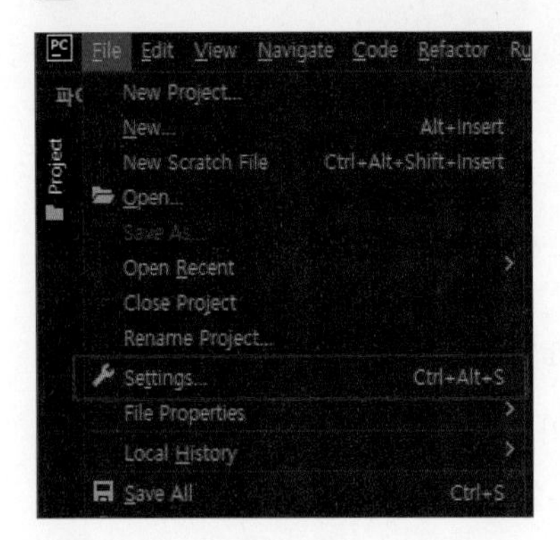

23 Project:프로젝트명 -> Python interpreter에서 다른 Interpreter를 선택할 수 있습니다.

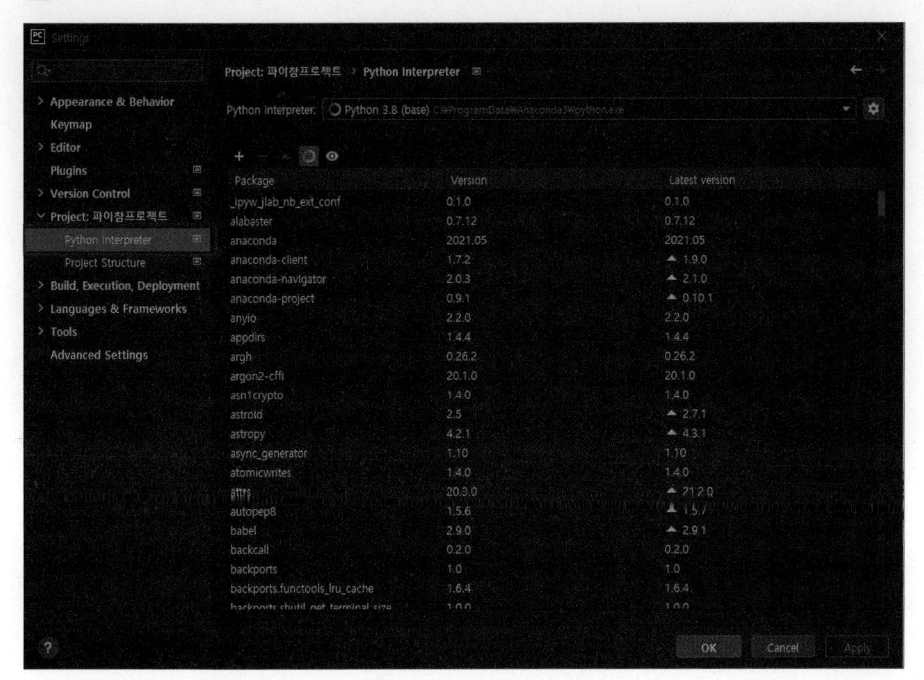

Python project

CHAPTER 02

파이썬의 기본 문법 익히기

파이썬 언어의 주요 함수와 기본 문법을 간단한 코드를 직접 작성하면서 알아보겠습니다.

02 _ 01 출력 print

프로그램 작업 내용이 무엇인지 알 수 있도록 메시지를 출력할 때 print() 함수를 사용합니다. print 함수를 이용해서 코드의 출력결과를 확인해 보겠습니다.
VS CODE를 실행합니다.

[C:₩파이썬과 40개의 작품들] 폴더를 열어 진행합니다. 2장에서 생성된 test.py 파일은 마우스 오른쪽을 클릭 후 [삭제]를 눌러 삭제합니다.

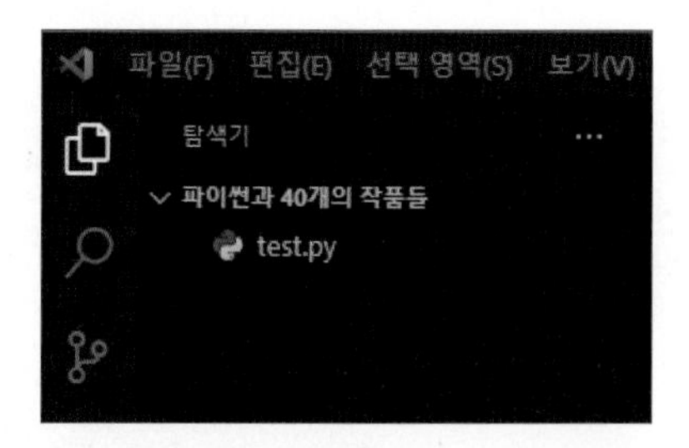

폴더 생성 아이콘을 클릭 후 [0.파이썬의 기초 문법]의 이름으로 폴더를 생성합니다.

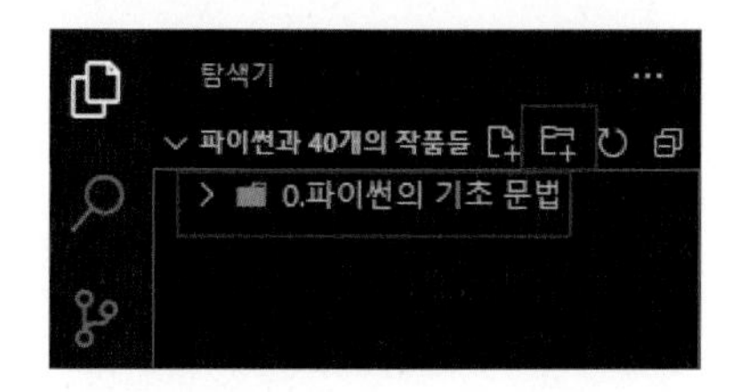

[0.파이썬의 기초 문법] 폴더에서 마우스 오른쪽 버튼 누른 후 팝업 메뉴가 나타나면 [새 파일]을 클릭한 후 [1_print.ipynb]로 파일을 생성합니다.

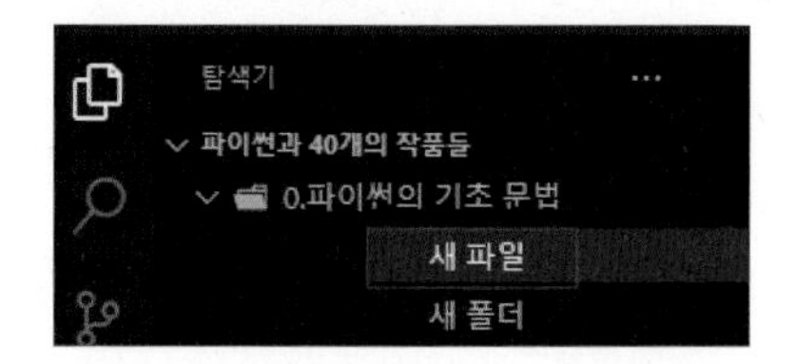

[.ipynb] 확장자는 주피터 노트북의 확장자로 코드를 추가하면서 프로그램 할 수 있는 방식입니다. [.py]의 파일이 일반적인 파이썬 확장자입니다. [.py] 파일은 여러 줄의 코드가 있더라도 한 번에 실행됩니다. 우리가 만들려고 하는 40개의 프로젝트는 대부분 확장자가 [.py]로 되어 있습니다.

그럼 왜 주피터 노트북 형식의 [.ipynb]로 기초 문법을 시작했냐면 코드를 추가하면서 테스트할 수 있는 방식이다 보니 기초 문법을 배우기에 좋아서 선택하였습니다. 파이썬의 문법을 배우거나 웹 크롤링, 데이터분석 등에서는 주피터 노트북의 방식의 코딩이 파이썬 코드를 만드는데 좋습니다.

1_print.ipynb 파일이 생성되었습니다. [.ipynb]의 확장자로 파일을 생성하면 VS CODE에서는 자동으로 주피터 노트북의 형식으로 코드를 생성하고 테스트할 수 있습니다. 단 주피터 노트북은 아나콘다로 파이썬 설치시 자동으로 설치되어 있습니다. 일반 파이썬을 설치하면 추가적으로 주피터 노트북은 설치해야 합니다.

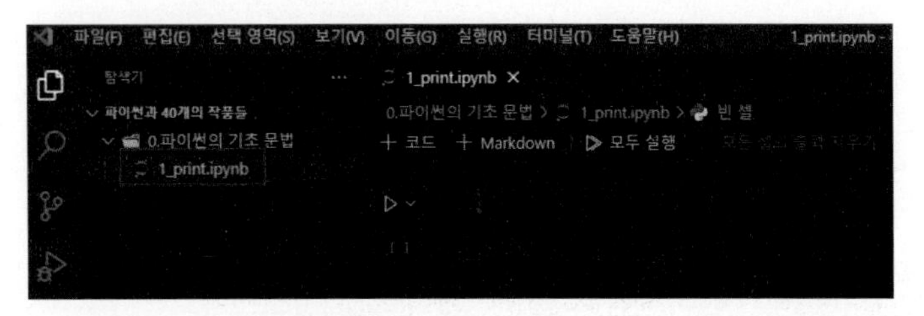

파이썬 인터프리티에 대한 설정은 ▣을 클릭 후 선택할 수 있습니다. 아나콘다 설치 후 자동으로 연동된 base conda를 선택합니다.

파이썬에서 출력을 확인하는 print에 대해서 코드를 만들면서 출력결과를 확인하여 봅니다. 다음 코드를 작성하고 결과를 확인하여 봅니다. 다음의 실행 버튼(▷)을 눌러 코드를 실행합니다. 실행한 곳 바로 아래 실행 결과가 표시됩니다.

코드	결과
print("hello")	hello

print문 안에 " " 쌍따옴표로 감싼 후 문자를 입력 후 실행을 하면 쌍따옴표 안에 값이 출력됨을 확인할 수 있습니다.

[+ 코드] 를 눌러 코드영역을 추가한 다음 코드를 작성합니다. 코드의 실행은 자신의 코드영역 왼쪽에 있는 실행 버튼(▷)을 누르면 자신의 영역의 코드만 실행됩니다.

' ' 따옴표로 감싼 문자의 값을 입력하고 실행하여도 결과는 동일합니다.

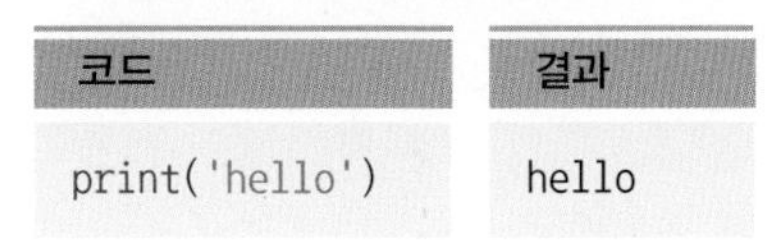

코드	결과
print('hello')	hello

주피터 노트북의 형식으로 코드를 테스트 하는 경우는 코드를 추가할 때 + 코드 를 눌러 코드 영역을 추가한 다음 결과를 확인합니다.

쌍따옴표와 따옴표는 문자열 중간에 쌍따옴표를 넣고 싶을 경우 따옴표로 감싼 후 출력하면 됩니다

코드	결과
print('hello "안녕하세요"')	hello "안녕하세요"

반대로 문자열 중간에 따옴표를 넣고 싶을 경우 쌍따옴표로 감싼 후 출력합니다.

코드	결과
print("hello '안녕하세요'")	hello '안녕하세요'

코드를 추가하다보면 맨 아래 추가가 되지 않고 중간에 추가될 경우가 있습니다. 위쪽의 [+코드] 버튼을 누르면 현재 활성화된 코드 바로 아래 코드가 추가됩니다. 맨 아래코드를 선택 후 [+코드]를 누르는 방법이나 마우스를 아래쪽으로 이동하면 아래 부분에 [+코드]가 생성됩니다.

중간에 코드를 생성하고 싶다면 생성하고 싶은 중간에 [+코드] 버튼을 눌러 생성하거나 생성하고 싶은 코드영역 위의 코드를 선택 후 위쪽에 [+코드] 버튼을 눌러 생성합니다.

여러 문자를 ,(콤마)를 이용하여 합쳐서 출력할 수 있습니다.

코드	결과
print('안녕','하세요','반갑습니다')	안녕 하세요 반갑습니다

콤마를 사용하여 문자 사이에 자동으로 띄어쓰기가 된 것을 확인할 수 있습니다. 문자를 더해 출력할 수 있습니다. 이 경우 콤마와 같이 띄어쓰기가 자동으로 되지 않습니다.

코드	결과
print('안녕'+'하세요'+'반갑습니다')	안녕하세요반갑습니다

여러 줄을 입력하고 싶을 경우 """ 쌍따옴표 3개로 시작 후 줄을 바꾼 후 """ 쌍따옴표 3개로 종료하면 여러 줄의 출력이 가능합니다.

코드	결과
print("""안녕하세요 오늘은 날씨가 좋네요""")	안녕하세요 오늘은 날씨가 좋네요

따옴표 3개로 하여도 쌍따옴표와 동일하게 동작합니다.

코드	결과
print('''안녕하세요 오늘은 날씨가 좋네요''')	안녕하세요 오늘은 날씨가 좋네요

\(역슬래쉬)를 이용하여 줄바꿈을 할 수도 있습니다. 파이썬에서는 같은 줄로 인식합니다. 어느 경우 사용을 하냐면 실제로는 한 줄인데 너무 길어서 보기 힘들 때 코드의 가독성이 떨어집니다. 이럴 경우 줄을 바꿔 보기편한 코드로 만들 때 사용합니다.

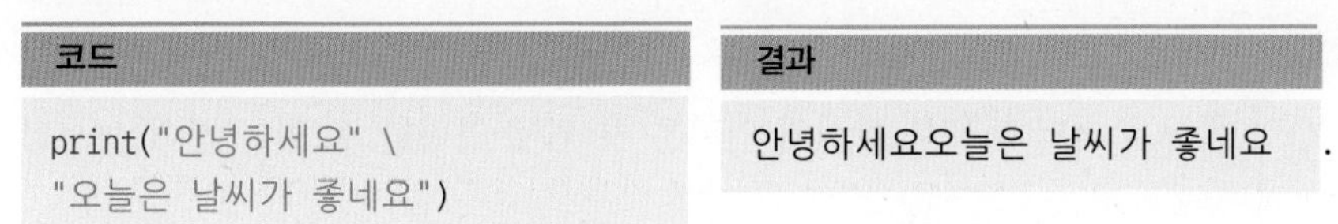

코드

```
print("안녕하세요" \
"오늘은 날씨가 좋네요")
```

결과

```
안녕하세요오늘은 날씨가 좋네요
```

.format 형식을 이용하여 변수를 바로 출력할 수 있습니다. 변수는 뒤에서 자세히 설명합니다. 출력하고 싶은 부분에 {}빈 중괄호를 입력 후 .format에 값을 대입하면 됩니다.

코드

```
a = 123
b = "안녕하세요."
print("a값:{} b값:{}".format(a,b))
```

결과

```
a값:123  b값:안녕하세요.
```

첫 번째 중괄호에는 a값인 123이 대입되고 두 번째 중괄호는 b의 값 "안녕하세요"가 대입됩니다. .format 방식은 값이 늘어나면 헷갈릴 수 있다는 단점이 있습니다. 파이썬 3.6버전이상부터 사용할 수 있는 f-string 표현방법이 있습니다. 출력할 문자열 앞에 f를 붙인 후 {변수} 중괄호 안에 표현할 변수를 넣어주면 됩니다.

코드

```
a = 123
b = "안녕하세요."
print(f"a값:{a} b값:{b}")
```

결과

```
a값:123  b값:안녕하세요.
```

문자열 앞에 f를 붙여 f-string 방식으로 사용하였고 {}중괄호 안에 있는 a,b값이 잘 출력되었습니다. f-string 방식이 .format 방식에 비해 직관적이어서 필자는 주로 이 방법을 사용합니다.

02 _ 02 입력 input

[0.파이썬의 기초 문법] 폴더에 [2_input.ipynb]로 파일을 생성한 후 진행합니다.

2_input.ipynb

명령 프롬프트에서 사용자로부터 글자, 숫자 등 데이터를 입력 받을 때 input() 함수를 사용합니다. input() 함수로 사용자 입력 받기에 대해 알아보겠습니다. input을 이용하여 사용자의 입력값을 받을 수 있습니다.

이제 input을 이용하여 사용자의 입력값을 받아봅니다.

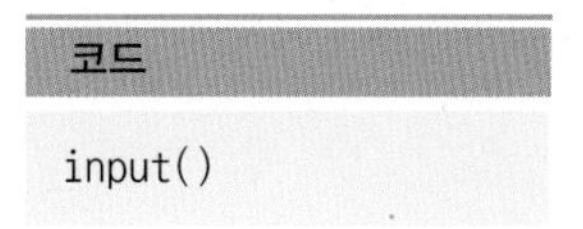

코드
input()

코드를 실행하면 VS CODE에서 주피터 노트북 방식의 입력은 창 위에 입력할 수 있는 창이 생성됩니다.

"안녕하세요~"를 입력 후 Enter 를 눌러 값을 입력하여 봅니다.

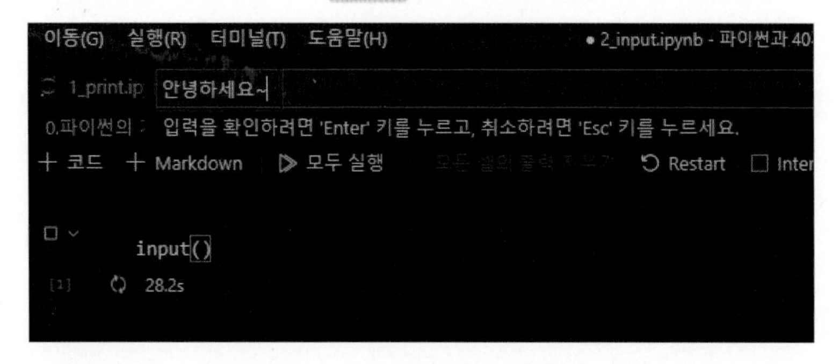

입력한 "'안녕하세요~'"가 출력됨을 확인할 수 있습니다. 여기서 따옴표의 의미는 문자열을 의미합니다.

코드
'안녕하세요~'

입력값으로 "123"을 입력하여 봅니다.

코드	결과
input()	'123'

결과는 역시 따옴표로 감싼 문자열 형태의 123이 출력되었습니다. 우리는 숫자로 입력하였지만 파이썬에서는 모두 문자열로 입력됩니다.

다음 코드를 작성 후 "안녕하세요"를 입력합니다.

코드	결과
input("값을 입력하여 주세요:")	'안녕하세요'

input안에 문자열을 입력하여 사용자에게 보여줍니다.

다음 코드를 작성한 다음 첫 번째 문자열은 “안녕” 두 번째 문자열은 “하세요”를 입력하여 봅니다.

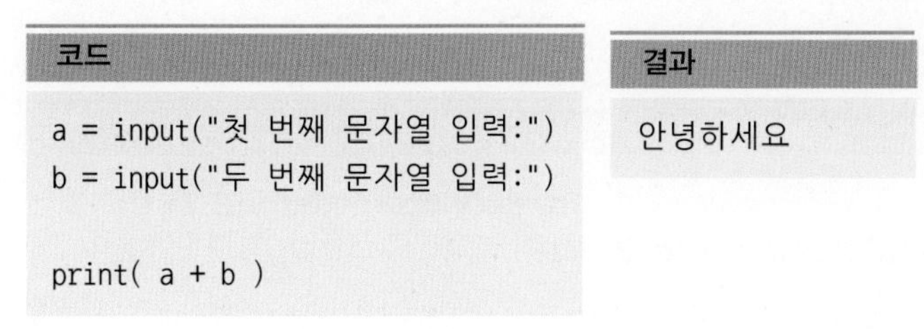

코드

```
a = input("첫 번째 문자열 입력:")
b = input("두 번째 문자열 입력:")

print( a + b )
```

결과

```
안녕하세요
```

결과로 “안녕하세요”가 출력되었습니다.

코드를 다시 실행하여 첫 번째 문자열은 “100” 두 번째 문자열은 “200”을 입력하여 봅니다.

결과는 “100200”이 출력되었습니다. 100+200은 300이 출력될 것 같았으나 input으로 입력받은 값은 모두 문자열이기 때문에 100의 문자열과 200의 문자열이 더해진 100200이 출력되었습니다. 문자열의 합은 문자열 두 개를 이어 붙인 형태입니다.

02 _ 03 변수 – 숫자형, 문자형, 소수점형, BOOL형

[0.파이썬의 기초 문법] 폴더에 [3_변수.ipynb]로 파일을 생성한 후 진행합니다.

3_변수.ipynb

변수는 값을 저장할 때 사용하는 식별자로 변할 수 있는 자료를 의미합니다. 변할 수 있는 자료는 숫자뿐만 아니라 문자 등 모든 자료형을 의미합니다.

파이썬 문법에서 변수는 =을 기준으로 왼쪽의 값이 오른쪽의 값을 가리킵니다. 다음 코드를 작성하고 결과를 확인하여 봅니다.

코드

```
a = 10
b = 10
c = a + b

print( c )
```

결과

```
20
```

'20'이라는 결과가 출력되었습니다. a 변수는 10의 값을 가리키고 있고 b 변수도 10의 값을 가리키고 있습니다. c 변수는 a와 b의 합이므로 20이 출력 되었습니다. =을 기준으로 왼쪽의 변수가 오른쪽의 주소값을 가리키고 주소를 찾아가면 실제 값이 무엇인지 알 수 있습니다. 변수를 사용할 때는 실제

값을 사용하기 때문에 10 + 10이 계산되어 20이 되었습니다.

코드를 추가하여 다음 코드를 작성하고 결과를 확인합니다.

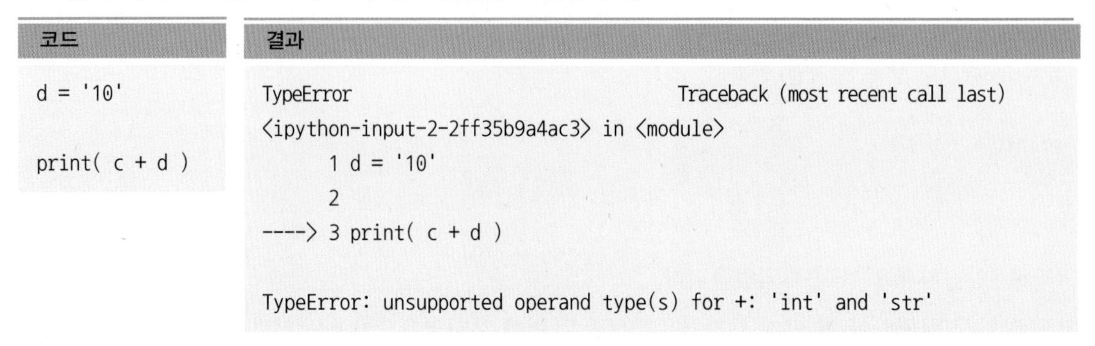

코드	결과

d = '10'
 	
print(c + d)
	TypeError Traceback (most recent call last)
	<ipython-input-2-2ff35b9a4ac3> in <module>
	      1 d = '10'
	      2
	----> 3 print(c + d)
	
	TypeError: unsupported operand type(s) for +: 'int' and 'str'

결과로 에러가 발생하였습니다. 에러가 발생한 이유는 c의 값은 int형으로 숫자형입니다. 하지만 d는 '10'입니다. 따옴표나 쌍따옴표 안에 있는 값은 문자의 형태로 문자와 숫자를 더할 수 없다는 의미입니다.

```
+ 코드  + Markdown | ▷ 모두 실행  모든 셀의 출력 지우기  Restart  Interrupt  Variables

a = 10
b = 10
c = a + b

print( c )
[1]  ✓ 0.3s
... 20

d = '10'

print( c + d )
[2]  ⊗ 0.1s
...
TypeError                                 Traceback (most recent call last)
<ipython-input-2-2ff35b9a4ac3> in <module>
      1 d = '10'
      2
----> 3 print( c + d )

TypeError: unsupported operand type(s) for +: 'int' and 'str'
```

> 주피터 노트북은 코드를 조각조각 실행할 수 있습니다. 코드를 실행한 후 값들은 컴퓨터의 메모리에 상주하고 있습니다. 다음 코드를 실행할 때 메모리에 상주한 변수의 값들은 지워지지 않습니다. 왼쪽의 [1], [2]의 숫자는 코드를 실행한 숫자를 의미합니다. 메모리에 상주된 값을 지고 싶다면 [Restart] 버튼을 누르면 됩니다. VS CODE를 다시 실행했을 때는 당연하게도 값들은 메모리에 있지 않고 다시 실행 시켜야 합니다.

문자열을 숫자형으로 int()를 사용하여 숫자형으로 변환할 수 있습니다.

다음 코드를 작성하여 문자를 숫자로 변환하여 계산하여 봅니다.

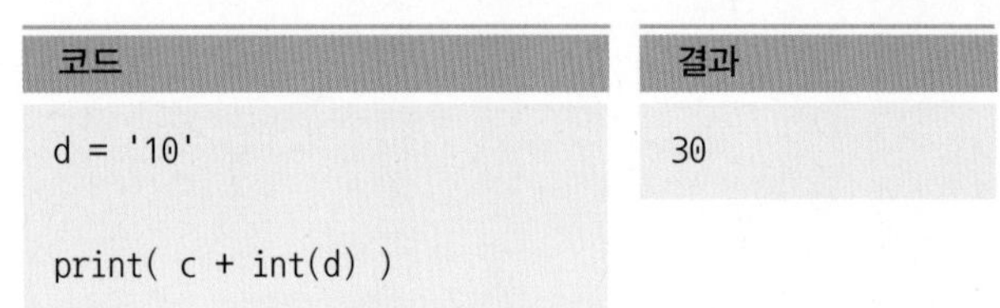

코드	결과
d = '10' print(c + int(d))	30

문자 '10'이 숫자 10으로 변환하여 20이 저장된 c의 값과 더해 30이 출력되었습니다.

숫자형 20이 저장된 c의 값을 문자열로 변환하여 더할 수도 있습니다. 숫자형을 문자형으로 변환하기 위해서는 str()으로 변환하면 됩니다.

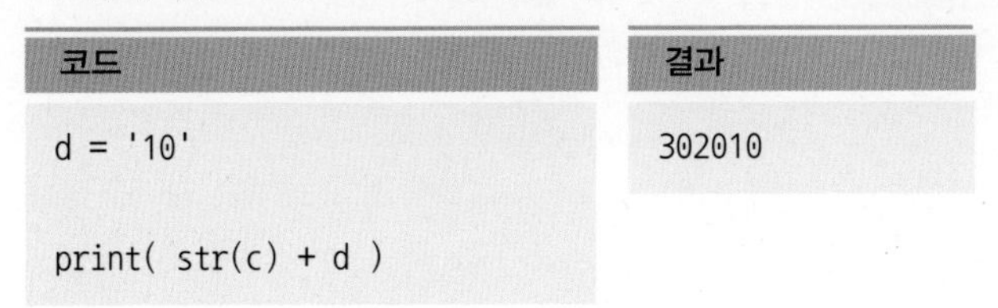

코드	결과
d = '10' print(str(c) + d)	302010

문자로 변환된 '20'과 문자 '10'이 더해져 2010이 출력되었습니다.

소숫점형 자료형도 있습니다.

코드

```
e = 3.14
f = 10

print( e + f )
```

결과

```
13.14
```

소숫점형 자료형과 숫자형 자료를 더했을 경우는 에러가 발생하지 않습니다. 같은 숫자 형태이기 때문에 결과는 자동으로 소수점형으로 출력됩니다.

다음 코드를 작성합니다. 위에서 테스트 했던 코드와 동일한 코드입니다.

코드

```
a = 10
b = 10
c = a + b
print( c )
```

결과

```
20
```

결과로 20이 출력되었습니다.

다음은 숫자형을 float()을 이용하여 소수점 형으로 변환 후 더했을 때입니다.

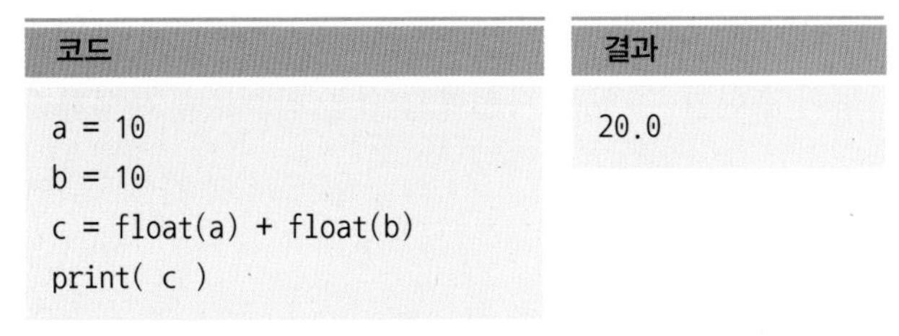

코드	결과
a = 10 b = 10 c = float(a) + float(b) print(c)	20.0

20.0의 결과가 출력되었습니다. 소수점형으로 출력되었습니다.

float()을 이용하여 소수점형으로 변환할 수 있습니다.

True(참) 과 Flase(거짓)의 두 가지 값을 가지는 bool 형에 대해 알아봅니다.

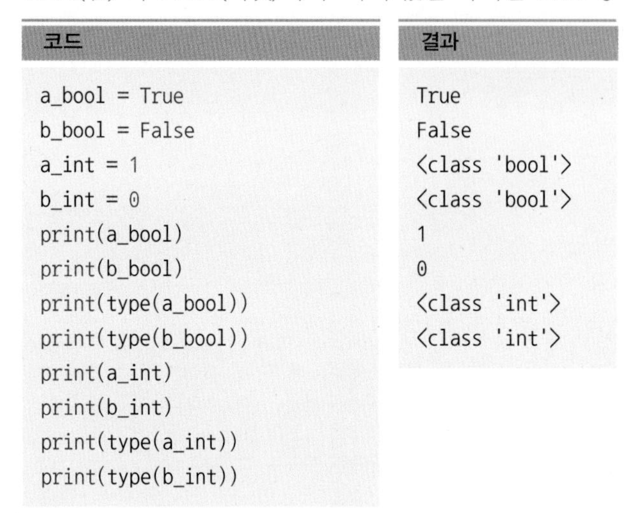

코드	결과
a_bool = True b_bool = False a_int = 1 b_int = 0 print(a_bool) print(b_bool) print(type(a_bool)) print(type(b_bool)) print(a_int) print(b_int) print(type(a_int)) print(type(b_int))	True False <class 'bool'> <class 'bool'> 1 0 <class 'int'> <class 'int'>

값의 입력을 True나 False로 초기값을 주면 bool형으로 변수가 초기화 됩니다.
값을 출력하면 True, False로 출력됩니다. 숫자 1,0은 정수형으로 bool형과는 다른 데이터 타입입니다. type의 명령어로 타입을 확인해보면 True, False는 bool 숫자 0,1은 int(숫자형)으로 다름을 알 수 있습니다.

02 _ 04 자료형 – 리스트, 튜플, 딕셔너리, 집합

[0.파이썬의 기초 문법] 폴더에 [4_자료형.ipynb]로 파일을 생성한 후 진행합니다.

4_자료형.ipynb

리스트(List)

리스트는 여러 개의 데이터를 하나의 변수로 묶어 표현할 수 있는 자료형입니다. 리스트를 생성하기 위해서는 [] 대괄호로 데이터를 묶습니다.

코드

```
a_list = [1,2,3,4,5]
print(a_list)
print(a_list[0])
print(a_list[1])
```

결과

```
[1, 2, 3, 4, 5]
1
2
```

a_list를 생성하였고 숫자 1,2,3,4,5의 값을 넣었습니다.

a_list의 출력은 [1, 2, 3, 4, 5] 으로 리스트형태로 출력되었습니다.

a_list[0]은 리스트의 0번지값인 1이 출력되었습니다. 리스트는 0번지부터 시작합니다.

a_list[1]은 리스트의 1번지값인 2이 출력되었습니다. 리스트는 0번지부터 시작합니다.

리스트의 데이터를 자를 수 있습니다.

코드

```
print(a_list[:2])
print(a_list[2:])
```

결과

```
[1, 2]
[3, 4, 5]
```

a_list[:2]으로 처음부터 2번째 전까지의 데이터를 가져옵니다. [1, 2]의 데이터를 가져왔습니다.

a_list[2:]으로 2번째부터 마지막까지의 데이터를 가져옵니다. [3, 4, 5]의 데이터를 가져왔습니다.

빈 리스트를 생성하고 데이터를 하나씩 추가하여 넣을 수 있습니다.

코드

```
b_list = []
b_list.append(1)
b_list.append(2)
b_list.append(3)
print(b_list)
```

결과

```
[1, 2, 3]
```

b_list = [] 빈 리스트를 생성합니다.

b_list.append(1) 로 숫자 1을 b_list에 넣습니다.

숫자 1,2,3을 b_list에 순차적으로 넣었습니다.

b_list의 출력결과 [1, 2, 3]이 출력되었습니다.

리스트에는 여러 타입의 변수 형태가 저장될 수 있습니다.

코드

```
c_list = [1,3.14,"hello",[1,2,3]]
print(c_list)
print(c_list[1:3])
```

결과

```
[1, 3.14, 'hello', [1, 2, 3]]
[3.14, 'hello']
```

c_list 에는 숫자형, 소수점형, 문자형, 리스트형 등 다양한 형태의 데이터가 들어갈 수 있습니다.

c_list[1:3]으로 데이터를 자르면 1번지부터 3번지 전까지의 데이터를 가져옵니다. 즉 1,2번지의 데이터를 가져옵니다.

리스트는 데이터를 변경할 수 있습니다.

코드	결과

`d_list = [1,2,3,4,5]`
`print(d_list)`
`d_list[0] = 5`
`print(d_list)`
	`[1, 2, 3, 4, 5]`
	`[5, 2, 3, 4, 5]`

d_list[0] = 5 를 이용하여 0번지의 데이터를 5로 변경하였습니다.

튜플(Tuple)

튜플 자료형을 알아봅니다. 튜플은 () 소괄호로 데이터를 묶습니다. 튜플은 리스트와 매우 비슷하나 튜플의 데이터는 변경할 수 없다는 특성이 있습니다. 변경할 수 없다는 특성만 다르고 리스트와 동일합니다.

코드	결과
`a_tuple = (1,2,3,4,5)` `print(a_tuple)`	`(1, 2, 3, 4, 5)`

결과 ()소괄호로 데이터가 묶여있어 튜플형입니다.

튜플의 데이터를 변경해봅니다.

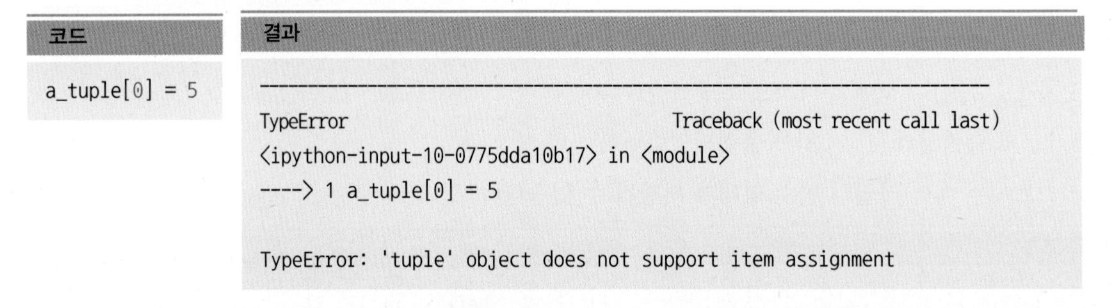

코드

```
a_tuple[0] = 5
```

결과

```
---------------------------------------------------------------------------
TypeError                                 Traceback (most recent call last)
<ipython-input-10-0775dda10b17> in <module>
----> 1 a_tuple[0] = 5

TypeError: 'tuple' object does not support item assignment
```

에러가 발생하며 데이터를 변경할 수 없습니다.

딕셔너리(Dictionary)

딕셔너리형 자료형에 대해 알아봅니다. 딕셔너리는 말 그대로 사전이라는 뜻이며 key와 value의 형태로 구성됩니다.

- 딕셔너리형의 표현은 {} 중괄호로 데이터를 묶습니다.
- {key1:value,key2:value,key3:value} 형태로 값을 묶습니다.

key값을 이용하여 value를 찾습니다.

코드

```
a_dic = {'a':1, 'b':2, 'c':'3'}
print(a_dic)
print(a_dic['a'])
print(a_dic['b'])
print(a_dic['c'])
```

결과

```
{'a': 1, 'b': 2, 'c': '3'}
1
2
3
```

a_dic = {'a':1, 'b':2, 'c':'3'} 딕셔너리 형태로 값을 넣었습니다.

a_dic['a'] 'a'의 킷값을 가진 1을 출력합니다.

a_dic['b'] 'b' 킷값을 가진 2을 출력합니다.

a_dic['c'] 'c' 킷값을 가진 3을 출력합니다.

딕셔너리의 킷값은 꼭 문자형태가 아닌 숫자도 가능합니다. 값은 숫자, 문자, 리스트 등 다양한 값을 넣을 수 있습니다.

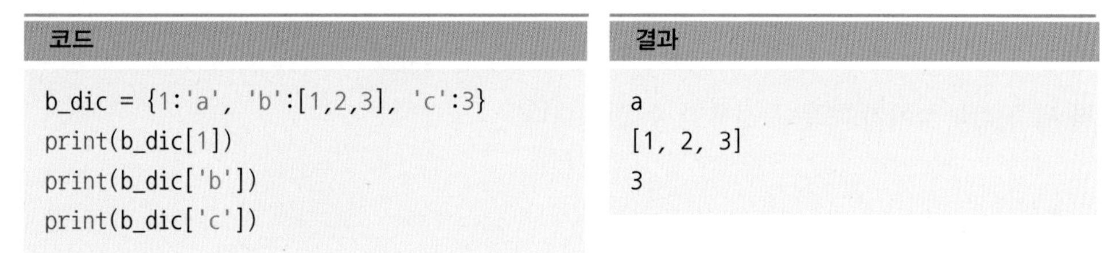

코드

```
b_dic = {1:'a', 'b':[1,2,3], 'c':3}
print(b_dic[1])
print(b_dic['b'])
print(b_dic['c'])
```

결과

```
a
[1, 2, 3]
3
```

b_dic[1] 1의 킷값을 가진 값 'a'를 출력합니다.

b_dic['b'] 'b'의 킷값을 가진 리스트 [1,2,3]이 출력되었습니다.

b_dic['c'] 'c' 킷값을 가진 값 3를 출력합니다.

새로운 킷값과 데이터를 입력하여 딕셔너리에 데이터를 추가할 수 있습니다.

코드

```
b_dic['d'] = 4
print(b_dic)
```

결과

```
{1: 'a', 'b': [1, 2, 3], 'c': 3, 'd': 4}
```

'd'의 킷값을 가진 4가 추가되었습니다.

집합(set)

set()의 자료형은 중복이 없는 자료형입니다. set() 안에 [] 리스트의 형태로 데이터를 넣어줍니다.

코드

```
a_set = set([1,2,3,4])
print(a_set)
```

결과

```
{1, 2, 3, 4}
```

a_set의 이름으로 set() 자료형을 만들었습니다. set() 자료형의 입력은 리스트로 입력합니다.
set()의 자료형에는 중복된 데이터가 있을 수 없습니다. 중복된 값을 set() 자료형에 입력해봅니다.

코드

```
b_set = set([1,1,2,2,3,3,4,5,6])
print(b_set)
```

결과

```
{1, 2, 3, 4, 5, 6}
```

1,2,3이 중복으로 두 개씩 입력하였지만 중복이 제거되어 하나씩만 남았습니다. set()형은 순서대로 정렬하지 않습니다. 처음에는 순서대로 정렬하는 것처럼 보이지만 실제 순서가 없습니다.
set() 자료형을 이용하여 값을 입력합니다.

코드

```
c_set = set("python40s")
print(c_set)
```

결과

```
{'y', 'p', 'o', 't', 's', '4', 'h', '0', 'n'}
```

출력결과 정렬되지 않고 무작위로 값이 섞였습니다. 데이터를 순서대로 정렬해야 하는 곳에서는 데이터의 순서가 뒤죽박죽 섞이기 때문에 사용할 수 없습니다.

02 _ 05 연산 – 사칙연산, 논리연산, 비교연산

[0.파이썬의 기초 문법] 폴더에 [5_연산.ipynb]로 파일을 생성한 후 진행합니다.

5_연산.ipynb

사칙연산

사칙연산에 대해 알아봅니다. 사칙연산은 더하기, 빼기, 곱하기, 나누기의 연산입니다. 수학에서 곱하기는 x이지만 파이썬에서는 영어소문자와 혼동될 수 있기 때문에 *로 표시됩니다. 거의 모든 프로그램 언어에서 곱하기는 *로 표현됩니다.

코드

```
print("더하기:",10+20)
print("빼기:",10-20)
print("곱하기:",10*20)
print("나누기:",10/20)
```

결과

```
더하기: 30
빼기: -10
곱하기: 200
나누기: 0.5
```

더하기, 빼기, 곱하기, 나누기의 사칙 연산을 하였습니다.

거듭제곱의 연산도 가능합니다.

코드	결과
print(" 10**2: " ,10**2) print(" 10**3: " ,10**3) print(" 10**4: " ,10**4)	10**2: 100 10**3: 1000 10**4: 10000

로 표시되며 **뒤에 숫자만큼 자신을 곱합니다. c2 는 10*10 c**3는 10*10*10으로 계산됩니다.

몫을 구하는 연산은 // 나머지를 구하는 연산은 %를 사용합니다.

코드	결과
print("몫: " ,40//6) print("나머지:",40%6)	몫: 6 나머지: 4

40//6은 40을 6으로 나눈 몫으로 6이 출력되었습니다.

40%6은 40을 6을 나눈 나머지 값으로 4가 출력되었습니다.

논리연산

논리연산에 대해 알아봅니다. 논리연산으로는 or, and, not 이 있습니다.

or 연산은 값이 하나라도 참일 경우에 참인 연산입니다.

코드	결과
print(0 or 0) print(0 or 1) print(1 or 0) print(1 or 1) print(False or False) print(False or True) print(True or False) print(True or True)	0 1 1 1 False True True True

1일 하나라도 있으면 1이 되고, True가 하나라도 있으면 True가 됩니다. 0,1은 int(숫자형)이고 True, Flase는 bool형입니다.

and 연산은 모든 값이 참이어야 참인 연산입니다.

코드	결과
print(0 and 0)	0
print(0 and 1)	0
print(1 and 0)	0
print(1 and 1)	1
print(False and False)	False
print(False and True)	False
print(True and False)	False
print(True and True)	True

모든 값이 1 이상이거나, True일 때만 참인 연산입니다.

not은 자신의 상태를 반전시킵니다. True이면 False로 False이면 True로 변경합니다. not은 True 아니면 False의 두 가지 상태만을 가집니다.

코드	결과
print(not 0)	True
print(not 1)	False
print(not False)	True
print(not True)	False

출력되는 값이 반전되었습니다. 숫자형태로 입력된 0,1도 bool 타입으로 변경되었습니다.

비교연산

비교연산은 다음 표와 같습니다.

==	두 개의 값이 같을 때 참
>=	왼쪽의 값이 크거나 같을 때 참
<=	오른쪽의 값이 크거나 같을 때 참
>	왼쪽의 값이 클 때 참
<	오른쪽의 값이 클 때 참
!=	두 개의 값이 같지 않을 때 참

비교연산을 실제 값으로 확인해봅니다

코드	결과
print(10 == 10)	True
print(10 >= 10)	True
print(10 <= 10)	True
print(10 < 5)	False
print(10 > 5)	True
print(10 != 10)	False

10==10 과 같기 때문에 True가 출력됩니다. 파이썬에서 두 개의 값이 같음은 ==(=두 개)로 표현합니다. =(=하나) 일 경우 "오른쪽의 값을 가리켜라"라는 뜻입니다.

10〉=10 10과 10은 크거나 같습니다. 같기 때문에 True입니다.

10〈=10 10과 10은 작거나 같습니다. 같기 때문에 True입니다.

10 〈 5 10보다 5가 더 큽니다. False입니다.

10 〉 5 10이 5보다 더 큽니다. Ture입니다.

10 != 10 10과 10은 같지 않습니다. 같이 때문에 False입니다.

in은 리스트나 문자열에서 포함된 값을 비교합니다. 리스트에서 값이 포함되어있는지 확인하는 코드입니다.

코드

```
a_list = ['a',2,'hello',3]
print('a' in a_list)
print(1 in a_list)
print('hello' in a_list)
print(3 in a_list)
```

결과

```
True
False
True
True
```

a_list에 'a'가 포함되어 있기 때문에 True입니다.

a_list에 1은 포함되어 있지 않기 때문에 False입니다.

a_list에 'hello'가 포함되어 있기 때문에 True입니다.

a_list에 3이 포함되어 있기 때문에 True입니다.

in을 이용하여 리스트 안의 값이 포함되어 있는지 확인할 수 있습니다.

in을 이용하여 문자열에서 문자가 포함되어 있는지 확인도 가능합니다.

코드

```
a_str = "hello python"
print("python" in a_str)
print("py" in a_str)
print("40" in a_str)
```

결과

```
True
True
False
```

"hello python"의 문자열에서 python이 포함되어 있기 때문에 True입니다.

"hello python"의 문자열에서 py이 포함되어 있기 때문에 True입니다.

"hello python"의 문자열에서 40은 포함되어 있지 않기 때문에 False입니다.

02 _ 06 조건문

[0.파이썬의 기초 문법] 폴더에 [6_조건문.ipynb]로 파일을 생성한 후 진행합니다.

6_조건문.ipynb

조건문은 조건에 따라 코드를 실행하거나 실행하지 않게 만들 수 있습니다. 파이썬에서 조건문을 사용하여 조건에 만족하면 동작하는 방법에 대해 알아봅니다.

if 조건문을 사용 조건에 만족할 때만 동작하는 코드를 만들어봅니다.

- if 조건문 뒤에 :(콜론)을 붙여줍니다.
- 조건문을 만족하면 동작하는 코드는 조건문에 들여쓰기를 합니다. 통상적으로 Tab 키를 이용하여 들여쓰기 합니다. Tab 키는 개발툴에 따라 2칸 또는 4칸으로 주로 되어있습니다. 이 책에서는 들여쓰기는 Tab 을 이용한 4칸으로 합니다. (vs code의 Tab 키의 기본 옵션이 4칸으로 되어있어 별다른 설정을 수정하지 않고 사용합니다.)
- [== 같을 때 참], [!= 다를 때 참]

코드

```
a = 1
b = 1
if a == b:
    print("두 개의 값은 같습니다.")
if a != b:
    print("두 개의 값은 같지 않습니다.")
```

결과

```
두 개의 값은 같습니다.
```

if a == b: a와 b와 같기 때문에 들여쓰기가 된 print("두 개의 값은 같습니다.") 을 실행합니다.

if a != b: a와 b는 값이 다를 때 조건이 만족합니다. 조건이 맞지 않기 때문에 조건에 만족하지 않습니다. a와 b는 숫자 1로 동일합니다.

if~ else 조건문은 if조건이 만족하지 않을 경우 else조건이 실행됩니다.

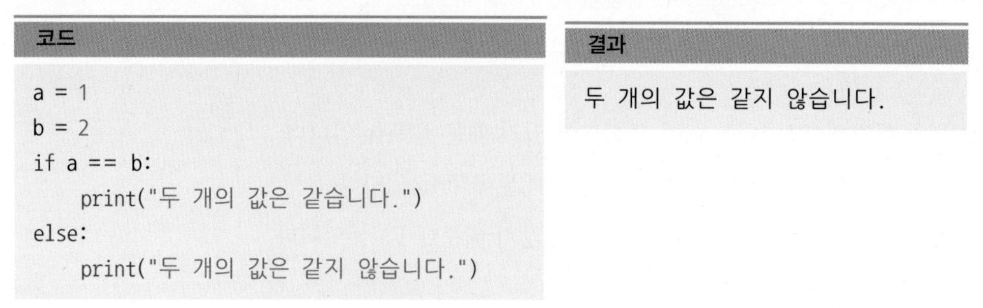

코드

```
a = 1
b = 2
if a == b:
    print("두 개의 값은 같습니다.")
else:
    print("두 개의 값은 같지 않습니다.")
```

결과

```
두 개의 값은 같지 않습니다.
```

if a == b: 조건은 맞지 않으므로 else: 조건을 실행합니다.

if~ elif~ else 조건문으로 여러 개의 조건을 비교할 수 있습니다.

코드

```
a = 1
b = 2
if a > b:
    print("a 값이 더 큽니다.")
elif a < b:
    print("b 값이 더 큽니다.")
else:
    print("두 개의 값은 같습니다.")
```

결과

```
b 값이 더 큽니다.
```

if a 〉 b: 은 만족하지 않습니다.

elif a 〈 b: 조건은 만족하여 실행합니다. 다음 else 조건은 건너뜁니다.

if~ elif ~ else 조건의 경우 쌍으로 동작하며 위에서부터 조건을 비교하다가 만족하는 조건이 실행되면 다음의 조건은 실행되지 않고 건너뜁니다.

[〉= 크거나 같을 때 참], [〈= 작거나 같을 때 참] 인 조건문을 알아봅니다.

코드

```
a = 1
b = 1
if a >= b:
    print("a 값이 더 크거나 같습니다.")
if a <= b:
    print("a 값이 더 작거나 같습니다.")
```

결과

```
a 값이 더 크거나 같습니다.
a 값이 더 작거나 같습니다.
```

if a 〉= b: a값이 더 크거나 같습니다 중 같습니다가 만족하여 조건을 실행합니다.

if a 〈= b: a값이 더 작거나 같습니다 중 같습니다가 만족하여 조건을 실행합니다.

비교연산자인 and와 or를 이용한 비교문을 사용할 수 있습니다,

코드

```
a = 1
b = 1
c = 2
d = 2
if a == b and c == d:
    print("두 조건 모두 만족")
if a == b or c == d:
    print("두 조건 중 하나라도 만족하면")
```

결과

```
두 조건 모두 만족
두 조건 중 하나라도 만족하면
```

if a == b and c == d: 조건은 a==b은 조건도 참이고 c==d의 조건도 참이어야 조건에 만족합니다. and는 모든 조건이 True 또는 1이상이어야 만족합니다.

if a == b or c == d: 조건은 a==b 조건이 만족하거나 c==d의 조건이 만족하면 조건에 만족합니다. or는 조건 중 하나라도 True이거나 1이상이면 만족합니다.

조건문에서 문자열 비교를 알아봅니다. ==으로 비교 시 완전 같아야 참이 되고 in으로 비교 시에는 포함되어 있으면 참이 됩니다. not in은 포함되어 있지 않으면 참이 됩니다.

코드

```
a_str = "hello python"
if a_str == "hello python":
    print("hello python 문자열이 같습니다.")
if a_str == "hi python":
    print("hi python 문자열이 같습니다.")
if "hello" in a_str:
    print("hello 가 포함되어 있습니다.")
if "hello" not in a_str:
    print("hello 가 포함되어 있지 않습니다.")
if "hi" not in a_str:
    print("hi 가 포함되어 있지 않습니다.")
```

결과

```
hello python 문자열이 같습니다.
hello 가 포함되어 있습니다.
hi 가 포함되어 있지 않습니다.
```

if a_str == "hello python": 모든 문자열이 같기 때문에 조건을 실행합니다.

if a_str == "hi python": 모든 문자열이 같지 않기 때문에 조건을 실행하지 않습니다.

if "hello" in a_str: in의 사용방법은 a_str 안에 "hello" 문자가 포함되어 있으면 참조건이 되어 조건문을 실행합니다. hello가 포함되어 있기 때문에 조건문을 실행합니다.

if "hello" not in a_str: not in은 in과 반대로 포함되어 있지 않으면 조건이 참이 됩니다. hello는 포함되어 있기 때문에 거짓으로 조건문이 동작하지 않습니다.

if "hi" not in a_str: hi는 포함되어 있지 않기 때문에 조건에 만족하여 조건문이 동작합니다.

in은 리스트의 요소값을 비교할 때도 사용할 수 있습니다.

코드

```
a_list = ["안녕",1,2,"파이썬"]
if "안녕" in a_list:
    print("a_list에 안녕 이 포함되어 있습니다.")
if 2 in a_list:
    print("a_list에 숫자 2 가 포함되어 있습니다.")
```

결과

```
a_list에 안녕 이 포함되어 있습니다.
a_list에 숫자 2 가 포함되어 있습니다.
```

if "안녕" not in a_list: a_list에는 "안녕"이 포함되어 있기 때문에 조건문을 만족하여 동작합니다.

if 2 in a_list: a_list에는 숫자 2가 포함되어 있기 때문에 조건문을 만족하여 동작합니다.

not in도 리스트의 요소 비교를 위해 사용할 수 있습니다.

코드

```
a_list = ["안녕",1,2,"파이썬"]
if "안녕" not in a_list:
    print("a_list에 안녕 이 포함되어 있지 않습니다.")
if 5 not in a_list:
    print("a_list에 숫자 5는 없습니다.")
```

결과

```
a_list에 숫자 5는 없습니다.
```

if "안녕" not in a_list: "안녕" 은 "리스트에 포함되어 있지 않습니다."를 만족하지 못하기 때문에 조건문은 동작하지 않습니다.

if 5 not in a_list: 숫자 5는 a_list에 없기 때문에 조건이 만족하여 동작합니다.

02 _ 07 반복문 while문, for문

[0.파이썬의 기초 문법] 폴더에 [7_반복문.ipynb]로 파일을 생성한 후 진행합니다.

7_반복문.ipynb

어떠한 연산 혹은 기능을 반복적으로 실행해야 할 때 사용하는 구문입니다. 파이썬에서 지원하는 대표적인 반복문에는 while문, for문이 있습니다. while문, for문의 차이점을 간략하게 설명하면 다음과 같습니다.

- while문 : 참과 거짓을 기준으로 조건이 거짓이 되기 전까지 무한 반복적으로 실행합니다.
- for문 : 반복되는 부분이나 범위를 구체적으로 지정해서 실행합니다.

for문

for 반복문을 사용하는 방법에 대해 알아봅니다.

코드

```
for i in range(7):
    print(i)
```

결과

```
0
1
2
3
4
5
6
```

for i in range(7): 는 0부터 7-1 까지 반복하라는 뜻입니다. i는 반복할 때 마다 요소를 가져와 출력합니다. range(7)은 0부터 6까지입니다.

range의 범위를 지정할 수 있습니다. range(시작,끝)으로 시작부터 끝-1 까지 반복합니다.

코드

```
for i in range(5, 10):
    print(i)
```

결과

```
5
6
7
8
9
```

결과를 확인하면 시작인 5부터 끝인10-1 까지 반복하여 i값을 출력하였습니다. for문의 i값은 요소를 출력합니다. i의 이름은 원하는 대로 변경 가능합니다.

range 함수의 3번째 인자에 -1을 입력하면 역순으로 출력이 가능합니다.

코드

```
for i in range(10, 5, -1):
    print(i)
```

결과

```
10
9
8
7
6
```

10부터 5+1 까지 -1씩 감소하여 5회 반복하여 출력되었습니다. 리스트에서 for문을 이용하여 값을 가져오는 방법에 대해 알아봅니다.

코드

```
a_list = [1,2,3,4,5,"안녕","하세요"]
for i in a_list:
    print(i)
```

결과

```
1
2
3
4
5
안녕
하세요
```

for i in a_list: 로 작성하면 a_list의 길이만큼 for문을 동작합니다. i는 첫 번째 요소부터 다음으로 이동하여 값을 가져옵니다.

for문을 이용하여 문자의 수만큼 반복할 수도 있습니다.

코드

```
a_str = "hello python"
for i in a_str:
    print(i)
```

결과

```
h
e
l
l
o

p
y
t
h
o
n
```

문자의 수만큼 반복하여 문자 하나하나를 출력하였습니다.

enumerate를 이용하면 리스트에서 위치와 값을 가져올 수 있습니다.

코드

```
name_list = ["홍길동","장다인","김철수"]
age_list = [500,5,12]
for i,k in enumerate(name_list):
    print("i=",i,end=' ')
    print("k=",k)
```

결과

```
i= 0  k= 홍길동
i= 1  k= 장다인
i= 2  k= 김철수
```

name_list에서 i는 리스트의 위치, k는 리스트의 값을 가져올 수 있습니다. enumerate() 괄호안에 리스트, 문자열 등을 넣으면 됩니다.

print에서 end=''는 ''에 빈값이 들어갔기 때문에 종료문자를 넣지 않겠다는 뜻입니다. ''에 값을 넣어주면 넣은 문자열로 종료문자가 들어갑니다. end='' 을 넣어주지 않으면 기본적으로 종료문자로는 줄바꿈이 들어갑니다. 줄바꿈을 하지 않기 위해서 end=''을 넣어주었습니다.

name_list에는 이름이 저장되어 있고 age_list 나이가 저장되어 있습니다. 하나의 for 문을 이용하여 데이터를 출력해봅니다.

코드

```
name_list = ["홍길동","장다인","김철수"]
age_list = [500,5,12]
for i,k in enumerate(name_list):
    print(k,end=' ')
    print(age_list[i])
for i,k in enumerate(name_list):
    print(name_list[i],end=' ')
    print(age_list[i])
```

결과

```
홍길동  500
장다인  5
김철수  12
홍길동  500
장다인  5
김철수  12
```

```
for i,k in enumerate(name_list):
    print(k,end='  ')
    print(age_list[i])
```

enumerate 이용하여 name_list의 길이와 내용을 가져왔습니다. name_list의 요소값이 저장된 k값을 출력하고 i값을 이용하여 age_list의 나이를 출력하였습니다.

```
for i,k in enumerate(name_list):
    print(name_list[i],end='  ')
    print(age_list[i])
```

위의 방법이 헷갈릴 수 있어 다음의 방법으로 k값은 사용하지 않고 증가되는 값인 i만 이용하여 리스트에서 값을 가져 왔습니다.

enumerate 사용하지 않고 list의 길이만큼을 range에 입력하여 사용할 수 있습니다.

코드

```
name_list = ["홍길동","장다인","김철수"]
age_list = [500,5,12]
for i in range(len(name_list)):
    print(name_list[i],end=' ')
    print(age_list[i])
```

결과

```
홍길동 500
장다인 5
김철수 12
```

range(len(name_list) 와 같이 name_list의 길이를 range함수에 입력하여 for문을 반복하였습니다.

한 줄의 for문을 이용하여 리스트의 값을 쉽게 넣을 수 있습니다.

코드

```
test_list = [i for i in range(10)]
print(test_list)

test2_list = []
for i in range(10):
    test2_list.append(i)
print(test2_list)
```

결과

```
[0, 1, 2, 3, 4, 5, 6, 7, 8, 9]
[0, 1, 2, 3, 4, 5, 6, 7, 8, 9]
```

test_list = [i for i in range(10)] 는 test_list에 0부터 9까지 반복하여 i 값을 넣어라 라는 반복합니다.

일반 for문을 이용하면 다음과 같이 3줄의 코드가 됩니다.

```
test2_list = []
for i in range(10):
    test2_list.append(i)
```

.append는 리스트에 값을 넣을 때 사용합니다. 순차적으로 값이 들어갑니다.

리스트를 만들고 초기에 원하는 값을 넣을 때 많이 사용합니다.

코드	결과
test_list = [i * 5 for i in range(10)] print(test_list) test2_list = [0 for i in range(10)] print(test2_list)	[0, 5, 10, 15, 20, 25, 30, 35, 40, 45] [0, 0, 0, 0, 0, 0, 0, 0, 0, 0]

test_list는 10개의 데이터를 i에 5를 곱한 값으로 초기화 하였습니다.

test2_list의 값은 10개의 데이터를 0으로 초기화 하였습니다.

while 반복문

while 반복문에 대해 알아봅니다. while 반복문은 [while 조건:]에서 조건이 참일 때 계속 반복합니다. 참인 조건인 True이거나 1이상일 때는 참입니다. while문을 이용하여 5번 반복하는 코드를 만들어봅니다.

코드

```
a = 0
while a < 5:
    print(a)
    a = a + 1
```

결과

```
0
1
2
3
4
```

while조건이 a가 5보다 작으면 while문은 계속 반복합니다. a는 0~4까지 동작하다가 5가되면 5<5는 거짓이 되기 때문에 while문을 종료합니다. 출력결과 0~4까지 5번 반복하였습니다.

"while True:"를 사용하여 동일한 동작이 가능합니다. while 문안에 조건문을 만든 후 break를 이용하여 while문을 탈출할 수 있습니다.

코드

```
a = 0
while True:
    print(a)
    a = a + 1
    if a >= 5:
        break
```

결과

```
0
1
2
3
4
```

while True: 는 계속 동작합니다. 조건문에서 a가 5보다 크거나 같으면 break로 인해 while문을 탈출 합니다. 동작결과 0~4까지 출력되다가 5가되면 if a>=5: 조건문에 만족하여 break를 만나 while문을 탈출 합니다.

02 _ 08 오류 및 예외처리

[0.파이썬의 기초 문법] 폴더에 [8_오류및예외처리.ipynb]로 파일을 생성한 후 진행합니다.

8_오류및예외처리.ipynb

프로그램 언어를 사용하는 이유는 컴퓨터가 알아들을 수 있는 기계어인 0과 1로 바꿔주는 역할을 합니다. 파이썬 언어는 파이썬 프로그램 언어를 '인터프리터'라고 하는 명령어 해석기를 통해 한 줄 한 줄 기계어로 번역하여 컴퓨터에게 전달해줍니다. 한 줄 한 줄 동작하기 때문에 에러가 발생하는 프로그램 이전까지는 잘 동작하다가 프로그램의 에러를 만나면 에러를 출력하고 종료합니다. 프로그램에서 에러가 발생할 만한 코드에 예외처리를 하는 방법을 알아보도록 합니다.
의도적으로 에러를 발생하는 코드를 만들어봅니다. 아무 의미도 없는 영문자를 넣어봅니다.

코드

```
dsjafkldsajl
```

결과

```
---------------------------------------------------------------------------
NameError                                 Traceback (most recent call last)
<ipython-input-11-ece064f9f32d> in <module>
----> 1 dsjafkldsajl

NameError: name 'dsjafkldsajl' is not defined
```

name 'dsjafkldsajl' is not defined 출력됩니다. 선언되지 않아서 에러가 발생하였습니다.
에러를 외예처리 할 수 있는 try: except: 구문을 이용하여 에러 예외처리합니다.

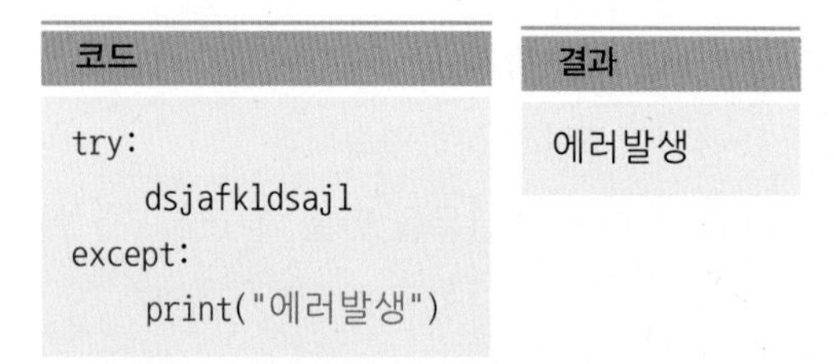

코드

```
try:
    dsjafkldsajl
except:
    print("에러발생")
```

결과

```
에러발생
```

try: 문에 에러가 발생하면 except: 문을 실행합니다. 에러발생을 출력하였습니다.

에러 발생을 무시하고 넘어갈 수도 있습니다. pass를 사용하면 아무것도 하지 않고 넘어갑니다.

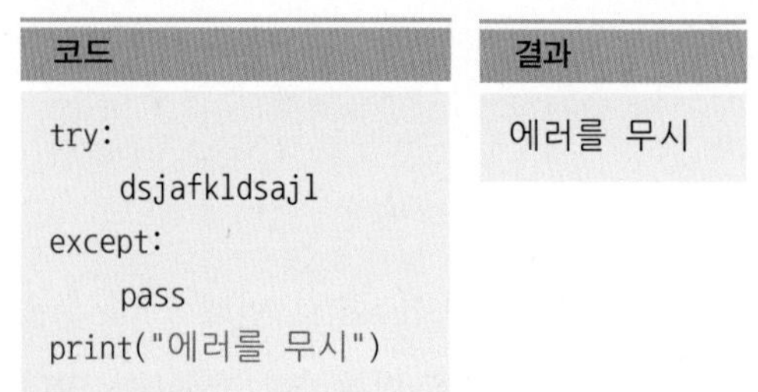

코드

```
try:
    dsjafkldsajl
except:
    pass
print("에러를 무시")
```

결과

```
에러를 무시
```

except: 문에 pass를 사용하여 아무것도 하지 않고 다음 줄인 "에러를 무시"를 출력하였습니다.

에러의 원인을 알고 싶으면 다음과 같이 Exception as e를 이용하여 'e'를 출력해 보면 에러의 원인이 출력됩니다. 프로그램이 멈추지 않고 프로그램 내에서 에러의 원인을 출력합니다.

코드

```
try:
    dsjafkldsajl
except Exception as e:
    print("에러발생 원인",e)
```

결과

```
에러발생 원인 name 'dsjafkldsajl' is not defined
```

e를 출력해보면 "name 'dsjafkldsajl' is not defined" 다음과 같이 프로그램에서 에러의 원인을 출력하였습니다.

02 _ 09 함수

[0.파이썬의 기초 문법] 폴더에 [9_함수.ipynb]로 파일을 생성한 후 진행합니다.

9_함수.ipynb

함수는 코드가 모여 있는 하나의 단위입니다. 파이썬에서 함수를 만들기 위해서는 def 이름: 을 이용합니다.

간단한 함수를 만들어보고 실행해 봅니다.

코드

```
def func():
    print("안녕하세요")
    print("파이썬과 40개의 작품들 입니다.")
func()
```

결과

```
안녕하세요
파이썬과 40개의 작품들 입니다.
```

func의 이름으로 함수를 만들었습니다 끝에 콜론(:)을 붙여줍니다. func 함수 안에 있다는 것은 들여쓰기 코드를 통해 func 함수를 만들 수 있습니다.

다음과 같이 func() 함수를 정의 하였습니다.

```
def func():
    print("안녕하세요")
    print("파이썬과 40개의 작품들 입니다.")
```

코드에서 func()를 호출하면 func() 함수안에 정의된 코드를 실행합니다.

내가 필요한 시점에 함수를 불러 정의된 코드를 사용할 수 있습니다. for문 안에서 함수를 불러 사용합니다.

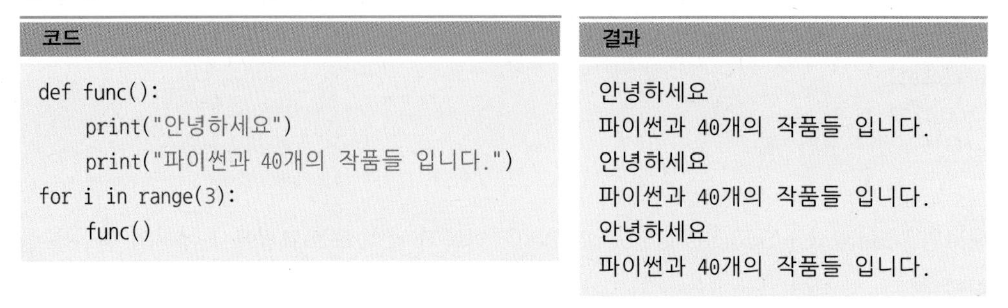

코드	결과

```
def func():
    print("안녕하세요")
    print("파이썬과 40개의 작품들 입니다.")
for i in range(3):
    func()
```

```
안녕하세요
파이썬과 40개의 작품들 입니다.
안녕하세요
파이썬과 40개의 작품들 입니다.
안녕하세요
파이썬과 40개의 작품들 입니다.
```

func() 함수를 for문에서 호출하여 3번 동작하였습니다.

함수에서 2개의 값을 받아 더한 값을 반환해주는 함수를 만들고 동작시켜 봅니다.

코드

```
def func_add(a,b):
    return a + b
c = func_add(1,2)
print(c)
```

결과

```
3
```

func_add 의 이름으로 함수를 만들고 a, b 값을 입력 받았습니다.

return을 이용하여 a+b의 값을 반환합니다.

함수의 사용은 c = func_add (1,2) 1,2의 값을 더해 값을 반환하고 반환된 값을 c에 저장합니다.

c를 출력하여 1과 2를 더한 3이 출력되었습니다.

곱하기 동작을 하는 함수도 만들어봅니다.

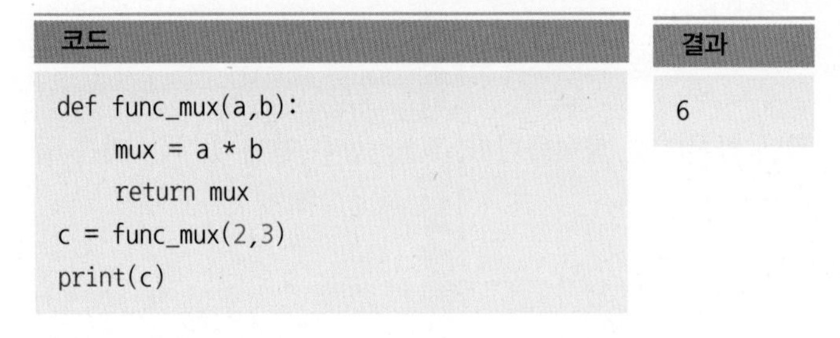

코드

```
def func_mux(a,b):
    mux = a * b
    return mux
c = func_mux(2,3)
print(c)
```

결과

```
6
```

func_mux 이름으로 함수를 만들고 a,b 입력값을 받습니다. 함수내부에 mux 변수를 하나 생성 후 a*b값을 저장 후 mux값을 반환합니다.

func_mux(2,3) 으로 2와 3을 곱한값을 반환합니다.

파이썬의 함수는 여러 개의 값을 반환할 수 있습니다. 숫자 두 개를 입력받아 더한값과 곱한값을 각각 반환하는 함수를 만들어봅니다.

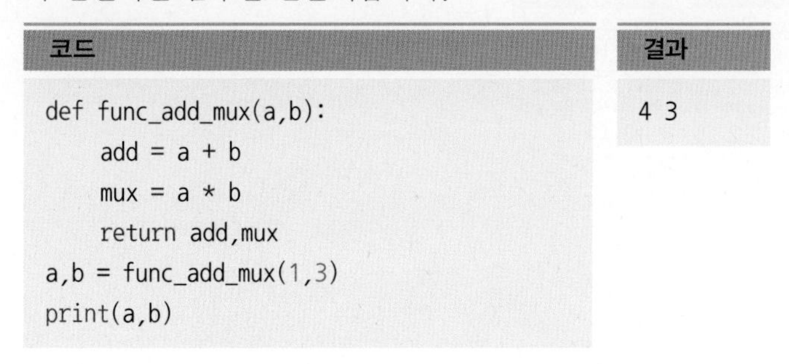

코드

```
def func_add_mux(a,b):
    add = a + b
    mux = a * b
    return add,mux
a,b = func_add_mux(1,3)
print(a,b)
```

결과

```
4 3
```

func_add_mux(a,b) 는 a,b값 두 개를 입력받아 더한 값은 add변수에 곱한값은 mux변수에 저장하고 return을 이용하여 add와 mux를 반환합니다.

a,b = func_add_mux(1,3) 첫 번째 반환값에는 a가 두 번째 반환값에는 b가 저장되어 a에는 더한 값 b는 곱한값이 저장됩니다.

함수에서 반환되는 값중에 선택하여 값을 받을 수 있습니다.

코드

```
def func_add_mux(a,b):
    add = a + b
    mux = a * b
    return add,mux
_,b = func_add_mux(1,3)
print(b)
```

결과

```
3
```

func_add_mux(a,b) 함수는 두 개의 값을 반환하지만 함수를 사용할 때 _,b = func_add_mux(1,3) 사용하면 첫 번째 값은 받지 않겠다는 뜻입니다. 두 번째 곱한 값만 받아 사용하였습니다.

02 _ 10 클래스

[0.파이썬의 기초 문법] 폴더에 [10_클래스.ipynb]로 파일을 생성한 후 진행합니다.

10_클래스.ipynb

클래스란 프로그램의 틀이라 생각하면 됩니다. 클래스를 이용하여 틀을 만들고 그 틀대로 찍어 객체를 만들수 있습니다. 틀을 이용하여 객체를 찍어내면 되기 때문에 객체는 틀을 찍는 대로 생성 가능합니다.

간단한 클래스를 구상하고 객체를 만드는 프로그램을 만들어봅니다.

코드

```
class Greet():
    def hello(self):
        print("hello")
    def hi(self):
        print("hi")
human1 = Greet()
human2 = Greet()
human1.hello()
human1.hi()
human2.hello()
human2.hi()
```

결과

```
hello
hi
hello
hi
```

class Greet(): 으로 클래스를 만들었습니다. 클래스 안에는 hello 함수와 hi함수가 있습니다. 클래스 안의 함수는 메서드라고 불립니다.

hello 메서드는 hello를 출력하고 hi 메서드는 hi를 출력하는 단순한 메서드입니다.

human1 = Greet() Greet라는 클래스로 humain1 객체를 찍어 생성하였습니다.

human2 = Greet() Greet라는 클래스로 humain2 객체를 찍어 생성하였습니다.

클래스로 객체를 생성하였으면 객체는 클래스에서 만든 메서드(함수)를 사용할 수 있습니다.

humain1.hello()를 이용하여 hello 메서드(함수)를 실행하였습니다.

human1.hi()를 이용하여 hi 메서드(함수)를 실행하였습니다.

human2.hello()를 이용하여 hello 메서드(함수)를 실행하였습니다.

human2.hi()를 이용하여 hi 메서드(함수)를 실행하였습니다.

이처럼 하나의 클래스를 만든 후 객체를 생성하여 동작하였습니다.

클래스를 생성할 때 __init__함수를 만들면 클래스를 생성할 때 바로 실행됩니다. 학생 클래스를 생성 후 이름, 나이, 좋아하는 것을 입력받고 정보를 출력하는 코드를 만들어봅니다.

코드

```
class Student():
    def __init__(self,name,age,like):
        self.name = name
        self.age = age
        self.like = like
    def studentInfo(self):
        print(f"이름:{self.name}, 나이:{self.age}, 좋아하는것:{self.like}")
김철수 = Student("김철수",17,"축구")
장다인 = Student("장다인",5,"헬로카봇")
김철수.studentInfo()
장다인.studentInfo()
```

결과

```
이름:김철수, 나이:17, 좋아하는것:축구
이름:장다인, 나이:5, 좋아하는것:헬로카봇
```

Student() 클래스를 생성하였습니다. __init__ 메서드는 객체를 만들때 자동으로 동작하는 메서드입니다. name, age, like를 입력받습니다. self는 자기 자신으로 클래스 메서드(함수)를 만들때 꼭 붙여줍니다.

self.name, self.age ,self.like 는 Student() 클래스에서 사용하는 클래스변수로 클래스내에 다른 메서드(함수)에서 사용 가능합니다.

김철수 = Student("김철수",17,"축구") 김철수 객체를 만들고 이름, 나이, 좋아하는 것을 입력하였습니다.

장다인 = Student("장다인",5,"헬로카봇") 장다인 객체를 만들고 이름, 나이, 좋아하는 것을 입력하였습니다.

김철수.studentInfo() 김철수의 정보를 출력합니다.

장다인.studentInfo() 장다인의 정보를 출력합니다.

클래스의 상속에 대해 알아봅니다. 클래스는 상속받아 이어 사용 가능합니다.

코드

```
class Mother():
    def characteristic(self):
        print("키가 크다.")
        print("공부를 잘한다.")
class Daughter(Mother):
    def characteristic(self):
        super().characteristic()
        print("운동을 잘한다.")
엄마 = Mother()
딸 = Daughter()
print("엄마는")
엄마.characteristic()
print("딸은")
딸.characteristic()
```

결과

```
엄마는
키가 크다.
공부를 잘한다.
딸은
키가 크다.
공부를 잘한다.
운동을 잘한다.
```

Mother()클래스의 characteristic(self) 는 “키가 크다” “공부를 잘한다”를 출력합니다.

Daughter(Mother)클래스는 Mother클래스를 상속받았고 Daughter() 클래스의 characteristic(self)은 super().characteristic() 로부터 상속받은 “키가 크다” “공부를 잘한다”와 자기 자신이 잘하는 "운동을 잘한다."를 출력합니다.

상속받은 메서드(함수)를 사용할 때는 super()를 사용합니다. super()는 상위라는 뜻이 있습니다.
딸은 엄마에게 상속받은 키가 크다와 공부를 잘한다를 상속받고 자기 자신이 잘하는 운동을 잘한다도 함께 출력하였습니다.
__init__를 이용하여 객체를 생성하자마자 출력하는 방법도 있습니다.

코드

```
class Mother():
    def __init__(self):
        print("키가 크다.")
        print("공부를 잘한다.")
class Daughter(Mother):
    def __init__(self):
        super().__init__()
        print("운동을 잘한다.")
print("엄마는")
엄마 = Mother()
print("딸은")
딸 = Daughter()
```

결과

```
엄마는
키가 크다.
공부를 잘한다.
딸은
키가 크다.
공부를 잘한다.
운동을 잘한다.
```

super().__init__() 은 상속받은 클래스의 __init__을 실행합니다.

02 _ 11 주석

[0.파이썬의 기초 문법] 폴더에 [11_주석.ipynb]로 파일을 생성한 후 진행합니다.

11_주석.ipynb

주석은 프로그램의 문법과는 상관없이 프로그램 설명이나 코드 자체를 실행하지 못하게 하는 용도로 사용합니다.
파이썬은 다음과 같이 주석으로 처리하고 하는 부분 앞에 # 기호를 붙여 주석 처리합니다. 즉, # 다음부터는 주석으로 인식되어 코드에 영향을 받지 않습니다.

코드

```
#주석입니다.
#사용자 설명 코드 입니다.
print("hello") # 코드의 줄 끝에 사용할 수 있습니다.
```

결과

```
hello
```

코드의 끝에 #을 작성할 수 있습니다. #뒤에 부터 그 줄은 주석으로 처리됩니다.

코드 자체를 주석으로 막을 수 있습니다.

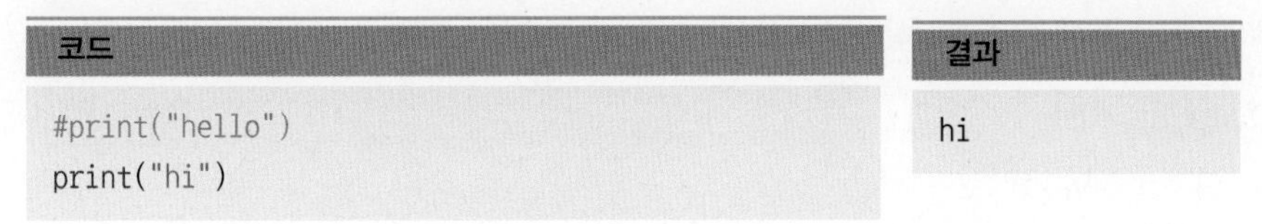

코드

```
#print("hello")
print("hi")
```

결과

```
hi
```

#print("hello") 는 주석 처리되어 실행되지 않습니다.

여러 줄을 주설처리 할 때는 """ 쌍따옴표 3개로 시작하고 """ 쌍따옴표 3개로 종료할 수 있습니다.

코드

```
"""
여러 줄을 입력할 때는
쌍따옴표 3개로 시작하고
쌍따옴표 3개로 종료하면
여러 줄을 입력할 수 있습니다.
"""
```

쌍따옴표 3개로 시작하여 쌍따옴표 3개로 종료될 때까지 여러 줄이 주석 처리 되었습니다.

또는 ''' 따옴표 3개로 시작하고 '''따옴표 3개로 종료해도 동일하게 여러 줄을 주석 처리 할 수 있습니다.

코드

```
'''
또는 여러 줄을 입력할 때는
따옴표 3개로 시작하고
따옴표 3개로 종료하면
여러 줄을 입력할 수 있습니다.
'''
```

''' 따옴표 3개도 동일하게 여러 줄을 주석 처리 할 수 있습니다.

여러 줄의 문자열을 입력하는 경우에도 쌍따옴표 3개, 따옴표 3개를 사용할 수 있습니다.

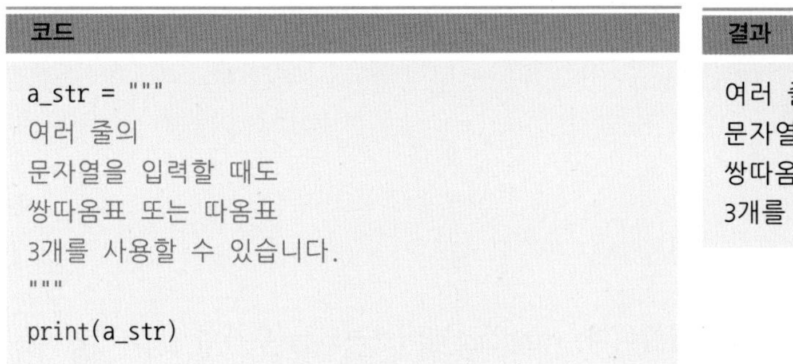

코드

```
a_str = """
여러 줄의
문자열을 입력할 때도
쌍따옴표 또는 따옴표
3개를 사용할 수 있습니다.
"""
print(a_str)
```

결과

```
여러 줄의
문자열을 입력할 때도
쌍따옴표 또는 따옴표
3개를 사용할 수 있습니다.
```

원하는 부분만을 주석할 때는 [Ctrl + /]를 눌러 주석을 지정하거나 풀 수 있습니다.

코드

```
#여러 줄을 마우스로 드래그 하여 선택 후 [Ctrl + /]로 주석 처리 할 수 있습니다.
#다시 주석을 해제할 때는 # 주석 처리된 코드에서 [Ctrl + /]로 주석을 해제 할 수 있습니다.
# a = 1
# b = 2
# print(a + b)
```

주석 처리 하고 싶은 부분을 마우스로 드래그 한 후 [Ctrl + /]를 누릅니다.

```
a = 1
b = 2
print(a + b)
✓ 0.4s
```

주석 처리 되었습니다. 다시 주석을 해제하고 싶다면 주석된 부분을 드래그 하여 [Ctrl + /] 를 눌러 주석을 해제합니다.

```
# a = 1
# b = 2
# print(a + b)
✓ 0.4s
```

02 _ 12 import

import를 이용하여 외부에서 라이브러리, 모듈 등을 불러와 사용할 수 있습니다.
[0.파이썬의 기초 문법] 폴더에 [12_import.ipynb]로 파일을 생성한 후 진행합니다.

12_import.ipynb

코드

```
import random
print(random.randint(1, 100))
```

random 라이브러리를 import 하여 사용하였습니다. random 라이브러리는 무작위 값을 반환하는 기능이 있습니다.

random 라이브러리를 불러올때 rd라는 이름을 붙여 불러와 봅니다. rd는 임의로 붙인 이름으로 자신이 편한 이름으로 불러와 사용 가능합니다.

코드

```
import random as rd
print(rd.randint(1, 100))
```

random 라이브러리를 rd의 이름으로 불러왔습니다. 코드에서는 rd로 사용하면 됩니다.
보편적으로 라이브러리의 이름이 길기 때문에 줄여서 사용합니다.
random 라이브러리에서 특수한 기능만 불러와 봅니다. 'randint'라는 기능만을 불러옵니다.

코드

```
from random import randint
print(randint(1, 100))
```

random 라이브러리에서 randint만을 불러와 사용합니다. 코드에서는 randint 이름 그대로 사용 가능합니다.
*를 이용하여 모든 기능을 불러올 수 있습니다.

코드

```
from random import *
print(randint(1, 100))
```

random 라이브러리에서 *를 이용하여 모든 기능을 불러왔습니다. 코드에서는 라이브러리이름 없이 모든 기능을 사용할 수 있습니다.

Python project

CHAPTER 03

기초 프로그램 만들기

파이썬 언어의 주요 함수와 기본 문법을 간단한 코드를 직접 작성하면서 알아보겠습니다.

PROJECT 01 _ 숫자 맞추기 게임 만들기

핵심 요약

1부터 100까지의 임의의 수를 생성하고 생성된 임의의 수를 맞추는 게임 프로그램으로 숫자를 하나 입력하면 임의로생성된 수보다 높은지 낮은지 정답인지를 알려줍니다. 정답을 맞힌 경우 정답을 몇 번 만에 맞추었는지 그 결과로 게임의 승부를 알 수 있습니다.

사전 준비

[파이썬과 40개의 작품들] 폴더에 [1. 숫자 맞추기 게임 만들기] 폴더를 생성한 후 [main1-1.py] 파일을 생성합니다. 40개의 작품들은 [파이썬과 40개의 작품들] 폴더 내에 1~40개의 각각의 폴더를 생성하여 진행합니다.

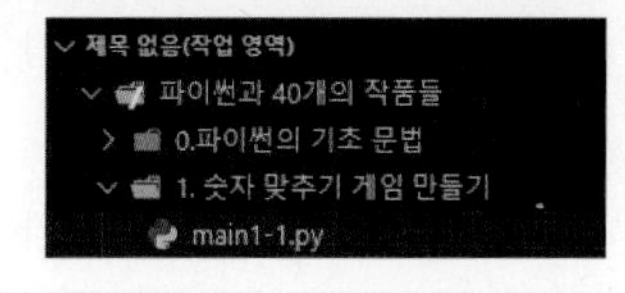

임의의 숫자 생성 코드 만들기

게임하기 위해서 임의의 숫자를 생성하는 코드를 만들어 봅니다.

1. 숫자 맞추기 게임 만들기\main1-1.py

```
01  import random
02
03  random_number = random.randint(1, 100)
04
05  print(random_number)
```

01: random 모듈을 불러옵니다. 임의의 값을 출력할 때 사용하는 모듈입니다.
03: 숫자형태의 1~100사이의 임의의 값을 생성합니다. random_number 변수와 바인딩합니다. random.randint(1, 100)에서 1은 임의로 생성하는 최소값 100은 최대값입니다. 값은 변경이 가능합니다.
05: random_number 값을 출력 합니다.

프로그램 작성 후 오른쪽 상단의 실행 [▷] 버튼을 눌러 코드를 실행시킵니다. 랜덤한 값이 출력되므로 여러 번 눌러 값을 확인합니다. 3번 실행하였을 때 다음과 같이 82, 81, 66의 랜덤한 값이 생성되었습니다.

```
문제   출력   디버그 콘솔   터미널
새로운 크로스 플랫폼 PowerShell 사용 https://aka.ms/pscore6

PS C:\파이썬과 40개의 작품들> conda activate base
PS C:\파이썬과 40개의 작품들> & C:/ProgramData/Anaconda3/python.exe "c:/파이썬과 40개의 작품들/1. 숫자 맞추기 게임 만들기/main1-1.py"
82
PS C:\파이썬과 40개의 작품들> & C:/ProgramData/Anaconda3/python.exe "c:/파이썬과 40개의 작품들/1. 숫자 맞추기 게임 만들기/main1-1.py"
81
PS C:\파이썬과 40개의 작품들> & C:/ProgramData/Anaconda3/python.exe "c:/파이썬과 40개의 작품들/1. 숫자 맞추기 게임 만들기/main1-1.py"
66
PS C:\파이썬과 40개의 작품들>
```

random 함수의 기능들

random.random()
0.0에서부터 0.999999 사이의 실수를 반환합니다.

random.uniform(a,b)
a와 b사이의 실수값을 반환합니다.

random.randint(a,b)
a와 b사이의 정수값을 반환합니다.

random.randrange(a,b)
a와 b사이의 정수값을 반환합니다.

random.randrange(a)
인자가 하나일경우 0부터 a사이의 정수값을 반환합니다.

random.choice(type)
type에는 문자열, 리스트, 튜플, range의 값을 입력받을 수 있고 무작위로 하나의 원소를 뽑습니다.

숫자 맞추는 게임 코드 만들기

이제 숫자를 맞추는 게임을 만들어 봅니다. [1. 숫자 맞추기 게임 만들기₩main1-2.py] 파일을 만들어 다음 코드를 작성합니다.

1. 숫자 맞추기 게임 만들기\main1-2.py

```
01  import random
02
03  random_number = random.randint(1, 100)
04
05  #print(random_number)
06
07  game_count = 1
08
09  while True:
10      my_number = int(input("1~100 사이의 숫자를 입력하세요:"))
11
12      if my_number > random_number:
13          print("다운")
14      elif my_number < random_number:
15          print("업")
16      elif my_number == random_number:
17          print(f"축하합니다.{game_count}회 만에 맞췄습니다")
18          break
19
20      game_count = game_count + 1
21
```

05 : 임의로 생성되는 값을 #을 이용하여 주석 처리 하였습니다. 게임을 하기 위해서 생성되는 값이 표시되면 안 되기 때문입니다.

07 : 게임의 회수를 세기위한 변수를 생성하고 1의 값으로 대입 합니다. "1의 값이 저장된 주소번지를 바인딩한다."가 정확한 표현이지만 코드의 설명이나 해석의 편의를 위해 대입한다, 넣는다, "바인딩한다." 등을 혼용해서 사용합니다.

09~20 : while문으로 계속 반복합니다. while의 조건이 True이기 때문에 break를 만나기 전까지 계속 반복합니다. while 조건에 속해있기 위해 코드를 들여쓰기 합니다.

10 : 입력받은 값의 타입을 int 타입으로 숫자형으로 변환하여 my_number 변수와 바인딩합니다.

12~13 : 임의로 생성된 숫자보다 입력한 숫자가 크다면 "다운"을 출력합니다. 들여쓰기 된 print("다운") 코드가 실행됩니다.

14~15 : 임의로 생성된 숫자보다 입력한 숫자가 작다면 "업"을 출력합니다. 들여쓰기 된 print("업") 코드가 실행됩니다.

16~18 : 임의로 생성된 숫자와 입력한 숫자가 일치한다면 "축하합니다" 맞춘 회수를 출력한 후 break를 이용하여 while 문을 종료 합니다. 즉 숫자를 맞추면 프로그램이 종료됩니다.

20 : while문을 한 번 돌때마다 game_count를 증가시켜 몇 번 만에 맞추었는지 회수를 카운트 합니다.

프로그램을 작성 후 오른쪽 상단의 [▷] 버튼을 눌러 코드를 실행시킵니다.

1~100사이의 숫자값을 입력하여 게임을 진행합니다. 숫자를 맞추었다면 게임이 종료됩니다.

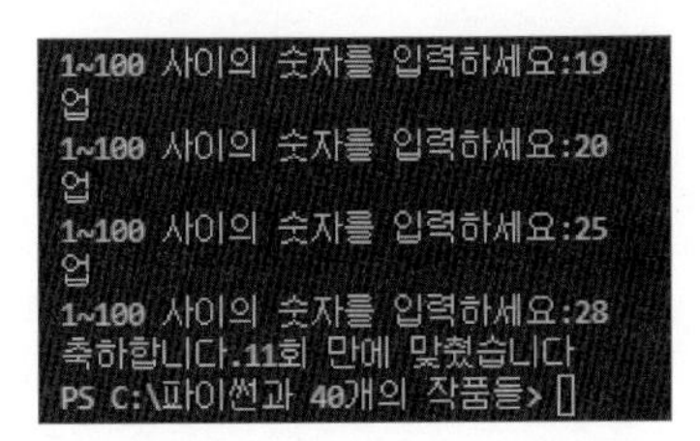

게임 코드 트러블슈팅

숫자를 입력하면 문제없이 게임이 진행되지만 문자를 입력하면 다음과 같은 에러가 발생합니다. input으로 입력되는 값은 모두 문자인데 우리는 int로 숫자형으로 변환하여 사용합니다. 숫자를 입력받으면 숫자형으로 변환이 가능하지만 문자를 입력받으면 숫자형으로 변환할 수 없기 때문입니다.

```
PS C:\파이썬과 40개의 작품들> & C:/ProgramData/Anaconda3/python.exe "c:/파이썬과 40개의 작품들/1.
1~100 사이의 숫자를 입력하세요:10
업
1~100 사이의 숫자를 입력하세요:안녕하세요
Traceback (most recent call last):
  File "c:/파이썬과 40개의 작품들/1. 숫자 맞추기 게임 만들기/main1-2.py", line 10, in <module>
    my_number = int(input("1~100 사이의 숫자를 입력하세요:"))
ValueError: invalid literal for int() with base 10: '안녕하세요'
PS C:\파이썬과 40개의 작품들>
```

이처럼 사용자가 의도하지 않게 입력할 경우 프로그램이 종료되지 않도록 try except 구문을 이용하여 예외처리를 해보도록 합니다. [1. 숫자 맞추기 게임 만들기₩main1-3.py] 파일을 만들어 다음 코드를 작성합니다.

1. 숫자 맞추기 게임 만들기\main1-3.py

```
01  import random
02
03  random_number = random.randint(1, 100)
04
05  #print(random_number)
06
07  game_count = 1
08
09  while True:
10      try:
11          my_number = int(input("1~100 사이의 숫자를 입력하세요:"))
12
13          if my_number > random_number:
14              print("다운")
15          elif my_number < random_number:
16              print("업")
17          elif my_number == random_number:
18              print(f"축하합니다.{game_count}회 만에 맞췄습니다")
19              break
20
21          game_count = game_count + 1
22      except:
23          print("에러가 발생하였습니다. 숫자를 입력하세요")
24
```

10~21: try: 문으로 에러가 발생하지 않았을 때 동작합니다.
22~23: except: 문으로 try문 안의 코드에서 에러가 발생했을 경우 except:문을 실행합니다.

오른쪽 상단의 [▷] 버튼을 눌러 코드를 실행시킵니다. 문자를 입력하면 에러가 발생하여 except문으로 이동하여 except문을 실행합니다.

```
PS C:\파이썬과 40개의 작품들> & C:/ProgramData/
1~100 사이의 숫자를 입력하세요:안녕하세요
에러가 발생하였습니다. 숫자를 입력하세요
1~100 사이의 숫자를 입력하세요:
```

이제 문자를 입력하더라도 예외처리를 하여 종료되지 않는 게임을 완성하였습니다.

PROJECT 02 _ 컴퓨터의 외부 및 내부 IP 확인하기

핵심 요약 자신의 컴퓨터의 외부 및 내부 IP를 확인할 수 있는 코드를 만들어봅니다. 가상 환경 등으로 내부의 IP가 변경되더라도 정확한 IP를 찾을 수 있는 방법에 대해서도 알아봅니다.

사전 지식 IP는 주소를 나타냅니다. IPv4 또는 IPv6 등으로 표현되며 숫자로 표현된 접속주소라고 생각하면 됩니다. 여기서 내부 IP와 외부 IP의 차이점은 집주소를 아파트로 본다면 외부 IP는 XX시 XX동 XX아파트 입니다. 아파트까지 주소를 찾아왔다면 동 호수를 알아야 정확한 집주소를 찾을 수 있습니다. 내부 IP는 동 호수로 볼 수 있습니다. 일반적으로 인터넷 망이 설치된 가정집에는 공유기가 있어 여러 대의 컴퓨터, 스마트폰, TV 등의 기기를 연결하여 사용합니다. 내부 IP는 집에 있는 공유기가 주소를 할당하여 줍니다. 하지만 외부 IP는 KT, LG 등 인터넷 망 공급자가 주소를 할당하여 줍니다. 우리는 내부 및 외부 IP를 확인하여 정확하게 자신의 컴퓨터가 연결된 주소를 알 수 있습니다.

사전 준비 [파이썬과 40개의 작품들] 폴더에 [2. 자신의 컴퓨터 외부 내부 IP 확인] 폴더를 생성한 후 [main2-1.py] 파일을 생성합니다.

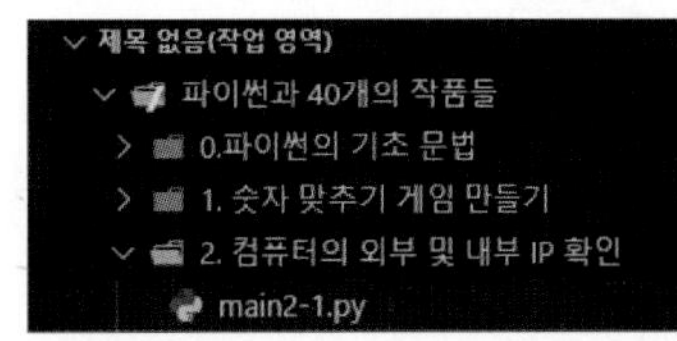

컴퓨터 내부 IP 알아보는 코드 만들기

다음 코드를 작성하여 컴퓨터의 내부 IP를 알아보도록 합니다.

2. 컴퓨터의 외부 및 내부 IP 확인\main2-1.py

```
01  import socket
02
03  in_addr = socket.gethostbyname(socket.gethostname())
04
05  print(in_addr)
```

01: 컴퓨터가 연결된 접속정보를 받아올 때 사용하는 모듈을 불러옵니다.
03: 연결된 소켓의 이름을 가져와 in_addr 변수와 바인딩합니다.
05: in_addr을 출력하여 내부 IP를 확인합니다.

오른쪽 상단의 [▷] 버튼을 눌러 코드를 실행시킵니다.
필자의 컴퓨터의 내부 IP는 192.168.50.255입니다.

```
PS C:\파이썬과 40개의 작품들> & C:
192.168.50.225
```

위의 방법으로 진행하여 내부 IP를 확인할 경우 가상 환경 등을 사용하여 여러 개의 환경이 있을 경우 다른 환경의 IP가 출력될 수 있습니다. 정확한 IP를 알 수 없을 수도 있습니다.

지금 진행하는 방법은 soket으로 외부 사이트에 접속하고 접속된 정보를 바탕으로 IP를 확인할 수 있습니다. 조금 더 정확하게 내부 IP를 확인하는 방법입니다.

main2-2.py 파일을 생성한 후 다음 코드를 작성합니다.

2. 컴퓨터의 외부 및 내부 IP 확인\main2-2.py

```
01  import socket
02
03  in_addr = socket.socket(socket.AF_INET, socket.SOCK_STREAM)
04  in_addr.connect(("www.google.co.kr", 443))
05  print(in_addr.getsockname()[0])
```

03: 소켓을 연결합니다.
04: www.google.co.kr 에 접속합니다. https의 기본 접속 포트는 443입니다.
05. 연결된 소켓의 이름을 출력합니다.

오른쪽 상단의 [▷] 버튼을 눌러 코드를 실행시킵니다.

필자의 컴퓨터는 192.168.50.255 로 출력되었습니다. 가상환경 등을 사용하고 있지 않기 때문에 main2-1.py 결과와 동일합니다.

```
PS C:\파이썬과 40개의 작품들> &
192.168.50.225
```

컴퓨터 외부 IP 알아보는 코드 만들고 실행

이제 외부 IP를 확인하는 코드를 만들어 봅니다. 외부의 IP를 확인하는 방법은 특정사이트에서 접속해서 내가 연결된 IP를 확인하는 방법이 있습니다.

웹 브라우저에서(크롬, 파이어폭스, 웨일 등) "http://ipconfig.kr" 사이트에 접속하여 봅니다. 다음과 같이 연결된 IP주소를 알려줍니다. 우리는 파이썬에서 다음 사이트에 접속 후 IP주소를 가져와 출력하면 됩니다.

Welcome to IPCONFIG.KR

You're using Chrome 94.0.4606.118 on Windows.
IP address : 175.196.177.209

main2-3.py 파일을 생성한 후 다음 코드를 작성합니다.

2. 컴퓨터의 외부 및 내부 IP 확인\main2-3.py

```
01  import requests
02  import re
03
04  req = requests.get("http://ipconfig.kr")
05  out_addr = re.search(r'IP Address : (\d{1,3}\.\d{1,3}\.\d{1,3}\.\d{1,3})', req.text)[1]
06  print(out_addr)
```

01: 사이트에 접속하기 위해 repuests 모듈을 불러옵니다.
02: IP주소를 찾기 위한 정규식을 사용하기 위해 re 모듈을 불러옵니다.
04: http://ipconfig.kr 사이트에 접속합니다.
05: 정규식 표현을 사용하여 IP 주소를 가져와 out_addr 변수와 바인딩 합니다.
06: 외부 IP주소를 출력합니다.

오른쪽 상단의 [▷] 버튼을 눌러 코드를 실행시킵니다. 외부 IP주소를 알 수 있습니다.

```
PS C:\파이썬과 40개의 작품들> &
175.196.177.209
```

내부, 외부 IP 한 번에 출력하는 코드 만들고 실행

이제 내부 IP, 외부 IP를 한 번에 출력하는 코드를 만들어봅니다.

main2-4.py 파일을 생성하여 다음 코드를 작성합니다.

2. 컴퓨터의 외부 및 내부 IP 확인\main2-4.py

```
01  import socket
02  import requests
03  import re
04
05  in_addr = socket.socket(socket.AF_INET, socket.SOCK_STREAM)
06  in_addr.connect(("www.google.co.kr", 443))
07  print("내부 IP: ",in_addr.getsockname()[0])
08
09  req = requests.get("http://ipconfig.kr")
10  out_addr = re.search(r'IP Address : (\d{1,3}\.\d{1,3}\.\d{1,3}\.\d{1,3})', req.text)[1]
11  print("외부 IP: ",out_addr)
```

05~07: 내부 IP를 확인 후 출력합니다.
09~11: 외부 IP를 확인 후 출력합니다.

오른쪽 상단의 [▷] 버튼을 눌러 코드를 실행시킵니다. 내부 IP와 외부 IP를 확인하였습니다.

```
PS C:\파이썬과 40개의 작품들> &
내부IP:  192.168.50.225
외부IP:  175.196.177.209
```

PROJECT 03 _ 텍스트를 음성으로 변환하기

핵심 요약 텍스트를 한글 음성으로 변환하고 변환된 파일을 재생하여 출력하는 프로그램을 만들어봅니다.

사전 준비 [파이썬과 40개의 작품들] 폴더 안에 [3. 텍스트를 음성으로 변환] 폴더를 생성하고 [main3-1.py] 파일을 생성한 후 진행합니다.

```
∨ 3. 텍스트를 음성으로 변환
    main3-1.py
```

라이브러리 설치

파이썬에는 누군가가 만들어둔 라이브러리(모듈)이 많습니다. 일반적으로 많이 사용하는 라이브러리는 아나콘다를 설치할 때 설치가 되었습니다. 하지만 내가 사용하고자 하는 모든 라이브러리가 설치된 것이 아니기 때문에 필요한 라이브러리는 설치를 통해 사용할 수 있습니다.

main3-1.py의 파이썬 파일을 열어 vs code 아래쪽에 터미널로 이동합니다.

다음의 명령어를 터미널에 입력하여 gtts 라이브러리를 설치합니다. pip install은 pip라는 패키지 관리 장소로 pip install [설치하는 모듈이름]으로 손쉽게 설치가 가능합니다. 다만 인터넷이 연결된 환경에서 설치하여야 합니다.

gtts 라이브러리는 문자를 음성으로 변환해주는 라이브러리입니다.

```
pip install gtts
```

```
문제 1  출력  디버그 콘솔  터미널
Windows PowerShell
Copyright (C) Microsoft Corporation. All rights reserved.

새로운 크로스 플랫폼 PowerShell 사용 https://aka.ms/pscore6

PS C:\파이썬과 40개의 작품들> conda activate base
PS C:\파이썬과 40개의 작품들> pip install gtts
```

3초~1분 이내로 설치가 완료되었습니다.

```
Requirement already satisfied: click in c:\programdata\anaconda3\lib\site-packages (from gtts) (7.1.2)
Requirement already satisfied: requests in c:\programdata\anaconda3\lib\site-packages (from gtts) (2.25.1)
Requirement already satisfied: six in c:\programdata\anaconda3\lib\site-packages (from gtts) (1.15.0)
Requirement already satisfied: chardet<5,>=3.0.2 in c:\programdata\anaconda3\lib\site-packages (from requests->gtts) (4.0.0)
Requirement already satisfied: idna<3,>=2.5 in c:\programdata\anaconda3\lib\site-packages (from requests->gtts) (2.10)
Requirement already satisfied: urllib3<1.27,>=1.21.1 in c:\programdata\anaconda3\lib\site-packages (from requests->gtts) (1.26.4)
Requirement already satisfied: certifi>=2017.4.17 in c:\programdata\anaconda3\lib\site-packages (from requests->gtts) (2020.12.5)
Installing collected packages: gtts
Successfully installed gtts-2.2.3
PS C:\파이썬과 40개의 작품들> 
```

다음의 명령어를 터미널에 입력하여 playsound 라이브러리를 설치합니다. playsound는 mp3 파일을 파이썬에서 재생하기 위한 라이브러리입니다. 1.2.2 버전을 설치합니다.

```
pip install playsound==1.2.2
```

터미널이 열려있지 않다면 vscode 위쪽의 [터미털] 탭에서 [새 터미널]을 클릭하여 열수도 있습니다.

터미널의 오른쪽을 보면 윈도우의 powershell로 터미널이 열린 것을 확인할 수 있습니다. [쓰레기통] 버튼을 눌러 터미널을 종료시킬 수도 있습니다.

새 터미널을 생성하여 여러 개의 터미널을 열수도 있습니다. 터미널을 여러 개 열어두었다면 당장은 여러 개를 열어둘 필요가 없으므로 쓰레기통을 눌러 하나만 남기도록 합니다. 쓰레기통의 표시는 powershell 부분에 마우스를 가져다 대면 쓰레기통 모양이 보입니다.

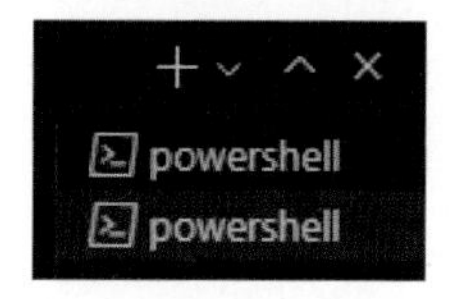

알아두기 라이브러리 설치 시 오류 해결방법

라이브러리 설치 시 설치장소가 관리자 권한을 요구하는 라이브러리는 오류가 발생합니다.

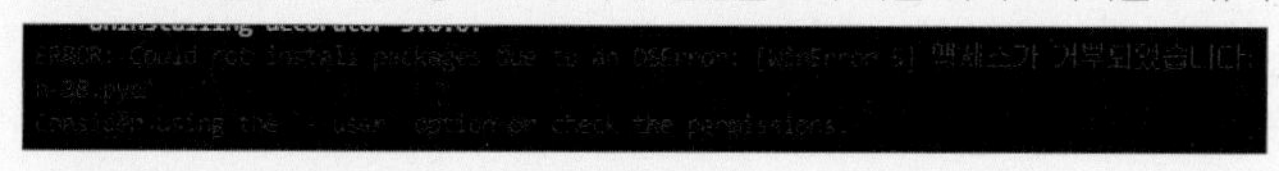

vs code를 관리자 권한으로 실행하면 설치가 가능합니다. 우선 vs code를 종료합니다.
vs code 아이콘에 마우스 오른쪽을 클릭 후 [관리자 권한으로 실행]으로 vs code를 실행합니다.

권한에 대한 오류 없이 설치하기 위해 모든 작품은 vs code를 관리자 권한으로 실행합니다.

텍스트를 음성으로 변환하는 코드 만들기

main3-1.py에 다음 코드를 작성하여 텍스트를 음성으로 변환하는 코드를 만들어봅니다.

3. 텍스트를 음성으로 변환\main3-1.py

```
01  from gtts import gTTS
02
03  text = "안녕하세요. 파이썬과 40개의 작품들 입니다."
04
05  tts = gTTS(text=text, lang='ko')
06  tts.save(r"3. 텍스트를 음성으로 변환\hi.mp3")
```

01: gtts 라이브러리로 부터 gTTS를 불러옵니다. .gtts 라이브러리의 안에 gTTS 기능만 불러와 사용합니다. 대소문자에 유의합니다.

03: text 변수에 "안녕하세요. 파이썬과 40개의 작품들 입니다." 문자열을 바인딩합니다.

05: text 변수의 문자열을 ko(한글)로 변환하여 tts 변수에 바인딩합니다.

06: [3. 텍스트를 음성으로 변환] 폴더에 hi.mp3의 파일이름으로 저장합니다. 폴더 안에 표시는 역슬래쉬(₩)(₩)를 넣어주면 폴더 안에 있다는 의미입니다. r을 붙여준 이유는 파이썬에서 (₩)(₩)다음은 특별한 명령어 형태를 가질 수 있습니다. 문자열 앞에 r을 붙여주면 특별한 명령어로 파이썬에서 해석하지 않고 역슬래쉬 자체로 해석합니다.

> **파이썬의 경로**
>
> 파일의 경로상의 디렉터리를 구분할 때 윈도우 에서는 역슬래시(₩)(₩)를 사용하며 리눅스 계열에서는 슬래시(/)를 사용합니다. 파이썬에서 문자열 표기하는 경우 역슬래시를 사용하기 위해서는 역슬래시를 두 번 연속 사용해야 합니다. 매번 두 번 사용하기 불편하기 때문에 문자열 앞에 r을 붙여 역슬래시(₩)(₩)가 특별한 기능을 하지 않도록 합니다.

> **파이썬 프로젝트의 경로**
>
> 우리가 만들고 있는 작품의 절대 경로 입니다. C폴더에 [파이썬과 40개의 작품들] 폴더에서 진행합니다. vs code에서 [폴더 열기] 통해 연 폴더 입니다.
> **C:₩파이썬과 40개의 작품들**
>
> 현재 진행하고 있는 [3. 텍스트를 음성으로 변환]의 절대경로는 다음과 같습니다.
> **C:₩파이썬과 40개의 작품들₩3. 텍스트를 음성으로 변환**
>
> 상대경로는 [파이썬과 40개의 작품들]의 기본 폴더에서 [3. 텍스트를 음성으로 변환] 폴더로 한 번 이동한 경로이며 다음과 같습니다.
> **3. 텍스트를 음성으로 변환**
>
> 40개의 작품들은 [파이썬과 40개의 작품들] 기본 폴더에 [작품별 폴더]의 상대경로로 지정됩니다.

작품을 진행하고 있는 폴더에서 마우스 오른쪽을 클릭하여 [상대 경로 복사]를 통해 프로젝트폴더의 경로를 손쉽게 얻을 수 있습니다. 복사 후에는 [Ctrl + V]를 눌러 코드에 붙여 넣어 사용할 수 있습니다.

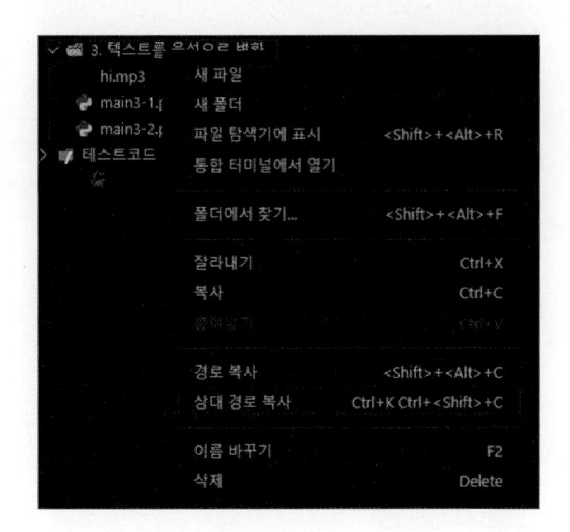

오른쪽 상단의 [▷] 버튼을 눌러 코드를 실행시킵니다. hi.mp3 파일이 [3. 텍스트를 음성으로 변환] 폴더에 생성되었습니다.

윈도우의 폴더를 열어 확인하여도 [3. 텍스트를 음성으로 변환] 폴더에 hi.mp3 파일이 생성되었음을 확인할 수 있습니다. .mp3 파일을 열수 있는 재생 프로그램을 이용하여 소리를 들어보면 텍스트가 음성으로 변환된 것을 확인할 수 있습니다.

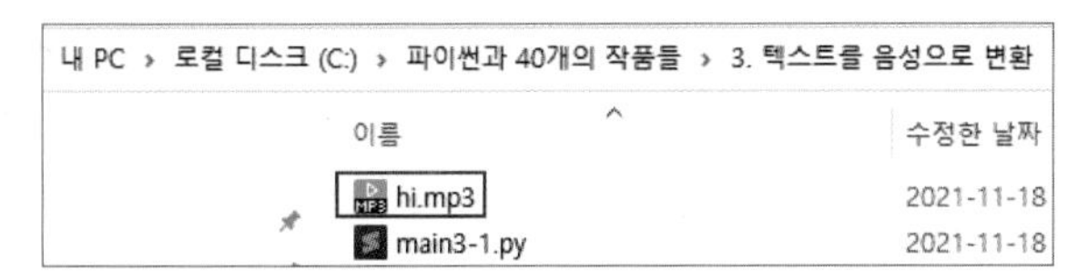

음성변환으로 생성되는 .mp3 파일을 파이썬에서 바로 실행하는 코드를 만들어 봅니다.

3. 텍스트를 음성으로 변환\main3-2.py

```
01  from gtts import gTTS
02  from playsound import playsound
03  import os
04
05  #경로를 .py파일의 실행경로로 이동, 현재 경로로 이동
06  os.chdir(os.path.dirname(os.path.abspath(__file__)))
07
08  text = "안녕하세요. 파이썬과 40개의 작품들 입니다."
09
10  tts = gTTS(text=text, lang='ko')
11  tts.save("hi.mp3")
12
13  playsound("hi.mp3")
```

02: playsound 모듈로부터 playsound를 불러와 사용합니다.
03: 경로를 이동하기위해서 os 라이브러리를 불러옵니다.
06: 경로를 현재 .py파일을 실행하는 경로로 이동합니다. playsound에서 한글을 인식하지 못하여 경로를 이동하였습니다.
13: hi.mp3파일을 재생합니다.

오른쪽 상단의 [▷] 버튼을 눌러 코드를 실행시킵니다.
"안녕하세요. 파이썬과 40개의 작품들 입니다." 음성이 컴퓨터의 스피커를 통해 출력되는 것을 확인할 수 있습니다.

파일에서 문자를 읽어 음성으로 출력하는 코드 만들고 실행

이제 파일에서 문자를 읽어 음성으로 출력을 해보도록 합니다. [나의텍스트.txt] 파일을 생성합니다.

```
∨ 3. 텍스트를 음성으로 변환
    dj 나의텍스트.txt
```

다음의 문자를 [나의텍스트.txt] 파일에 적습니다. 여러 줄을 적습니다.

```
파이썬과 40개의 작품들 > 3. 텍스트를 음성으로 변환 > dj 나의텍스트.txt
1  안녕하세요.
2
3  파이썬과 40개의 작품들 입니다.
4
5  여러줄을 테스트하는 텍스트 파일 입니다.
6
7  오늘 하루도 행복하세요.
```

main3-3.py 파일을 생성한 후 다음 코드를 작성합니다.

3. 텍스트를 음성으로 변환\main3-3.py

```
01  from gtts import gTTS
02  from playsound import playsound
03  import os
04
05  #경로를 .py파일의 실행경로로 이동, 현재 경로로 이동
06  os.chdir(os.path.dirname(os.path.abspath(__file__)))
07
08  file_path = '나의텍스트.txt'
09  with open(file_path, 'rt', encoding='UTF8') as f :
10      read_file = f.read()
11
12  tts = gTTS(text=read_file, lang='ko')
13
14  tts.save("myText.mp3")
```

```
15
16  playsound( " myText.mp3 " )
```

08 : 나의텍스트.txt 경로를 바인딩합니다.

09 : 파일을 f의 이름으로 오픈합니다. 한글로 작성된 파일을 열기 때문에 'rt', encoding='UTF8' 형식으로 열어 글자가 깨지지 않게 하였습니다.

10 : 파일의 전체 내용을 읽어 read_file 변수에 바인딩합니다.

09~10 : with는 파일을 열고 종료되면 자동으로 파일을 닫습니다. 파일을 열 때 with를 사용하면 코드가 간결해 집니다.

12~16 : [myText.mp3] 파일을 생성하고 음성으로 출력합니다.

오른쪽 상단의 [▷] 버튼을 눌러 코드를 실행시킵니다. [나의텍스트.txt] 파일의 모든 내용이 음성으로 출력됩니다.

PROJECT 04 _ QR코드 생성기

핵심 요약 QR코드를 자동으로 생성하는 프로그램을 만들어봅니다.

사전 준비 [파이썬과 40개의 작품들] 폴더에 [4. QR코드 생성기] 폴더를 생성한 후 [main4-1.py] 파일을 생성합니다

라이브러리 설치

터미널에서 다음의 명령어를 입력하여 qrcode 라이브러리를 설치합니다.

```
pip install qrcode
```

QR코드 생성 코드 만들고 실행

간단하게 qr코드를 생성하는 프로그램을 만들어 봅니다. 다음의 코드는 www.naver.com의 qr코드를 생성하는 프로그램입니다. qr코드 생성기는 단순하게 문자를 qr코드로 변환하기 때문에 어떠한 문자라도 가능합니다.

4. QR코드 생성기\main4-1.py

```
01  import qrcode
02
03  qr_data = 'www.naver.com'
04  qr_img = qrcode.make(qr_data)
05
06  save_path = '4. QR코드 생성기\\' + qr_data + '.png'
07  qr_img.save(save_path)
```

01: qrcode 라이브러리를 불러옵니다.
03: qr_data 변수에 'www.naver.com' 문자열을 바인딩 합니다.
04: qrcode.make로 이미지를 만들어 qr_img 변수에 바인딩 합니다.
06: save_path변수에 저장될 경로를 바인딩 합니다. [4. QR코드 생성기] 폴더의 www.naver.com.png 로 저장됩니다. .png는 이미지파일의 확장자입니다.
07: 이미지를 저장합니다.

오른쪽 상단의 [▷] 버튼을 눌러 코드를 실행시킵니다. [4. QR코드 생성기]폴더에 www.naver.com.png 파일이 생성되었습니다. 클릭하여 이미지를 확인하여 봅니다.

www.naver.com 의 qr코드가 생성되었습니다. qr코드는 꼭 홈페이지 주소가 아니어도 됩니다. 문자나 숫자로도 가능합니다.

여러 개의 QR코드를 한 번에 생성하는 코드 만들고 실행

qrcode의 더 다양한 코드를 확인하고 싶다면 아래 사이트에 접속하여 다양한 예제를 확인할 수 있습니다. 설치한 라이브러리의 pip 주소입니다.

- https://pypi.org/project/qrcode/

사실 하나의 qr코드를 만드는 방법은 인터넷상에서 바로 생성해주는 사이트 등이 많이 있습니다. 파이썬의 최대 장점 중 한 가지가 자동화입니다. 우리는 파일에서 qr코드를 생성할 값을 읽어 여러 개의 qr코드를 한 번에 만들어 보겠습니다. [4. QR코드 생성기] 폴더에 [qr코드모음.txt] 파일을 생성합니다.

[qr코드모음.txt] 파일에 qr코드로 만들고 싶은 값들을 입력합니다. 한 줄 한 줄 값을 읽어 qr코드를 생성하기에 한 줄에 하나의 데이터만 입력합니다.

파이썬과 40개의 작품들 > 4. QR코드 생성기 > qr코드모음.txt

```
1  www.naver.com
2  www.google.com
3  www.daum.net
4  www.daduino.co.kr
5  www.nate.com
```

[4. QR코드 생성기] 폴더에 main4-2.py 파일을 생성한 후 다음 코드를 작성합니다. 다음의 코드는 [qr코드모음.txt]를 읽어 한 줄 한 줄 표시하는 프로그램입니다.

4. QR코드 생성기\main4-2.py

```
01  import qrcode
02
03  file_path = r'4. QR코드 생성기\qr코드모음.txt'
04  with open(file_path, 'rt', encoding='UTF8') as f :
05      read_lines = f.readlines()
06
07      for line in read_lines:
```

```
08            line = line.strip()
09            print(line)
```

04: [4. QR코드 생성기] 폴더에 [qr코드모음.txt] 파일을 읽습니다.
05: f.readlines()로 파일을 읽어 줄 별로 리스트의 값의 형태로 내어줍니다. read_lines에는 줄별로 읽힌 값이 리스트 형태로 바인딩 됩니다.
07: 여러 개의 값을 읽이 위하여 for문을 사용하여 값을 읽습니다.
08: line.strip()은 줄 마지막에 줄바꿈 문자를 삭제합니다.
09: 값을 출력합니다.

오른쪽 상단의 [▷] 버튼을 눌러 코드를 실행시킵니다. [qr코드모음.txt] 파일을 읽어 한 줄 한 줄 출력하였습니다.

이제 읽어온 주소로 qr코드를 생성하고 저장하도록 합니다. [4. QR코드 생성기] 폴더에 main4-3.py 파일을 생성한 후 다음 코드를 작성합니다.

4. QR코드 생성기\main4-3.py

```
01  import qrcode
02
03  file_path = r'4. QR코드 생성기\qr코드모음.txt'
04  with open(file_path, 'rt', encoding='UTF8') as f :
05      read_lines = f.readlines()
06
07      for line in read_lines:
08          line = line.strip()
09          print(line)
10
11          qr_data = line
12          qr_img = qrcode.make(qr_data)
13
14          save_path = '4. QR코드 생성기\\' + qr_data + '.png'
15          qr_img.save(save_path)
```

11~15: 읽어온 데이터로 qr코드를 생성한 다음 저장합니다.

오른쪽 상단의 [▷] 버튼을 눌러 코드를 실행시킵니다. [qr코드모음.txt] 파일을 읽어 여러 개의 qr코드가 생성되었습니다.

PROJECT 05 _ 컴퓨터의 정보 확인

핵심 요약 CPU, 메모리, 디스크, 네트워크 등의 정보를 확인하는 컴퓨터의 정보를 확인하는 프로그램을 만들어봅니다.

사전 준비 [파이썬과 40개의 작품들] 폴더에 [5. 컴퓨터의 정보 확인] 폴더를 생성한 후 [main5-1.py] 파일을 생성합니다.

5. 컴퓨터의 정보 확인
main5-1.py

라이브러리 설치

터미널에서 다음의 명령어를 입력하여 psutil 라이브러리를 설치합니다. psutil 라이브러리는 컴퓨터의 정보를 확인할 때 사용하는 라이브러리입니다. 아나콘다가 설치될 때 같이 설치되어 있습니다.

```
pip install psutil
```

컴퓨터 정보 확인 코드 만들기

cpu 속도, 물리 코어수, 메모리, 디스크, 네트워크 정보를 확인해 봅니다. 다음 코드를 작성합니다.

5. 컴퓨터의 정보 확인\main5-1.py

```
01  import psutil
02
03  cpu = psutil.cpu_freq()
04  print(cpu)
05
06  cpu_core = psutil.cpu_count(logical=False)
07  print(cpu_core)
08
09  memory = psutil.virtual_memory()
10  print(memory)
11
12  disk = psutil.disk_partitions()
13  print(disk)
14
15  net = psutil.net_io_counters()
16  print(net)
```

03~04 : CPU의 속도를 출력합니다.
06~07 : CPU의 물리코어 수를 출력합니다.
09~10 : 메모리의 정보를 출력합니다.
12~13 : 디스크 정보를 출력합니다.
15~16 : 네트워크를 통해 보내고 받은 데이터량을 출력합니다.

오른쪽 상단의 [▷] 버튼을 눌러 코드를 실행시킵니다. 다음과 같이 cpu 속도, 물리 코어수, 메모리 정보, 디스크 정보, 네트워크 정보가 출력되었습니다.

```
PS C:\파이썬과 40개의 작품들> & C:/ProgramData/Anaconda3/pyth
scpufreq(current=2208.0, min=0.0, max=2208.0)
8
svmem(total=16958476288, available=10078666752, percent=40.6,
[sdiskpart(device='C:\\', mountpoint='C:\\', fstype='NTFS', o
rw,fixed', maxfile=255, maxpath=260), sdiskpart(device='N:\\'
snetio(bytes_sent=921315395, bytes_recv=72128378674, packets_
```

필요한 정보만 출력하는 코드 만들기

보기가 힘들기 때문에 정보를 정리해서 필요한 정보만 출력하는 코드를 만들어 봅니다.

[5. 컴퓨터의 정보 확인] 폴더에 main5-2.py 파일을 생성한 후 다음 코드를 작성합니다.

5. 컴퓨터의 정보 확인\main5-2.py

```
01  import psutil
02
03  cpu = psutil.cpu_freq()
04  cpu_current_ghz = round(cpu.current / 1000, 2)
05  print(f"cpu 속도: {cpu_current_ghz}GHz")
06
07  cpu_core = psutil.cpu_count(logical=False)
08  print(f"코어: {cpu_core} 개" )
09
10  memory = psutil.virtual_memory()
11  memory_total = round(memory.total / 1024**3)
12  print( f'메모리: {memory_total}GB' )
13
14  disk = psutil.disk_partitions()
15  for p in disk:
16      print(p.mountpoint, p.fstype, end=' ')
17      du = psutil.disk_usage(p.mountpoint)
18      disk_total = round(du.total / 1024**3)
19      print(f'디스크크기: {disk_total}GB' )
20
21  net = psutil.net_io_counters()
22  sent = round(net.bytes_sent/1024**2, 1)
23  recv = round(net.bytes_recv/1024**2, 1)
24  print(f'보내기: {sent}MB 받기: {recv}MB')
```

03~05 : CPU의 속도를 출력합니다.
07~08 : CPU의 물리코어 수를 출력합니다.
10~12 : 메모리의 총량을 구합니다. 1024**3은 1024를 3번 곱한 값입니다.
14~19 : 디스크 크기를 출력합니다. 디스크는 하나가 아닌 여러 개가 있을 수 있으므로 찾은 수만 큼 출력합니다.
21~24 : 네트워크를 통해 보내고 받은 데이터를 크기를 MB단위로 출력합니다. 보내고 받은 데이터는 누적데이터 값입니다.

오른쪽 상단의 [▷] 버튼을 눌러 코드를 실행시킵니다.

cpu 속도, 코어수, 메모리 크기, 디스크 크기, 네트워크 사용데이터 등 필요한 정보만 출력하였습니다. 네트워크의 보내기 받기는 실시간 데이터가 아닌 누적된 데이터가 출력됩니다.

1초당 반복해서 정보를 출력하는 코드 만들기

이제 1초에 한 번씩 반복하여 CPU의 사용량, 사용 가능한 메모리, 네트워크 사용량을 출력하는 코드를 만들어봅니다.

[5. 컴퓨터의 정보 확인] 폴더에 main5-3.py 파일을 생성한 후 다음 코드를 작성합니다.

5. 컴퓨터의 정보 확인\main5-3.py

```
01  import psutil
02
03  curr_sent = 0
04  curr_recv = 0
05
06  prev_sent = 0
07  prev_recv = 0
08
09  while True:
10      cpu_p = psutil.cpu_percent(interval=1)
11      print(f'CPU사용량: {cpu_p}%')
12
13      memory = psutil.virtual_memory()
14      memory_avail = round(memory.available/1024**3,1)
15      print( f'사용 가능한 메모리: {memory_avail}GB' )
16
17      net = psutil.net_io_counters()
18      curr_sent = net.bytes_sent/1024**2
19      curr_recv = net.bytes_recv/1024**2
20
21      sent = round(curr_sent-prev_sent,1)
22      recv = round(curr_recv-prev_recv,1)
23
24      print(f'보내기: {sent}MB 받기: {recv}MB')
25
26      prev_sent = curr_sent
27      prev_recv = curr_recv
```

10 : CPU의 사용량을 1초동의 평균값을 구합니다. interval의 시간을 조절하여 평균을 구하는 시간을 조절할 수 있습니다. 이 줄에서 1초 동안 측정한 후 다음 줄로 이동합니다.

11 : CPU의 사용량을 출력합니다.

13~15 : 사용 가능한 메모리를 출력합니다.

17~27 : 네트워크에서 보내고 받은 크기를 출력합니다.

21 : 현재(curr_sent) 측정한 값에서 이전에(prev_sent) 측정한 값을 빼면 1초 동안 보내는 데이터를 구할 수 있습니다.

22 : 현재(curr_recv) 측정한 값에서 이전에(prev_recv) 측정한 값을 빼면 1초 동안 받은 데이터를 구할 수 있습니다.

24 : 1초 동안 보내고 받은 데이터를 출력합니다.

26~27 : 이전의 값에 현재 값을 바인딩합니다. 이전의 값을 가지고 있어야 현재값과 비교하여 1초 동안 얼마를 보내고 받았는지 계산을 할 수 있기 때문입니다.

오른쪽 상단의 [▷] 버튼을 눌러 코드를 실행시킵니다.

1초에 한 번씩 CPU사용량, 사용 가능한 메모리, 네트워크 보내고 받은 데이터가 출력됩니다.

종료하고 싶다면 터미널 창을 선택 후 [Ctrl + C]를 누릅니다.

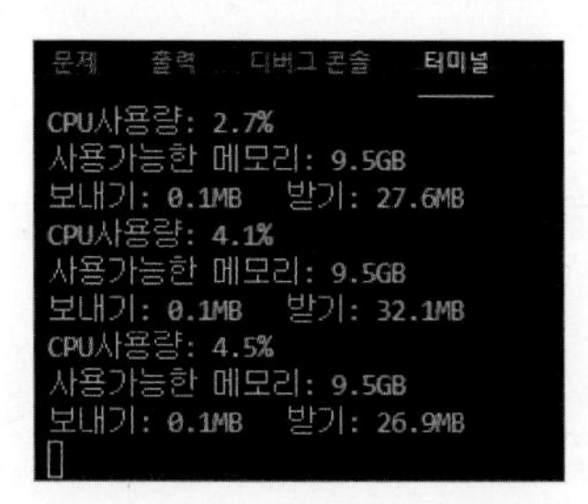

파이썬 쉘을 완전 종료하고 싶다면 터미널 창의 오른쪽 부분에서 실행되고 있는 python 쉘을 찾아 쓰레기통을 누르면 됩니다. [Ctrl + C]를 누르면 실행되고 있는 프로그램이 종료되지만 쓰레기통을 누르면 파이썬 쉘이 종료됩니다.

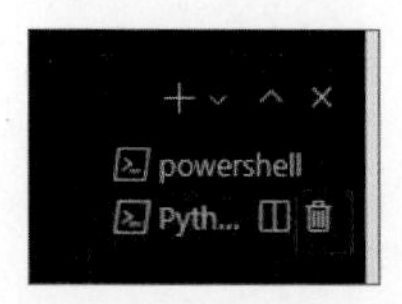

PROJECT 06 _ 압축파일 암호 푸는 프로그램

핵심 요약	압축파일의 암호를 푸는 프로그램을 만들어 봅니다. 번호를 생성하고 암호화된 압축파일에 대입해서 암호를 푸는 방식입니다.

사전 준비 [파이썬과 40개의 작품들] 폴더에 [6. 압축파일 암호푸는 프로그램] 폴더를 생성한 후 [main6-1.py] 파일을 생성합니다.

6. 압축파일 암호푸는 프로그램
main6-1.py

압축파일 생성하기

암호를 푸는 용도로 사용할 압축파일을 생성하기 위해서 압축용으로 사용할 파일을 생성합니다. [암호1234.txt] 파일을 생성합니다.

6. 압축파일 암호푸는 프로그램
암호1234.txt

[암호1234.txt] 파일에 내용을 채워 넣습니다. 빈 내용이라면 암호로 압축되지 않기 때문에 아무런 내용이라도 몇 글자 적습니다.

암호1234.txt ×
파이썬과 40개의 작품들 > 6. 압축파일
1 암호는 1234 입니다.

압축용 프로그램은 [반디집], [알집] 등을 사용합니다. 파일 압축용 프로그램은 어떠한 것을 사용해도 무방합니다. 이 책에서는 [반디집]을 사용하여 프로그램을 압축하는 방법을 설명합니다. [반디집]은 인터넷을 통해 손쉽게 설치 가능합니다.
윈도우의 파일을 통해 [파이썬과 40개의 작품들] 폴더에 [6. 압축파일 암호푸는 프로그램] 폴더로 이동 후 각각 생성된 파일을 압축합니다.
[암호1234.txt] 파일에 마우스 오른쪽을 클릭 후 [반디집으로 압축하기]를 클릭합니다.

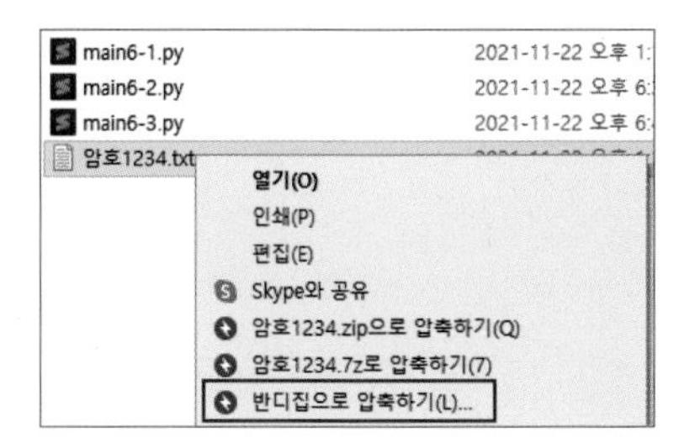

[암호 설정]을 클릭한 다음 암호 설정 후 [압축 시작]을 누르면 암호화된 압축이 가능합니다.

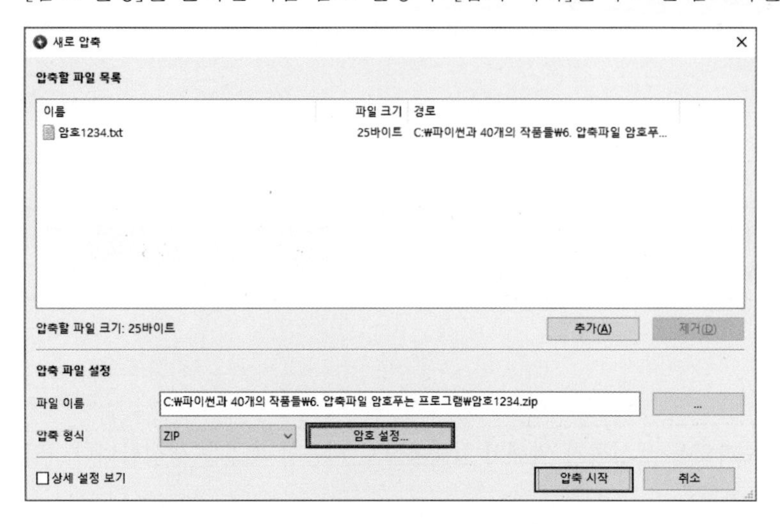

암호는 1234로 입력합니다. 암호 보이기에 체크하면 입력된 암호가 보입니다. [확인]을 눌러 압축합니다.

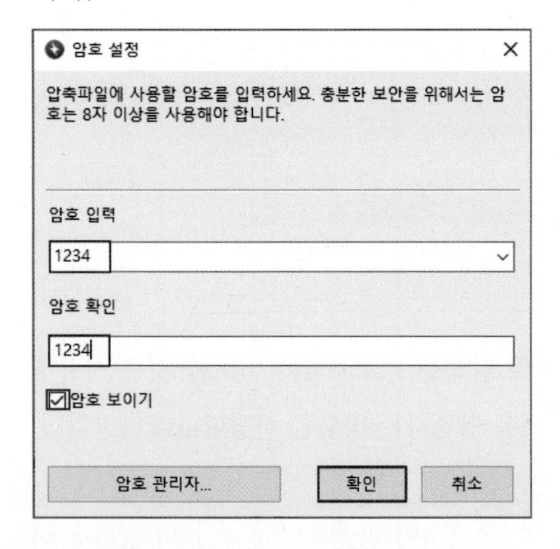

압축완료 후 압축파일이 생성되었습니다.

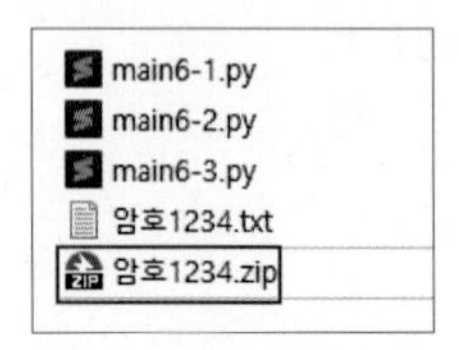

압축 푸는 코드 만들고 실행

이제 프로그램을 이용하여 압축을 푸는 과정을 진행해 보도록 합니다. 압축을 풀기 위해서 문자열을 순서대로 배열하는 코드를 만들어 봅니다.

6. 압축파일 암호푸는 프로그램\main6-1.py

```
01  import itertools
02
03  passwd_string = "012345789abcdefghijklmnopqrstuvwxyzABCDEFGHIJKLMNOPQRSTUVWXYZ"
04
05  for len in range(1, 4):
06      to_attempt = itertools.product(passwd_string, repeat = len)
07      for attempt in to_attempt:
08          passwd = ''.join(attempt)
09          print(passwd)
```

03: 숫자, 영문 소문자, 영문 대문자의 문자열을 바인딩합니다.
05: 1~3까지 반복합니다. range(1,4)의 시작 1부터 4 – 1 까지 반복합니다.
06: passwd_string 모든 문자열을 repeat=길이 로 정렬하여 반환합니다.
07: 정렬하여 반환된 문자의 수만큼 반복합니다.
08: 리스트로 반환된 값을 문자열로 변환합니다. ''.join(리스트)는 리스트의 값을 문자열로 변환합니다.
09: 값을 출력합니다.

오른쪽 상단의 [▷] 버튼을 눌러 코드를 실행시킵니다.
1자리부터 3자리까지 숫자, 영문 소문자, 영문 대문자의 값이 순서대로 출력됨을 볼 수 있습니다. 내가 입력한 모든 문자열이 순서대로 출력됩니다. 자리수가 늘어나면 경우의 수가 많아짐으로 시간이 오래 소요됩니다.

[6. 압축파일 암호푸는 프로그램] 폴더를 생성한 후 [main6-2.py] 파일을 생성한 후 다음 코드를 작성합니다.

6. 압축파일 암호푸는 프로그램\main6-2.py

```
01  import itertools
02  import zipfile
03
04  passwd_string = "012345789abcdefghijklmnopqrstuvwxyzABCDEFGHIJKLMNOPQRSTUVWXYZ"
05
06  zFile = zipfile.ZipFile(r'6. 압축파일 암호푸는 프로그램\암호1234.zip')
07
08  for len in range(1, 6):
09      to_attempt = itertools.product(passwd_string, repeat = len)
10      for attempt in to_attempt:
11          passwd = ''.join(attempt)
12          print(passwd)
13          try:
14              zFile.extractall(pwd = passwd.encode())
15              print (f"비밀번호는 {passwd} 입니다")
16              break
17          except:
18              pass
```

06 : 비밀번호가 입력된 압축파일의 경로를 입력하여 불러옵니다.

13~18 : 비밀번호를 입력해서 맞으면 try를 실행하고 틀리다면 except를 실행합니다.

14 : 비밀번호를 입력합니다. 비밀번호가 맞다면 14~15줄을 실행합니다. 비밀번호가 틀리다면 오류가 발생하여 17~18줄의 except를 실행합니다.

17 : 비밀번호를 찾으면 11~19줄의 for문을 종료합니다.

오른쪽 상단의 [▷] 버튼을 눌러 코드를 실행시킵니다.

이 프로그램은 정상적인 동작을 하지 않습니다. 비밀번호를 찾고 출력하였지만 너무 빨리 다음 단계로 넘어가 출력값을 확인하기 어렵습니다. break를 써서 for문을 종료하였지만 for문 두 개있어 모든 for문을 종료하지는 않고 아래쪽 하나의 for문만을 종료합니다.

```
08  for len in range(1, 6):
09      to_attempt = itertools.product(passwd_string, repeat = len)
10      for attempt in to_attempt:
11          passwd = ''.join(attempt)
12          print(passwd)
13          try:
14              zFile.extractall(pwd = passwd.encode())
15              print (f"비밀번호는 {passwd} 입니다")
16              break
17          except:
18              pass
```

터미널에서 [Ctrl + C]를 눌러 파이썬 코드를 종료합니다. 한 번 눌러 종료되지 않는다면 여러 번 [Ctrl + C]를 눌러 종료합니다.

압축풀기를 시도하면 다음과 같이 의미 없는 파일이 하나 생성됩니다. 그냥 두어도 상관없으나 보기가 불편하다면 삭제합니다.

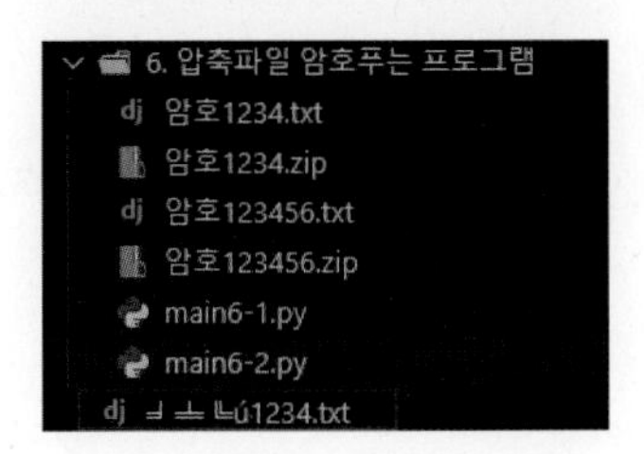

비밀번호를 찾으면 프로그램이 종료되는 코드 만들고 실행

이제 비밀번호를 찾으면 프로그램이 종료되도록 만들어 봅니다.

[6. 압축파일 암호푸는 프로그램] 폴더를 생성한 후 [main6-3.py] 파일을 생성한 후 다음 코드를 작성합니다.

6. 압축파일 암호푸는 프로그램\main6-3.py

```
01  import itertools
02  import zipfile
03
04  def un_zip(passwd_string, min_len, max_len, zFile):
05      for len in range(min_len, max_len+1):
06          to_attempt = itertools.product(passwd_string, repeat =len)
07          for attempt in to_attempt:
08              passwd = ' '.join(attempt)
09              print(passwd)
10              try:
11                  zFile.extractall(pwd = passwd.encode())
12                  print (f" 비밀번호는 {passwd} 입니다 ")
13                  return 1
14              except:
15                  pass
16
17  passwd_string =" 012345789abcdefghijklmnopqrstuvwxyzABCDEFGHIJKLMNOPQRSTUVWXYZ "
18
19  zFile = zipfile.ZipFile(r'6. 압축파일 암호푸는 프로그램\암호1234.zip')
20
21  min_len =1
22  max_len =5
23
24  unzip_result = un_zip(passwd_string, min_len, max_len, zFile)
```

```
25
26  if unzip_result ==1:
27      print(" 암호찾기에 성공하였습니다.")
28  else:
29      print(" 암호찾기에 실패하였습니다.")
```

04~15 : un_zip의 이름으로 함수와 하였습니다. 입력값으로는 패스워드 문자열, 비밀번호 최소길이, 비밀번호 최대길이, 집 파일입니다.

13 : 함수의 return을 이용하여 함수에 결과값을 넘기고 종료 하였습니다. 비밀번호를 찾았다면 함수가 종료됩니다. 여러 개의 for문이 있어도 함수가 종료되는 즉시 for문을 끝냅니다.

24 : 함수를 이용하여 압축파일의 암호를 알아냅니다.

26~27 : 함수의 결과값이 1이라면 "암호찾기에 성공하였습니다."를 출력합니다.

28~29 : 함수의 결과값이 0이라면 "암호찾기에 실패하였습니다."를 출력합니다.

오른쪽 상단의 [▷] 버튼을 눌러 코드를 실행시킵니다.

비밀번호를 찾았다면 프로그램을 종료합니다.

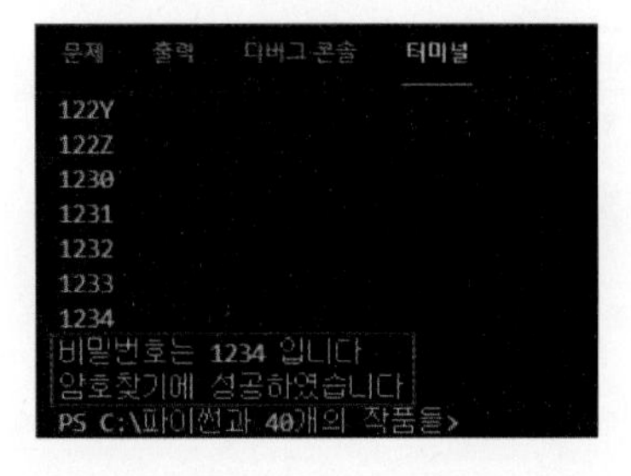

PROJECT 07 _ 환율 변환기

핵심 요약	환율 정보를 받아 환율을 변환하는 프로그램을 만들어 봅니다.

사전 준비 [7. 환율 변환기] 폴더에 [main7-1.py] 파일을 생성합니다.

라이브러리 설치

터미널에 다음을 입력하여 라이브러리를 설치합니다. currencyconverter 라이브러리는 환율 계산을 위한 라이브러리입니다.

```
pip install currencyconverter
```

지원되는 통화목록 출력 코드 만들기

다음 코드를 작성하여 지원되는 통화목록을 출력하여 봅니다.

7. 환율 변환기\main7-1.py

```
01  from currency_converter import CurrencyConverter
02
03  cc = CurrencyConverter()
04  print(cc.currencies)
```

04: 지원되는 통화목록을 출력합니다.

오른쪽 상단의 ▷ 버튼을 눌러 코드를 실행시킵니다.출력결과는 다음과 같습니다. 미국달러는 USD, 대한민국 원화는 KRW입니다.

```
{'BGN', 'IDR', 'RON', 'AUD', 'ILS', 'SGD', 'ROL', 'DKK', 'RUB', 'PHP', 'HUF', 'HRK', 'ZAR',
'LVL', 'TRY', 'NOK', 'THB', 'SEK', 'NZD', 'INR', 'GBP', 'PLN', 'ISK', 'BRL',
'USD', 'CYP', 'MTL', 'MYR', 'SIT', 'LTL', 'TRL', 'KRW', 'JPY', 'EUR', 'CNY', 'MXN', 'HKD',
'EEK', 'CZK', 'SKK', 'CHF', 'CAD'}
```

1달러를 원화로 변환한 결과 출력 코드 만들기

1달러를 원화로 변환했었을 때 얼마인지 출력하여 봅니다.

[7. 환율 변환기] 폴더에 main7-2.py 파일을 생성한 후 다음 코드를 작성합니다.

7. 환율 변환기\main7-2.py

```
01  from currency_converter import CurrencyConverter
02
03  cc = CurrencyConverter('http://www.ecb.europa.eu/stats/eurofxref/eurofxref.zip')
04  print(cc.convert(1,'USD','KRW'))
```

03: 최신 환율 정보로 업데이트 합니다.
04: 1달러를 대한민국 원화로 변경할 때 금액을 출력합니다.

오른쪽 상단의 [▷] 버튼을 눌러 코드를 실행시킵니다.

1193원이 출력됩니다.

```
PS C:\파이썬과 40개의
1193.0086061573952
```

동일한 시간에 네이버 환율 정보를 확인하였을 때 1187원입니다.

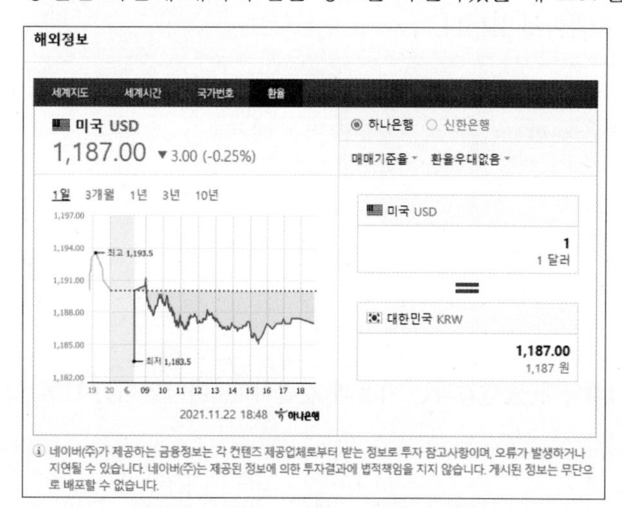

차이가 조금 발생하였습니다. 이런 차이가 발생하는 원인은 업데이트되는 환율 정보가 실시간 정보가 아니기 때문입니다.

실시간으로 환율 정보를 확인하기 위해서는 https://kr.investing.com/ 사이트의 정보를 이용 합니다. https://kr.investing.com/currencies/usd-krw로 접속하여 봅니다. usd(미국달러) 대 krw(원화)의 비율로 실시간 환율이 출력됩니다. usd, krw의 문자를 변경하여 다른 나라의 환율비로도 변환이 가능합니다.

실시간 환율 정보 크롤링 코드 만들기

접속된 사이트의 1186.87의 문자열을 크롤링하는 코드를 만들어 봅니다.

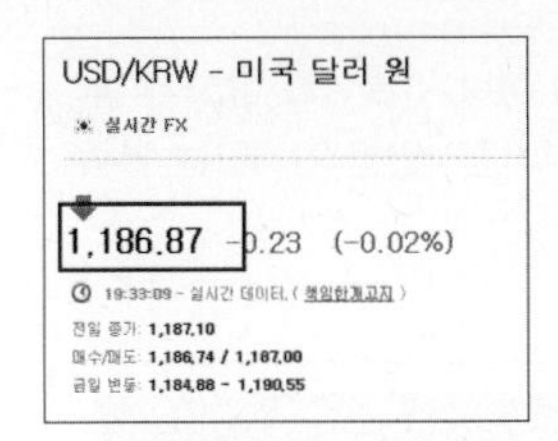

[7. 환율 변환기] 폴더에 main7-3.py 파일을 생성한 후 다음 코드를 작성합니다. 다음의 코드는 사이트에 접속하여 마지막 환율 정보를 크롤링하는 코드입니다.

7. 환율 변환기\main7-3.py

```
01  import requests
02  from bs4 import BeautifulSoup
03
04  def get_exchange_rate(target1, target2):
05      headers = {
06          'User-Agent': 'Mozilla/5.0',
07          'Content-Type': 'text/html; charset=utf-8'
08      }
09
10      response = requests.get("https://kr.investing.com/currencies/{}-{}".format(target1,
        target2), headers=headers)
11      content = BeautifulSoup(response.content, 'html.parser')
12      containers = content.find('span', {'data-test': 'instrument-price-last'})
13      print(containers.text)
14
15
16  get_exchange_rate('usd', 'krw')
```

04~13 : 환율비를 가져오는 함수를 만들었습니다.
05~08 : 헤더를 추가합니다. 아무런 헤더 없이 접속하면 로봇이 접속한 것으로 보여 사이트에서 정보를 내주지 않습니다. 일반적인 브라우저를 이용하여 접속한 것처럼 보이게 합니다.
10 : requests 라이브러리를 이용하여 https://kr.investing.com/currencies/usd-krw 의 사이트에 접속하여 응답값을 가지고 옵니다.
11 : BeautifulSoup 라이브러리를 이용하여 html 로 보기 값을 찾기 좋게 합니다.
12 : 마지막 환율 정보를 찾습니다.
13 : 환율 정보를 출력합니다.
16 : get_exchange_rate 함수를 이용하여 1달러대 원화비율을 크롤링하여 출력합니다.

오른쪽 상단의 [▷] 버튼을 눌러 코드를 실행시킵니다. 1186.77로 실시간 환율 정보가 출력되었습니다.

```
PS C:\파이썬과 40개의 작품들> &
1,186.77
```

requests와 BeautifulSoup를 이용하여 간단하게 사이트의 정보를 크롤링 하였습니다.

크롤링의 경우 사이트 변경이 되면 동작하지 않을수 있습니다. 동작하지 않을시 앤써북 카페의 정오표를 참고하여 주세요.

PROJECT 08 _ 쓰레드를 사용한 프로그램

핵심 요약

쓰레드란 코드를 실행하는 하나의 동작입니다. 우리는 파이썬 코드를 이용하여 하나의 동작을 하는 코드를 만들고 있습니다. 하지만 프로그램이 커지고 해야 할 일이 많아진다면 하나의 동작만을 가지고는 부족하여 쓰레드라는 방식의 프로그램 방식을 사용하여 동작을 늘릴 수 있습니다.

사전 준비 [파이썬과 40개의 작품들] 폴더에 [8. 쓰레드를 사용한 프로그램] 폴더를 생성한 후 [main8-1.py] 파일을 생성합니다.

8. 쓰레드를 사용한 프로그램
main8-1.py

2가지 동작이 동시에 실행되는 코드 만들고 실행

쓰레드를 사용하여 2가지 동작이 동시에 실행되는 코드를 만들어 봅니다.

main8-1.py에 다음 코드를 작성합니다.

8. 쓰레드를 사용한 프로그램\main8-1.py

```
01  import threading
02  import time
03
04  def thread_1():
05      while True:
06          print("쓰레드1 동작")
07          time.sleep(1.0)
08
09  t1 = threading.Thread(target=thread_1)
10  t1.start()
11
12  while True:
13      print("메인동작")
14      time.sleep(2.0)
```

01 : 쓰레드를 사용하기 위하여 threading 모듈을 불러옵니다.
04~07 : thread_1의 함수로 1초마다 "쓰레드1 동작"을 출력합니다.
09 : 쓰레드를 설정합니다.
10 : 쓰레드를 시작합니다.
12~13 : 메인코드로 "메인동작"을 2초마다 출력합니다.

오른쪽 상단의 [▷] 버튼을 눌러 코드를 실행시킵니다. 메인동작은 2초마다, 쓰레드1 동작은 1초마다 실행됩니다.

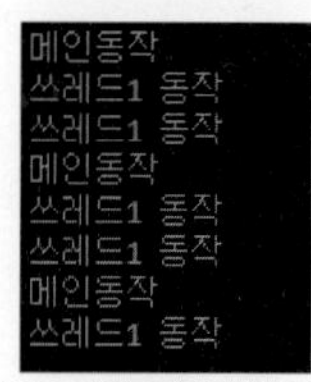

메인동작은 키보드 인터럽트가 발생하여 종료하였지만 쓰레드1은 종료되지 않고 계속 실행됩니다. 그 이유는 쓰레드는 독립적으로 동작하도록 설정되어 있기 때문입니다.

```
Traceback (most recent call last):
  File "c:/파이썬과 40개의 작품들/8. 쓰레드를 사용한 프로그램/main8-1.py", line 14, in <module>
    time.sleep(2.0)
KeyboardInterrupt
쓰레드1 동작
쓰레드1 동작
쓰레드1 동작
쓰레드1 동작
```

쓰레드1 동작을 멈추기 위해 쓰레기통 아이콘을 눌러 실행되고 있는 파이썬 쉘을 종료합니다.

메인코드가 동작할 때에만 쓰레드 동작하는 코드 만들기

메인코드가 동작할 때에만 쓰레드를 동작하게 할 수 있습니다.

main8-2.py 파일을 생성한 후 다음 코드를 작성합니다.

8. 쓰레드를 사용한 프로그램\main8-2.py

```
01  import threading
02  import time
03
04  def thread_1():
05      while True:
06          print("쓰레드1 동작")
07          time.sleep(1.0)
08
09  t1 = threading.Thread(target=thread_1)
10  t1.daemon = True
11  t1.start()
12
13  while True:
14      print("메인동작")
15      time.sleep(2.0)
```

10: 쓰레드를 데몬쓰레드로 설정하여 메인동작이 실행될 때만 쓰레드를 실행하도록 합니다.

오른쪽 상단의 [▷] 버튼을 눌러 코드를 실행시킵니다. 동작하고 있는 도중에 터미널에서 [Ctrl + C]를 눌러 종료합니다. 실행되고 있는 쓰레드도 함께 종료되었습니다.

```
메인동작
쓰레드1 동작
메인동작
쓰레드1 동작
Traceback (most recent call last):
  File "c:/파이썬과 40개의 작품들/8. 쓰레드를 사용한 프로그램/main8-2.py", line 15, in <module>
    time.sleep(2.0)
KeyboardInterrupt
PS C:\파이썬과 40개의 작품들> []
```

다수의 쓰레드를 동작시키는 코드 만들고 실행

하나의 함수에 입력값을 변경하여 여러 개의 쓰레드를 동작시킬 수도 있습니다.

main8-3.py 파일을 생성한 후 다음 코드를 작성합니다.

8. 쓰레드를 사용한 프로그램\main8-3.py

```
01  import threading
02
03  def sum(name, value):
04      for i in range(0, value):
05          print(f"{name} : {i}")
06
07  t1 = threading.Thread(target=sum, args=('1번 쓰레드', 10))
08  t2 = threading.Thread(target=sum, args=('2번 쓰레드', 10))
09
10  t1.start()
11  t2.start()
12
13  print("Main Thread")
```

03~05 : name과 value를 입력받아 value의 회수만큼 반복합니다.
07 : t1 쓰레드를 생성합니다. 입력값의 name은 '1번 쓰레드', value는 10입니다.
08 : t1 쓰레드를 생성합니다. 입력값의 name은 '2번 쓰레드', value는 10입니다.
10~11 : t1,t2를 시작합니다.
13 : 메인 쓰레드를 시작합니다.

오른쪽 상단의 [▷] 버튼을 눌러 코드를 실행시킵니다.

터미널에 출력된 결과를 확인하면 1번 쓰레드, 2번 쓰레드는 10번 실행 후 종료되고 Main Thread는 한 번 출력 후 종료합니다.

1번 쓰레드, 2번 쓰레드, 메인쓰레드 모두가 경쟁적으로 실행하고 종료합니다. 경쟁적으로 실행되려고 하다 보니 사람의 입장에서 보면 동시에 실행되는 것처럼 보입니다. 여러 개의 코드를 동작시킬 수 있습니다.

```
PS C:₩파이썬과 40개의 작품들> & C:/ProgramData/Anaconda3/python.exe "c:/파이썬과 40개의 작품들/8. 쓰레드를 사용한 프로그램/main8-3.py"
1번 쓰레드 : 0
1번 쓰레드 : 1
2번 쓰레드 : 0
2번 쓰레드 : 1
1번 쓰레드 : 2
1번 쓰레드 : 3
1번 쓰레드 : 4
Main Thread
2번 쓰레드 : 2
1번 쓰레드 : 5
2번 쓰레드 : 3
1번 쓰레드 : 6
2번 쓰레드 : 4
2번 쓰레드 : 5
1번 쓰레드 : 7
2번 쓰레드 : 6
1번 쓰레드 : 8
2번 쓰레드 : 7
1번 쓰레드 : 9
2번 쓰레드 : 8
2번 쓰레드 : 9
```

Python project

CHAPTER 04

자동화 프로그램 만들기

파이썬을 활용하여 엑셀,워드,이메일,오토마우스 등을 다루면서 자동화 프로그램을 만들어봅니다.

PROJECT 09 _ 영어 문서를 한글로 자동번역

핵심 요약 영문 내용의 파일을 읽어 한글로 번역하고 새로운 파일로 저장하는 프로그램을 만들어봅니다.

사전 준비 [파이썬과 40개의 작품들] 폴더 안에 [9. 영어로된 문서를 한글로 자동번역] 폴더를 생성한 후 [main9-1.py] 파일을 생성한 후 진행합니다.

```
9. 영어로된 문서를 한글로 자동번역
  main9-1.py
```

라이브러리 설치

다음의 명령어를 터미널에 입력하여 라이브러리를 설치합니다. 구글 번역기를 사용하기 위한 라이브러리입니다. 2021.11월 기준으로 안정적으로 동작하는 라이브러리 버전입니다. 라이브러리 설치 시 엑세스 거부의 오류가 발생하면 vs code를 관리자 권한으로 다시 실행하여 설치합니다.

```
pip install googletrans==4.0.0-rc1
```

다음과 같이 pip's의 에러가 발생하는데 사용하는데 문제없으므로 무시하여도 됩니다.

[Successfully installed]로 설치되었습니다.

```
Successfully installed chardet-3.0.4 googletrans-4.0.0rc1 httpx-0.13.3
```

번역 프로그램 코드 만들기

googletrans 라이브러리를 활용하여 번역을 하는 프로그램을 만들어봅니다.

다음 코드를 작성합니다.

9. 영어로된 문서를 한글로 자동번역\main9-1.py

```
01  import googletrans
02
03  translator = googletrans.Translator()
04
05  str1 = "행복하세요"
06  result1 = translator.translate(str1, dest='en', src='auto')
07  print(f"행복하세요 => {result1.text}")
08
09  str2 = "I am happy"
10  result2 = translator.translate(str2, dest='ko', src='en')
11  print(f"I am happy => {result2.text}")
```

01 : googletrans를 불러옵니다.

05~07 : "행복하세요"를 영어로 번역하여 출력합니다. dest에 번역될 문자를 입력합니다. src는 번역할 문자의 언어로 auto 가 기본으로 되어있어 생략해도 되나 코드에 표시해도 됩니다.

09~11 : "I am happy"를 한글로 번역하여 출력합니다. dest에 번역될 문자를 입력합니다. src는 en으로 영어로 설정하였습니다. auto로 하여도 영어를 자동으로 찾습니다. 또는 생략하면 auto로 자동으로 설정합니다.

오른쪽 상단의 [▷] 버튼을 눌러 코드를 실행시킵니다.

"행복하세요"를 영어로 번역하여 출력되었고 "I am happy"를 한글로 번역하여 출력되었습니다.

```
PS C:\파이썬과 40개의 작품들> &
행복하세요 => Be happy
I am happy => 나는 행복하다
```

main9-2.py 파일을 생성한 후 다음 코드를 작성합니다. googletrans 라이브러리에서 사용 가능한 언어를 출력합니다.

9. 영어로된 문서를 한글로 자동번역\main9-2.py

```
1   import googletrans
2
3   lang = googletrans.LANGUAGES
4   print(lang)
```

3~4: 사용 가능한 언어를 출력합니다.

오른쪽 상단의 [▷] 버튼을 눌러 코드를 실행시킵니다.

터미널에 다음과 같이 googletrans에서 사용 가능한 라이브러리가 출력됩니다.

```
{'af': 'afrikaans', 'sq': 'albanian', 'am': 'amharic', 'ar': 'arabic', 'hy': 'armenian', 'az':
'azerbaijani', 'eu': 'basque', 'be': 'belarusian', 'bn': 'bengali', 'bs': 'bosnian', 'bg':
'bulgarian', 'ca': 'catalan', 'ceb': 'cebuano', 'ny': 'chichewa', 'zh-cn': 'chinese (simplified)',
'zh-tw': 'chinese (traditional)', 'co': 'corsican', 'hr': 'croatian', 'cs': 'czech', 'da':
'danish', 'nl': 'dutch', 'en': 'english', 'eo': 'esperanto', 'et': 'estonian', 'tl': 'filipino',
'fi': 'finnish', 'fr': 'french', 'fy': 'frisian', 'gl': 'galician', 'ka': 'georgian', 'de':
'german', 'el': 'greek', 'gu': 'gujarati', 'ht': 'haitian creole', 'ha': 'hausa', 'haw':
'hawaiian', 'iw': 'hebrew', 'he': 'hebrew', 'hi': 'hindi', 'hmn': 'hmong', 'hu': 'hungarian',
'is': 'icelandic', 'ig': 'igbo', 'id': 'indonesian', 'ga': 'irish', 'it': 'italian', 'ja':
'japanese', 'jw': 'javanese', 'kn': 'kannada', 'kk': 'kazakh', 'km': 'khmer', 'ko': 'korean',
'ku': 'kurdish (kurmanji)', 'ky': 'kyrgyz', 'lo': 'lao', 'la': 'latin', 'lv': 'latvian', 'lt':
'lithuanian', 'lb': 'luxembourgish', 'mk': 'macedonian', 'mg': 'malagasy', 'ms': 'malay', 'ml':
'malayalam', 'mt': 'maltese', 'mi': 'maori', 'mr': 'marathi', 'mn': 'mongolian', 'my': 'myanmar
(burmese)', 'ne': 'nepali', 'no': 'norwegian', 'or': 'odia', 'ps': 'pashto', 'fa': 'persian',
'pl': 'polish', 'pt': 'portuguese', 'pa': 'punjabi', 'ro': 'romanian', 'ru': 'russian', 'sm':
'samoan', 'gd': 'scots gaelic', 'sr': 'serbian', 'st': 'sesotho', 'sn': 'shona', 'sd': 'sindhi',
'si': 'sinhala', 'sk': 'slovak', 'sl': 'slovenian', 'so': 'somali', 'es': 'spanish', 'su':
'sundanese', 'sw': 'swahili', 'sv': 'swedish', 'tg': 'tajik', 'ta': 'tamil', 'te': 'telugu', 'th':
'thai', 'tr': 'turkish', 'uk': 'ukrainian', 'ur': 'urdu', 'ug': 'uyghur', 'uz': 'uzbek', 'vi':
'vietnamese', 'cy': 'welsh', 'xh': 'xhosa', 'yi': 'yiddish', 'yo': 'yoruba', 'zu': 'zulu'}
```

영어 문서를 한글로 번역하는 코드 만들기

파일에서 문자를 읽어 변역하는 프로그램을 만들어 봅니다.

[9. 영어로된 문서를 한글로 자동번역] 폴더에 [영어파일.txt]을 생성합니다.

```
∨ 9. 영어로된 문서를 한글로 자동번역
    영어파일.txt
```

[영어파일.txt]에 다음의 문자를 입력합니다. 유명한 영어 속담으로 뜻은 한글로 번역하여 알아봅니다.

```
영어파일.txt ×
파이썬과 40개의 작품들 > 9. 영어로된 문서를 한글로
1  A big fish in a little pond
2  A good medicine tastes bitter
3  No pain No gain
```

[9. 영어로된 문서를 한글로 자동번역] 폴더에 [main9-3]을 생성하고 코드를 작성합니다.

파일에서 문자를 읽어 줄별로 한글로 번역하는 코드입니다.

9. 영어로된 문서를 한글로 자동번역\main9-3.py

```
01  from os import linesep
02  import googletrans
03
04  translator = googletrans.Translator()
05
06  read_file_path = r"9. 영어로된 문서를 한글로 자동번역\영어파일.txt"
07
08  with open(read_file_path, 'r') as f :
09      readLines = f.readlines()
10
11  for lines in readLines:
12      result1 = translator.translate(lines, dest='ko')
13      print(result1.text)
```

06 : 파일을 읽어올 경로를 지정합니다.
08~09 : 파일에서 줄별로 읽어 readlines 에 리스트형태로 바인딩합니다.
11~13 : 리스트형태로 저장된 readLines에서 한 줄씩 한글로 변환하여 출력합니다.

오른쪽 상단의 [▷] 버튼을 눌러 코드를 실행시킵니다.

"작은 연못에 큰 물고기"를 우리나라 속담의 "우물 안 개구리"로 표현하듯 작은 우물 안에서는 큰 것을 보지 못한다는 뜻입니다.

"좋은 약은 씁쓸합니다"는 좋은 약은 입에 쓰다와 같습니다.

"고통이 없으면 얻는 것도 없다"는 영어가 더 유명한 속담으로 "No pain No gain"으로 기억해 두면 좋습니다.

```
PS C:\파이썬과 40개의 작품들> &
작은 연못에 큰 물고기
좋은 약은 씁쓸합니다
고통이 없으면 얻는 것도 없다
```

번역 내용을 새 파일로 저장하는 코드 만들기

이제 번역한 내용을 새로운 파일로 저장하는 코드를 만들어봅니다.

main9-4.py 파일을 생성한 후 다음 코드를 작성합니다.

9. 영어로된 문서를 한글로 자동번역\main9-4.py

```
01  from os import linesep
02  import googletrans
03
04  translator = googletrans.Translator()
05
06  read_file_path = r"9. 영어로된 문서를 한글로 자동번역\영어파일.txt"
07  write_file_path = r"9. 영어로된 문서를 한글로 자동번역\한글파일.txt"
08
09  with open(read_file_path, 'r') as f :
10      readLines = f.readlines()
11
12  for lines in readLines:
13      result1 = translator.translate(lines, dest='ko')
14      print(result1.text)
15      with open(write_file_path,'a', encoding='UTF8') as f:
16          f.write(result1.text + '\n')
```

07: 저장할 경로와 파일명을 지정합니다.

15: 파일을 저장합니다. 'a' 옵션은 마지막에 추가로 쓰는 모드입니다. 한글을 사용하기 위해 encoding='UTF8' 옵션을 넣었습니다.

16: 한 줄 쓴 다음 ₩n을 더하여 줄바꿈을 하였습니다.

오른쪽 상단의 [▷] 버튼을 눌러 코드를 실행시킵니다.

[한글파일.txt] 파일을 열어보면 한글로 저장되었음을 확인할 수 있습니다.

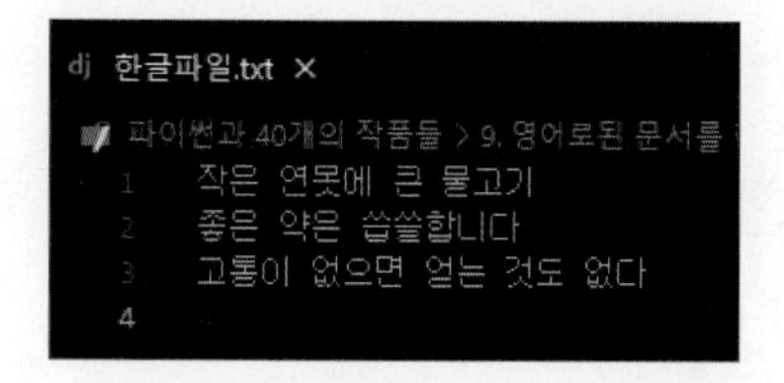

파일에서 영어를 읽어 한글로 번역 후 저장하는 방법에 대해 알아보았습니다.

PROJECT 10 _ 오토마우스를 활용한 웹페이지 자동화

핵심 요약 자동으로 마우스와 키보드를 조작하는 코드를 작성하여 웹페이지에서 자동으로 날씨 정보를 얻는 프로그램을 만들어봅니다.

사전 준비 [파이썬과 40개의 작품들] 폴더에 [10. 오토마우스를 활용한 웹페이지 자동화] 폴더를 생성한 후 [main10-1.py] 파일을 생성합니다.

10. 오토마우스를 활용한 웹페이지 자동화
main10-1.py

라이브러리 설치

터미널에서 다음의 명령어를 입력하여 pyautogui 라이브러리를 설치합니다. pyautogui 라이브러리는 마우스와 키보드를 자동으로 제어하기 위해 사용합니다.

```
pip install pyautogui
```

터미널에서 다음의 명령어를 입력하여 pyperclip 라이브러리를 설치합니다. 클립보드에 값을 복사하거나 붙여넣기 용도로 사용하며 pyautogui에는 한글이 지원되지 않아 검색에 필요한 한글을 클립보드를 이용하여 사용하기 위하여 설치합니다. 아나콘다 설치 시 기본으로 설치되어있습니다.

```
pip install pyperclip
```

마우스의 좌표를 출력하는 코드 만들기

다음 코드를 작성하여 마우스의 좌표를 출력하여 봅니다.

10. 오토마우스를 활용한 웹페이지 자동화\main10-1.py

```
1   import pyautogui
2   import time
3
4   while True:
5       print(pyautogui.position())
6       time.sleep(0.1)
```

05: 마우스의 좌표를 출력합니다.
06: 0.1초 기다립니다.

0.1초마다 마우스의 좌표를 출력하는 프로그램입니다.
오른쪽 상단의 [▷] 버튼을 눌러 코드를 실행시킵니다.

다음과 같이 마우스의 좌표가 출력됩니다.

종료하고 싶다면 터미널에서 [Ctrl + C]를 눌러 프로그램을 멈춥니다. [Ctrl + C]를 여러 번 눌러야 멈출 수 있습니다.

알아두기 오토 마우스 라이브러리 기능

pyautogui.position()
마우스의 좌표를 입력 받습니다.

pyautogui.moveTo(x,y)
x,y의 좌표로 이동합니다. 절대 좌표 입니다.

pyautogui.moveTo(x,y,시간)
x,y의 좌표로 지정된 시간동안 이동합니다. 절대 좌표 입니다.

pyautogui.moveRel(x,y)
현재 마우스 위치로 부터 x,y 픽셀만큼 이동합니다.

pyautogui.click()
현재 마우스 커서 위치에 마우스를 클릭합니다.

pyautogui.doubleClick()
현재 마우스 커서 위치에 마우스를 더블클릭합니다.

pyautogui.click((50,50))
50,50의 위치에 마우스를 클릭합니다.

pyautogui.click(x=50,y=50)
x=50, y=50의 위치에 마우스를 클릭합니다.

pyautogui.rightClick()
현재 마우스 커서 위치에 마우스를 우클릭 합니다.

pyautogui.dragTo(x=50, y=50, duration=2)
현재 마우스 위치부터 50,50 좌표까지 2초 동안 드래그 합니다.

pyautogui.typewrite("ABC")
ABC를 입력합니다. 한글은 지원되지 않습니다. 한글은 pyperclip 라이브러리를 이용하여 붙여넣기를 통해 입력합니다.

pyautogui.typewrite("ABC", interval=1)
1초 동안 ABC를 입력합니다.

pyautogui.hotkey("ctrl", "v")
hotkey를 이용하여 두 개의 키를 동시에 누를수 있습니다. [Ctrl + V]를 입력합니다.

pyautogui.screenshot('저장경로', region=(100,100,50,50))
screenshot을 이용하여 부분캡처를 할 수 있습니다. region=(X좌표,Y좌표,가로 사이즈,세로 사이즈) 입니다.

창을 반으로 나누어 왼쪽에는 vs code 오른쪽에는 웹 브라우저(크롬, 파이어폭스, 웨일) 등을 이용하여 네이버에 접속하여 네이버 검색창의 좌표를 알아냅니다.
필자의 컴퓨터에서 다음과 같이 설정 시 네이버 검색창의 좌표는 x=1241, y=206 의 좌표로 출력되었습니다.
윈도우에서 창을 반반 쉽게 나누는 방법으로는 [윈도우 키 + ←] 또는 [윈도우 키 + →]를 누르면 내가 반을 나누고 싶은 창을 왼쪽이나 오른쪽으로 보낼 수 있습니다.

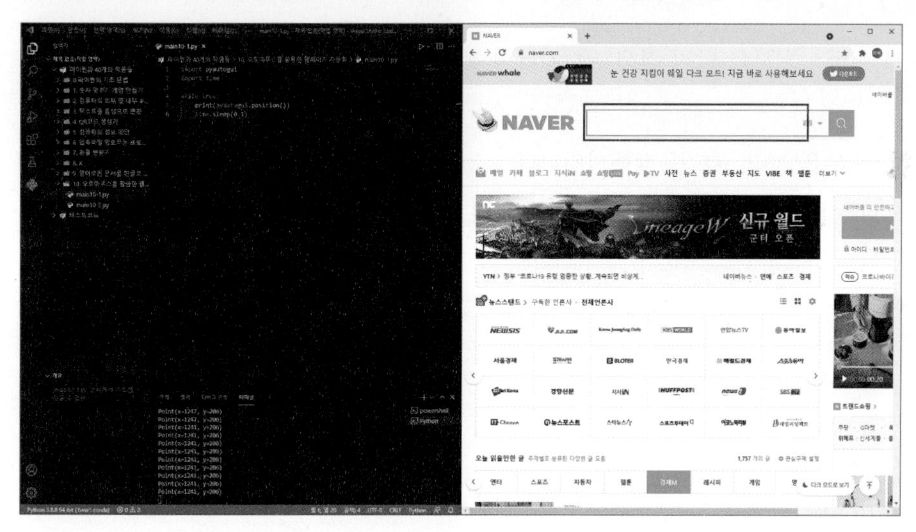

네이버에서 자동으로 서울 날씨 검색하는 코드 만들기

네이버에서 자동으로 "서울 날씨"를 검색해보도록 합니다.
[10. 오토마우스를 활용한 웹페이지 자동화] 폴더에 main10-2.py 파일을 생성한 후 다음 코드를 작성합니다.

10. 오토마우스를 활용한 웹페이지 자동화\main10-2.py

```
01  import pyautogui
02  import time
03  import pyperclip
04
05  pyautogui.moveTo(1241,206,0.2)
06  pyautogui.click()
07  time.sleep(0.5)
08
09  pyperclip.copy("서울 날씨")
10  pyautogui.hotkey("ctrl", "v")
11  time.sleep(0.5)
12
13  pyautogui.write(["enter"])
14  time.sleep(1)
```

05: 네이버의 검색창의 좌표로 0.2초 동안 이동합니다.
06: 마우스를 클릭합니다.
07: 0.5초 기다립니다.
09: 클립보드에 "서울 날씨"를 저장합니다.
10: 클립보드에 저장된 내용을 붙여넣기 합니다. [Ctrl + V] 키를 입력합니다.
11: 0.5초 기다립니다.
13: 엔터키를 입력합니다.
14: 1초 동안 기다립니다.

네이버 검색창으로 이동 -> 서울 날씨 검색 -> 엔터의 동작을 자동으로 하는 프로그램을 만들었습니다.

오른쪽 상단의 [▷] 버튼을 눌러 코드를 실행시킵니다.

네이버에서 자동으로 "서울 날씨"를 검색하여 다음과 같이 검색결과가 표시되었습니다.

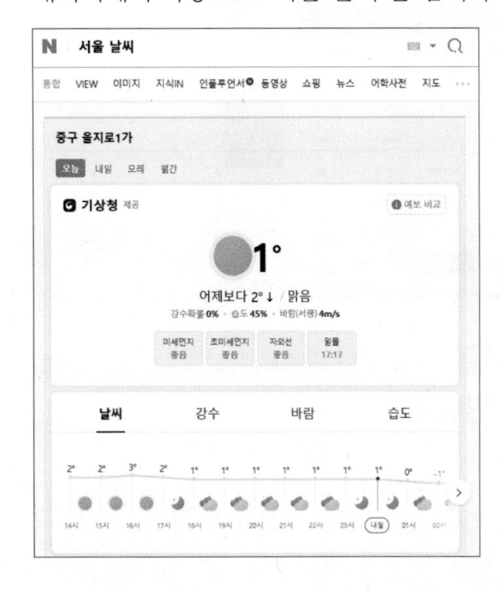

서울 날씨 화면 자동 캡처 후 저장하는 코드 만들기

pyautogui에는 화면을 캡처할 수 있습니다. 서울 날씨를 자동으로 캡처해 봅니다. main10-1.py 코드를 활용하여 좌표를 알아봅니다.

10. 오토마우스를 활용한 웹페이지 자동화\main10-1.py

```
1   import pyautogui
2   import time
3
4   while True:
5       print(pyautogui.position())
6       time.sleep(0.1)
```

오른쪽 상단의 [▷] 버튼을 눌러 코드를 실행시킵니다.

캡처하고 싶은 부분의 시작점과 종료점의 좌표를 알아냅니다. 빨간 네모칸의 왼쪽 위 시작, 오른쪽 아래가 종료인 좌표를 알아냅니다.

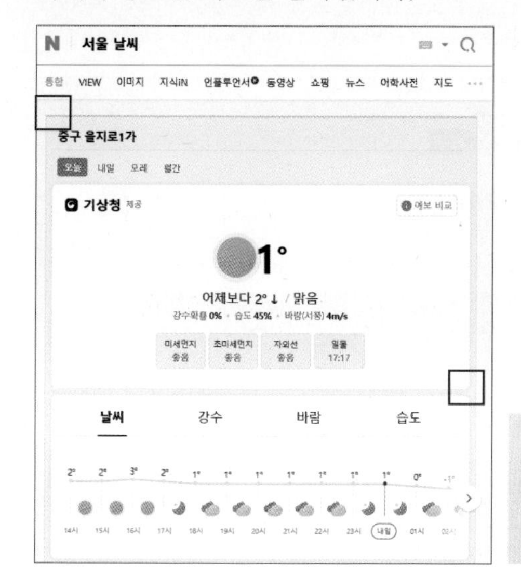

시작은 992,220

종료는 1656,635의 좌표를 알아냈습니다.

터미널에서 [Ctrl + C]를 여러 번 눌러 멈춥니다.

이제 검색 후 저장까지 자동으로 하는 코드를 만들어 봅니다.

main10-3.py 파일 생성 후 다음 코드를 작성합니다.

10. 오토마우스를 활용한 웹페이지 자동화\main10-3.py

```
01  import pyautogui
02  import time
03  import pyperclip
04
05  pyautogui.moveTo(1241,206,0.2)
06  pyautogui.click()
07  time.sleep(0.5)
08
09  pyperclip.copy("서울 날씨")
10  pyautogui.hotkey("ctrl", "v")
11  time.sleep(0.5)
12
13  pyautogui.write(["enter"])
14  time.sleep(1)
15
16  start_x = 992
17  start_y = 220
18  end_x = 1656
19  end_y = 635
20
21  pyautogui.screenshot(r'10. 오토마우스를 활용한 웹페이지 자동화\서울날씨.png', re-
gion=(start_x, start_y, end_x-start_x, end_y-start_y))
```

16~19 : 시작 x,y좌표, 종료 x,y 좌표를 입력합니다.
21 : 스크린샷을 찍어 10. 오토마우스를 활용한 웹페이지 자동화 경로에 서울날씨.png로 저장합니다. region=(시작좌표 x, 시작좌표 y, 크기 x, 크기 y)로 크기는 종료좌표에서 시작좌표를 빼서 구하였습니다.

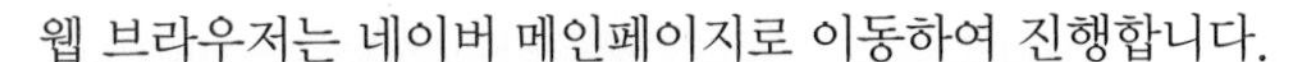

웹 브라우저는 네이버 메인페이지로 이동하여 진행합니다.

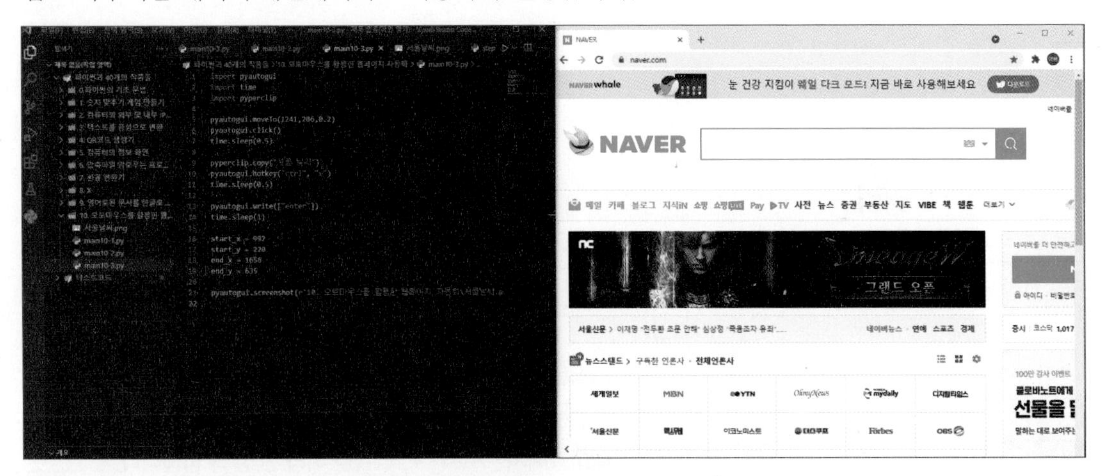

오른쪽 상단의 [▷] 버튼을 눌러 코드를 실행시킵니다.
자동으로 서울 날씨를 검색 후 "서울날씨.png" 이미지로 저장하였습니다. "서울날씨.png"를 확인해보면 다음과 같이 제대로 저장되었습니다.

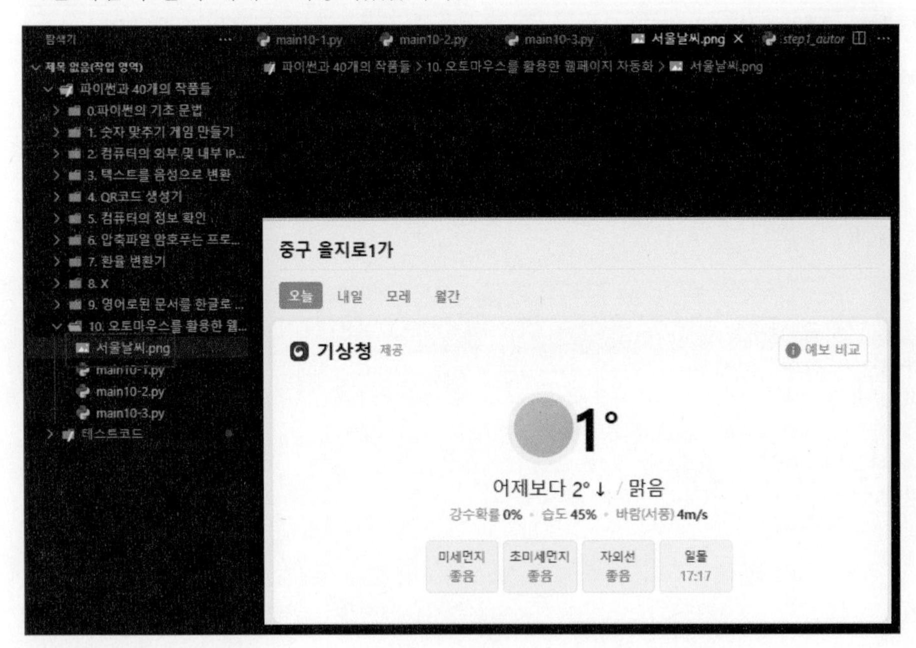

여러 지역 날씨를 자동으로 검색 후 저장하는 코드 만들기

여러 지역의 날씨를 자동으로 검색하여 저장하는 프로그램을 만들어 봅니다.

main10-1.py 코드를 이용하여 검색창의 좌표를 알아냅니다.

필자의 컴퓨터의 검색창의 좌표는 1145,53입니다.

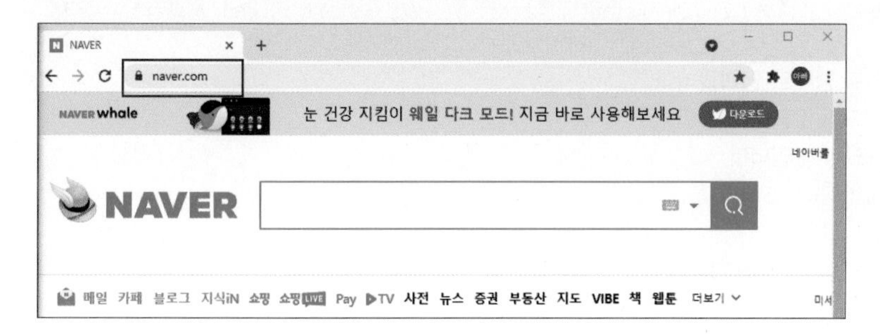

여러 지역의 날씨를 검색 후 이미지로 저장하는 코드를 만들어봅니다.

main10-4.py 파일을 생성한 후 다음 코드를 작성합니다.

다음의 코드는 변수명을 한글과 영어로 같이 사용하였습니다. 파이썬에서 변수명은 한글로 하여도 동작합니다. 다만 범용적으로 사용이 어렵기 때문에 한글변수명은 추천하지 않습니다. 책에서는 코드 해석의 편의를 위해 한글, 영어를 혼용해서 사용하였습니다.

10. 오토마우스를 활용한 웹페이지 자동화\main10-4.py

```
01  import pyautogui
02  import time
03  import pyperclip
04
05  날씨 = ["서울 날씨","시흥 날씨","청주 날씨","부산 날씨","강원도 날씨"]
06
07  addr_x = 1145
08  addr_y = 53
09  start_x = 992
10  start_y = 220
11  end_x = 1656
12  end_y = 635
13
14  for 지역날씨 in 날씨:
15      pyautogui.moveTo(addr_x,addr_y,1)
16      time.sleep(0.2)
17      pyautogui.click()
18      time.sleep(0.2)
19      pyautogui.write("www.naver.com",interval=0.1)
20      pyautogui.write(["enter"])
21      time.sleep(1)
22
23      pyperclip.copy(지역날씨)
```

```
24        pyautogui.hotkey("ctrl", "v")
25        time.sleep(0.5)
26        pyautogui.write(["enter"])
27        time.sleep(1)
28        저장경로 = '10. 오토마우스를 활용한 웹페이지 자동화\\' + 지역날씨 + '.png'
29        pyautogui.screenshot(저장경로, region=(start_x, start_y, end_x-start_x, end_y-start_y))
```

05 : 검색하고 싶은 지역을 리스트 형태로 입력합니다.
07 : 웹 브라우저의 주소창의 좌표 x 값입니다.
08 : 웹 브라우저의 주소창의 좌표 y 값입니다.
09~12 : 스크린 캡처를 위한 좌표값입니다.
14~29 : 날씨 변수의 수만큼 반복합니다.
15 : 검색창의 주소 좌표로 1초에 걸쳐서 이동합니다.
19 : www.naver.com 주소를 0.1초 간격으로 영문 입력합니다.
28 : 저장될 경로와 파일명을 지정해줍니다.
29 : 스크린을 캡처하여 저장합니다.

오른쪽 상단의 [▷] 버튼을 눌러 코드를 실행시킵니다. 웹페이지를 자동으로 검색하므로 끝날 때까지 마우스와 키보드는 움직이지 않습니다. 완료 후 날씨 각각의 파일명으로 저장되었습니다.

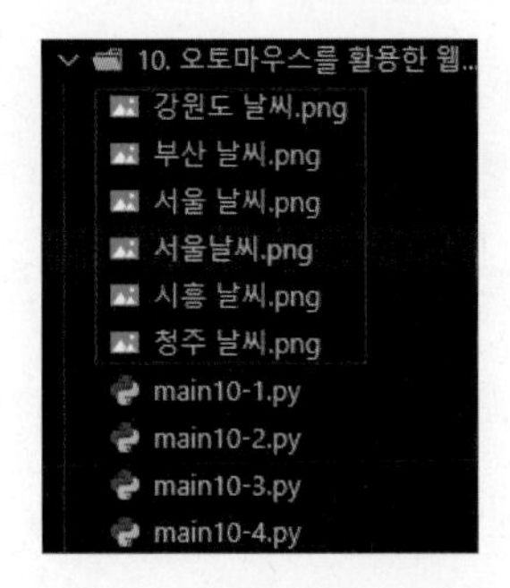

값을 확인하여도 잘 저장되었음을 확인할 수 있습니다.

키보드와 마우스를 조작하여 자동화 프로그램을 만들었습니다.

PROJECT 11 _ 오토마우스를 활용한 PC카카오톡 자동화

핵심 요약	오토마우스를 활용하여 PC에 설치된 카카오톡을 통해 메시지를 자동으로 보내는 프로그램을 만들어봅니다.

사전 준비 [파이썬과 40개의 작품들] 폴더에 [11. 오토마우스를 활용한 PC카카오톡 자동화] 폴더를 생성한 후 [main11-1.py] 파일을 생성합니다

11. 오토마우스를 활용한 PC카카오톡 자동화
main11-1.py

라이브러리 설치

널에서 다음의 명령어를 입력하여 pyautogui 라이브러리를 설치합니다. pyautogui 라이브러리는 마우스와 키보드를 자동으로 제어하기 위해 사용합니다.

```
pip install pyautogui
```

터미널에서 다음의 명령어를 입력하여 pyperclip 라이브러리를 설치합니다. 클립보드에 값을 복사하거나 붙여넣기 용도로 사용하며 pyautogui에는 한글이 지원되지 않아 검색에 필요한 한글을 클립보드를 이용하여 사용하기 위하여 설치합니다. 아나콘다 설치시 기본으로 설치되어있습니다.

```
pip install pyperclip
```

터미널에서 다음의 명령어를 입력하여 schedule 라이브러리를 설치합니다. schedule 라이브러리는 일정시간마다 함수를 동작시킬 때 사용합니다.

```
pip install schedule
```

PC에 설치된 PC카카오톡 화면입니다.

PC카카오톡에서 내 사진 캡처 후 저장

오토마우스는 사진으로 좌표를 찾을수 있는 기능이 있습니다. 우선 나에게 메시지를 보내기 위해 나의 사진 부분을 캡쳐하여 [파이썬과 40개의 작품들] 폴더에 [11. 오토마우스를 활용한 PC카카오톡 자동화] 폴더에 저장합니다. PC카카오톡의 화면 상태는 그냥 두었을 때, 마우스를 올려두었을 때, 클릭할 때 각각 배경색상이 미세하게 틀립니다. 오토마우스는 100% 동일한 이미지로 좌표를 얻기 때문에 배경색상이 틀려도 다른 이미지로 인식하기에 3가지의 경우 모두 사진으로 저장합니다.

※ 부분 캡처는 [알캡처] 등 캡처 프로그램을 사용하면 됩니다.

다음과 같이 PC카카오톡에서 본인의 사진을 3가지의 경우 모두 캡처하여 저장하였습니다.

[pic1.png]

(그냥두었을 때)

[pic2.png]

(마우스를 올렸을 때)

[pic3.png]

(클릭했을 때)

다음과 같이 [파이썬과 40개의 작품들] 폴더에 [11. 오토마우스를 활용한 PC카카오톡 자동화] 폴더에 모든 경우의 수의 사진이 저장되었습니다.

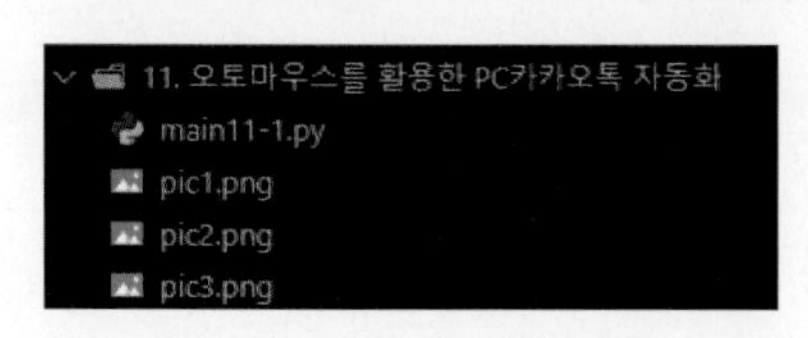

사진에서 좌표 추출하는 코드 만들기

다음 코드를 작성하여 사진에서 좌표를 얻는 코드를 만들어봅니다.

11. 오토마우스를 활용한 PC카카오톡 자동화\main11-1.py

```
01  import pyautogui
02  import os
03
04  #경로를 .py파일의 실행경로로 이동, 현재 경로로 이동
05  os.chdir(os.path.dirname(os.path.abspath(__file__)))
06
07  picPosition = pyautogui.locateOnScreen('pic1.png')
08  print(picPosition)
09
10  if picPosition is None:
11      picPosition = pyautogui.locateOnScreen('pic2.png')
12      print(picPosition)
13
14  if picPosition is None:
15      picPosition = pyautogui.locateOnScreen('pic3.png')
16      print(picPosition)
```

05 : 경로를 현재 .py파일을 실행하는 경로로 이동합니다. pyautogui에서 한글을 인식하지 못하여 경로를 이동하였습니다.

07~08 : pic1.png 파일과 동일한 그림을 찾아 좌표를 출력합니다.

10~12 : 앞에 사진에서 좌표를 찾지 못하였다면 pic2.png 파일과 동일한 그림을 찾아 좌표를 출력합니다.

14~16 : 앞에 사진에서 좌표를 찾지 못하였다면 pic3.png 파일과 동일한 그림을 찾아 좌표를 출력합니다.

프로그램을 실행하기전에 카카오톡에서 내 이름이 pc화면에 보이도록 합니다.

오른쪽 상단의 [▷] 버튼을 눌러 코드를 실행시킵니다.

카카오톡에서 내 사진을 찾아 좌표를 출력하였습니다.

시작점의 위치와 크기의 형태로 좌표를 출력합니다.

[pic1.png]

카카오톡에서 내사진이 선택되어 있다면 다음과 같이 3번째 사진에서 좌표를 찾았습니다.

[pic3.png]

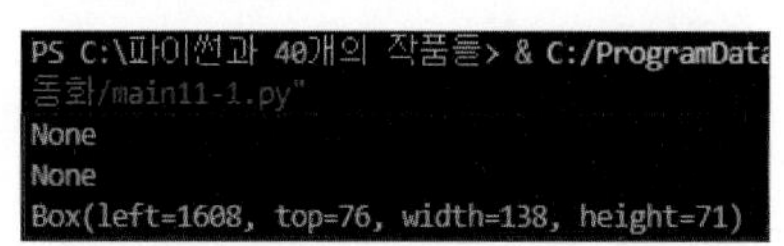

좌표를 이용하여 메시지를 자동으로 보내는 코드 만들기

제 찾은 좌표를 이용하여 메시지를 자동으로 보내는 프로그램을 만들어봅니다.

main11-2.py 파일을 생성한 후 다음 코드를 작성합니다.

11. 오토마우스를 활용한 PC카카오톡 자동화₩main11-2.py

```
01  import pyautogui
02  import pyperclip
03  import time
04  import os
05
06  #경로를 .py파일의 실행경로로 이동, 현재 경로로 이동
07  os.chdir(os.path.dirname(os.path.abspath(__file__)))
08
09  picPosition = pyautogui.locateOnScreen('pic1.png')
10  print(picPosition)
11
12  if picPosition is None:
13      picPosition = pyautogui.locateOnScreen('pic2.png')
14      print(picPosition)
15
16  if picPosition is None:
17      picPosition = pyautogui.locateOnScreen('pic3.png')
18      print(picPosition)
19
20  clickPosition = pyautogui.center(picPosition)
21  pyautogui.doubleClick(clickPosition)
22
23  pyperclip.copy("이 메세지는 자동으로 보내는 메세지 입니다~~")
24  pyautogui.hotkey("ctrl", "v")
25  time.sleep(1.0)
26
```

```
27  pyautogui.write(["enter"])
28  time.sleep(1.0)
29
30  pyautogui.write(["escape"])
31  time.sleep(1.0)
```

09~18 : 이미지에서 좌표를 찾습니다.
20 : 이미지에서 찾의 좌표의 중간 좌표값을 찾습니다.
21 : 더블클릭합니다. 카카오톡의 메시지 전송창이 열립니다.
23~25 : "이 메세지는 자동으로 보내는 메세지 입니다~~"를 붙여넣은 후 1초 기다립니다.
27~28 : 엔터를 입력 후 1초 기다립니다.
30~31 : esc를 눌러 창을 닫고 1초 기다립니다.

PC카카오톡을 화면에 둔 상태로 코드를 실행합니다. 오른쪽 상단의 [▷] 버튼을 눌러 코드를 실행시킵니다. 자동으로 이미지를 찾아 더블클릭한 후 메시지를 보내고 종료하였습니다.

일정 시간마다 동작하는 코드 만들기

일정 시간마다 동작하는 코드를 만들어 봅니다. 파이썬의 thread 기능을 이용하여 자기 자신의 함수를 호출하는 코드를 만들어 봅니다.

main11-3.py 파일을 생성한 후 다음 코드를 작성합니다.

11. 오토마우스를 활용한 PC카카오톡 자동화₩main11-3.py

```
01 import pyautogui
02 import pyperclip
03 import time
04 import threading
05 import os
06 
07 #경로를 .py파일의 실행경로로 이동, 현재 경로로 이동
08 os.chdir(os.path.dirname(os.path.abspath(__file__)))
09 
10 def send_mesaage():
11     threading.Timer(10, send_mesaage).start()
12 
13     picPosition = pyautogui.locateOnScreen('pic1.png')
14     print(picPosition)
15 
16     if picPosition is None:
17         picPosition = pyautogui.locateOnScreen('pic2.png')
18         print(picPosition)
19 
20     if picPosition is None:
21         picPosition = pyautogui.locateOnScreen('pic3.png')
22         print(picPosition)
23 
24     clickPosition = pyautogui.center(picPosition)
25     pyautogui.doubleClick(clickPosition)
26 
27     pyperclip.copy("이 메세지는 자동으로 보내는 메세지 입니다~~")
28     pyautogui.hotkey("ctrl", "v")
29     time.sleep(1.0)
30 
31     pyautogui.write(["enter"])
32     time.sleep(1.0)
33 
34     pyautogui.write(["escape"])
35     time.sleep(1.0)
36 
37 send_mesaage()
```

04 : threading 라이브러리를 사용합니다.

10~35 : 카카오톡에 메시지를 보내는 코드를 send_message 함수로 만들었습니다.

11 : send_mesaage 함수를 10초후에 실행합니다. 자신의 함수에서 10초후에 자신의 함수를 다시 불러오기 때문에 10초마다 실행됩니다.

37 : 처음한번 send_mesaage 함수를 실행합니다. 이후에는 threading.Timer에 의해 10초마다 불러지게 됩니다.

오른쪽 상단의 [▷] 버튼을 눌러 코드를 실행시킵니다. 자동으로 10초마다 메시지를 보냅니다.

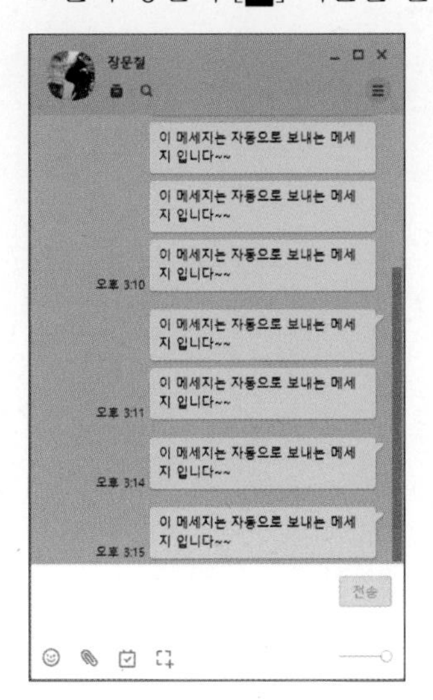

종료하고 싶다면 터미널 영역의 python에서 쓰레기통 아이콘을 클릭하여 종료합니다.

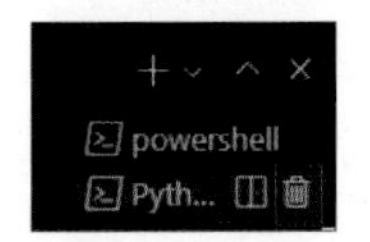

일정 간격마다 보내는 코드 만들기

일정 간격마다 보내는 코드를 완성하였습니다. 조금 더 편하게 요일 시간 등을 설정하여 보내는 방법도 알아봅니다.

main11-4.py 파일을 생성한 후 다음 코드를 작성합니다.

11. 오토마우스를 활용한 PC카카오톡 자동화₩main11-3.py

```
01  import pyautogui
02  import pyperclip
03  import time
04  import threading
05  import os
06
07  #경로를 .py파일의 실행경로로 이동, 현재 경로로 이동
08  os.chdir(os.path.dirname(os.path.abspath(__file__)))
09
10  def send_mesaage():
11      threading.Timer(10, send_mesaage).start()
12
13      picPosition = pyautogui.locateOnScreen('pic1.png')
14      print(picPosition)
```

```
15
16      if picPosition is None:
17          picPosition = pyautogui.locateOnScreen('pic2.png')
18          print(picPosition)
19
20      if picPosition is None:
21          picPosition = pyautogui.locateOnScreen('pic3.png')
22          print(picPosition)
23
24      clickPosition = pyautogui.center(picPosition)
25      pyautogui.doubleClick(clickPosition)
26
27      pyperclip.copy("이 메세지는 자동으로 보내는 메세지 입니다~~")
28      pyautogui.hotkey("ctrl", "v")
29      time.sleep(1.0)
30
31      pyautogui.write(["enter"])
32      time.sleep(1.0)
```

04 : threading 라이브러리를 사용합니다.

10~35 : 카카오톡에 메시지를 보내는 코드를 send_message 함수로 만들었습니다.

11 : send_mesaage 함수를 10초후에 실행합니다. 자신의 함수에서 10초후에 자신의 함수를 다시 불러오기 때문에 10초마다 실행됩니다.

37 : 처음한번 send_mesaage 함수를 실행합니다. 이후에는 threading.Timer에 의해 10초마다 불러지게 됩니다.

오른쪽 상단의 [▷] 버튼을 눌러 코드를 실행시킵니다.

매 10초마다 자동으로 메시지를 보내는 코드를 완성하였습니다.

알아두기 스케줄 이용

스케줄을 이용하면 다음과 같이 설정도 가능합니다.

30분마다 실행

schedule.every(30).minutes.do(실행할 함수)

매주 월요일 9시10분마다 실행

schedule.every().monday.at("09:10").do(실행할 함수)

매일 10시 30분마다 실행

schedule.every().day.at("10:30").do(실행할 함수)

PROJECT 12 _ 엑셀의 정보를 불러와 수료증 자동 생성

핵심 요약 엑셀에 저장된 수료 명단 정보를 불러와 워드로 수료증을 자동 생성하고 PDF로 변환하는 프로그램을 만들어 봅니다.

사전 준비 [파이썬과 40개의 작품들] 폴더에 [12. 엑셀의 정보를 불러와 수료증 자동 생성] 폴더를 생성한 후 [main12-1.py] 파일을 생성합니다.

12. 엑셀의 정보를 불러와 수료증 자동생성
main12-1.py

라이브러리 설치

터미널에서 다음의 명령어를 입력하여 openpyxl 라이브러리를 설치합니다. openpyxl은 엑셀을 사용하기 위한 라이브러리입니다.

```
pip install openpyxl
```

터미널에서 다음의 명령어를 입력하여 python-docx 라이브러리를 설치합니다. python-docx은 워드를 사용하기 위한 라이브러리입니다.

```
pip install python-docx
```

터미널에서 다음의 명령어를 입력하여 docx2pdf 라이브러리를 설치합니다. docx2pdf은 워드를 PDF로 변환할 때 사용하는 라이브러리입니다.

```
pip install docx2pdf
```

수료증명단 엑셀 파일 만들기

엑셀을 이용하여 다음의 내용을 작성 후 [12. 엑셀의 정보를 불러와 수료증 자동 생성] 폴더에 [수료증명단.xlsx]으로 저장합니다. 수료증에서 필요한 내용인 이름, 생년월일, 호(번호) 순의 값으로 저장하였습니다.

	A	B	C
1	홍길동	1990.01.02	2021-0001
2	김민준	1990.05.06	2021-0002
3	김철수	2000.08.08	2021-0003
4	김영희	2000.09.09	2021-0004
5	이서준	2010.10.10	2021-0005
6	장다인	2017.12.12	2021-0006

엑셀 프로그램이 없다면 파이썬 코드를 이용하여 엑셀로 저장할 수 있습니다.

[main12-1.py]에 다음 코드를 작성 후 정보를 엑셀로 저장하는 코드를 만들어봅니다.

12. 엑셀의 정보를 불러와 수료증 자동 생성\main12-1.py

```
01  import pandas as pd
02
03  df = pd.DataFrame([["홍길동", "1990.01.02", "2021-0001"],
04                     ["김민준", "1990.05.06", "2021-0002"],
05                     ["김철수", "2000.08.08", "2021-0003"],
06                     ["김영희", "2000.09.09", "2021-0004"],
07                     ["이서준", "2010.10.10", "2021-0005"],
08                     ["장다인", "2017.12.12", "2021-0006"]])
09
10  print(df)
11  df.to_excel(r'12. 엑셀의 정보를 불러와 수료증 자동 생성\수료증명단.xlsx', index=False,
    header=False)
```

01 : pandas를 pd의 이름으로 불러와 사용합니다. pandas는 데이터 등을 다루는 유명한 라이브러리입니다.
03~08 : 데이터프레임을 생성합니다.
11 : 데이터프레임을 엑셀로 저장합니다. 인덱스와 헤더는 저장하지 않습니다.

오른쪽 상단의 [▷] 버튼을 눌러 코드를 실행시킵니다.

[12. 엑셀의 정보를 불러와 수료증 자동 생성] 폴더에 [수료증명단.xlsx]의 이름으로 저장되었습니다.

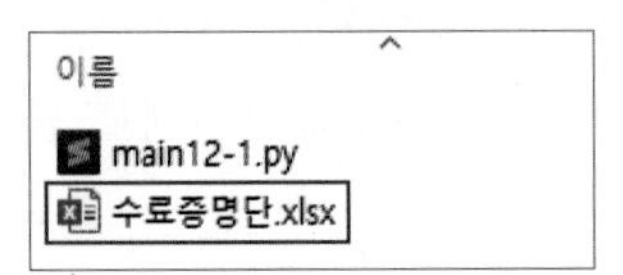

판다스 라이브러리로 값을 엑셀로 저장 후 불러오는 코드 만들기

[수료증명단.xlsx]의 파일을 엑셀 프로그램을 이용하여 열면 잘 저장된 것을 확인할 수 있습니다. pandas 라이브러리를 사용하여 값을 엑셀로 저장하였습니다.

	A	B	C
1	홍길동	1990.01.02	2021-0001
2	김민준	1990.05.06	2021-0002
3	김철수	2000.08.08	2021-0003
4	김영희	2000.09.09	2021-0004
5	이서준	2010.10.10	2021-0005
6	장다인	2017.12.12	2021-0006

엑셀에 저장된 정보를 불러오는 프로그램을 만들어 봅니다. main12-2.py 파일을 생성한 후 다음 코드를 작성합니다.

12. 엑셀의 정보를 불러와 수료증 자동 생성\main12-2.py

```
01  from openpyxl import load_workbook
02
03  load_wb = load_workbook(r"12. 엑셀의 정보를 불러와 수료증 자동 생성\수료증명단.xlsx")
04  load_ws =load_wb.active
05
06  name_list = []
07  birthday_list = []
08  ho_list = []
09  for i in range(1,load_ws.max_row + 1):
10      name_list.append(load_ws.cell(i, 1).value)
11      birthday_list.append(load_ws.cell(i, 2).value)
12      ho_list.append(load_ws.cell(i, 3).value)
13
14  print(name_list)
15  print(birthday_list)
16  print(ho_list)
```

01 : 엑셀에서 파일을 읽기위해서 openpyxl 라이브러리에서 load_workbook을 불러옵니다.
03 : 엑셀 파일을 읽어옵니다.
04 : 읽어온 엑셀 파일에서 활성화된 시트를 불러옵니다.
06~08 : 이름, 생일, 호(수료증번호) 리스트를 생성합니다.
09~12 : 마지막줄까지 for문을 실행합니다.
10 : 1행의 이름값을 읽어 name_list 에 바인딩합니다.
11 : 2행의 생일을 읽어 birthday_list 에 바인딩합니다.
12 : 3행의 호(번호)를 읽어 ho_list 에 바인딩합니다.
14~16 : 각각의 리스트 변수에 저장된 값을 출력됩니다.

오른쪽 상단의 [▷] 버튼을 눌러 코드를 실행시킵니다.

엑셀에서 읽어 리스트 형태로 저장된 값들이 출력되었습니다.

```
PS C:\파이썬과 40개의 작품들> & C:/ProgramData/Anaconda3/python.exe "c:/파이썬과 40개
['홍길동', '김민준', '김철수', '김영희', '이서준', '장다인']
['1990.01.02', '1990.05.06', '2000.08.08', '2000.09.09', '2010.10.10', '2017.12.12']
['2021-0001', '2021-0002', '2021-0003', '2021-0004', '2021-0005', '2021-0006']
```

수료증 레이아웃을 워드 문서로 만들기

이제 파이썬에서 수료증을 워드로 만드는 방법에 대해 알아봅니다.

본 책에서의 워드파일은 나눔고딕 글꼴을 설치하여 진행하였습니다. 책에서는 기본으로 제공되는 유료 폰트를 사용 시 법적 문제가 될 수 있어 나눔고딕을 설치하여 사용하였습니다.

네이버에서 “나눔고딕”을 검색 후 [글꼴모음]을 클릭합니다.

※ 네이버 사이트의 변경으로 인해 나눔글꼴을 다운받는 경로는 변경될 수 있습니다.

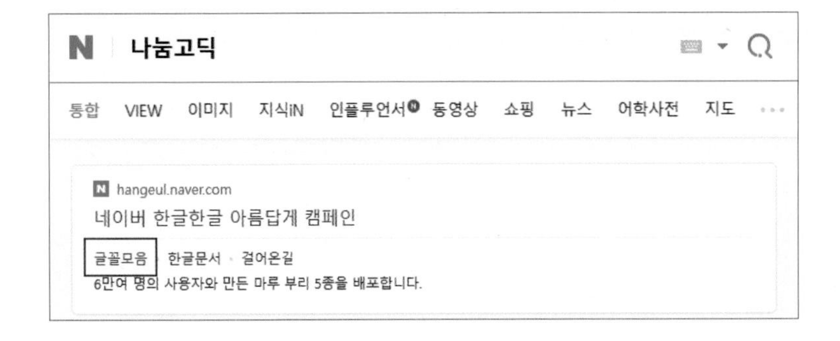

스크롤을 아래로 내여 [나눔 글꼴 전체 내려받기]를 클릭하여 다운로드 합니다.

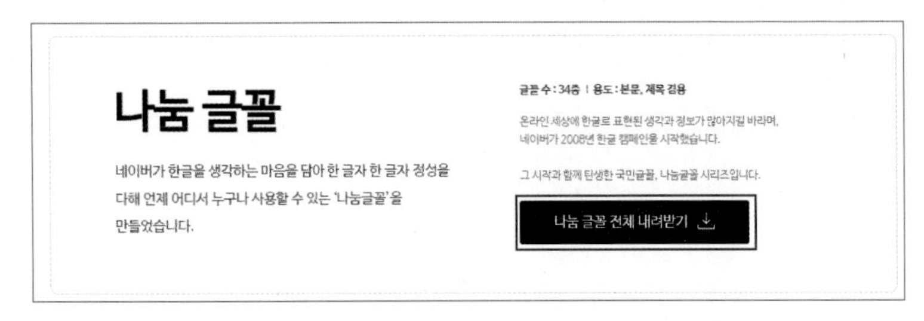

다운로드 받은 파일의 압축을 풀면 나눔 글꼴들이 있습니다. 이 책에서는 [나눔고딕] 글꼴만을 사용하므로 [나눔고딕] 폴더로 이동합니다.

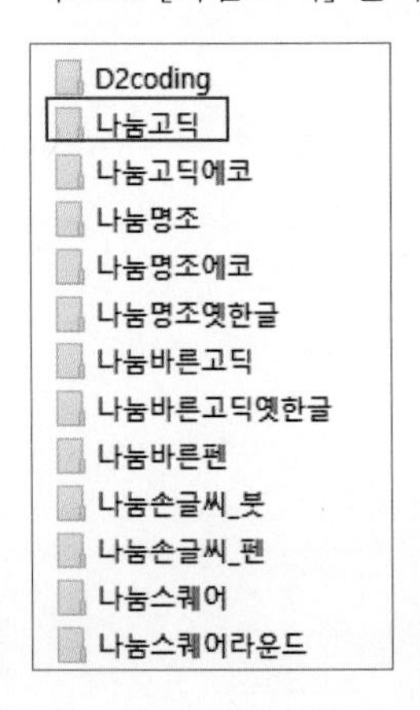

OFT 글꼴과 TTF 글꼴이 있습니다. 간단한 차이점은 일반문서를 사용 시에는 TTF, 고해상도 문서를 사용 시에는 OTF 글꼴을 사용하면 됩니다. 우리는 일반 글꼴을 사용하기에 TTF 파일의 압축을 풀어줍니다.

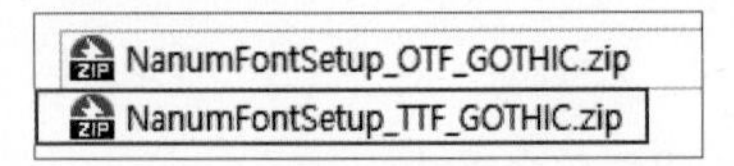

다음의 파일을 더블클릭하여 선택합니다.

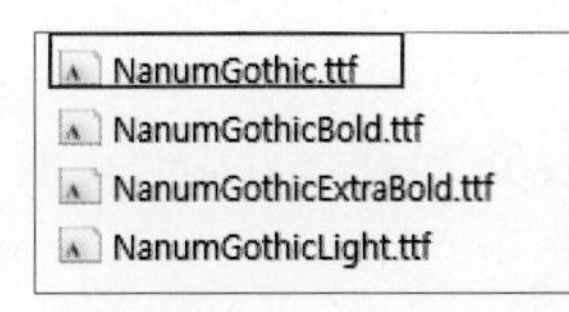

[설치]를 눌러 글꼴을 설치합니다.

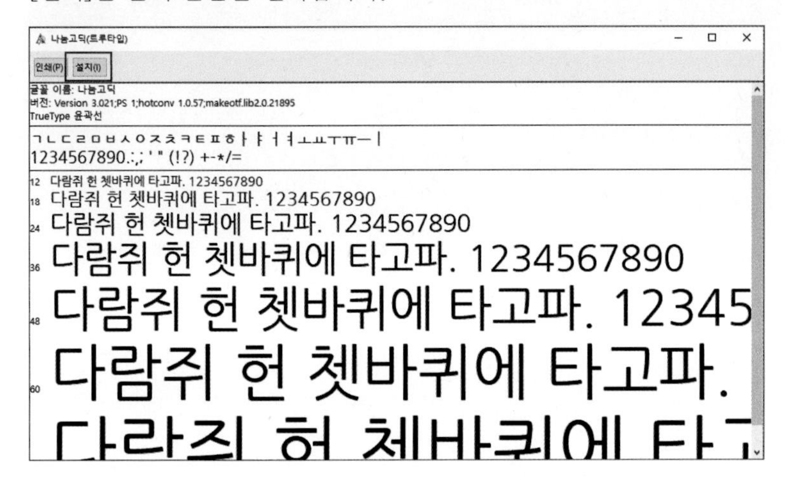

워드 문서를 준비합니다. 워드 문서에는 수료증 상장 등에 필요한 테두리 이미지와 도장파일이 저장되어 있습니다. 각각 자신의 원하는 테두리와 도장은 구하여 미리 만들어 저장해둡니다.

책에서 사용한 파일은 [앤써북 네이버카페의 독자지원센터(자세한 내용은 책 4~5쪽 참조)]에서 다운로드 받을 수 있습니다.

다음과 그림과 같이 수료증 본문에는 내용 없는 공백 상태이지만 테두리와 도장 표식이 있는 워드파일을 작성 후 [12. 엑셀의 정보를 불러와 수료증 자동 생성] 폴더에 [수료증양식.docx] 파일로 저장합니다.

수료증 내용을 채운 후 저장하는 코드 만들기

그림과 도장이 저장된 워드파일을 읽어 내용을 채운 다음 [수료증결과.docx]의 파일로 저장하는 코드를 만들어봅니다.

maun12-3.py 파일을 생성한 후 다음 코드를 작성합니다.

12. 엑셀의 정보를 불러와 수료증 자동 생성\main12-3.py

```
01  import docx
02  from docx.oxml.ns import qn
03  from docx.enum.text import WD_ALIGN_PARAGRAPH
04
05  doc = docx.Document(r'12. 엑셀의 정보를 불러와 수료증 자동 생성\수료증양식.docx')
06
07  style = doc.styles['Normal']
08  style.font.name = '나눔고딕'
09  style._element.rPr.rFonts.set(qn('w:eastAsia'), '나눔고딕')
10  style.font.size = docx.shared.Pt(12)
11
12  para = doc.add_paragraph()
13  run = para.add_run('\n\n')
14  run = para.add_run(' 제 2020-0001 호\n')
15  run.font.name = '나눔고딕'
16  run._element.rPr.rFonts.set(qn('w:eastAsia'), '나눔고딕')
17  run.font.size = docx.shared.Pt(20)
18
19  para = doc.add_paragraph()
20  run = para.add_run('\n\n')
21  run = para.add_run('수 료 증')
22  run.font.name = '나눔고딕'
23  run.bold = True
24  run._element.rPr.rFonts.set(qn('w:eastAsia'), '나눔고딕')
25  run.font.size = docx.shared.Pt(40)
26  para.alignment = WD_ALIGN_PARAGRAPH.CENTER
27
28  para = doc.add_paragraph()
29  run = para.add_run('\n\n')
30  run = para.add_run(' 성 명: 장다인\n')
31  run.font.name = '나눔고딕'
32  run._element.rPr.rFonts.set(qn('w:eastAsia'), '나눔고딕')
33  run.font.size = docx.shared.Pt(20)
34  run = para.add_run(' 생 년 월 일: 2017.12.12\n')
35  run.font.name = '나눔고딕'
36  run._element.rPr.rFonts.set(qn('w:eastAsia'), '나눔고딕')
37  run.font.size = docx.shared.Pt(20)
38  run = para.add_run(' 교 육 과 정: 파이썬과 40개의 작품들\n')
39  run.font.name = '나눔고딕'
```

```
40  run._element.rPr.rFonts.set(qn('w:eastAsia'), '나눔고딕')
41  run.font.size = docx.shared.Pt(20)
42  run = para.add_run(' 교 육 날 짜: 2021.08.05~2021.09.09\n')
43  run.font.name = '나눔고딕'
44  run._element.rPr.rFonts.set(qn('w:eastAsia'), '나눔고딕')
45  run.font.size = docx.shared.Pt(20)
46
47  para = doc.add_paragraph()
48  run = para.add_run('\n\n')
49  run = para.add_run(' 위 사람은 파이썬과 40개의 작품들 교육과정을\n')
50  run.font.name = '나눔고딕'
51  run._element.rPr.rFonts.set(qn('w:eastAsia'), '나눔고딕')
52  run.font.size = docx.shared.Pt(20)
53  run = para.add_run(' 이수하였으므로 이 증서를 수여 합니다.\n')
54  run.font.name = '나눔고딕'
55  run._element.rPr.rFonts.set(qn('w:eastAsia'), '나눔고딕')
56  run.font.size = docx.shared.Pt(20)
57
58  para = doc.add_paragraph()
59  run = para.add_run('\n\n\n')
60  run = para.add_run('2021.09.19')
61  run.font.name = '나눔고딕'
62  run._element.rPr.rFonts.set(qn('w:eastAsia'), '나눔고딕')
63  run.font.size = docx.shared.Pt(20)
64  para.alignment = WD_ALIGN_PARAGRAPH.CENTER
65
66  para = doc.add_paragraph()
67  run = para.add_run('\n\n\n')
68  run = para.add_run('파이썬교육기관장')
69  run.font.name = '나눔고딕'
70  run.bold = True
71  run._element.rPr.rFonts.set(qn('w:eastAsia'), '나눔고딕')
72  run.font.size = docx.shared.Pt(20)
73  para.alignment = WD_ALIGN_PARAGRAPH.CENTER
74
75  doc.save(r'12. 엑셀의 정보를 불러와 수료증 자동 생성\수료증결과.docx')
```

05 : [12. 엑셀의 정보를 불러와 수료증 자동 생성₩수료증양식.docx] 파일을 읽습니다.
07~10 : 기본이 되는 폰트와 글씨크기를 정합니다.
12~17 : 문단을 생성하고 글씨를 입력 후 폰트와 글씨크기를 정합니다.
12~73 : 내용을 채워넣습니다.
75 : 수료증결과.docx 파일로 저장합니다.

오른쪽 상단의 [▷] 버튼을 눌러 코드를 실행시킵니다.

[12. 엑셀의 정보를 불러와 수료증 자동 생성] 폴더에 [수료증결과.docx] 파일로 저장되었습니다. 더블클릭하여 실행합니다.

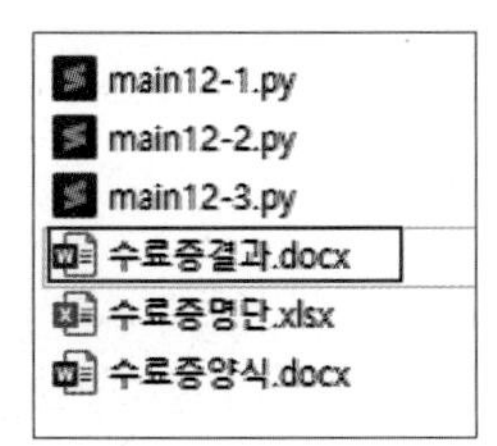

다음과 같이 워드로 수료증을 생성하였습니다.

수료증 생성 후 PDF로 변환하는 코드 만들기

이제 엑셀에서 정보를 읽어 워드로 수료증을 생성한 후 PDF로 변환하는 코드를 만들어봅니다. main12-4.py 파일을 만든 후 다음 코드를 작성합니다.

12. 엑셀의 정보를 불러와 수료증 자동 생성\main12-4.py

```
01  from docx import Document
02  from openpyxl import load_workbook
03  import docx
04  from docx.oxml.ns import qn
05  from docx.enum.text import WD_ALIGN_PARAGRAPH
06  from docx2pdf import convert
07
08  load_wb = load_workbook(r"12. 엑셀의 정보를 불러와 수료증 자동 생성\수료증명단.xlsx")
09  load_ws =load_wb.active
10
```

```
11  name_list = []
12  birthday_list = []
13  ho_list = []
14  for i in range(1,load_ws.max_row + 1):
15      name_list.append(load_ws.cell(i, 1).value)
16      birthday_list.append(load_ws.cell(i, 2).value)
17      ho_list.append(load_ws.cell(i, 3).value)
18
19  print(name_list)
20  print(birthday_list)
21  print(ho_list)
22
23  for i in range(len(name_list)):
24      doc = docx.Document(r'12. 엑셀의 정보를 불러와 수료증 자동 생성\수료증양식.docx')
25      style = doc.styles['Normal']
26      style.font.name = '나눔고딕'
27      style._element.rPr.rFonts.set(qn('w:eastAsia'), '나눔고딕')
28      style.font.size = docx.shared.Pt(12)
29
30      para = doc.add_paragraph()
31      run = para.add_run('\n\n')
32      run = para.add_run(' 제 '+ ho_list[i] +' 호\n')
33      run.font.name = '나눔고딕'
34      run._element.rPr.rFonts.set(qn('w:eastAsia'), '나눔고딕')
35      run.font.size = docx.shared.Pt(20)
36
37      para = doc.add_paragraph()
38      run = para.add_run('\n\n')
39      run = para.add_run('수 료 증')
40      run.font.name = '나눔고딕'
41      run.bold = True
42      run._element.rPr.rFonts.set(qn('w:eastAsia'), '나눔고딕')
43      run.font.size = docx.shared.Pt(40)
44      para.alignment = WD_ALIGN_PARAGRAPH.CENTER
45
46      para = doc.add_paragraph()
47      run = para.add_run('\n\n')
48      run = para.add_run(' 성 명: ' + name_list[i] +'\n')
49      run.font.name = '나눔고딕'
50      run._element.rPr.rFonts.set(qn('w:eastAsia'), '나눔고딕')
51      run.font.size = docx.shared.Pt(20)
52      run = para.add_run(' 생 년 월 일: ' + birthday_list[i] +'\n')
53      run.font.name = '나눔고딕'
54      run._element.rPr.rFonts.set(qn('w:eastAsia'), '나눔고딕')
55      run.font.size = docx.shared.Pt(20)
56      run = para.add_run(' 교 육 과 정: 파이썬과 40개의 작품들\n')
```

```
57        run.font.name = '나눔고딕'
58        run._element.rPr.rFonts.set(qn('w:eastAsia'), '나눔고딕')
59        run.font.size = docx.shared.Pt(20)
60        run = para.add_run(' 교 육 날 짜: 2021.08.05~2021.09.09\n')
61        run.font.name = '나눔고딕'
62        run._element.rPr.rFonts.set(qn('w:eastAsia'), '나눔고딕')
63        run.font.size = docx.shared.Pt(20)
64
65        para = doc.add_paragraph()
66        run = para.add_run('\n\n')
67        run = para.add_run(' 위 사람은 파이썬과 40개의 작품들 교육과정을\n')
68        run.font.name = '나눔고딕'
69        run._element.rPr.rFonts.set(qn('w:eastAsia'), '나눔고딕')
70        run.font.size = docx.shared.Pt(20)
71        run = para.add_run(' 이수하였으므로 이 증서를 수여 합니다.\n')
72        run.font.name = '나눔고딕'
73        run._element.rPr.rFonts.set(qn('w:eastAsia'), '나눔고딕')
74        run.font.size = docx.shared.Pt(20)
75
76        para = doc.add_paragraph()
77        run = para.add_run('\n\n\n')
78        run = para.add_run('2021.09.19')
79        run.font.name = '나눔고딕'
80        run._element.rPr.rFonts.set(qn('w:eastAsia'), '나눔고딕')
81        run.font.size = docx.shared.Pt(20)
82        para.alignment = WD_ALIGN_PARAGRAPH.CENTER
83
84        para = doc.add_paragraph()
85        run = para.add_run('\n\n\n')
86        run = para.add_run('파이썬교육기관장')
87        run.font.name = '나눔고딕'
88        run.bold = True
89        run._element.rPr.rFonts.set(qn('w:eastAsia'), '나눔고딕')
90        run.font.size = docx.shared.Pt(20)
91        para.alignment = WD_ALIGN_PARAGRAPH.CENTER
92
93        doc.save('12. 엑셀의 정보를 불러와 수료증 자동 생성\\'+name_list[i]+'.docx')
94        convert('12. 엑셀의 정보를 불러와 수료증 자동 생성\\'+name_list[i]+'.docx',
95                '12. 엑셀의 정보를 불러와 수료증 자동 생성\\'+name_list[i]+'.pdf')
```

06 : 워드를 pdf로 변환하기 위한 라이브러리를 불러옵니다.

08~21 : 엑셀에서 값을 읽습니다.

23~95 : 엑셀에서 읽은 이름 리스트의 길이만큼 반복합니다. 즉, 수료증 수만큼 반복합니다.

32 : ho_list로 엑셀에서 읽은 호(번호)로 입력합니다.

48 : 이름부분은 엑셀에서 읽은 name_list로 합니다.

52 : 생일 부분은 엑셀에서 읽은 birthday_list로 합니다.
93 : 이름으로 워드파일을 생성합니다.
94~94 : 워드파일을 읽어 pdf로 변환합니다. 한 줄의 코드나 코드가 길어 두 줄로 표현하였습니다.

오른쪽 상단의 [▷] 버튼을 눌러 코드를 실행시킵니다.
엑셀에서 불러온 이름으로 워드파일과 pdf 파일이 생성되었습니다.

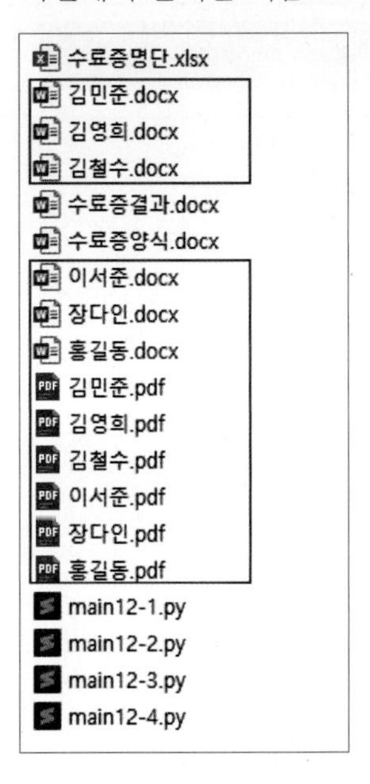

pdf 파일을 하나 열어 확인해보면 수료증이 pdf로 변환되어 생성된 것을 확인할 수 있습니다.

제 2021-0006 호

수 료 증

성 명: 장다인
생 년 월 일: 2017.12.12
교 육 과 정: 파이썬과 40개의 작품들
교 육 날 짜: 2021.08.05~2021.09.09

위 사람은 파이썬과 40개의 작품들 교육과정을 이수하였으므로 이 증서를 수여 합니다.

2021.09.19

파이썬교육기관장 파이썬인

PROJECT 13 _ 이메일을 수집하여 엑셀에 기록하기

핵심 요약 사이트에서 이메일 정보를 수집하여 엑셀에 기록합니다. 이메일의 정규식 표현으로 이메일 형식을 찾아 수집합니다.

사전 준비 [파이썬과 40개의 작품들] 폴더에 [13. 이메일을 수집하여 엑셀에 기록하기] 폴더를 생성한 후 [main13-1.py] 파일을 생성합니다.

13. 이메일을 수집하여 엑셀에 기록하기
main13-1.py

이메일 형식을 추출하는 코드 만들기

정규식을 이용하여 이메일의 형식을 추출하는 코드를 만들어봅니다. 다음 코드를 작성합니다.

13. 이메일을 수집하여 엑셀에 기록하기\main13-1.py

```
01  import re
02
03  test_string = """
04  aaa@bbb.com
05  123@abc.co.kr
06  test@hello.kr
07  ok@ok.co.kr
08  ok@ok.co.kr
09  ok@ok.co.kr
10  no.co.kr
11  no.kr
12  """
13
14  results = re.findall(r'[\w\.-]+@[\w\.-]+', test_string)
15
16  print(results)
```

01 : 정규표현식을 사용하기위해 re 모듈을 불러옵니다.
03~11 : 테스트용도로 사용할 문자열을 생성합니다. 문자열 여러 개를 입력하기 위하여 """(쌍따옴표 3번)으로 시작하고 """(쌍따옴표 3번)으로 종료합니다. '''(따옴표 3개)를 사용하여도 됩니다.
14 : 문자열에서 이메일 형식을 찾아 리스트형태로 결과를 반환합니다.
16 : 찾은 이메일 주소를 출력합니다.

오른쪽 상단의 [▷] 버튼을 눌러 코드를 실행시킵니다.

이메일로 된 부분만을 찾았습니다. ok@ok.co.kr 이메일 주소는 여러 개를 찾았습니다.

```
PS C:\파이썬과 40개의 작품들> & C:/ProgramData/Anaconda3/python.exe "c:/파이썬과 40개의 작품들/13. 이메일을 수집하여 엑셀에 기록하기/main13-2.py"
['aaa@bbb.com', '123@abc.co.kr', 'test@hello.kr', 'ok@ok.co.kr', 'ok@ok.co.kr', 'ok@ok.co.kr', 'ok@ok.co.kr']
```

알아두기 정규표현식

- .(점): 하나의 문자와 일치합니다.
- [ ]: []안의 문자열은 순서와 상관없이 포함된 문자와 일치합니다.
- [^]: []안에 포함되지 않은 문자 중하나를 의미한다.
- ^: 문자열의 시작 위치를 나타냅니다. 여러 줄에서 처리하는 때에는 각 줄의 시작을 나타낸다.
- $: 문자열의 마지막 위치 또는 개행문자의 바로 앞 위치를 나타낸다.
- ( ): 괄호 안의 일치되는 부분을 묶어서 사용할 수 있습니다.
- ₩1: 1~9까지의 숫자를 표현합니다.
- ₩w: 영어 소문자, 언더바, 영어 대문자, 숫자를 표현합니다.
- *: 바로 앞의 패턴이 0번 이상 일치 합니다.
- {1, 2}: 바로 앞의 패턴이 최소 1번 최대 2번 일치 합니다.
- ?: 바로 앞의 패턴의 0 또는 1번 일치 합니다
- +: 바로 앞의 패턴이 1번 이상 일치 합니다.
- |: 앞의 패턴 또는 뒤의 패턴 중 하나와 일치 합니다.

리스트에서 중복 내용 제거하는 코드 만들기

리스트에서 중복된 내용을 제거하는 코드를 만들어봅니다.

main13-2.py 파일을 생성하고 다음 코드를 작성합니다.

13. 이메일을 수집하여 엑셀에 기록하기\main13-2.py

```
01  import re
02
03  test_string = """
04  aaa@bbb.com
05  123@abc.co.kr
06  test@hello.kr
07  ok@ok.co.kr
08  ok@ok.co.kr
09  ok@ok.co.kr
10  no.co.kr
11  no.kr
12  """
13
14  results = re.findall(r'[\w\.-]+@[\w\.-]+', test_string)
15
16  results = list(set(results))
17
18  print(results)
```

16: set을 사용하여 중복을 제거하였습니다.

오른쪽 상단의 [▷] 버튼을 눌러 코드를 실행시킵니다.

ok@ok.co.kr 이메일 주소는 여러 개지만 중복이 제거되어 하나만 출력되었습니다.

```
PS C:₩파이썬과 40개의 작품들> & C:/ProgramData/Anaconda3/python.exe "c:/파이썬과 40개의 작품들/13. 이메일을 수집하여 엑셀에 기록하기/main13-2.py"
['123@abc.co.kr', 'test@hello.kr', 'aaa@bbb.com', 'ok@ok.co.kr']
```

사이트에서 이메일 수집하는 코드 만들기

이제 사이트에서 이메일을 수집하여 봅니다.

뉴스 페이지의 마지막에 기자의 이름과 이메일 주소가 나와 있습니다. 뉴스에서 이메일만 수집하여 봅니다.

main13-3.py 파일을 생성한 후 다음 코드를 작성합니다.

13. 이메일을 수집하여 엑셀에 기록하기\main13-3.py

```
01  import requests
02  import re
03
04
05  url = 'https://news.v.daum.net/v/20211129144552297'
06
07  headers = {
08          'User-Agent': 'Mozilla/5.0',
09          'Content-Type': 'text/html; charset=utf-8'
10          }
11
12  response = requests.get(url, headers=headers)
13
14  results = re.findall(r'[\w\.-]+@[\w\.-]+', response.text)
15
16  results = list(set(results))
17
18  print(results)
```

01 : 사이트에 접속하기 위해 requests 모듈을 불러옵니다.

05 : 뉴스 페이지에 접속합니다. 네이버, 다음 등에서 아무런 뉴스를 클릭하고 접속한 주소를 입력합니다.

07~10 : 헤더정보를 입력합니다. 헤더정보를 입력하지 않을시 사이트에서 로봇이 접속한 것으로 판단하여 응답하지 않는 사이트가 많습니다.

12 : url로 접속합니다.

14 : 이메일을 찾습니다.

16 : 찾은 이메일에서 중복을 제거합니다.

18 : 이메일을 출력합니다.

오른쪽 상단의 [▷] 버튼을 눌러 코드를 실행시킵니다.

다음과 같이 찾은 이메일 주소를 출력합니다.

개인정보보호를 위해 출력된 이메일 주소는 변경하였습니다.

```
PS C:₩파이썬과 40개의 작품들> & C:/ProgramData/Anaconda3/python.exe "c:/파이썬과 40개의 작품들/13. 이메일을 수집하여 엑셀에 기록하기/main13-3.py"
['이메일@이메일.kr']
```

수집한 이메일 주소를 엑셀에 저장하는 코드 만들기

수집한 이메일 주소를 엑셀에 저장하는 프로그램을 만들어 완성해봅니다.

main13-4.py 파일을 생성한 후 다음 코드를 작성합니다.

13. 이메일을 수집하여 엑셀에 기록하기\main13-4.py

```
01 import requests
02 import re
03 from openpyxl import load_workbook
04 from openpyxl import Workbook
05 
06 url = 'https://news.v.daum.net/v/20211129144552297'
07 
08 headers = {
09         'User-Agent': 'Mozilla/5.0',
10         'Content-Type': 'text/html; charset=utf-8'
11         }
12 
13 response = requests.get(url, headers=headers)
14 
15 results = re.findall(r'[\w\.-]+@[\w\.-]+', response.text)
16 
17 results = list(set(results))
18 
19 print(results)
20 
21 try:
22     wb = load_workbook(r"13. 이메일을 수집하여 엑셀에 기록하기\email.xlsx", data_only=True)
23     sheet = wb.active
24 except:
25     wb = Workbook()
26     sheet = wb.active
27 
28 for result in results:
29     sheet.append([result])
30 
31 wb.save(r"13. 이메일을 수집하여 엑셀에 기록하기\email.xlsx")
```

21~23 : email.xlsx 파일이 있어 읽어올수 있다면 파일을 읽습니다.
24~26 : email.xlsx 파일이 없다면 새로운 엑셀을 생성합니다.
28~29 : 이메일을 수집한 수만큼 반복합니다.
31   : 엑셀 파일을 저장합니다.

오른쪽 상단의 [▷] 버튼을 눌러 코드를 실행시킵니다.

[13. 이메일을 수집하여 엑셀에 기록하기] 폴더에 email.xlsx 파일이 생성되었습니다.

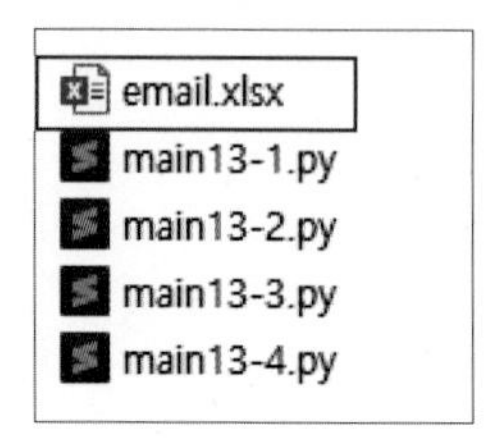

파일을 열어보면 찾은 이메일이 기록되었음을 확인할 수 있습니다.

이메일 주소는 개인정보보호 때문에 모자이크 처리하였습니다.

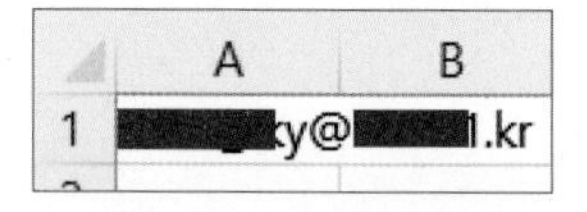

PROJECT 14 _ 구글 및 네이버 이메일 보내기 및 대량 이메일 전송

핵심 요약 구글 및 네이버를 통해 파이썬 코드로 이메일을 보내고 엑셀 파일에 기록된 이메일 주소를 읽어 자동으로 대량의 이메일을 보내는 코드를 만들어봅니다.

사전 준비 [파이썬과 40개의 작품들] 폴더에 [14. 구글 및 네이버 이메일 보내기 및 대량 이메일 전송] 폴더를 생성한 후 [main14-1.py] 파일을 생성합니다.

14. 구글 및 네이버 이메일 보내기 및 대량 이메일 전송
main14-1.py

네이버와 구글 이메일 설정

네이버 메일 및 구글 메일을 통해 이메일을 보내기 위해서는 이메일을 설정해야 합니다.

네이버 이메일 설정 방법입니다. 네이버 사이트에 접속 후 [메일] 부분을 클릭하여 메일 페이지에 접속합니다.

[내 메일함]의 톱니바퀴(설정) 부분을 클릭합니다.

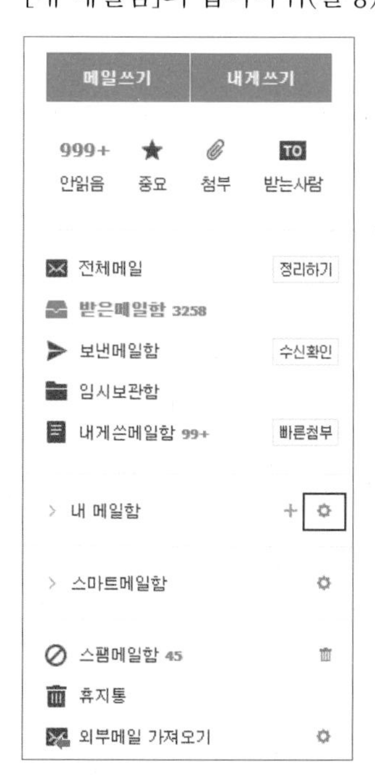

[POP3/IAMP 설정]에서 [IMAP/SMTP 설정] 탭으로 이동 후 IMAP/SMTP 사용에서 사용함을 체크 한 후 [확인] 버튼을 눌러 사용함으로 설정합니다.
아이디는 개인정보보호를 위해 가렸습니다.

네이버는 다음과 같은 설정으로 파이썬에서 이메일의 사용이 가능합니다. 이메일을 보낼 때 네이버의 아이디와 비밀번호가 필요합니다.
이제 구글 설정방법입니다.
구글 사이트에 접속한 다음 더보기에 [Gmail]을 클릭하여 메일 페이지로 접속합니다.

메일페이지에서 오른쪽 위에 톱니바퀴 아이콘(설정)을 클릭한 후 [모든 설정 보기]를 클릭합니다.

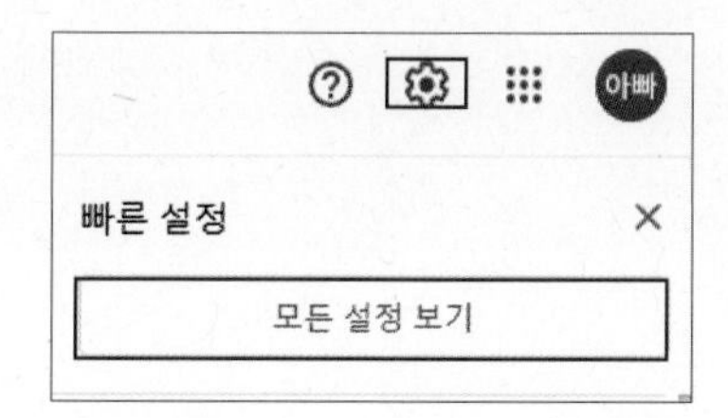

[전달 및 POP/IMAP] 탭에서 IAMP사용을 체크한 후 [변경사항 저장] 버튼을 눌러 사용합니다.

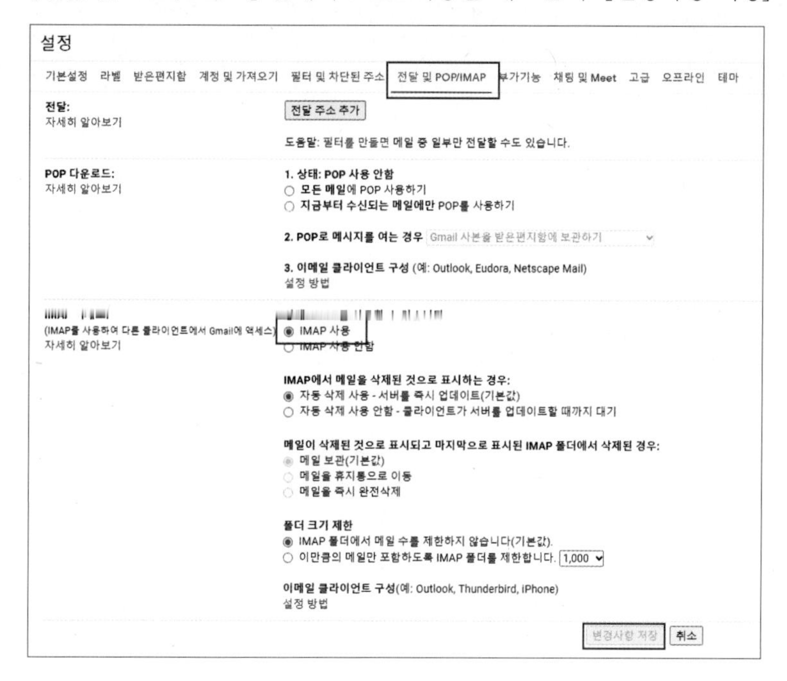

구글의 이메일을 파이썬에서 사용하기 위해서는 비밀번호를 그대로 사용하지 못하고 구글 계정에서 앱 비밀번호를 생성해서 사용해야 합니다.

앱 비밀번호를 생성하기 위해 자신의 계정에서 [Google 계정 관리]를 클릭합니다.

[보안] 탭에서 Google에 로그인의 [앱 비밀번호]를 클릭합니다.

※ 구글의 2단계 인증이 설정되어있지 않다면 2단계인증을 먼저 설정 후 진행합니다.

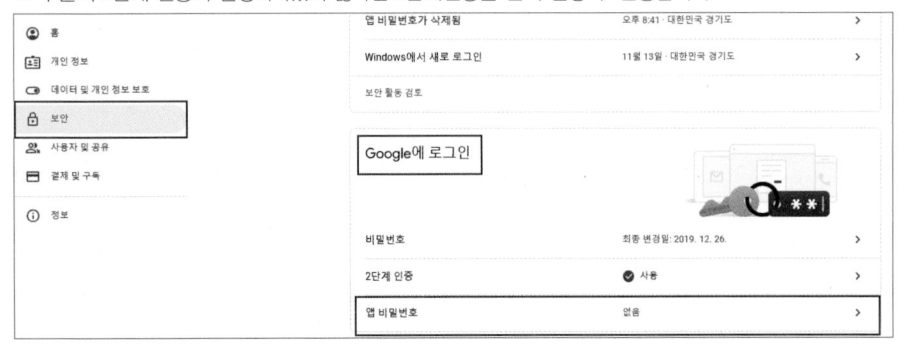

비밀번호를 입력하고 [다음] 버튼을 눌러 다음 단계로 진행합니다.

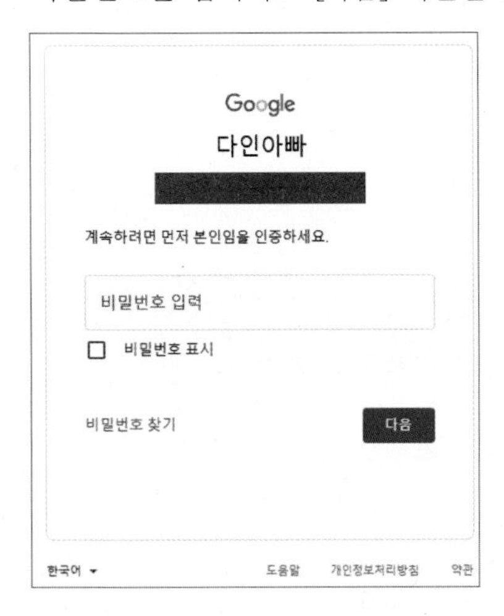

[메일] [Windows 컴퓨터]를 선택 후 [생성] 버튼을 눌러 생성합니다. Windows컴퓨터가 아닐 경우 기타를 선택하여 이름을 적어줍니다.

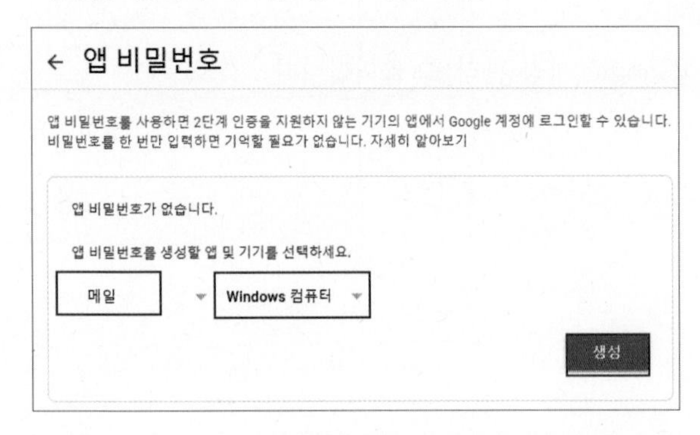

16자리의 비밀번호가 생성되었습니다. 파이썬을 통해 메일을 보낼 때 사용될 비밀번호입니다. 비밀번호는 다시 확인할 수 없으므로 복사하여 잘 보관합니다.

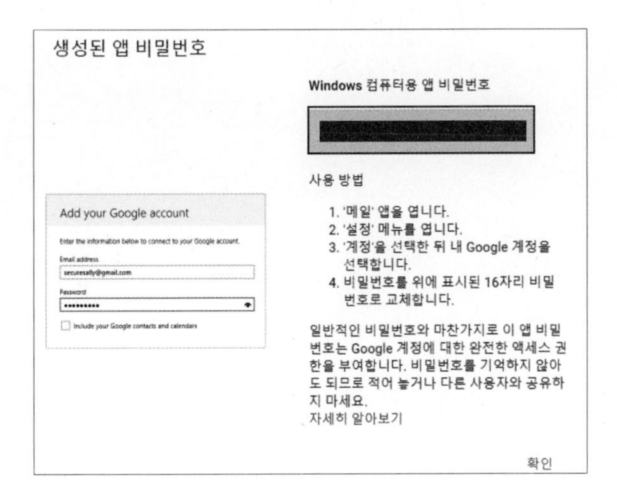

네이버 메일을 보내는 코드 만들기

이제 파이썬 코드를 이용하여 네이버 메일을 보내는 코드를 만들어봅니다.

14. 구글 및 네이버 이메일 보내기 및 대량 이메일 전송\main14-1.py

```
01  import smtplib
02  from email.mime.text import MIMEText
03
04  send_email = "네이버아이디@naver.com"
05  send_pwd = "네이버비밀번호"
06
07  recv_email = "받는이메일 주소@hanmail.net"
08
09  smtp_name = "smtp.naver.com"
10  smtp_port = 587
11
12  text = """
13  메일 내용을 여기에 적습니다.
14  여러 줄을 입력하여도 됩니다.
15  """
16  msg = MIMEText(text)
17
18  msg['Subject'] ="메일제목은 여기에 넣습니다"
19  msg['From'] = send_email
20  msg['To'] = recv_email
21  print(msg.as_string())
22
23  s=smtplib.SMTP( smtp_name , smtp_port )
24  s.starttls()
25  s.login( send_email , send_pwd )
26  s.sendmail( send_email, recv_email, msg.as_string() )
27  s.quit()
```

01~02 : 메일을 사용하기 위한 라이브러리를 불러옵니다.
04 : 자신의 네이버 아이디를 입력합니다.
05 : 자신의 네이버 비밀번호를 입력합니다.
07 : 받는 이메일 주소를 입력합니다.
09~10 : 네이버 메일의 smtp 주소와 포트번호입니다.
12~15 : 보내는 내용을 입력합니다.
16 : 메시지 형식을 문자 형식으로 지정합니다.
18 : 메일제목을 입력합니다.
23~27 : 이메일을 보냅니다.

오른쪽 상단의 [▷] 버튼을 눌러 코드를 실행시킵니다. 터미널을 확인하면 다음과 같이 잘 보냈다고 출력합니다.

```
Content-Transfer-Encoding: base64
Subject: =?utf-8?b?66mU7J287KCc66qp7J2AIOyXrOq4sOyXkCDrhKPsirXri4jri6Q=?=
From: 보내는메일 주소@naver.com
To: 받는메일 주소@hanmail.net

CuuplOydvCDrgrTsmqnsnYQg7Jes6riw7JeQIOyggeyKteuLiOuLpC4K7Jes65+s7KSE7J2EIOye
heugpe2VmOyXrOuPhCDrkKnri4jri6QuCg==
```

실제 받은 메일을 확인하였습니다. 파이썬 코드로 네이버 메일로 발송하였습니다.

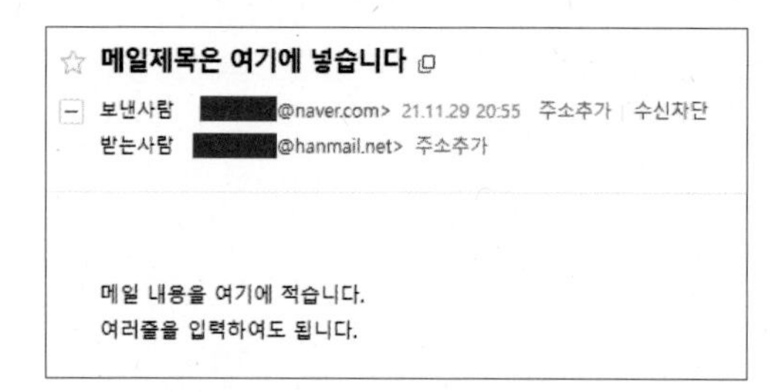

구글 메일을 보내는 코드 만들기

이제 구글을 이용하여 메일을 보내는 코드를 만들어봅니다. main14-2.py 파일을 생성한 후 코드를 작성합니다.

14. 구글 및 네이버 이메일 보내기 및 대량 이메일 전송\main14-2.py

```
01  import smtplib
02  from email.mime.text import MIMEText
03
04  send_email = "구글아이디@gmail.com"
05  send_pwd = "구글앱 비밀번호"
06
07  recv_email = "받는이메일 주소@hanmail.net"
```

```
08
09  smtp_name = "smtp.gmail.com"
10  smtp_port = 587
11
12  text = """
13  메일 내용을 여기에 적습니다.
14  여러 줄을 입력하여도 됩니다.
15  """
16  msg = MIMEText(text)
17
18  msg['Subject'] ="메일제목은 여기에 넣습니다"
19  msg['From'] = send_email
20  msg['To'] = recv_email
21  print(msg.as_string())
22
23  s=smtplib.SMTP( smtp_name , smtp_port )
24  s.starttls()
25  s.login( send_email , send_pwd )
26  s.sendmail( send_email, recv_email, msg.as_string() )
27  s.quit()
```

04: 구글 아이디를 입력합니다.
05: 앱 비밀번호를 통행 생성된 16자리 비밀번호를 입력합니다.
09: 구글 메일의 smtp 주소입니다.

오른쪽 상단의 [▷] 버튼을 눌러 코드를 실행시킵니다. 구글 메일을 통해 메일을 발송하였습니다.

```
Content-Type: text/plain; charset="utf-8"
MIME-Version: 1.0
Content-Transfer-Encoding: base64
Subject: =?utf-8?b?66mU7J287KCc66qp7J2AIOyXrOq4sOyXkCDrhKPsirXri4jri6Q=?=
From: 보내는메일 주소@gmail.com
To: 받는메일 주소@hanmail.net

CuuplOydvCDrgrTsmqnsnYQg7Jes6riw7JeQIOyggeyKteuLiOuLpC4K7Jes65+s7KSE7J2EIOye
heugpe2VmOyXrOuPhCDrkKnri4jri6QuCg==
```

실제 받은 메일입니다. 구글을 통해서도 잘 받아졌습니다.

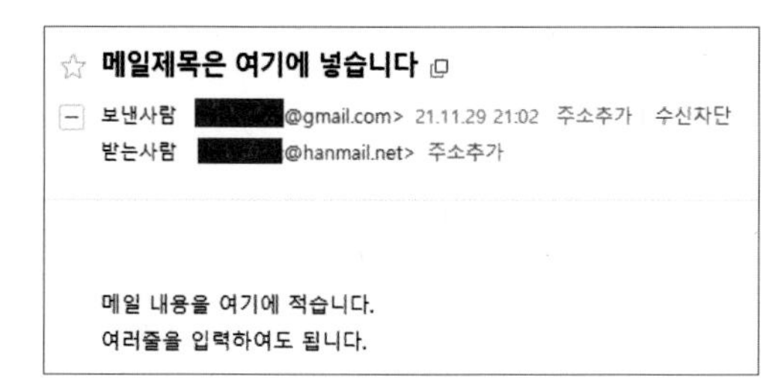

네이버 메일, 구글 메일은 보내는 코드가 동일합니다. 차이점은 아이디, 비밀번호, smtp 주소입니다. 네이버는 아이디와 비밀번호를 그대로 사용하고 구글은 앱 비밀번호를 통해 비밀번호를 생성하여 사용한다는 차이점이 있습니다. 위의 3가지만 변경하면 다음부터 진행하는 코드는 네이버 메일, 구글 메일 두 개 모두 동일한 코드로 사용 가능합니다.

파일을 첨부하여 메일 보내는 코드 만들기

이제 파일을 첨부하여 메일을 보내는 방법을 알아봅니다.

[14. 구글 및 네이버 이메일 보내기 및 대량 이메일 전송] 폴더에 [첨부파일.txt] 파일을 생성한 후 아무내용을 적습니다. 또는 적지 않아도 됩니다. 첨부파일로 보낼 파일입니다.

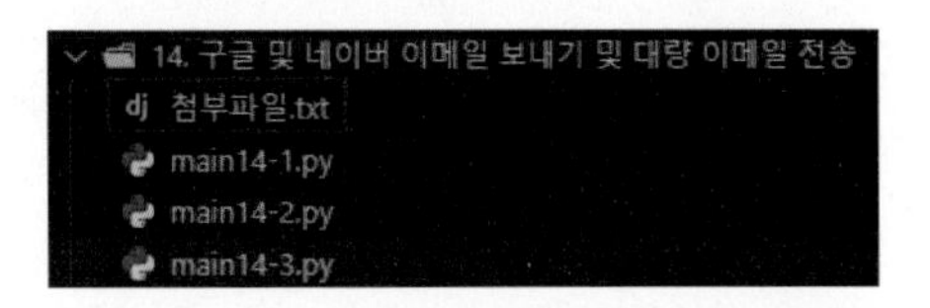

구글 메일을 통해 첨부파일을 보내는 코드를 만들어 봅니다. (네이버 메일로 보낼 시 email, 비밀번호, smtp 주소만 변경하면 네이버 메일로 사용 가능합니다)

main14-3.py 파일을 생성한 후 다음 코드를 작성합니다.

14. 구글 및 네이버 이메일 보내기 및 대량 이메일 전송\main14-3.py

```
01  import smtplib
02  from email.mime.multipart import MIMEMultipart
03  from email.mime.text import MIMEText
04  from email.mime.application import MIMEApplication
05  
06  send_email = "구글아이디@gmail.com"
07  send_pwd = "구글앱 비밀번호"
08  
09  recv_email = "받는이메일 주소@hanmail.net"
10  
11  smtp_name = "smtp.gmail.com"
12  smtp_port = 587
13  
14  msg = MIMEMultipart()
15  
16  msg['Subject'] ="첨부파일 테스트 입니다."
17  msg['From'] = send_email
18  msg['To'] = recv_email
19  
20  text = """
21  첨부파일 메일 테스트 내용 입니다.
```

```
22 감사합니다.
23 """
24 contentPart = MIMEText(text)
25 msg.attach(contentPart)
26
27 etc_file_path = r'14. 구글 및 네이버 이메일 보내기 및 대량 이메일 전송\첨부파일.txt'
28 with open(etc_file_path, 'rb') as f :
29     etc_part = MIMEApplication( f.read() )
30     etc_part.add_header('Content-Disposition','attachment', filename="첨부파일.txt")
31     msg.attach(etc_part)
32
33 s=smtplib.SMTP( smtp_name , smtp_port )
34 s.starttls()
35 s.login( send_email , send_pwd )
36 s.sendmail( send_email, recv_email, msg.as_string() )
37 s.quit()
```

14 : 메시지 형식을 복합형식으로 선언합니다. 첨부파일을 보낼 수 있습니다.
27 : 첨부파일의 경로를 지정합니다.
28~31 : 첨부파일을 읽어 "첨부파일.txt" 의 이름으로 파일을 첨부합니다.
33~37 : 메일을 보냅니다.

오른쪽 상단의 [▷] 버튼을 눌러 코드를 실행시킵니다.

받은 이메일을 확인하였습니다. 첨부파일이 추가되어 메일이 보내졌습니다.

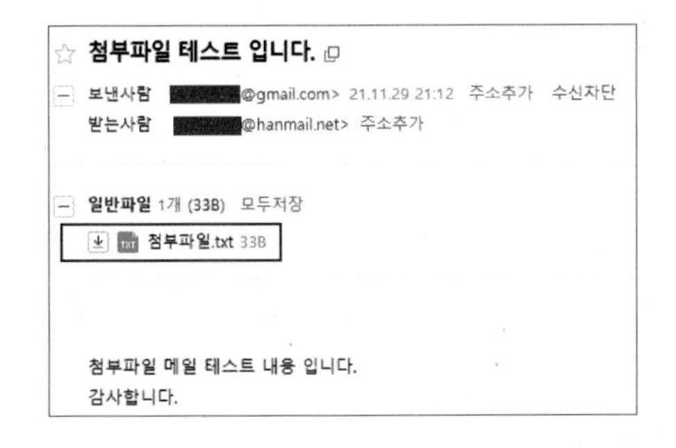

html 형식 메일 보내는 코드 만들기

메일을 텍스트가 아닌 html 형식으로 보내면 메일의 내용을 꾸며서 전송 가능합니다.

메일 내용을 html로 만들고 보내는 방법에 대해 알아봅니다.

온라인으로 간단하게 html을 편집할 수 있는 사이트가 있습니다.

https://html5-editor.net 다음의 사이트에 접속합니다.

다음과 같이 웹으로 html 코드를 간단히 만들 수 있는 사이트입니다. 오른쪽의 내용을 모두 지운 다음 글을 입력합니다.

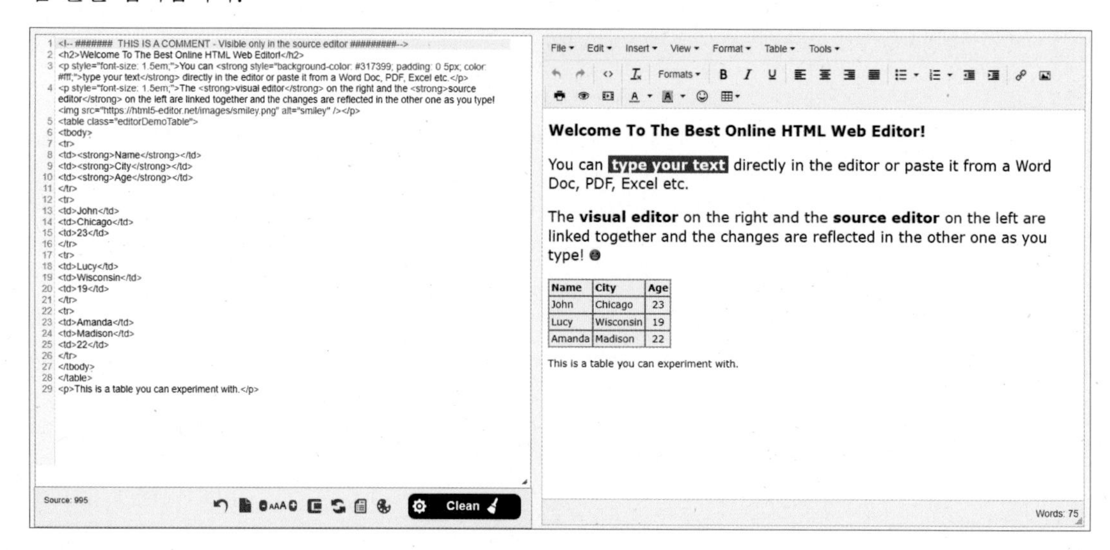

오른쪽에 내용을 입력하여 html로 변환된 왼쪽 부분을 전체 선택하여 복사합니다. 오른쪽의 내용편집은 툴바를 이용하여 쉽게 편집할 수 있습니다.

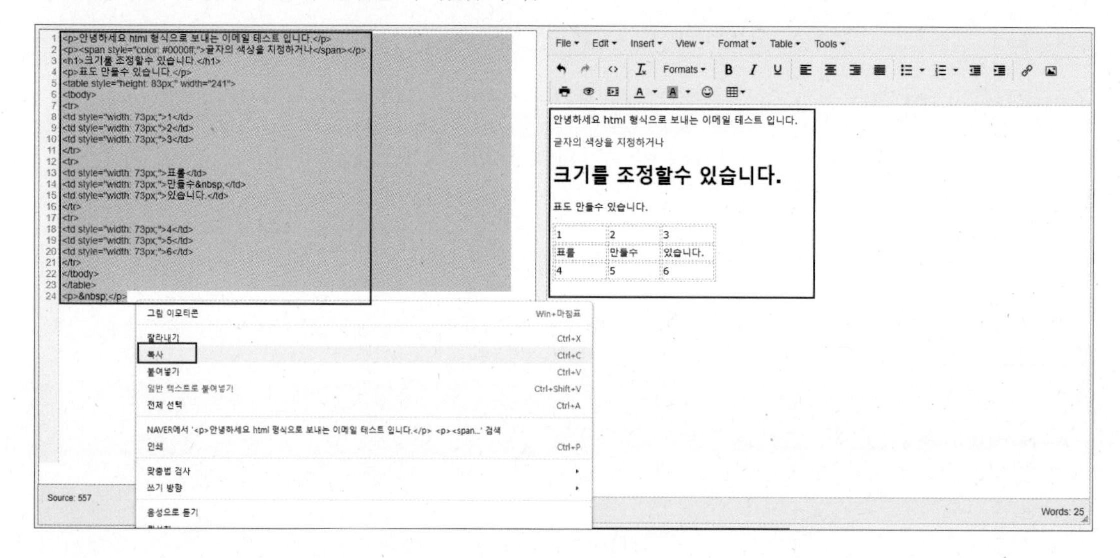

html 형식으로 메일을 보내는 코드를 만들어봅니다. html_body 변수에 복사한 html 내용을 붙여넣습니다.

main14-4.py 파일을 생성한 후 다음 코드를 작성합니다.

14. 구글 및 네이버 이메일 보내기 및 대량 이메일 전송\main14-4.py

```
01  import smtplib
02  from email.mime.multipart import MIMEMultipart
03  from email.mime.text import MIMEText
04
05  send_email = "네이버아이디@naver.com"
06  send_pwd = "네이버비밀번호"
07
08  recv_email = "받는이메일 주소@hanmail.net"
09
10  smtp_name = "smtp.naver.com"
11  smtp_port = 587
12
13  msg = MIMEMultipart()
14
15  msg['Subject'] ="html로 보내는 메일 입니다."
16  msg['From'] = send_email
17  msg['To'] = recv_email
18
19  html_body = """
20  <p>안녕하세요 html 형식으로 보내는 이메일 테스트 입니다.</p>
21  <p><span style="color: #0000ff;">글자의 색상을 지정하거나</span></p>
22  <h1>크기를 조정할 수 있습니다.</h1>
23  <p>표도 만들수 있습니다.</p>
24  <table style="height: 83px;" width="241">
25  <tbody>
26  <tr>
27  <td style="width: 73px;">1</td>
28  <td style="width: 73px;">2</td>
29  <td style="width: 73px;">3</td>
30  </tr>
31  <tr>
32  <td style="width: 73px;">표를</td>
33  <td style="width: 73px;">만들수 </td>
34  <td style="width: 73px;">있습니다.</td>
35  </tr>
36  <tr>
37  <td style="width: 73px;">4</td>
38  <td style="width: 73px;">5</td>
39  <td style="width: 73px;">6</td>
40  </tr>
41  </tbody>
42  </table>
43  <p> </p>
44  """
45
```

```
46  msg.attach( MIMEText(html_body,'html') )
47
48  s=smtplib.SMTP( smtp_name , smtp_port )
49  s.starttls()
50  s.login( send_email , send_pwd )
51  s.sendmail( send_email, recv_email, msg.as_string() )
52  s.quit()
```

19~44: html 내용을 붙여 넣었습니다.

오른쪽 상단의 [▷] 버튼을 눌러 코드를 실행시킵니다.

html 형식으로 내용을 꾸며서 전송하였습니다.

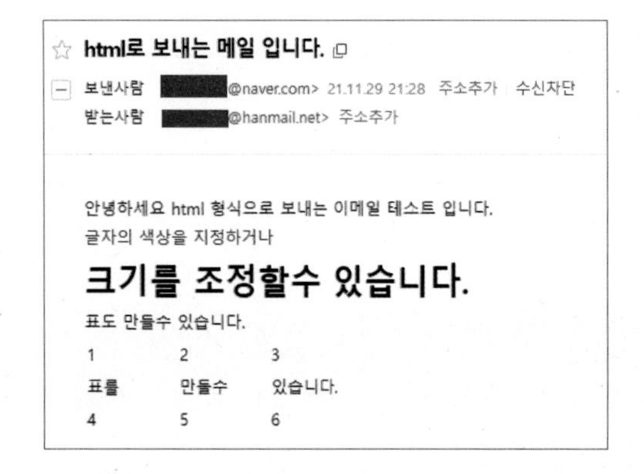

엑셀 파일에서 대량으로 이메일 보내는 코드 만들기

이제 엑셀에서 이메일 주소를 읽어 대량으로 메일을 보내봅니다.

엑셀 파일을 열어 A행에 보낼 이메일 주소를 입력합니다.

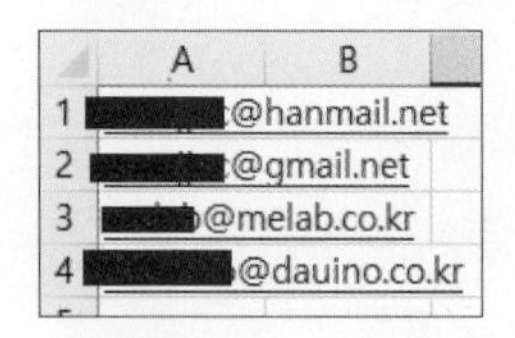

[이메일 주소.xlsx]로 저장합니다.

14. 구글 및 네이버 이메일 보내기 및 대량 이메일 전송
이메일주소.xlsx
첨부파일.txt
main14-1.py
main14-2.py
main14-3.py
main14-4.py

이메일 주소.xlsx 파일에서 이메일 주소를 읽어 자동으로 이메일을 보내는 프로그램을 만들어봅니다.

main14-5.py 파일을 생성한 후 다음 코드를 작성합니다.

14. 구글 및 네이버 이메일 보내기 및 대량 이메일 전송\main14-5.py

```
01  from openpyxl import load_workbook
02  import smtplib
03  from email.mime.multipart import MIMEMultipart
04  from email.mime.text import MIMEText
05
06  load_wb = load_workbook(r"14. 구글 및 네이버 이메일 보내기 및 대량 이메일 전송\이메일 주
소.xlsx", data_only=True)
07  load_ws =load_wb.active
08
09  for i in range(1,load_ws.max_row + 1):
10      recv_email_value = load_ws.cell(i, 1).value
11      print("성공:",recv_email_value)
12      try:
13          send_email = "네이버아이디@naver.com"
14          send_pwd = "네이버비밀번호"
15
16          recv_email = recv_email_value
17
18          smtp_name = "smtp.naver.com"
19          smtp_port = 587
20
21          msg = MIMEMultipart()
22
23          msg['Subject'] ="엑셀에서 메일 주소를 읽어 자동으로 보내는 메일입니다."
24          msg['From'] = send_email
25          msg['To'] = recv_email
26
27          text = """
28                  메일내용 입니다.
29                  감사합니다.
30                  """
31
32          msg.attach( MIMEText(text) )
33
34          s=smtplib.SMTP( smtp_name , smtp_port )
35          s.starttls()
36          s.login( send_email , send_pwd )
37          s.sendmail( send_email, recv_email, msg.as_string() )
38          s.quit()
39      except:
40          print("에러:",recv_email_value)
```

06~07: 이메일 주소.xlsx 파일을 읽어옵니다.
09~40: 1부터 엑셀의 마지막 행까지 읽어 반복합니다.
12~38: 이메일 주소가 에러가 없을 때 메일을 보냅니다.
39~40: 이메일 주소의 에러가 있을 때 에러가 발생한 메일 주소를 출력합니다.

오른쪽 상단의 [▷] 버튼을 눌러 코드를 실행시킵니다.

엑셀에서 메일 주소를 읽어 대량의 메일을 자동으로 발송하였습니다.

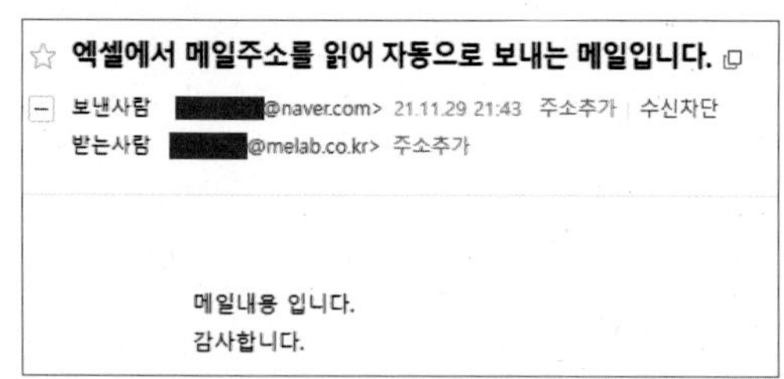

※ 네이버 메일, 구글 메일 등은 하루에 약 1000건 정도로 메일을 보내는 횟수가 제한이 있습니다. 안전하게 하루에 500~700건 사이로 메일을 보내는 방법을 사용하여 메일이 제한되지 않도록 합니다.

PROJECT 15 _ slack으로 스마트폰에 메시지 보내기

핵심 요약 slack이란 업무 협업, 메시지 툴로 카카오톡 그룹방과 비슷하다고 보면 됩니다. 스마트폰이나 PC 또는 웹상에서 메시지를 작성하고 보낼 수 있습니다. 그룹방에서 동작하는 봇(로봇)을 만들고 파이썬과 연동시켜 메시지를 보내 스마트폰으로 메시지 및 알람을 보내보도록 합니다.

사전 준비 [파이썬과 40개의 작품들] 폴더에 [15. slack으로 스마트폰에 메시지보내기] 폴더를 생성한 후 [main15-1.py] 파일을 생성합니다.

워크스페이스 생성과 봇(로봇) 만들기

https://slack.com 다음의 사이트에 접속하여 slack 사이트에 접속합니다.

[새 워크스페이스 개설]을 클릭하여 새로운 워크스페이스를 생성합니다. 단, 홈페이지의 구성은 접속 시점에 따라 조금씩 다를 수 있습니다.

[워크스페이스 생성]을 클릭합니다.

워크스페이스의 이름을 입력 후 [다음]을 클릭합니다.

1/3단계

회사 또는 팀 이름이 어떻게 됩니까?

Slack 워크스페이스의 이름이 됩니다. 팀이 인식할 수 있는 이름을 입력하세요.

파이썬과40개의작품들

다음

채널명을 입력 후 [다음]을 클릭합니다.

2/3단계

현재 고객님의 팀은 어떤 일을 진행하고 계시나요?

프로젝트, 캠페인, 이벤트 또는 성사하려는 거래 등 무엇이든 될 수 있습니다.

스마트폰에메시지보내기

다음

[이 단계 건너뛰기]를 클릭합니다.

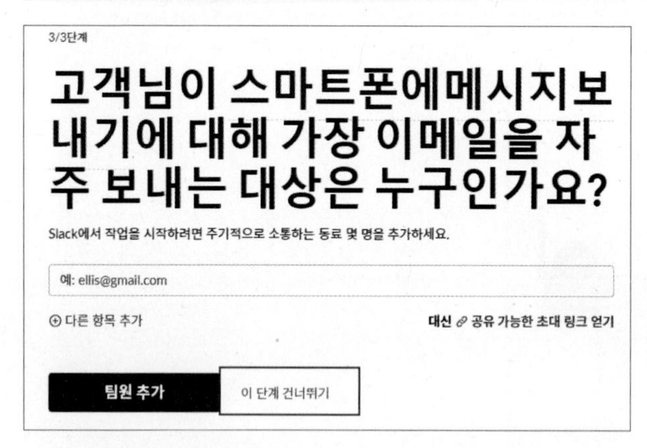

PC프로그램은 설치하지 않고 웹 브라우저에서 확인합니다. [나중에 브라우저에서 계속]을 클릭합니다.

[파이썬과40개의작품들]의 워크스페이스에 [스마트폰에메시지보내기] 채널이 생성되었습니다.

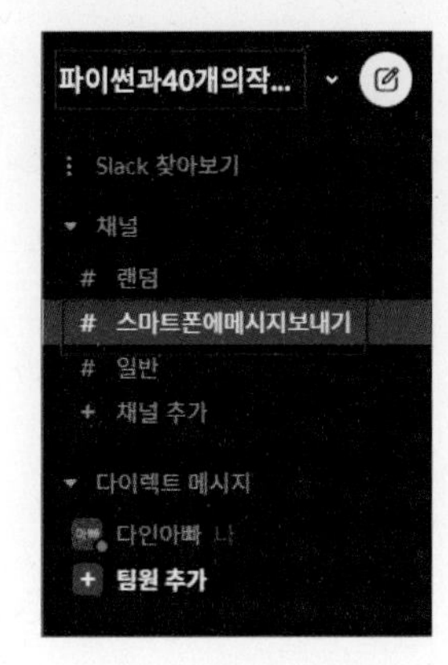

내 워크스페이스에서 동작하는 봇(로봇)을 만들기 위해 다음의 사이트에 접속합니다.

https://api.slack.com 사이트에 접속합니다.

[Create an app] 버튼을 클릭합니다.

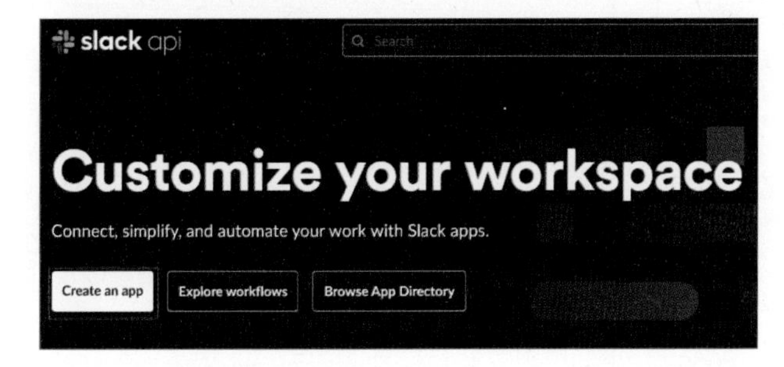

[Create an app]을 클릭합니다.

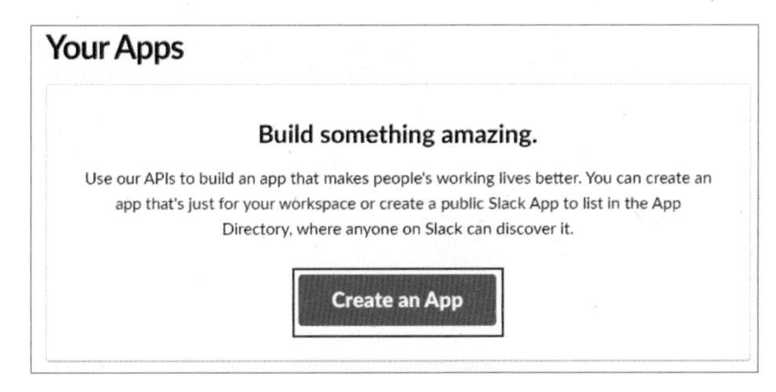

[From scratch]를 클릭합니다.

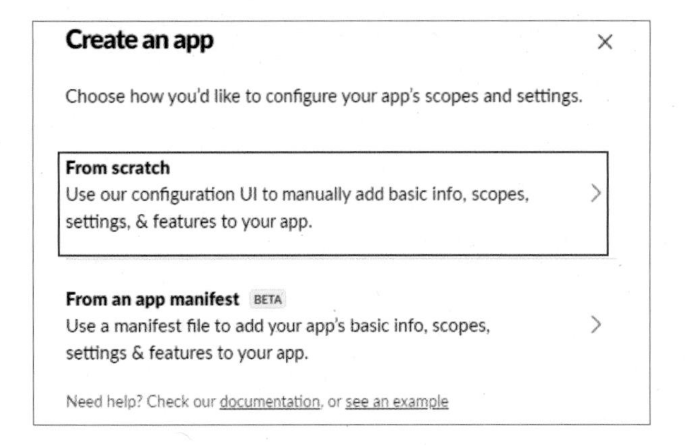

봇의 이름과 사용될 워크스페이스를 정한 다음 [Creat App]을 클릭하여 봇을 생성합니다.

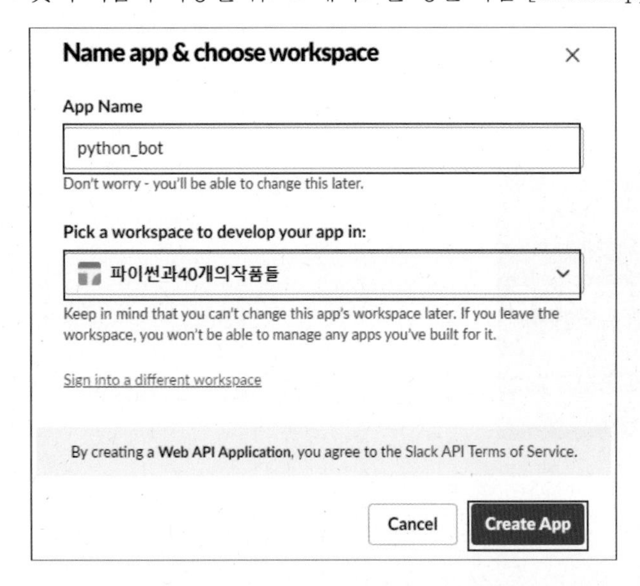

Incoming Webhooks 탭에서 버튼을 눌러 [On]으로 설정합니다.

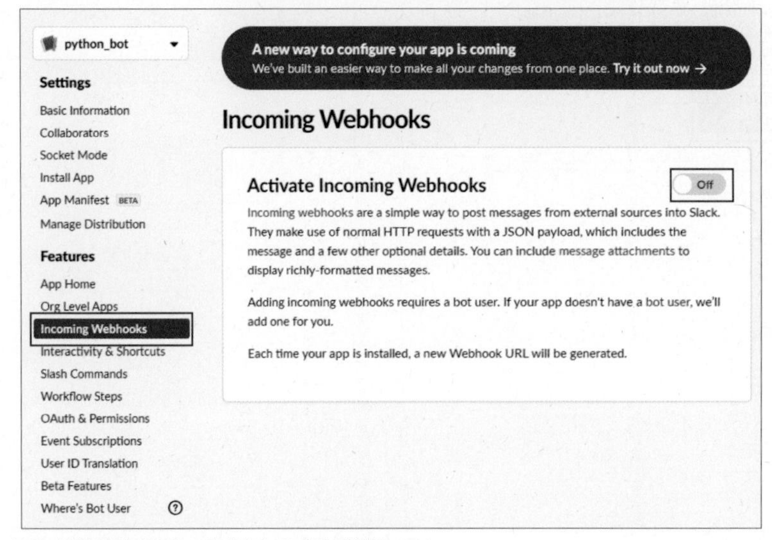

[On]으로 설정 후 [Add New Webhooks to Workspace]를 클릭합니다.

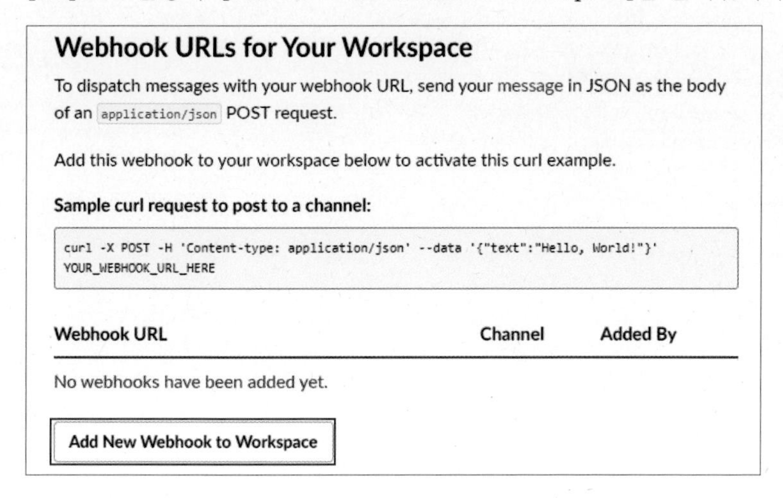

채널을 선택 후 [허용]을 클릭합니다.

Webhook URL 주소가 생겼습니다. [Copy] 버튼을 눌러 복사해둡니다.

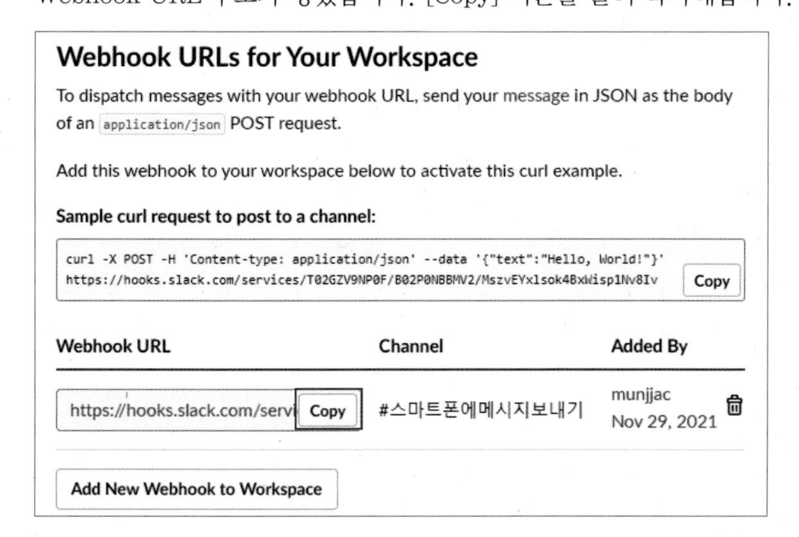

다시 slack의 파이썬과40개의작품들 워크스페이스로 돌아오면 python_bot이 생성되었음을 확인할 수 있습니다.

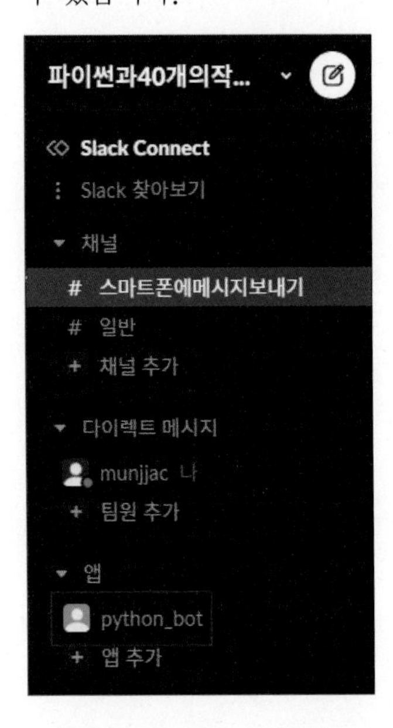

봇(로봇) 채널로 메시지 보내는 코드 만들기

다음 코드를 작성하여 python_bot이 스마트폰에메시지보내기 채널로 메시지를 보내도록 합니다. slack_webhook_url부분은 복사한 자신의 webhook url을 넣습니다.

15. slack으로 스마트폰에 메시지보내기\main15-1.py

```
01  import requests
02  import json
03
04  slack_webhook_url = "https://hooks.slack.com/services/T02GZV9NP0F/B02PN6N11DW/ZPwrXQRXw-
t4iSDuc9usaFH21"
05
06  def sendSlackWebhook(strText):
07      headers = {
08      "Content-type": "application/json"
09      }
10
11      data = {
12          "text" : strText
13      }
14
15      res = requests.post(slack_webhook_url, headers=headers, data=json.dumps(data))
16
17      if res.status_code == 200:
```

```
17        if res.status_code == 200:
18            return "ok"
19        else:
20            return "error"
21
22    print(sendSlackWebhook("안녕하세요 파이썬에서 보내는 메시지 입니다."))
```

04 : 자신의 python_bot의 생성된 webhook url을 넣습니다.
06~20 : webhook방식으로 메시지를 보내는 함수입니다.
22 : "안녕하세요 파이썬에서 보내는 메시지 입니다."를 전송합니다.

오른쪽 상단의 [▷] 버튼을 눌러 코드를 실행시킵니다. 전송이 잘되었으면 ok의 응답이 터미널에 출력됩니다.

slack에서 python_bot이 메시지를 잘 보냈음을 확인할 수 있습니다.

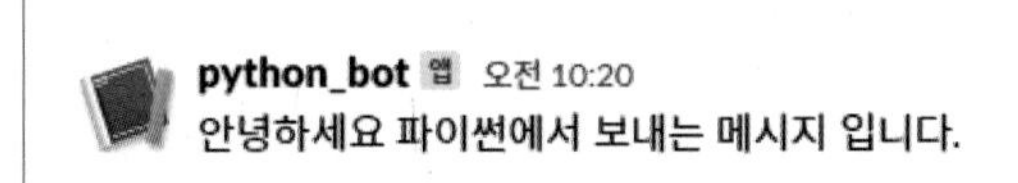

스마트폰에서도 봇(로봇)이 보낸 메시지 확인

스마트폰에서 slack을 검색 후 어플을 설치합니다.

로그인한 다음 #스마트폰에메시지보내기 채널로 접속합니다.

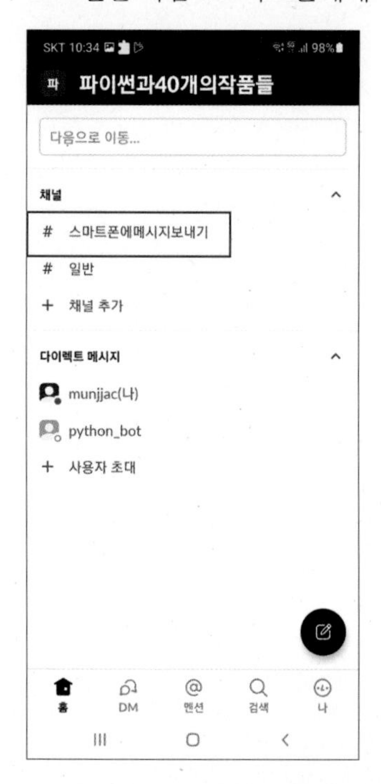

스마트폰에서도 python_bot이 보낸 메시지를 확인할 수 있습니다.

메시지를 보내면 알람도 옵니다.

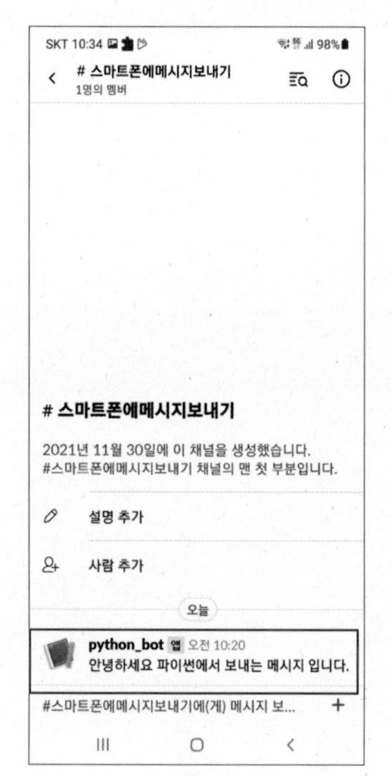

PROJECT 16 _ 이메일로 특정 키워드가 오면 스마트폰으로 알림 보내기

핵심 요약 네이버 및 구글의 이메일을 읽어 특정 키워드가 오면 slack을 이용하여 스마트폰으로 알림을 보내는 프로그램을 만들어봅니다.

사전 준비 이메일을 사용하기위해서 [14. 구글 및 네이버 이메일 보내기 및 대량 이메일 전송]에서 파이썬에서 이메일을 사용할 수 있도록 설정합니다. 스마트폰에 알림을 보내기 위해서 [15. slack으로 스마트폰에 메시지보내기]장에서 slack을 설정합니다.

[파이썬과 40개의 작품들] 폴더에 [16. 이메일로 특정 키워드가 오면 스마트폰으로 알림보내기] 폴더를 생성한 후 [main16-1.py] 파일을 생성합니다.

```
16. 이메일로 특정 키워드가 오면 스마트폰으로 알림보내기
    main16-1.py
```

네이버 이메일을 읽는 코드 만들기

네이버 이메일을 읽어보는 코드를 만들어봅니다. (구글 이메일을 읽을 시 iamp 주소는 'imap.gmail.com', id는 구글 id, pw는 앱 비밀번호를 변경하여 사용하면 됩니다)

다음 코드를 작성합니다.

16. 이메일로 특정 키워드가 오면 스마트폰으로 알림보내기\main16-1.py

```
01  import imaplib
02  import email
03  from email import policy
04
05  def find_encoding_info(txt):
06      info = email.header.decode_header(txt)
07      subject, encode = info[0]
08      return subject, encode
09
10  imap = imaplib.IMAP4_SSL('imap.naver.com')
11  id = '네이버아이디'
12  pw = '네이버비밀번호'
13  imap.login(id, pw)
14
15  imap.select('INBOX')
16  resp, data = imap.uid('search', None, 'All')
17  all_email = data[0].split()
18  last_email = all_email[-5:]
19
20  for mail in reversed(last_email):
21      result, data = imap.uid('fetch', mail, '(RFC822)')
22      raw_email = data[0][1]
23      email_message = email.message_from_bytes(raw_email, policy=policy.default)
```

```
24
25      print('='*70)
26      print('FROM:', email_message['From'])
27      print('SENDER:', email_message['Sender'])
28      print('TO:', email_message['To'])
29      print('DATE:', email_message['Date'])
30      subject, encode = find_encoding_info(email_message['Subject'])
31      print('SUBJECT:', subject)
32      print('='*70)
33
34  imap.close()
35  imap.logout()
```

05~08 : 문자열을 인코딩합니다.

10~13 : 네이버의 메일로 로그인합니다. (구글 이메일을 읽을 시 iamp 주소는 'imap.gmail.com', id는 구글 id, pw는 앱 비밀번호를 변경하여 사용하면 됩니다)

15~17 : 받은 메일함에서 메일을 읽습니다.

18 : 최신 5개의 이메일만 읽습니다. 만약 최신 100개를 읽고 싶다면 -5를 -100으로 합니다.

20 : 최신의 메일부터 출력하여 반복합니다. reversed()로 리스트를 뒤집어 최신의 메일부터 출력합니다.

21~23 : 메일을 읽습니다.

25~32 : 메일의 정보를 출력합니다.

34~35 : 로그아웃합니다.

오른쪽 상단의 [▷] 버튼을 눌러 코드를 실행시킵니다. 다음과 같이 파이썬에서 네이버 메일을 읽어 터미널로 출력하였습니다.

```
======================================================================
FROM: 벤처스퀘어 <editor@venturesquare.net>
SENDER: None
TO: munjjac@naver.com
DATE: Tue, 30 Nov 2021 01:42:03 +0000
SUBJECT: [벤처스퀘어] 두나무, NFT 거래 플랫폼 '업비트 NFT Beta' 출시 외
======================================================================
======================================================================
FROM: 토스페이먼츠 <no-reply@settlement.tosspayments.com>
SENDER: None
TO: munjjac@naver.com
DATE: Mon, 29 Nov 2021 23:13:52 +0000
SUBJECT: 12월 7일 입금될 정산액을 안내해드려요.
======================================================================
```

```
==========================================================================
FROM: 중소벤처기업진흥공단 <no-reply@gobizkorea.com>
SENDER: None
TO: munjjac@naver.com
DATE: Tue, 30 Nov 2021 04:34:24 +0900
SUBJECT: 2021년 고비즈코리아 11월 뉴스레터 (이 달의 지원사업 안내)
==========================================================================
==========================================================================
FROM: "[중소벤처기업진흥공단]" <no-reply@gobizkorea.com>
SENDER: None
TO: munjjac@naver.com
DATE: Mon, 29 Nov 2021 22:06:57 +0900
SUBJECT: 글로벌 이커머스 HOT리포트 [중국 · 일본] 무료 책자 신청 안내
==========================================================================
==========================================================================
FROM: 네이버 메일 <navermail_noreply@navercorp.com>
SENDER: None
TO: munjjac@naver.com
DATE: Mon, 29 Nov 2021 21:43:43 +0900
SUBJECT: [발송실패 안내] daduino@dauino.co.kr으로 메일이 전송되지 못했습니다.
==========================================================================
```

실제 네이버 메일함의 최근 5개의 메일내용입니다. 파이썬으로 잘 읽어왔습니다.

보낸 사람	제목
벤처스퀘어	[벤처스퀘어] 두나무, NFT 거래 플랫폼 '업비트 NFT Beta' 출시 외
토스페이먼츠	12월 7일 입금될 정산액을 안내해드려요.
중소벤처기업진흥…	2021년 고비즈코리아 11월 뉴스레터 (이 달의 지원사업 안내)
[중소벤처기업진…	글로벌 이커머스 HOT리포트 [중국·일본] 무료 책자 신청 안내
네이버메일	[발송실패 안내] daduino@dauino.co.kr으로 메일이 전송되지 못했습니다.

이메일 본문 내용을 읽는 코드 만들기

이메일의 본문도 읽어봅니다. main16-2.py 파일을 생성한 후 다음 코드를 작성합니다.

16. 이메일로 특정 키워드가 오면 스마트폰으로 알림보내기\main16-2.py

```
01  import imaplib
02  import email
03  from email import policy
04
05  def find_encoding_info(txt):
06      info = email.header.decode_header(txt)
07      subject, encode = info[0]
```

```
08      return subject, encode
09
10  imap = imaplib.IMAP4_SSL('imap.naver.com')
11  id = '아이디'
12  pw = '비밀번호'
13  imap.login(id, pw)
14
15  imap.select('INBOX')
16  resp, data = imap.uid('search', None, 'All')
17  all_email = data[0].split()
18  last_email = all_email[-5:]
19
20  for mail in reversed(last_email):
21      result, data = imap.uid('fetch', mail, '(RFC822)')
22      raw_email = data[0][1]
23      email_message = email.message_from_bytes(raw_email, policy=policy.default)
24
25      print('='*70)
26      print('FROM:', email_message['From'])
27      print('SENDER:', email_message['Sender'])
28      print('TO:', email_message['To'])
29      print('DATE:', email_message['Date'])
30      subject, encode = find_encoding_info(email_message['Subject'])
31      print('SUBJECT:', subject)
32
33      print('[CONTENT]')
34      message = ''
35      if email_message.is_multipart():
36          for part in email_message.get_payload():
37              if part.get_content_type() == 'text/plain':
38                  bytes = part.get_payload(decode=True)
39                  encode = part.get_content_charset()
40                  message = message +str(bytes, encode)
41      print(message)
42      print('='*70)
43
44  imap.close()
45  imap.logout()
```

34~42: 메일의 본문의 내용을 읽어 출력합니다. 메시지 타입이 'text/plain'일 경우에만 본문의 내용을 저장합니다. 메일의 내용이 사진, html 등의 파일은 읽지 않습니다.

오른쪽 상단의 [▷] 버튼을 눌러 코드를 실행시킵니다.

본문에 문자가 있을 경우 터미널에 내용이 함께 출력됩니다.

사진, html 등의 다른 형식이 경우 출력하지 않습니다.

특정 키워드의 이메일을 받으면 메시지 보내는 코드 만들기

이제 메일을 읽어 특정 키워드가 들어오면 slack으로 메시지를 보내보도록 합니다.

받은 메일의 제목에서 "정산"이라는 글자가 있다면 메시지를 보내는 코드를 작성합니다.

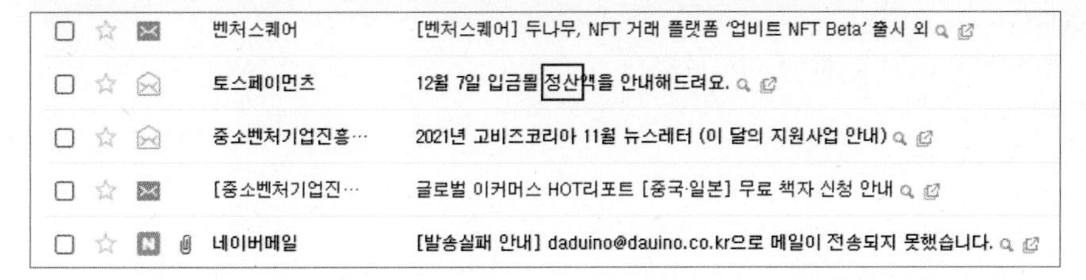

main16-3.py 파일을 생성한 후 다음 코드를 작성합니다.

16. 이메일로 특정 키워드가 오면 스마트폰으로 알림보내기\main16-3.py

```
01  import imaplib
02  import email
03  from email import policy
04  import requests
05  import json
06
07  slack_webhook_url = "https://hooks.slack.com/services/T02GZV9NP0F/B02PN6N11DW/
ZPwrXQRXwt4iSDuc9usaFH21"
08
09  def sendSlackWebhook(strText):
10      headers = {
11      "Content-type": "application/json"
12      }
13
14      data = {
15          "text" : strText
16      }
17
18      res = requests.post(slack_webhook_url, headers=headers, data=json.dumps(data))
19
20      if res.status_code == 200:
21          return "ok"
22      else:
23          return "error"
24
25  def find_encoding_info(txt):
26      info = email.header.decode_header(txt)
27      subject, encode = info[0]
28      return subject, encode
29
30  imap = imaplib.IMAP4_SSL('imap.naver.com')
```

```
31  id = '네이버아이디'
32  pw = '네이버비밀번호'
33  imap.login(id, pw)
34
35  imap.select('INBOX')
36  resp, data = imap.uid('search', None, 'All')
37  all_email = data[0].split()
38  last_email = all_email[-5:]
39
40  for mail in reversed(last_email):
41      result, data = imap.uid('fetch', mail, '(RFC822)')
42      raw_email = data[0][1]
43      email_message = email.message_from_bytes(raw_email, policy=policy.default)
44
45      email_from = str(email_message['From'])
46      email_date = str(email_message['Date'])
47      subject, encode = find_encoding_info(email_message['Subject'])
48      subject_str = str(subject)
49      if subject_str.find("정산") >= 0:
50          slack_send_message = email_from + '\n' + email_date + '\n' + subject_str
51          sendSlackWebhook(slack_send_message)
52          print(slack_send_message)
53
54  imap.close()
55  imap.logout()
```

45~48 : 보낸사람, 받은시간, 제목을 문자열 형태로 바인딩합니다.
49 : 문자열에서 "정산"을 찾습니다. "정산"을 찾으면 찾은 위치를 반환합니다. 찾지 못하면 -1을 반환합니다.
49~52 : 제목에서 "정산"을 찾았다면 slack으로 메시지를 전송합니다.

오른쪽 상단의 [▷] 버튼을 눌러 코드를 실행시킵니다.
메일에서 토스페이먼츠가 보낸 "정산"이 포함된 제목을 찾았기에 slack으로 메시지를 보냈습니다.
slack에서 확인한 메시지입니다.

토스페이먼츠 <no-reply@settlement.tosspayments.com>
Mon, 29 Nov 2021 23:13:52 +0000
12월 7일 입금될 정산액을 안내해드려요.

반복 실행하여 새로운 이메일이 있을 경우에만 메시지 보내는 코드 만들기

이제 반복적으로 실행하여 새로운 이메일의 내용이 있을 때만 slack으로 메시지를 보내는 코드를 만들어봅니다.
main16-4.py 파일을 생성한 후 다음 코드를 작성합니다.

16. 이메일로 특정 키워드가 오면 스마트폰으로 알림보내기\main16-4.py

```
01  import imaplib
02  import email
03  from email import policy
04  import requests
05  import json
06  import time
07
08  slack_webhook_url ="https://hooks.slack.com/services/T02GZV9NP0F/B02PN6N11DW/
ZPwrXQRXwt4iSDuc9usaFH21"
09
10  def sendSlackWebhook(strText):
11      headers = {
12      "Content-type": "application/json"
13      }
14
15      data = {
16          "text" : strText
17      }
18
19      res = requests.post(slack_webhook_url, headers=headers, data=json.dumps(data))
20
21      if res.status_code ==200:
22          return "ok"
23      else:
24          return "error"
25
26  def find_encoding_info(txt):
27      info = email.header.decode_header(txt)
28      subject, encode = info[0]
29      return subject, encode
30
31  imap = imaplib.IMAP4_SSL('imap.naver.com')
32  id ='아이디'
33  pw ='비밀번호'
34  imap.login(id, pw)
35
36  send_list = []
37
38  while True:
39      try:
40          imap.select('INBOX')
41          resp, data = imap.uid('search', None, 'All')
42          all_email = data[0].split()
43          last_email = all_email[-5:]
```

```
44
45            for mail in reversed(last_email):
46                result, data = imap.uid('fetch', mail, '(RFC822)')
47                raw_email = data[0][1]
48                email_message = email.message_from_bytes(raw_email, policy=policy.default)
49
50                email_from =str(email_message['From'])
51                email_date =str(email_message['Date'])
52                subject, encode = find_encoding_info(email_message['Subject'])
53                subject_str =str(subject)
54
55                if subject_str.find("정산") >=0:
56                    slack_send_message = email_from +'\n'+ email_date +'\n'+ subject_str
57                    if slack_send_message not in send_list:
58                        sendSlackWebhook(slack_send_message)
59                        print(slack_send_message)
60                        send_list.append(slack_send_message)
61
62            time.sleep(30)
63        except KeyboardInterrupt:
64            break
65
66    imap.close()
67    imap.logout()
```

26 : 보내는 데이터를 저장할 리스트를 생성하였습니다.
38~64 : 반복문을 추가하여 계속 반복합니다.
55 : 메일에서 "정산"을 찾았다면 조건에 만족합니다.
57 : send_list에 메시지가 없다면 조건에 만족합니다. 즉 새로운 메시지가 있으면 조건에 만족합니다.
60 : send_list에 보낸 메시지를 추가합니다. .append로 리스트 마지막에 원소를 추가합니다.
62 : 30초 동안 기다립니다.
63~64 : 키보드인터럽트가 발생하면 while문을 종료합니다.

오른쪽 상단의 [▷] 버튼을 눌러 코드를 실행시킵니다.

프로그램 실행 시 한 번은 "정산"을 찾아 메시지를 전송합니다. 하지만 다음부터는 send_list에 보낸 메시지가 저장되기 때문에 "정산"을 찾더라도 새로운 메시지가 아니기 때문에 메시지를 보내지 않습니다. 이전에 보낸 메시지를 기록했다가 동일한 값은 보내지 않고 새로운 값을 찾았을 때만 전송합니다. 이와같은 조건을 추가하지 않는다면 동일한 메시지를 매번 보내기 때문입니다.

```
PS C:\파이썬과 40개의 작품들> & C:/ProgramData/Anacon
토스페이먼츠 <no-reply@settlement.tosspayments.com>
Mon, 29 Nov 2021 23:13:52 +0000
12월 7일 입금될 정산액을 안내해드려요.
```

PROJECT 17 _ 텔레그램으로 스마트폰에 메시지 보내기

핵심 요약 텔레그램을 이용하여 파이썬 코드로 메시지를 보내는 방법에 대해 알아봅니다. 또한 텔레그램 봇을 생성하여 자동으로 답변을 해주는 기능을 추가합니다.

사전 지식 카카오톡을 사용하지 않고 slack과 텔레그램으로 메시지를 보내는 방법에 대해서만 진행하고 있습니다. 이유는 카카오톡 API의 사용과 승인절차가 복잡하고 나에게 메시지 보내기만 무료로 사용 가능합니다. 또한 다른 사람에게 메시지를 보내기 위해서는 사업자가 있어야 하고 유료입니다. 이와 같은 이유로 특수한 목적이 아닌 개인이 사용하기 위해서 slack이나 텔레그램이 무료로 쉽게 사용할 수 있어서 선택하게 되었습니다.

사전 준비 [파이썬과 40개의 작품들] 폴더에 [17. 텔레그램으로 스마트폰에 메시지보내기] 폴더를 생성한 후 [main17-1.py] 파일을 생성합니다.

라이브러리 설치

터미널에서 다음의 명령어를 입력하여 python-telegram-bot 라이브러리를 설치합니다. python-telegram-bot은 텔레그램을 사용하기위한 라이브러리입니다.

```
pip install python-telegram-bot
```

텔레그램을 통해 BotFather 봇 설치

텔레그램을 사용하기 위해 스마트폰에 텔레그램을 설치 후 가입과 로그인을 합니다. 돋보기 모양을 클릭합니다.

botfather을 검색 후 BotFather 봇을 클릭합니다.

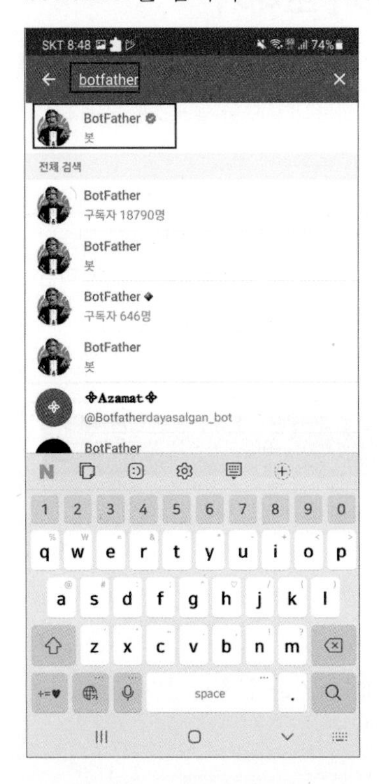

[시작] 또는 [다시시작]을 클릭합니다.

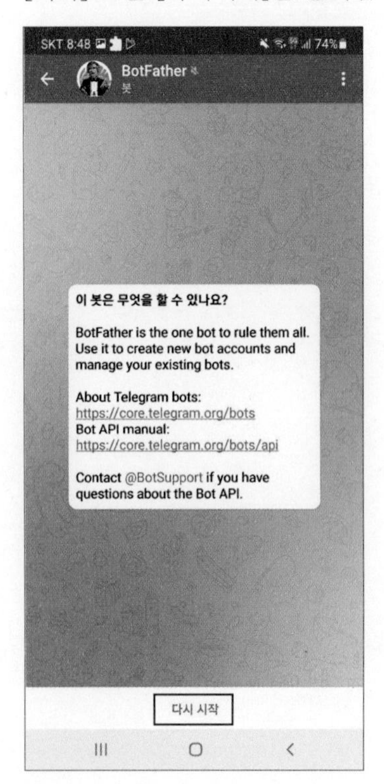

새로운 봇을 생성하기 위하여 /newbot을 클릭합니다. 또는 채팅창에 /newbot을 직접 입력하고 전송하여도 됩니다.

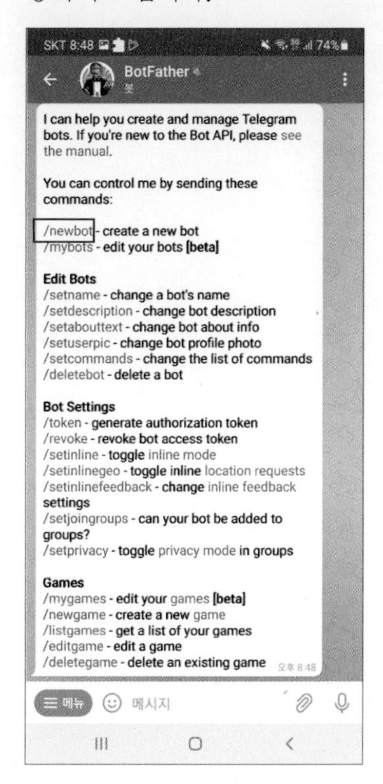

이름을 입력 후 메시지를 전송합니다. 이름의 끝은 _bot으로 끝나야 합니다. 이름은 고유해야 합니다. 동일한 이름이 있다면 생성되지 않습니다.

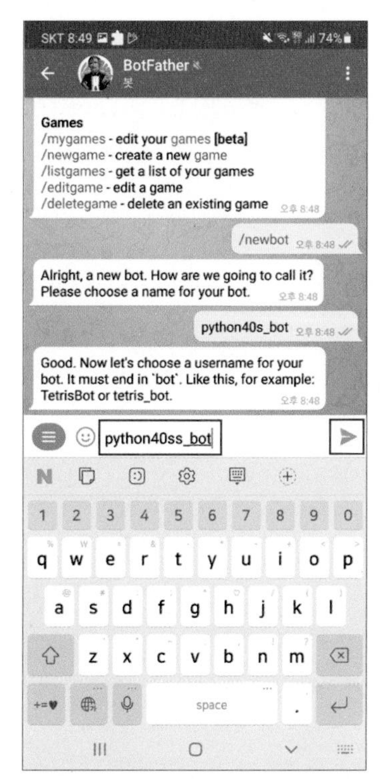

API부분이 자신의 API키 부분입니다. 복사하여 파이썬 코드에서 사용하므로 PC로 복사하여둡니다. t.me로 시작하는 URL을 클릭하여 봇을 시작합니다.

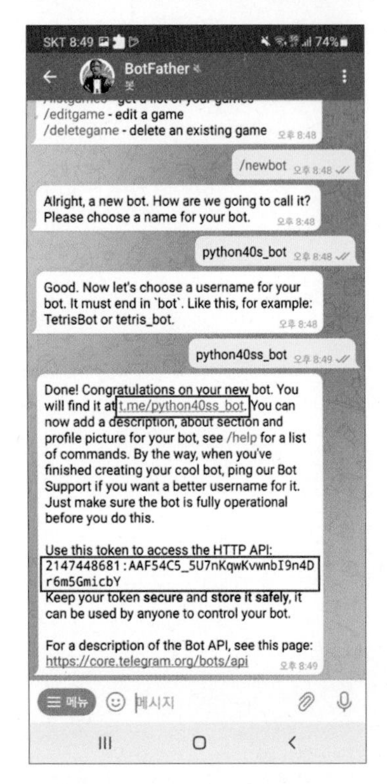

[시작]을 눌러 봇을 시작합니다.

봇이 시작되었습니다. 이제 파이썬에서 메시지를 보내 이 채팅방으로 메시지를 전송할 수 있습니다. 또한 메시지의 자동응답이 가능합니다.

API Token을 이용하여 bot의 ID 알아내는 코드 만들기

자신의 API Token을 이용하여 bot의 ID를 알아보는 코드를 만들어봅니다. 다음 코드를 작성합니다.

17. 텔레그램으로 스마트폰에 메시지보내기\main17-1.py

```
01  import telegram
02
03  token = '2147448681:AAF54C5_5U7nKqwKvwnbI9n4Dr6m5GmicbY'
04  bot = telegram.Bot(token=token)
05  updates = bot.getUpdates()
06  for u in updates:
07      print(u.message)
```

03: 봇을 생성할 때 복사한 토큰을 입력합니다.

오른쪽 상단의 [▷] 버튼을 눌러 코드를 실행시킵니다. 터미널에 출력된 ID부분의 번호를 복사합니다. 자신의 bot ID입니다.

텔레그램의 bot으로 메시지를 전송하기 위해서는 api token과 id가 필요합니다. 위에서 얻은 api token과 id를 활용하여 메시지를 전송해봅니다.

main17-2.py 파일을 생성한 후 다음 코드를 작성합니다.

17. 텔레그램으로 스마트폰에 메시지보내기\main17-2.py

```
01  import telegram
02
03  token = "2147448681:AAF54C5_5U7nKqwKvwnbI9n4Dr6m5GmicbY"
04  id = "730238165"
05
06  bot = telegram.Bot(token)
07  bot.sendMessage(chat_id=id, text="파이썬으로 보내는 메시지 입니다.")
```

03: API 토큰을 입력합니다.
04: id를 입력합니다.
07: "파이썬으로 보내는 메시지 입니다."를 텔레그램으로 전송합니다.

오른쪽 상단의 [▷] 버튼을 눌러 코드를 실행시킵니다. 텔레그램으로 메시지가 잘 전송되었습니다.

텔레그램은 bot이라는 기능을 활용하여 매우 간단하게 메시지를 보내었습니다.

텔레그램 bot 기능을 활용하여 메시지의 자동응답 보내는 코드 만들기

이제 메시지의 자동응답을 사용해보도록 합니다. main17-3.py 파일을 생성한 후 다음 코드를 작성합니다.

17. 텔레그램으로 스마트폰에 메시지보내기\main17-3.py

```
01  import telegram
02  from telegram.ext import Updater
03  from telegram.ext import MessageHandler, Filters
04
05  token = "2147448681:AAF54C5_5U7nKqwKvwnbI9n4Dr6m5GmicbY"
06  id = "730238165"
07
08  bot = telegram.Bot(token)
09  bot.sendMessage(chat_id=id, text="자동응답 테스트 입니다. 안녕 또는 뭐해 를 입력하여 보세요")
10
11  updater = Updater(token=token, use_context=True)
12  dispatcher = updater.dispatcher
13  updater.start_polling()
14
15  def handler(update, context):
16      user_text = update.message.text
17      if user_text == "안녕":
18          bot.send_message(chat_id=id, text="어 그래 안녕")
19      elif user_text == "뭐해":
20          bot.send_message(chat_id=id, text="그냥 있어")
21
22  echo_handler = MessageHandler(Filters.text, handler)
23  dispatcher.add_handler(echo_handler)
```

17~18: "안녕"을 입력받으면 "어 그래 안녕"을 응답합니다.
19~20: "뭐해"을 입력받으면 "그냥 있어"을 응답합니다.

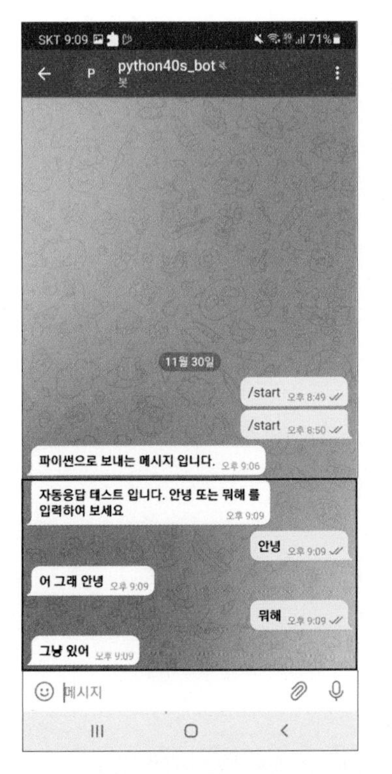

오른쪽 상단의 [▷] 버튼을 눌러 코드를 실행시킵니다.
좌측과 같이 기본 메시지를 전송하고 "안녕" 또는 "뭐해"를 입력받아 자동으로 답변을 하였습니다.

PROJECT 18 _ 스마트폰 자동화

핵심 요약 파이썬을 이용하여 안드로이드 스마트폰을 제어하여 자동화 하는 프로그램을 만들어봅니다.

사전 준비 [파이썬과 40개의 작품들] 폴더에 [18. 스마트폰자동화] 폴더를 생성한 후 [main18-1.py] 파일을 생성합니다.

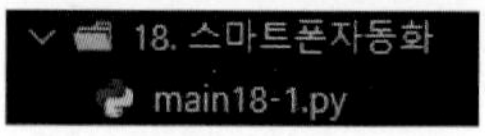

18. 스마트폰자동화
main18-1.py

라이브러리 설치

터미널에서 다음의 명령어를 입력하여 pure-python-adb 라이브러리를 설치합니다. pure-python-adb은 adb를 활용한 스마트폰을 제어할 수 있는 파이썬 라이브러리입니다.

```
pip install pure-python-adb
```

ADB는 안드로이드 스마트폰의 개발도구로 안드로이드 개발 사이트에서 다운로드 받을 수 있습니다. ADB 도구는 PC에 다운로드하여 압축을 풀어 설치합니다.

다음 사이트에 접속하여 자신의 컴퓨터의 OS에 맞는 버전을 다운로드 받습니다.

- 주소 : https://developer.android.com/studio/releases/platform-tools

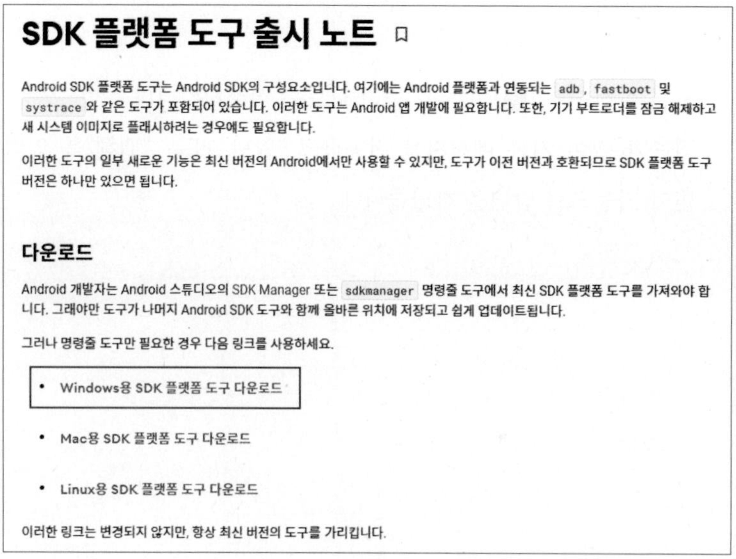

약관 동의 박스 체크 후 다운로드 버튼을 클릭하여 다운로드 받습니다.

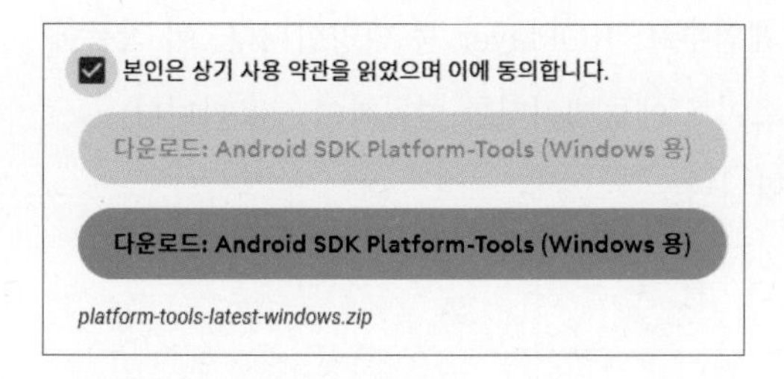

[내PC] -> [다운로드] 경로에 파일이 다운로드 되었습니다.

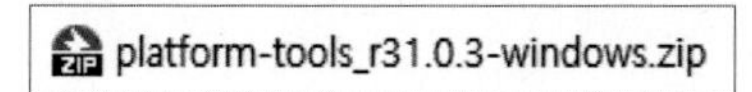

다운로드 받은 파일을 [파이썬과 40개의 작품들] -> [18. 스마트폰자동화] 폴더로 이동 또는 복사합니다.

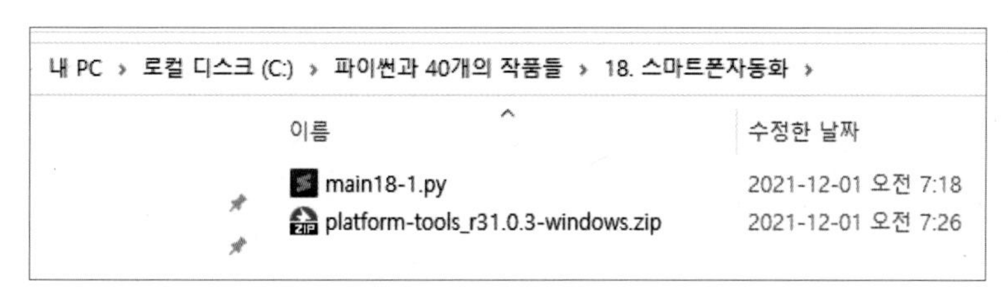

반디집, 알집 등의 압축프로그램을 통해 마우스 오른쪽 버튼을 클릭 후 [여기에 풀기]를 클릭하여 압축을 풀어줍니다.

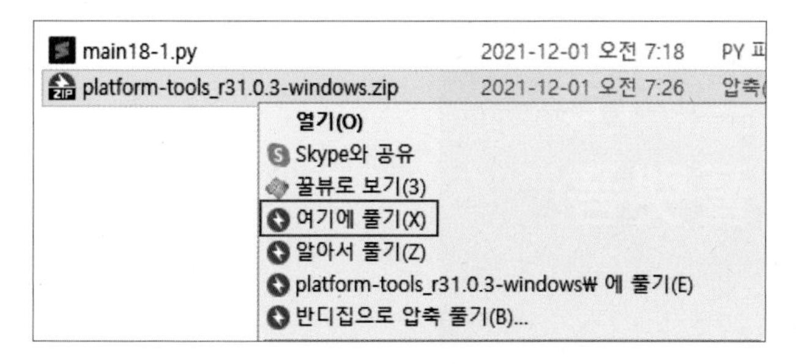

[platform-tools]폴더로 압축이 풀렸습니다. PC의 ADB는 설치를 완료하였습니다.

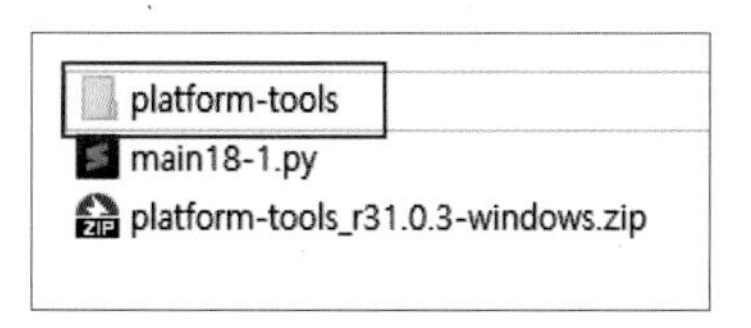

스마트폰의 ADB설정방법은 스마트폰 제조사마다 방법이 다릅니다. 본 책에서는 PC에서 안드로이드 에뮬레이터 이용하여 실습을 진행합니다.

PC의 안드로이드 에뮬레이터는 블루스택, 녹스, 미뮤, 게임루프, KOPlayer 등 다양합니다. 이 작품에서는 비교적으로 가볍고 설정이 간편한 [블루스택] 안드로이드 에뮬레이터를 설치하여 사용합니다.
구글에서 "블루스택"을 검색 후 다음의 사이트에 접속합니다.

[다운로드] 버튼을 눌러 블루스택을 다운로드 하여 설치합니다.

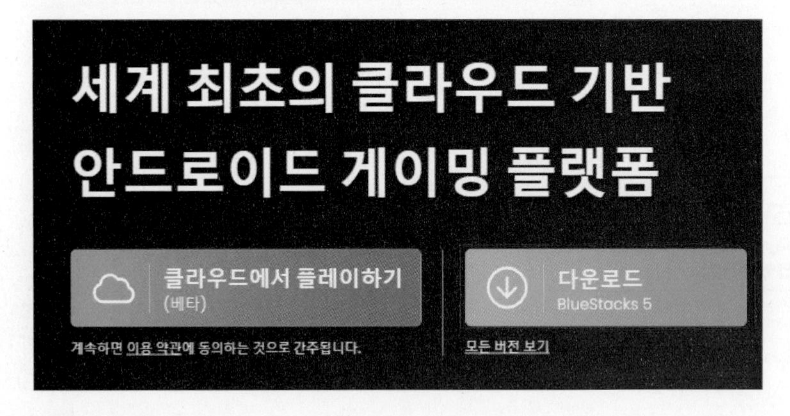

설치완료 후 다음의 아이콘을 클릭하여 실행합니다.

블루스택은 PC환경에서 안드로이드를 실행할 수 있는 프로그램입니다.

설치 완료 후 몇 가지 설정을 위해 오른쪽 다음의 설정(톱니바퀴 아이콘)을 클릭합니다.

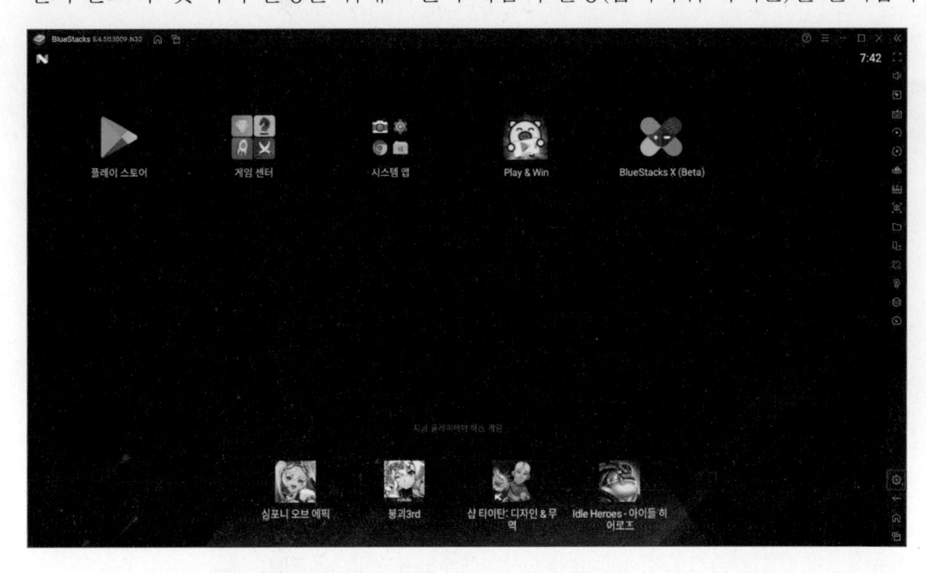

[고급 기능 설정] 탭에서 Andriod 디버그 브릿지를 활성화 합니다. ADB의 약자가 Andriod 디버그 브릿지입니다. 디버깅 입력 부분도 활성화 합니다. 좌표나 마우스 이동을 볼 수 있습니다. 활성화 후 [변경내용 저장]을 클릭하여 내용을 저장합니다. 이 기능을 활성화 후 재시작 해야 정상적으로 동작합니다.

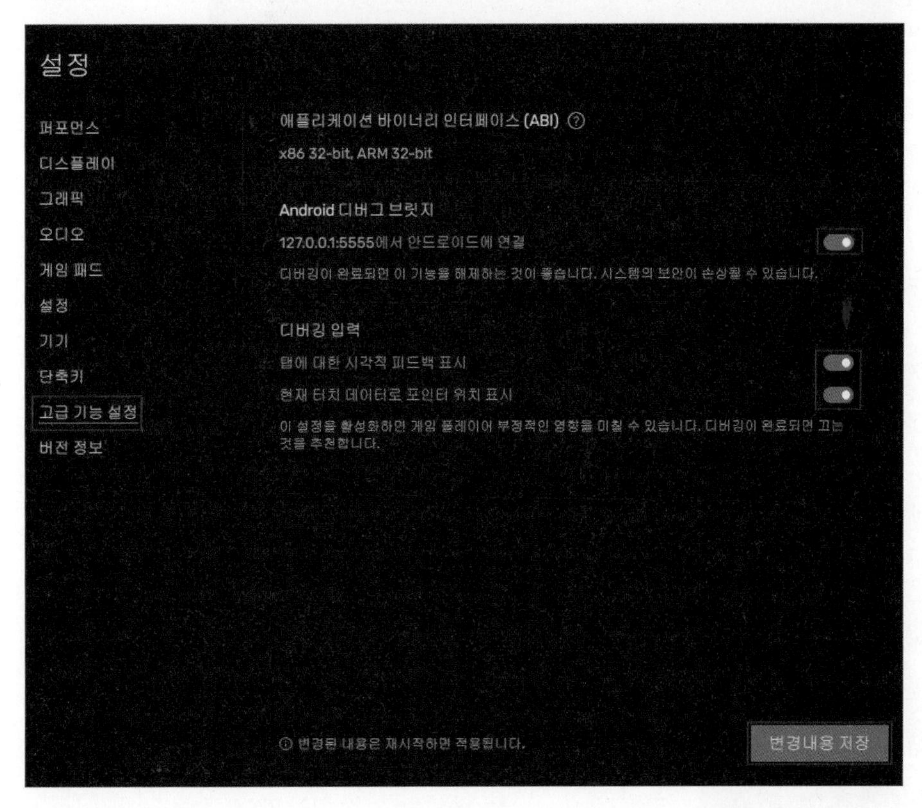

[디스플레이] 탭에서 화면 해상도를 [세로모드]로 변경합니다. 해상도는 권장 해상도인 1080 x 1920 으로 설정하고 [변경내용 저장]을 클릭 후 재시작 합니다.

다음과 같이 스마트폰의 화면과 비슷한 세로모드로 실행하였습니다.

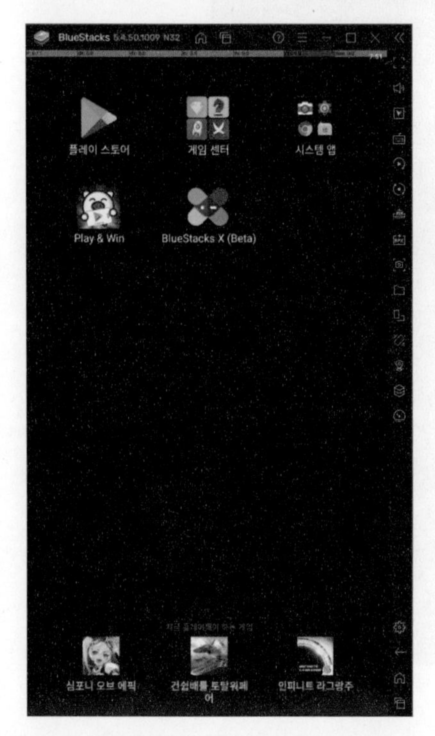

PC에 설치된 ADB를 시작합니다.

vs code에서 [파이썬과 40개의 작품들] -> [18. 스마트폰자동화] 폴더에 설치된 [platform-tools] 폴더에 마우스 오른쪽을 클릭 후 [통합 터미널에서 열기]를 클릭합니다.

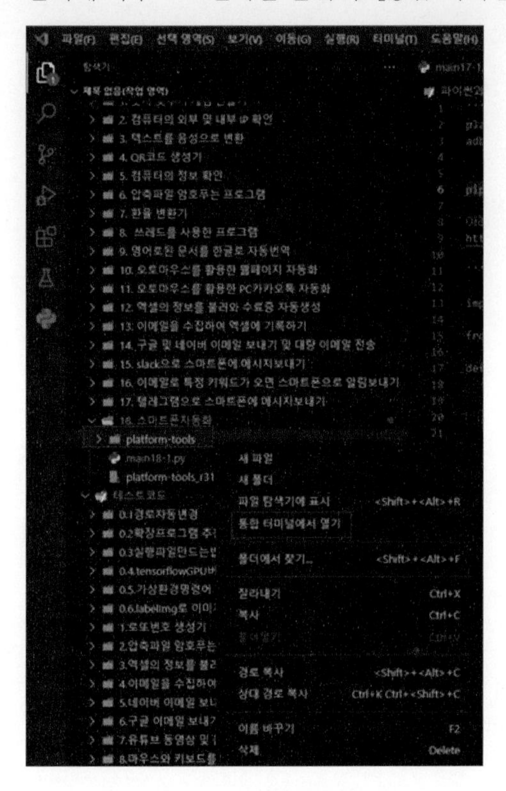

[파이썬과 40개의 작품들] -> [18. 스마트폰자동화] -> [platform-tools] 폴더의 경로로 터미널이 열렸습니다.

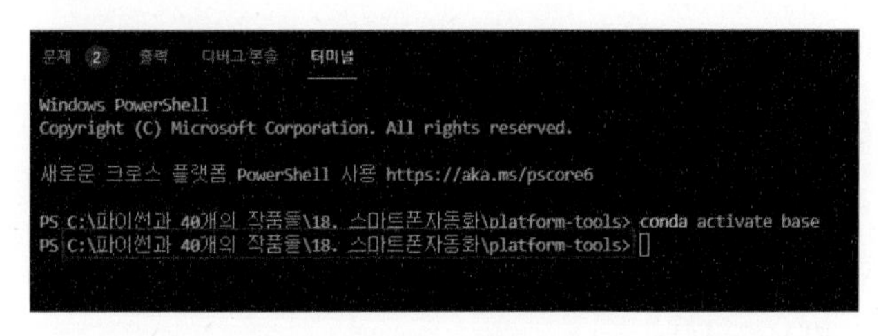

adb 서버 실행

다음의 명령어를 입력하여 adb 서버를 실행합니다. vs code를 종료하거나, 컴퓨터를 재시작 할 경우 다음의 명령어를 다시 입력하여 서버를 실행하여 줍니다.

```
.\adb start-server
```

다음과 같이 출력되면 adb 서버가 잘 실행된 것입니다.

```
PS C:\파이썬과 40개의 작품들\18. 스마트폰자동화\platform-tools> .\adb start-server
* daemon not running; starting now at tcp:5037
* daemon started successfully
```

스마트폰을 제어하는 코드 만들기

파이썬으로 프로그램을 작성하여 스마트폰을 제어해보도록 합니다. 다음 코드를 작성합니다.

18. 스마트폰자동화\main18-1.py

```
01  from ppadb.client import Client
02  
03  client = Client(host="127.0.0.1", port=5037)
04  find_devices = client.devices()
05  
06  if len(find_devices) == 0:
07      print('No devices')
08      quit()
09  
10  device = find_devices[0]
11  print(f'찾은 디바이스: {device}')
```

01 : ADB를 사용하기 위해서 라이브러리를 불러옵니다.
03 : 127.0.0.1 IP의 5037포트로 접속합니다. ADB를 사용하기 위한 고정 IP와 포트주소입니다.
06~08 : 디바이스를 찾지 못했다면 코드를 종료합니다.
10~11 : 찾은 디바이스를 출력합니다.

오른쪽 상단의 [▷] 버튼을 눌러 코드를 실행시킵니다.
다음과 같이 찾은 디바이스가 터미널 창에 출력됩니다.

```
찾은 디바이스: <ppadb.device.Device object at 0x0000028320D31040>
```

명령을 입력하여 스마트폰의 웹 브라우저를 여는 명령어로 웹페이지를 열어봅니다.
main18-2.py 파일을 생성한 후 다음 코드를 작성합니다.

18. 스마트폰자동화\main18-2.py

```
01  from ppadb.client import Client
02  import time
03  
04  def adb_connect():
05      client = Client(host="127.0.0.1", port=5037)
06      find_devices = client.devices()
07  
```

```
08      if len(find_devices) == 0:
09          print('No devices')
10          quit()
11
12      device = find_devices[0]
13      print(f'찾은 디바이스: {device}')
14
15      return device, client
16
17  device, client = adb_connect()
18
19  device.shell('input keyevent 64')
20  time.sleep(3.0)
```

04~15 : adb_connect의 이름으로 연결방법을 함수화 하였습니다.
17 : adb에 연결합니다.
19 : input keyevent 64 의 명령어로 웹 브라우저를 실행합니다.

오른쪽 상단의 [▷] 버튼을 눌러 코드를 실행시킵니다. 기본 브라우저인 크롬이 열렸습니다.

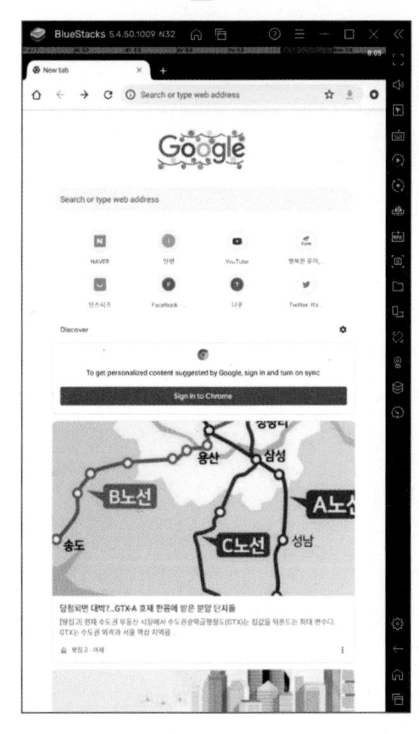

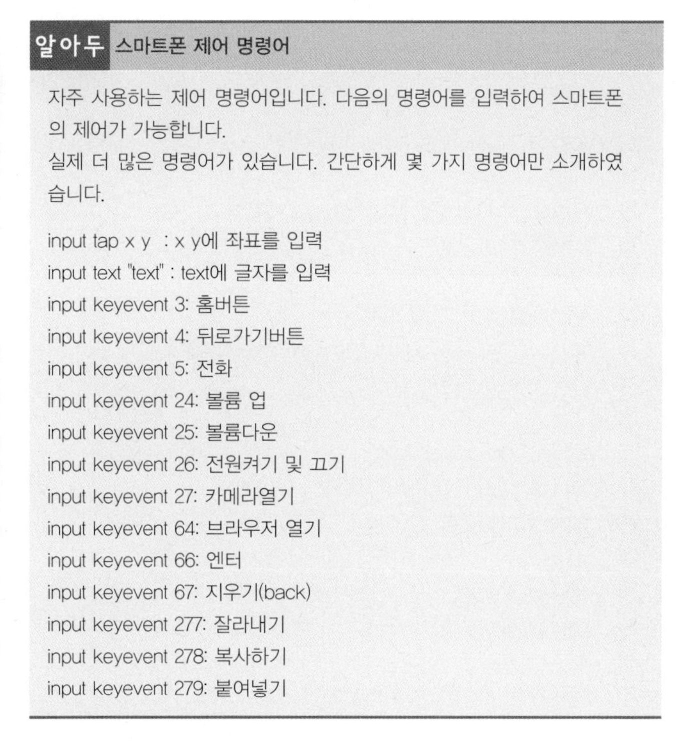

알아두 스마트폰 제어 명령어

자주 사용하는 제어 명령어입니다. 다음의 명령어를 입력하여 스마트폰의 제어가 가능합니다.
실제 더 많은 명령어가 있습니다. 간단하게 몇 가지 명령어만 소개하였습니다.

input tap x y : x y에 좌표를 입력
input text "text" : text에 글자를 입력
input keyevent 3: 홈버튼
input keyevent 4: 뒤로가기버튼
input keyevent 5: 전화
input keyevent 24: 볼륨 업
input keyevent 25: 볼륨다운
input keyevent 26: 전원켜기 및 끄기
input keyevent 27: 카메라열기
input keyevent 64: 브라우저 열기
input keyevent 66: 엔터
input keyevent 67: 지우기(back)
input keyevent 277: 잘라내기
input keyevent 278: 복사하기
input keyevent 279: 붙여넣기

device.shell('명령어') 명령어 부분에 값을 입력하여 스마트폰을 제어할 수 있습니다.

웹 브라우저 화면 캡처 후 저장하는 코드 만들기

스마트폰의 웹 브라우저를 열고 주소창에 www.naver.com을 입력하여 이동 후 화면을 캡처하여 저장하는 코드를 만들어봅니다.

main18-3.py 파일을 생성한 후 다음 코드를 작성합니다.

18. 스마트폰자동화\main18-3.py

```
01  from ppadb.client import Client
02  import time
03
04  def adb_connect():
05      client = Client(host="127.0.0.1", port=5037)
06      find_devices = client.devices()
07
08      if len(find_devices) == 0:
09          print('No devices')
10          quit()
11
12      device = find_devices[0]
13      print(f'찾은 디바이스: {device}')
14
15      return device, client
16
17  device, client = adb_connect()
18
19  device.shell('input keyevent 64')
20  time.sleep(2.0)
21
22  xyPosition = "423 136"
23  device.shell(f'input tap {xyPosition}')
24  time.sleep(2.0)
25
26  url = "www.naver.com"
27  device.shell(f'input text {url}')
28  time.sleep(2.0)
29
30  device.shell('input keyevent 66')
31  time.sleep(2.0)
32
33  result = device.screencap()
34  with open(r"18. 스마트폰자동화\screen.png", "wb") as fp:
35      fp.write(result)
```

19~20: 웹 브라우저를 실행합니다.

22~24: 주소창으로 이동하여 터치합니다.

26~28: "www.naver.com" 문자를 입력합니다.
30~31: 엔터키를 입력합니다.
33~35: [18. 스마트폰자동화] 폴더에 [screen.png]의 이름으로 캡처한 사진을 저장합니다.

오른쪽 상단의 [▷] 버튼을 눌러 코드를 실행시킵니다.
스마트폰이 자동으로 웹 브라우저를 열어 "www.naver.com" 이동하였습니다. 스마트폰을 자동화 하였습니다.

> 좌표의 확인은 터치를 할 때 화면의 위쪽에 작은 글씨로 x, y의 좌표가 보입니다.

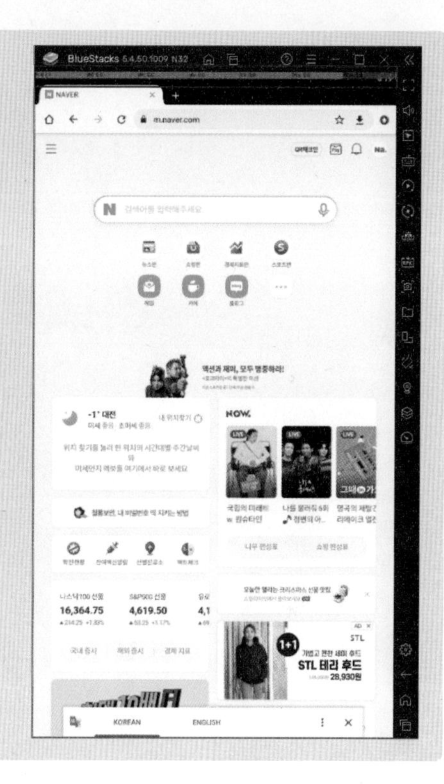

screen.png의 파일이름으로 캡처한 사진이 저장되었습니다.

Python project

CHAPTER 05

크롤링, 이미지처리, 데이터분석 시각화 프로그램 만들기

웹상에서 자동으로 정보를 수집하는 크롤링, 이미지처리, 데이터분석 및 데이터 시각화 프로그램을 만들어봅니다.

PROJECT 19 _ 구글 이미지 크롤링

핵심 요약

구글 사이트에서 이미지를 검색하고 검색한 이미지를 저장하는 프로그램을 만들어봅니다.

※ 크롤링은 웹사이트의 변경으로 인해 제공되는 코드로 동작되지 않을 수 있습니다. 책의 내용대로 따라하며 방법을 익혀 변경되더라도 변경된 값을 입력하여 동작 되도록 합니다.

사전 준비 [파이썬과 40개의 작품들] 폴더에 [19. 구글 이미지 크롤링] 폴더를 생성한 후 [main19.ipynb] 파일을 생성합니다.

19. 구글 이미지 크롤링
main19.ipynb

사전 지식 파일을 주피터 노트북 형식인 .ipynb로 만들었습니다. 필자는 "아이파이엔비"로 확장자명을 기억해두니 외우기 편해서 좋았습니다.
크롤링은 주피터 노트북 형식으로 파이썬 코드를 작성하고 테스트 하는 것을 추천합니다. 이유는 우리가 크롤링하는 대부분의 사이트들은 사람이 아닌 기계(컴퓨터)의 접속을 극도로 싫어합니다. 자주 반복하여 접속하고 또 접속을 종료하고 다시 접속하면 사람이 아닌 기계(컴퓨터)가 접속하였다고 판단하여 더 이상 접속해도 응답을 하지 않을 수 있습니다.
.py의 형식으로 파이썬 코드를 만들고 크롤링을 진행하면 한 번의 코드 실수로 인해 다시 접속해야 합니다. .ipynb의 주피터 노트북 방식을 사용하여 접속하는 부분까지는 한 번 진행하고 접속해둔 상태에서 내가 찾고자 하는 데이터 부분을 상황마다 수정하여 진행하면 다시 접속하지 않고 웹상에서 데이터를 찾을 수 있습니다. 크롤링을 할 때 코드를 잘 만드는 것도 중요하지만 크롤링을 어떻게 조심스럽게 사람이 접속한 것처럼 하는 것도 중요합니다.

라이브러리 설치

터미널에서 다음의 명령어를 입력하여 selenium 라이브러리를 설치합니다. selenium은 웹을 제어하는 유명한 라이브러리입니다.

```
pip install selenium
```

터미널에서 다음의 명령어를 입력하여 webdriver-manager 라이브러리를 설치합니다. webdriver-manager는 웹 드라이버에 사용하는 크롬 드라이버 파일을 손쉽게 다운로드 할 수 있는 라이브러리입니다.

```
pip install webdriver-manager
```

크롬 드라이버를 자동으로 설치하는 코드 만들기

컴퓨터에 구글 크롬 브라우저를 컴퓨터에 설치합니다. 다음의 사이트에 접속해서 다운받아 설치가 가능합니다.

- https://www.google.com/chrome/

아나콘다를 통해 파이썬을 설치하고 진행합니다. 아나콘다를 설치하고 .ipynb 파일을 생성하고 vs code에서 실행하면 vs code에서는 자동으로 주피터 노트북의 형식으로 코드를 작성하고 결과를 확인할 수 있습니다. 아나콘다로 파이썬을 설치하지 않고 그냥 파이썬만 설치하였을 경우에는 주피터 노트북을 추가적으로 설치해야 합니다.

파이참의 경우 무료 버전으로는 주피터 노트북 방식의 .ipynb를 사용하지 못하고 유료 버전부터 사용 가능합니다.

다음 코드를 작성합니다.

19. 구글 이미지 크롤링\main19.ipynb

```
01  from webdriver_manager.chrome import ChromeDriverManager
02  from selenium import webdriver
03
04  driver = webdriver.Chrome(ChromeDriverManager().install())
05
06  URL='https://www.google.co.kr/imghp'
07  driver.get(url=URL)
08
09  driver.implicitly_wait(time_to_wait=10)
```

01 : 구글 크롬 드라이버의 자동설치를 위한 라이브러리를 불러옵니다.
02 : 크롬 드라이버의 제어를 위해 selenium 라이브러리를 불러옵니다.
03 : 크롬 드라이버를 시작합니다. 프로그램이 설치되지 않았다면 프로그램을 자동으로 설치합니다.
06~7 : 구글의 이미지검색 사이트로 이동합니다.
09 : 사이트로 이동할 때까지 최대 10초 동안 기다립니다.

작성한 코드 왼쪽의 ▷ 버튼을 눌러 코드를 실행합니다. 다음과 같이 크롬 드라이버를 자동으로 설치하였다고 출력되었습니다.

```
====== WebDriver manager ======
Current google-chrome version is 96.0.4664
Get LATEST chromedriver version for 96.0.4664 google-chrome
There is no [win32] chromedriver for browser  in cache
Trying to download new driver from https://chromedriver.storage.googleapis.com/96.0.4664.45/chromedriver_win32.zip
Driver has been saved in cache [C:\Users\jangwork\.wdm\drivers\chromedriver\win32\96.0.4664.45]
<ipython-input-1-3c58a6b9612b>:4: DeprecationWarning: executable_path has been deprecated, please pass in a Service object
  driver = webdriver.Chrome(ChromeDriverManager().install())
```

구글 크롬 드라이버가 작동되었고 구글의 이미지 검색 사이트로 접속하였습니다.

"Chrome이 자동화된 테스트 소프트웨어에 의해 제어되고 있습니다."라는 문구가 나옵니다.

구글 상에서 이미지 크롤링하는 코드 만들기

+ 코드 를 눌러 다음 코드를 작성합니다.

첫 번째 코드는 컴퓨터의 메모리상에 남아 동작하고 있습니다. 이어서 다음 코드를 작성하여 계속 진행할 수 있습니다.

다음과 같이 + 코드 를 눌러 계속 코드를 작성하여 추가하면서 코드를 완성시킬 수 있습니다. 이전 코드는 메모리상에 계속 남아 동작하고 있는 상태이므로 크롤링을 할 때 웹페이지를 접속해둔 상태에서 이것저것 코드를 테스트하면서 실행해 볼 수 있습니다.

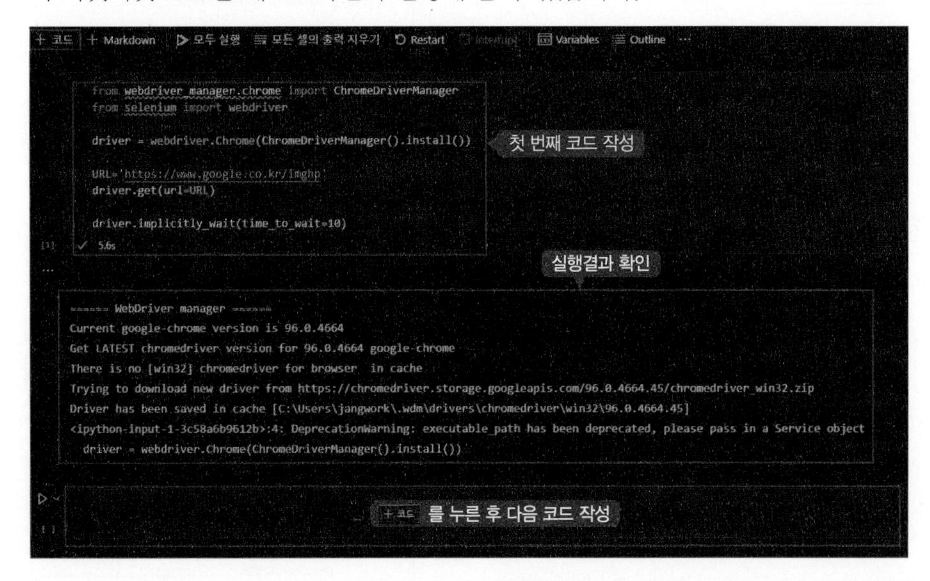

19. 구글 이미지 크롤링\main19.ipynb

```
1   from selenium.webdriver.common.keys import Keys
2   from selenium.webdriver.common.by import By
3
4   elem = driver.find_element(By.CSS_SELECTOR,"body > div.L3eUgb > div.o3j99.ikrT4e.om7nvf > 
form > div:nth-child(1) > div.A8SBwf > div.RNNXgb > div > div.a4bIc > input")
5   elem.send_keys("바다")
6   elem.send_keys(Keys.RETURN)
```

01: 키입력을 위한 라이브러리를 불러옵니다.
02: CSS선택을 위한 라이브러리를 불러옵니다.
05: 검색할 키워드인 "바다"를 입력합니다.
06: 엔터키를 입력하여 검색합니다.

크롬에서 css selector를 통해 값을 찾는 방법은 크롬에서 [F12] 키를 누르면 오른쪽에 웹의 소스 코드가 보입니다. 이때 [ ] 아이콘을 클릭한 후 찾고 싶은 부분을 클릭하여 오른쪽에 소스 코드의 위치를 확인할 수 있습니다.

우리는 크롬의 검색창을 찾고 싶기 때문에 [ ] 누른 후 검색창을 클릭하여 검색창의 소스 코드 위치를 찾습니다.

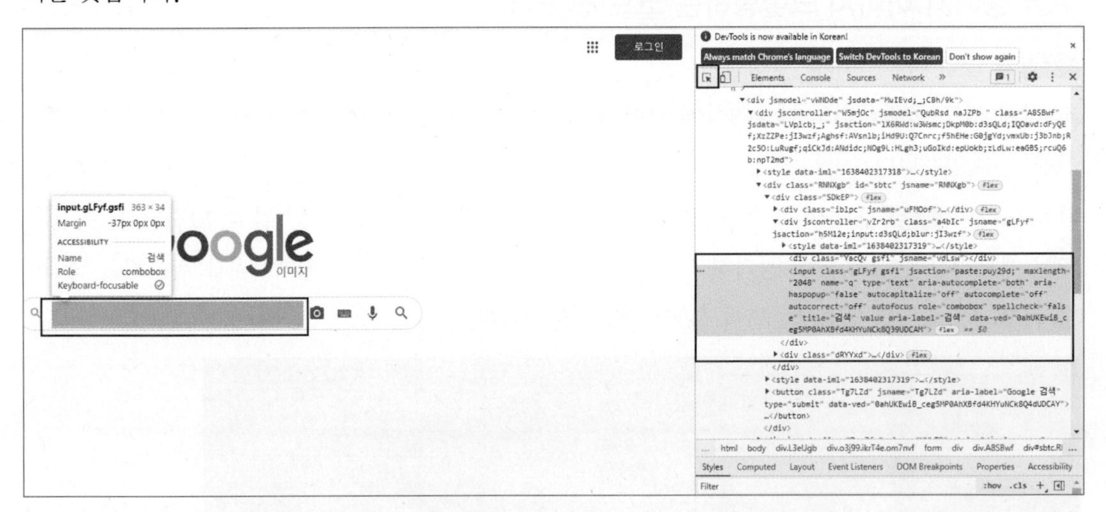

찾은 검색창의 소스에 마우스 오른쪽을 클릭하여 [Copy] –> [Copy selector]를 클릭하여 selector를 복사합니다.

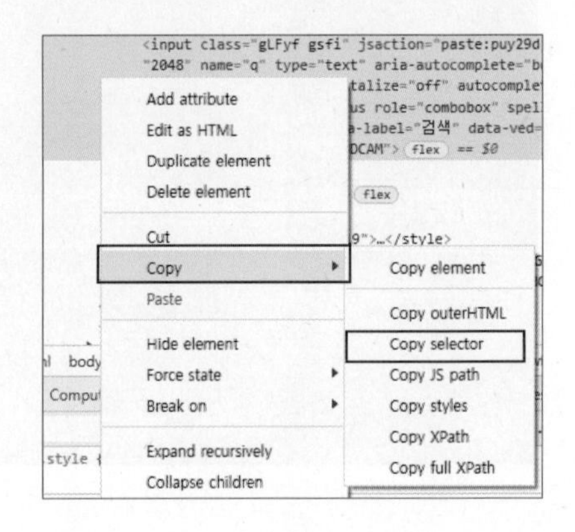

복사된 selector의 값을 [Ctrl + V]를 눌러 붙여넣기 하면 다음과 같습니다.

```
body > div.L3eUgb > div.o3j99.ikrT4e.om7nvf > form > div:nth-child(1) > div.A8SBwf > div.
RNNXgb > div > div.a4bIc > input
```

※ 원소의 값은 사이트에서 변경 시 다른값으로 변경될 수 있습니다. 다른 selector의 값이 출력된다면 변경된 selector 값으로 사용해야 합니다.

셀레니움에서는 selctor를 이용하여 원소를 찾을 수 있습니다. 다음과 같이 소스 코드에서 원소를 찾을 때 활용 됩니다.

```
elem = driver.find_element(By.CSS_SELECTOR,"body > div.L3eUgb > div.o3j99.ikrT4e.om7nvf >
form > div:nth-child(1) > div.A8SBwf > div.RNNXgb > div > div.a4bIc > input")
```

하나의 원소를 찾을 때는 find_element를 사용하고 여러 개의 원소를 찾을 때는 find_element를 사용합니다. 복수개의 의미로 s가 붙습니다. 헷갈릴 수 있으니 주의합니다.
원소를 찾을 때 selector, xPath, styles 등을 이용하여 원소를 찾을 수 있는데 필자는 selector의 방식이 편해 이 방법을 주로 사용하여 원소를 찾습니다.
작성한 코드 왼쪽의 ▷ 버튼을 눌러 코드를 실행합니다.
다음과 같이 검색창에 바다를 검색하였습니다. 이미지 검색이기 때문에 이미지만 검색되었습니다.

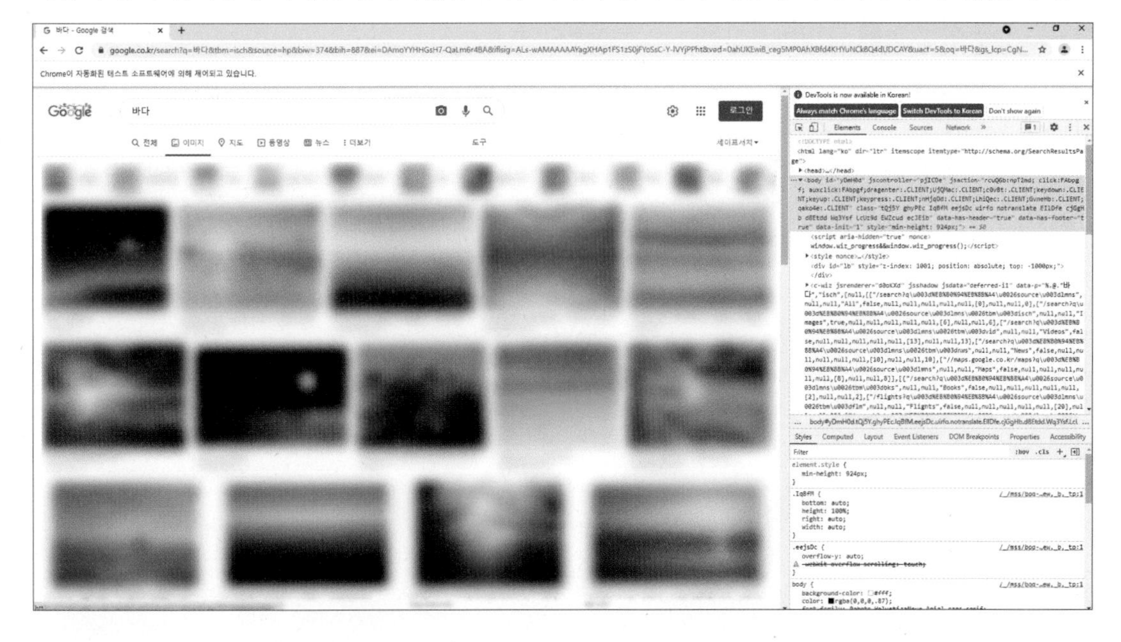

+ 코드 를 눌러 다음 코드를 작성합니다.

19. 구글 이미지 크롤링\main19.ipynb

```
01  import time
02  elem = driver.find_element(By.TAG_NAME,"body")
03  for i in range(60):
04      elem.send_keys(Keys.PAGE_DOWN)
05      time.sleep(0.1)
06
07  try:
08      driver.find_element(By.CSS_SELECTOR,'#islmp > div > div > div > div.gBPM8 > div.qvfT1
> div.YstHxe > input').click()
09
10      for i in range(60):
11          elem.send_keys(Keys.PAGE_DOWN)
12          time.sleep(0.1)
13  except:
14      pass
```

02 : 바디부분을 찾습니다.
03~05 : 페이지 다운키를 60회 눌러 사진이 계속 보이도록 합니다.
08 : 중간에 [결과더보기] 버튼이 있다면 눌러서 계속 사진이 보이도록 합니다.
10~12 : [결과더보기] 버튼이 눌린 후 페이지 다운키를 60회 눌러 사진이 계속 보이도록 합니다.

작성한 코드 왼쪽의 ▷ 버튼을 눌러 코드를 실행합니다.
구글의 이미지 검색 사이트는 중간에 [결과더보기] 버튼을 눌러야 사진을 추가적으로 더 볼 수 있습니다.

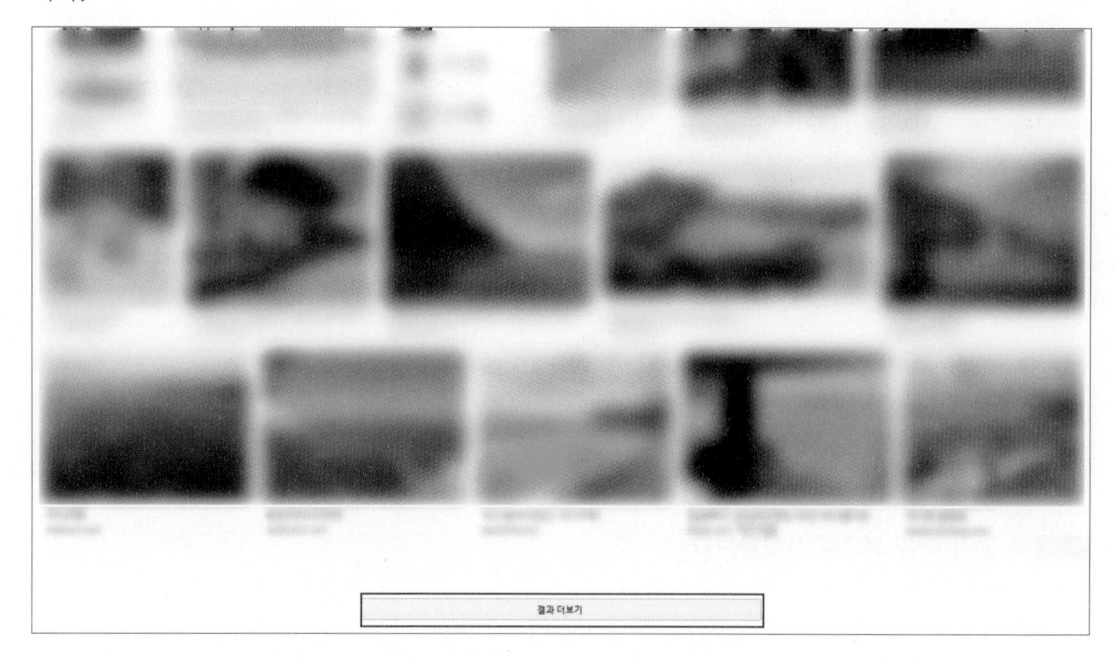

다음의 코드로 [결과더보기] 버튼의 원소를 selector로 찾아 클릭하였습니다.

```
driver.find_element(By.CSS_SELECTOR,'#islmp > div > div > div > div.gBPM8 > div.qvfT1 > div.
YstHxe > input').click()
```

많은 사진이 크롬 상에 출력되었습니다. + 코드 를 눌러 다음 코드를 작성합니다.

19. 구글 이미지 크롤링\main19.ipynb

```
1   links=[]
2   images = driver.find_elements(By.CSS_SELECTOR,"#islrg > div.islrc > div > a.wXeWr.islib.
nfEiy > div.bRMDJf.islir > img")
3
4   for image in images:
5       if image.get_attribute('src') is not None:
6           links.append(image.get_attribute('src'))
7
8   print(' 찾은 이미지 개수:',len(links))
```

02: 이미지의 원소를 모두 찾습니다.
04: 찾은 이미지의 수만큼 반복합니다.
05: 이미지에서 링크 주소가 없지 않다면 즉, 있다면 조건이 참입니다. 링크 주소는 src에 저장되어있습니다.
06: 이미지의 다운로드 링크 주소를 links 리스트에 추가합니다.
08: links 리스트의 길이를 가져와 찾은 이미지 개수를 출력합니다.

다음의 소스 코드에서 여러 개의 원소를 찾기 위해서는 elements를 사용합니다.

```
driver.find_elements(By.CSS_SELECTOR,"#islrg > div.islrc > div > a.wXeWr.islib.nfEiy > div.
bRMDJf.islir > img")
```

여러 개의 copy select를 사용하여 여러 개의 이미지의 원소값을 찾아보도록 합니다. 3개의 무작위 사진을 copy select로 확인해 보면 다음과 같이 순서를 띄고 있습니다.

```
#islrg > div.islrc > div:nth-child(833) > a.wXeWr.islib.nfEiy > div.bRMDJf.islir > img
#islrg > div.islrc > div:nth-child(834) > a.wXeWr.islib.nfEiy > div.bRMDJf.islir > img
#islrg > div.islrc > div:nth-child(835) > a.wXeWr.islib.nfEiy > div.bRMDJf.islir > img
```

여러 개의 사진 모두 찾기위해서 div:nth-child(835) -> div 로 변경하면 모든 사진을 선택 할 수 있습니다.

```
#islrg > div.islrc > div > a.wXeWr.islib.nfEiy > div.bRMDJf.islir > img
```

작성한 코드 왼쪽의 ▷ 버튼을 눌러 코드를 실행합니다. 861개의 사진을 찾았습니다. 사진의 개수는 구글에서 검색된 수많은 출력되기 때문에 꼭 동일하지 않을 수 있습니다.

```
<ipython-input-7-665d0fc9ce5e>:2: DeprecationWarning: find_elements_by_* commands are deprecated. Please use find_elements() instead
  images = driver.find_elements_by_css_selector("#islrg > div.islrc > div > a.wXeWr.islib.nfEiy > div.bRMDJf.islir > img")
찾은 이미지 개수: 861
```

크롤링한 이미지 다운로드 받는 코드 만들기

찾은 사진을 다운로드 해봅니다. [19. 구글 이미지 크롤링] 폴더에 [사진다운로드] 폴더를 생성합니다. [사진다운로드] 폴더 안에 사진을 다운로드 합니다.

19. 구글 이미지 크롤링
사진다운로드
main19.ipynb

+ 코드 를 눌러 다음 코드를 작성합니다.

19. 구글 이미지 크롤링\main19.ipynb

```
1   import urllib.request
2
3   for i,k in enumerate(links):
4       url = k
5       urllib.request.urlretrieve(url, "C:\\파이썬과 40개의 작품들\\19. 구글 이미지 크롤링\\사진다운로드\\"+str(i)+".jpg")
6
7   print('다운로드 완료하였습니다.')
```

01: 사진을 다운로드 받기 위해 request 라이브러리를 불러옵니다.
03: links의 리스트를 enumerate하여 반복합니다. k값은 번호, i값은 links리스트의 원소값입니다.
05: 사진을 다운로드 합니다. 다운받을 경로의 절대경로로 지정합니다.

vs code에서 경로의 복사는 마우스 오른쪽을 클릭하여 [경로 복사] 버튼을 눌러 절대 경로를 복사할 수 있습니다.

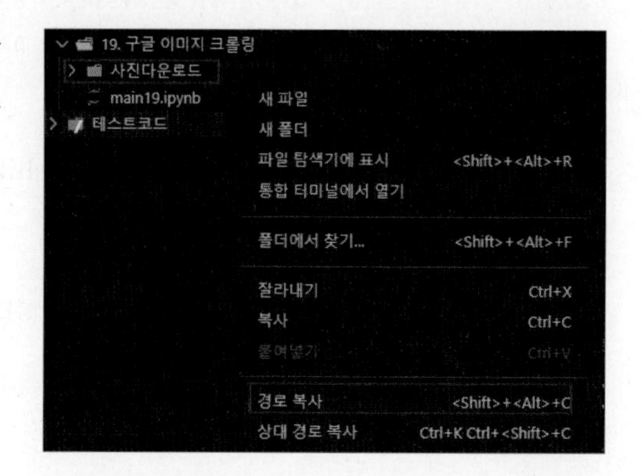

알아두기 **파이썬의 경로**

윈도우의 경로 표시방법입니다.
C:₩파이썬과 40개의 작품들₩19. 구글 이미지 크롤링₩사진다운로드

파이썬에서 ₩를 표현하기 위해서는 ₩₩를 두개 입력하여야 합니다.
C:₩₩파이썬과 40개의 작품들₩₩19. 구글 이미지 크롤링₩₩사진다운로드₩₩

사진을 저장하기 위해서 는 사진의 숫자를 더해야 합니다. 다음과 같이 작성하면 동작합니다.
"C:₩₩파이썬과 40개의 작품들₩₩19. 구글 이미지 크롤링₩₩사진다운로드₩₩"+str(k)+".jpg"

문자열 앞에 r을 붙여 ₩를 그대로 사용할 수 있습니다. r은 ₩역슬래쉬를 예약으로 사용하지 않고 ₩ 그대로 사용하겠다라는 뜻입니다.
r"C:₩파이썬과 40개의 작품들₩19. 구글 이미지 크롤링₩사진다운로드₩"

하지만 r다음에 오는 것들에 영향이 있어 다음과 같이 작성하면 동작하지 않습니다.
r"C:₩파이썬과 40개의 작품들₩19. 구글 이미지 크롤링₩사진다운로드₩"+str(k)+".jpg"

작성한 코드 왼쪽의 ▷ 버튼을 눌러 코드를 실행합니다. 800장 넘는 사진을 다운로드 받기 때문에 시간이 1~10분가량 소요됩니다. [C:₩파이썬과 40개의 작품들₩19. 구글 이미지 크롤링₩사진다운로드] 경로에 861장의 사진이 다운로드 되었습니다.

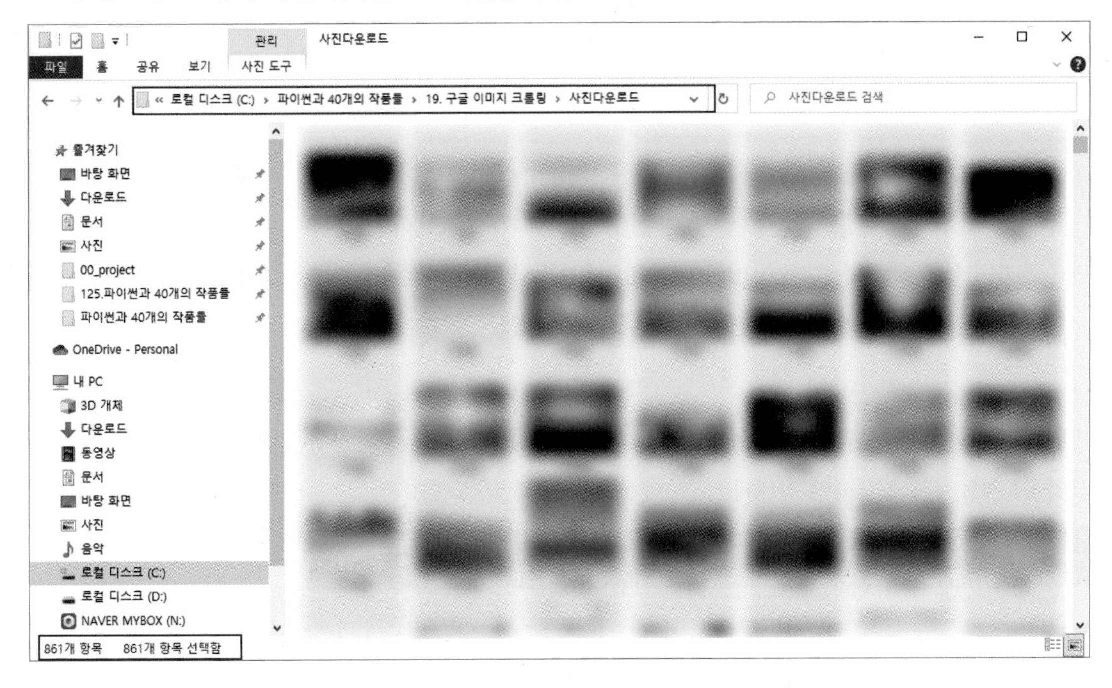

구글 이미지 검색에서 바다를 검색하여 800장이 넘는 사진을 다운로드 하였습니다. 크롤링의 특성상 사이트에서 원소의 이름, 디자인, 배열 등을 변경하면 selector값이 변경됩니다. selector값이 변경되면 책의 내용과 동일하게 진행하더라도 동작하지 않을 수 있습니다. selector값은 실습하는 시점의 값을 사용하면 됩니다. 크롤링을 할 때는 소스 코드의 작성도 중요하지만 크롤링을 어떻게 사이트에서 사람이 하는 것처럼 보일까도 중요합니다.

.ipynb의 주피터 노트북으로 만든 파이썬 코드를 하나의 코드로 합쳐 .py 파일로 만들어서 실행하여도 동일한 결과를 볼 수 있습니다.
크롤링으로 테스트할 때는 .ipynb로 진행하여 원소 등을 찾아서 실행해보고 코드가 완성되면 .py 파일로 합쳐서 실행하면 됩니다.

주피터 노트북 코드를 py 코드로 변경

.ipynb의 주피터 노트북 코드를 .py 코드로 변경하는 라이브러리도 있습니다.
[19. 구글 이미지 크롤링] 폴더에 마우스 오른쪽을 클릭하여 [통합 터미널에서 열기] 버튼을 클릭합니다.

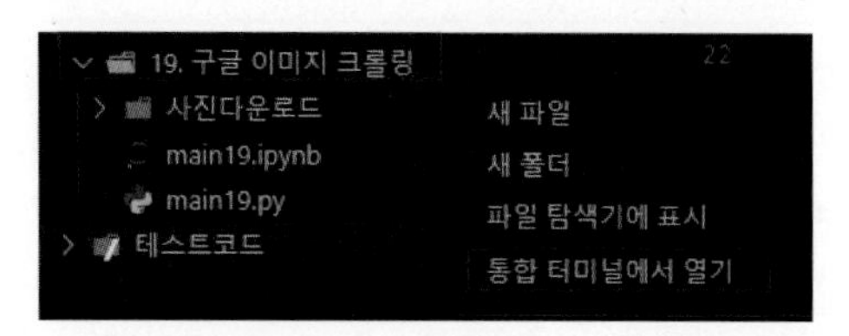

터미널에서 다음의 명령어를 입력하여 nbconvert 라이브러리를 설치합니다. nbconvert은 .ipynb 파일을 .py로 변환합니다.

```
pip install nbconvert
```

다음의 명령어를 입력하여 main19.ipynb 파일을 .py 파일로 변환합니다.

```
jupyter nbconvert --to script main19.ipynb
```

변환이 성공하면 다음과 같이 출력됩니다. 경로는 main19.ipynb 파일이 위치한 [19. 구글 이미지 크롤링] 경로에서 실행해야 합니다.

```
PS C:\파이썬과 40개의 작품들\19. 구글 이미지 크롤링> jupyter nbconvert --to script main19.ipynb
[NbConvertApp] Converting notebook main19.ipynb to script
[NbConvertApp] Writing 1381 bytes to main19.py
```

.ipynb의 주피터 노트북 형식의 코드가 하나로 합쳐진 .py 파일이 생성되었습니다.

PROJECT 20 _ 실시간 검색어 모아보기

핵심 요약	네이버, 다음 등 포털사이트에서 실시간 검색어 서비스가 중지되어 어떤 이슈들이 있는지 궁금할 때 실시간 검색어를 모아볼 수 있는 프로그램을 만들어 봅니다.

사전 준비 [파이썬과 40개의 작품들] 폴더에 [20. 실시간 검색어모아보기] 폴더를 생성한 후 [main20.ipynb] 파일을 생성합니다.

20. 실시간검색어모아보기
main20.ipynb

라이브러리 설치

터미널에서 다음의 명령어를 입력하여 selenium 라이브러리를 설치합니다. selenium은 웹을 제어하는 유명한 라이브러리입니다.

```
pip install selenium
```

터미널에서 다음의 명령어를 입력하여 webdriver-manager 라이브러리를 설치합니다. webdriver-manager는 웹 드라이버에 사용하는 크롬 드라이버 파일을 손쉽게 다운로드 할 수 있는 라이브러리입니다.

```
pip install webdriver-manager
```

크롬에서 실시간 검색 사이트 확인하기

컴퓨터에 구글 크롬 브라우저를 컴퓨터에 설치합니다. 다음의 사이트에 접속해서 다운받아 설치가 가능합니다.

- https://www.google.com/chrome/

네이버, 다음 등의 포털사이트 메인에는 실시간 검색이 사라졌습니다. 네이버는 네이버 비즈의 웹페이지를 통해 실시간 검색어를 확인할 수 있습니다.

네이버 실시간 검색 사이트입니다.

- https://signal.bz/news

사이트에 접속하면 다음과 같이 실시간 검색을 확인할 수 있습니다.

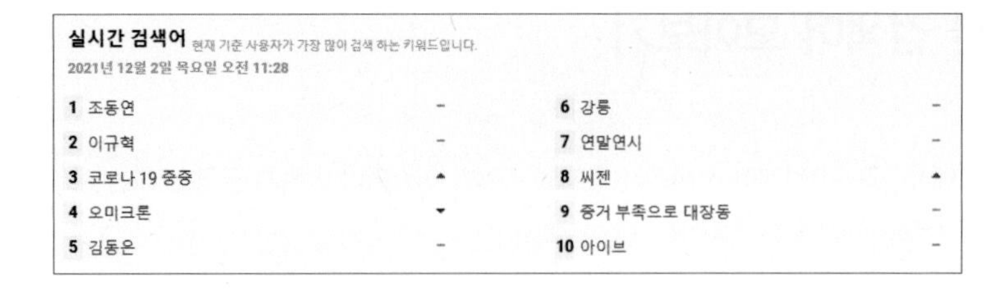

줌은 포털사이트에서 실시간 검색을 제공합니다.

- https://zum.com

네이트 포털사이트의 메인에도 실시간 검색을 제공합니다.

- https://www.nate.com

파이썬 코드로 제어할 수 있는 크롬 창 띄우는 코드 만들기

다음 코드를 작성하여 파이썬 코드로 제어할 수 있는 크롬 창을 띄웁니다.

20. 실시간 검색어모아보기\main20.ipynb

```
01  from webdriver_manager.chrome import ChromeDriverManager
02  from selenium import webdriver
03
04  driver = webdriver.Chrome(ChromeDriverManager().install())
05
06  URL='https://www.google.co.kr'
07  driver.get(url=URL)
08  driver.implicitly_wait(time_to_wait=10)
```

작성한 코드 왼쪽의 ▷ 버튼을 눌러 코드를 실행합니다.

크롬 창이 하나 생성되었고 'https://www.google.co.kr' 사이트로 이동하였습니다.

실시간 검색어 원소를 찾아 저장하는 코드 만들기

+ 코드 를 눌러 다음 코드를 작성합니다. 네이버에서 실시간 검색어 원소를 찾아 naver_list에 저장합니다.

20. 실시간 검색어모아보기\main20.ipynb

```
01  from selenium.webdriver.common.by import By
02
03  URL='https://signal.bz/news'
04  driver.get(url=URL)
05  driver.implicitly_wait(time_to_wait=10)
06
07  naver_results = driver.find_elements(By.CSS_SELECTOR, '#app > div > main > div > section >
div > section > section:nth-child(2) > div:nth-child(2) > div > div > div > a > span.rank-text')
08
09  naver_list = []
10  for naver_result in naver_results:
11      print(naver_result.text)
12      naver_list.append(naver_result.text)
```

01~03 : https://signal.bz/news 사이트로 이동합니다.
05 : 실시간 검색어 원소들을 찾습니다.
07~10 : 찾은 원소들에서 text만 추출하여 naver_lists 리스트에 넣습니다.

네이버에서 원소를 찾는 방법은 다음과 같습니다.

[F12]를 눌러 [ ] 으로 아래 1,2위 6,7위 4개를 copy select를 통해 원소값을 찾습니다.

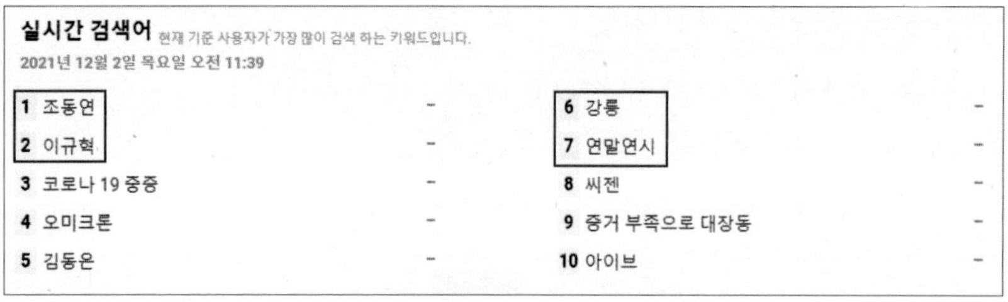

실시간 검색어 현재 기준 사용자가 가장 많이 검색 하는 키워드입니다.
2021년 12월 2일 목요일 오전 11:39

1 조동연	-	6 강릉	-
2 이규혁	-	7 연말연시	-
3 코로나 19 중증	-	8 씨젠	-
4 오미크론	-	9 증거 부족으로 대장동	-
5 김동은	-	10 아이브	-

다음과 같이 div:nth-child(1) 값이 순서를 띄고 있습니다.

```
#app > div > main > div > section > section:nth-child(2) > div.realtime-rank > div:nth-child(1) > div:nth-child(1) > a > span.rank-text

#app > div > main > div > section > section:nth-child(2) > div.realtime-rank > div:nth-child(1) > div:nth-child(2) > a > span.rank-text

#app > div > main > div > section > section:nth-child(2) > div.realtime-rank > div:nth-child(2) > div:nth-child(1) > a > span.rank-text

#app > div > main > div > section > section:nth-child(2) > div.realtime-rank > div:nth-child(2) > div:nth-child(2) > a > span.rank-text
```

div:nth-child(1) -> div로 다음과 같이 변경합니다.

```
#app > div > main > div > section > section:nth-child(2) > div.realtime-rank > div> div > a > span.rank-text
```

소스 코드에 다음과 같은 selector 값으로 찾았습니다.

```
naver_results = driver.find_elements(By.CSS_SELECTOR, '#app > div > main > div > section > div > section > section:nth-child(2) > div:nth-child(2) > div > div > div > a > span.rank-text')
```

작성한 코드 왼쪽의 ▷ 버튼을 눌러 코드를 실행합니다.
2021.12.02.일 오전 11시 50분의 실시간 검색어가 다음과 같이 출력되었습니다.

```
조동연
이규혁
물가 3.7%↑, 상승
오미크론
5266명 위중증 733명
김동은
강릉
연말연시
이재명
아이브
```

네이트는 실시간 이슈 키워드가 5개씩만 보입니다. 실시간 이슈 키워드 중 하나를 클릭합니다.

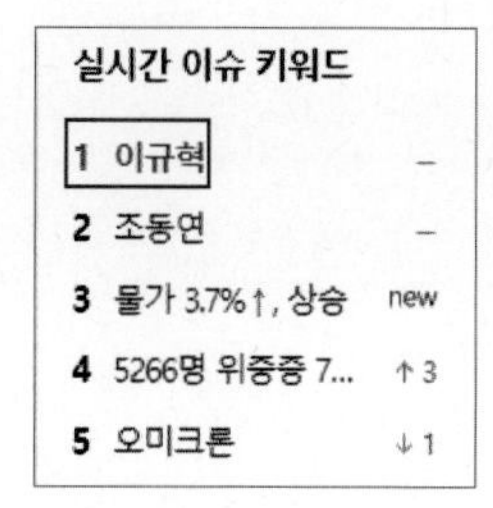

사이트 중간에 신시간 이슈 키워드를 8~10개가량 확인할 수 있습니다.

실시간 이슈 키워드 이규혁 조동연 물가 3.7%↑, 상승 5266명 위중증 733명
오미크론 김동은 방탄소년단 하이브 주식 정부안보다 증가한 607.9조 손준성 두 번째 출석

검색 포털사이트에서 실시간 검색을 확인하는 코드 만들기

네이트에서 실시간 검색을 확인하는 코드를 만들어봅니다.

[+ 코드]를 눌러 다음 코드를 작성합니다.

20. 실시간 검색어모아보기\main20.ipynb

```
01  URL='https://www.nate.com'
02  driver.get(url=URL)
03  driver.implicitly_wait(time_to_wait=10)
04
05  driver.find_element(By.CSS_SELECTOR,'#olLiveIssueKeyword > li:nth-child(1) > a > span.
txt_rank').click()
06
07  nate_results = driver.find_elements(By.CSS_SELECTOR,'#search-option > form:nth-child(1) >
fieldset > div.issue-kwd > span > a')
08
09  nate_list = []
10  for nate_result in nate_results:
11      print(nate_result.text)
12      nate_list.append(nate_result.text)
```

05: 실시간 이슈 키워드 중 1위를 클릭합니다.
07: 실시간 이슈 키워드를 찾습니다.

작성한 코드 왼쪽의 ▷ 버튼을 눌러 코드를 실행합니다.

네이트의 2021.12.02.일 오전 11시 50분의 실시간 검색어가 다음과 같이 출력되었습니다.

```
이규혁
조동연
물가 3.7%↑, 상승
5266명 위중증 733명
오미크론
김동은
방탄소년단 하이브 주식
정부안보다 증가한 607.9조
손준성 두 번째 출석
```

줌 포털사이트의 경우 이슈 검색어가 하나씩 보입니다. 마우스를 가져다 대면 10개의 항목이 모두 보입니다.

줌 포털사이트에서 아무거나 검색 합니다.

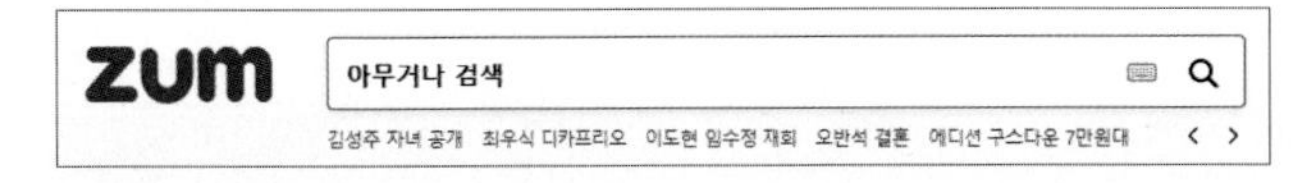

오른쪽에 다음과 같이 NOW 이슈 검색어를 확인할 수 있습니다.

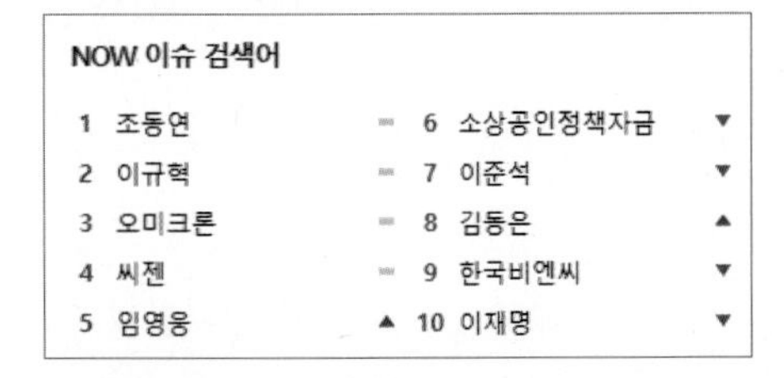

줌은 아무거나 검색 후 이슈 검색어를 찾는 방법으로 진행합니다.

+ 코드 를 눌러 다음 코드를 작성합니다.

20. 실시간 검색어모아보기\main20.ipynb

```
01  import time
02
03  URL='https://zum.com'
04  driver.get(url=URL)
05  driver.implicitly_wait(time_to_wait=10)
06
07  driver.find_element(By.CSS_SELECTOR,'#app > div > header > div.search_bar > div > field-
set > div > input[type=text]').send_keys("아무거나 검색")
08  time.sleep(0.5)
```

```
09  driver.find_element(By.CSS_SELECTOR,'#app > div > header > div.search_bar > div > field-
set > div > button.search').click()
10  time.sleep(1)
11
12  zoom_results = driver.find_elements(By.CSS_SELECTOR,'#issue_wrap > ul > li > div > a:nth-
child(1) > span.txt')
13
14  zoom_list = []
15  for zoom_result in zoom_results:
16      print(zoom_result.text)
17      zoom_list.append(zoom_result.text)
```

01　　: time을 불러옵니다.
03~05 : 'https://zum.com' 으로 이동합니다.
07　　: 검색창에서 "아무거나 검색"을 입력합니다.
09　　: 검색아이콘을 찾아 클릭합니다.
12　　: 실시간 검색내용을 찾습니다.

작성한 코드 왼쪽의 ▷ 버튼을 눌러 코드를 실행합니다.

2021.12.02.일 오전 11시 50분의 실시간 검색어가 다음과 같이 출력되었습니다.

```
조동연
이규혁
오미크론
씨젠
이준석
김동은
임영웅
한국비엔씨
소상공인정책자금
이재명
```

검색 포털의 실시간 검색어 출력하는 코드 만들기

네이버, 네이트, 줌의 검색어를 출력해봅니다. + 코드 를 눌러 다음 코드를 작성합니다.

20. 실시간 검색어모아보기\main20.ipynb

```
1   print("네이버",naver_list)
2   print("네이트",nate_list)
3   print("줌",zoom_list)
```

작성한 코드 왼쪽의 ▷ 버튼을 눌러 코드를 실행합니다.

다음과 같이 네이버, 네이트, 줌의 실시간 검색어가 출력되었습니다.

```
네이버 ['조동연', '이규혁', '물가 3.7%↑, 상승', '오미크론', '5266명 위중증 733명', '김동은', '강릉', '연말연시', '씨젠', '아이브']
네이트 ['손담비 이규혁 3개월', '조동연', '물가 3.7%↑, 상승', '5266명 위중증 733명', '오미크론', '방탄소년단 하이브 주식', '김동은', '', '', '']
줌 ['조동연', '이규혁', '오미크론', '씨젠', '한국비엔씨', '김동은', '이준석', '소상공인정책자금', '임영웅', '이재명']
```

실행한 코드는 vs code를 종료하기 전까지 컴퓨터의 메모리상에 남아있습니다.

위의 주피터 노트북의 메뉴에서 [Restart]를 통해 메모리상에 남아있는 코드를 종료 할 수 있습니다.

+ 코드 + Markdown ▷ 모두 실행 ☰ 모든 셀의 출력 지우기 ↺ Restart

[모두 실행] 버튼을 눌러 .ipynb의 코드를 위에서부터 아래로 한 번에 실행할 수도 있습니다.

+ 코드 + Markdown ▷ 모두 실행 ☰ 모든 셀의 출력 지우기 ↺ Restart

네이버, 네이트, 줌의 실시간 검색어를 크롤링하는 데도 방식이 다 다르게 하였습니다. 사이트가 변경되면 또 다른 방식으로 실시간 검색어를 크롤링 해야 합니다. 사이트가 변경되면 위의 코드로 동작하지 않을 수 있습니다. 크롤링은 어떻게 크롤링 할까에 조금 더 초점을 맞추어 진행하면 사이트가 변경되더라도 무리 없이 내가 원하는 값을 크롤링 할 수 있습니다. 이 책에서는 소스 코드 보다는 하는 방법에 중점을 맞춰 공부하시면 도움이 될 것입니다.

코드를 응용하는 방법은 1시간에 한 번씩 실시간 이슈를 읽어 PC의 GUI 프로그램으로 만들거나, slack, 텔레그램을 사용하여 스마트폰에 메시지를 전송할 수도 있습니다. 아니면 엑셀이나, 메모장에 저장하여도 됩니다. 응용 방법은 무궁무진하므로 이 책을 따라서 작품들을 진행하다보면 다양한 아이디어로 응용할 수 있을 것 입니다.

PROJECT 21 _ 핫딜 알리미

핵심 요약	평소 가격보다 저렴하게 판매하는 제품을 추천해주는 게시판 기능을 가진 사이트 들이 있습니다. 그 사이트에서 내가 워하는 제품 키워드를 검색하여 스마트폰으로 알려주는 알리미 프로그램을 만들어봅니다.

사전 준비 [파이썬과 40개의 작품들] 폴더에 [21. 핫딜 알리미] 폴더를 생성한 후 [main21-1.py] 파일을 생성합니다.

21. 핫딜 알리미
main21-1.ipynb

라이브러리 설치

터미널에서 다음의 명령어를 입력하여 selenium 라이브러리를 설치합니다. selenium은 웹을 제어하는 유명한 라이브러리입니다.

```
pip install selenium
```

터미널에서 다음의 명령어를 입력하여 webdriver-manager 라이브러리를 설치합니다. webdriver-manager는 웹 드라이버에 사용하는 크롬 드라이버 파일을 손쉽게 다운로드 할 수 있는 라이브러리입니다.

```
pip install webdriver-manager
```

터미널에서 다음의 명령어를 입력하여 python-telegram-bot 라이브러리를 설치합니다. python-telegram-bot은 텔레그램을 사용하기위한 라이브러리입니다.

```
pip install python-telegram-bot
```

텔레그램의 사용방법은 [17. 텔레그램으로 스마트폰에 메시지보내기] 장을 참고합니다.

사이트의 특정 게시판에서 원하는 키워드가 검색되면 알림 보내는 코드 만들기

컴퓨터에 구글 크롬 브라우저를 컴퓨터에 설치합니다. 다음의 사이트에 접속해서 다운받아 설치가 가능합니다.

- https://www.google.com/chrome/

평소 가격보다 저렴하게 판매하는 제품을 추천해주는 게시판 기능을 서비스하는 뽐뿌, 퀘이사존, 루리웹, 클리앙 등의 사이트에서 별도로 운영하는 게시판이 있습니다. 그 중에서 뽐뿌 사이트를 참조하여 진행합니다.

다음의 링크에 접속하여 뽐뿌 사이트에 접속합니다.

- https://www.ppomppu.co.kr/

[뽐뿌] 탭에서 [뽐뿌게시판]을 클릭합니다.

다음과 같이 회원들이 평소보다 저렴하게 파는 상품이 있다면 추천하여 알려줍니다. 언제 어떤 제품을 저렴하게 팔지 모르니 저렴하게 구하고 싶은 제품이 있다면 파이썬으로 게시판을 감시하고 있다가 내가 원하는 키워드를 찾으면 알림을 보내도록 하는 코드를 만들어봅니다.

뽐뿌 게시판에 접속한 주소를 복사합니다.

파이썬 코드를 이용하여 크롬을 실행시키고 뽐뿌 사이트에 접속하는 코드를 만들어봅니다.

다음 코드를 작성합니다.

21. 핫딜 알리미\main21-1.ipynb

```
01  from webdriver_manager.chrome import ChromeDriverManager
02  from selenium import webdriver
03
04  driver = webdriver.Chrome(ChromeDriverManager().install())
05
06  driver.get(url='https://www.ppomppu.co.kr/zboard/zboard.php?id=ppomppu')
07
08  driver.implicitly_wait(time_to_wait=10)
```

06: 뽐뿌게시판 주소입니다. 위에서 복사한 주소를 입력하였습니다.

작성한 코드 왼쪽의 ▷ 버튼을 눌러 코드를 실행합니다. 뽐뿌 게시판에 접속하였습니다.

접속한 뽐뿌 게시판에서 글과, 링크 주소를 찾는 코드를 만들어봅니다.

+ 코드 를 눌러 다음 코드를 작성합니다.

21. 핫딜 알리미\main21-1.ipynb

```
1   from selenium.webdriver.common.by import By
2
3   titles = driver.find_elements(By.CSS_SELECTOR,'#revolution_main_table > tbody > tr >
td:nth-child(3) > table > tbody > tr > td:nth-child(2) > div > a > font')
4   urls = driver.find_elements(By.CSS_SELECTOR,'#revolution_main_table > tbody > tr >
td:nth-child(3) > table > tbody > tr > td:nth-child(2) > div > a')
5
6   for i in range(len(titles)):
7       print(titles[i].text)
8       print(urls[i].get_attribute('href'))
```

01　: 게시글 제목을 찾습니다.
02　: 게시글의 링크 주소를 찾습니다.
04~6 : 제목과 링크 주소를 출력합니다.

작성한 코드 왼쪽의 ▷ 버튼을 눌러 코드를 실행합니다. 다음과 같이 제목과, 링크가 출력되었습니다.

```
<ipython-input-2-79798dd07468>:1: DeprecationWarning: find_elements_by_* commands are
deprecated. Please use find_elements() instead
  titles = driver.find_elements_by_css_selector('#revolution_main_table > tbody > tr >
td:nth-child(3) > table > tbody > tr > td:nth-child(2) > div > a > font')
<ipython-input-2-79798dd07468>:2: DeprecationWarning: find_elements_by_* commands are
deprecated. Please use find_elements() instead
  urls = driver.find_elements_by_css_selector('#revolution_main_table > tbody > tr > td:nth-
child(3) > table > tbody > tr > td:nth-child(2) > div > a')
[컬쳐랜드] PASS PAY 10% 캐쉬백 (50000/0) SKT 사용자만 가능
https://www.ppomppu.co.kr/zboard/view.php?id=ppomppu&page=1&divpage=69&no=405204
[홈플러스] 일렉트로룩스 공기청정기 22평 (329,000원)
https://www.ppomppu.co.kr/zboard/view.php?id=ppomppu&page=1&divpage=69&no=405203
[쿠팡잇츠] 피자헛 15000원 할인 (최소 19900원)
https://www.ppomppu.co.kr/zboard/view.php?id=ppomppu&page=1&divpage=69&no=405202
[롯데홈쇼핑] LG 스탠바이미 (27ART10AKPL) (997,500/무료배송)
https://www.ppomppu.co.kr/zboard/view.php?id=ppomppu&page=1&divpage=69&no=405201
[위메프] 리스테린 100ml 샘플러 4종(쿨민트마일드2개/토탈케어플러스1개/그린티마일드1개) 총400ml
(3,000/무배)
https://www.ppomppu.co.kr/zboard/view.php?id=ppomppu&page=1&divpage=69&no=405200
[위메프] 비비고 보쌈김치 400g x3개 (13,210/무료배송)
https://www.ppomppu.co.kr/zboard/view.php?id=ppomppu&page=1&divpage=69&no=405199
[정몰]한미 완전두유 블랙7 190mlX64팩(15,900원/무료)
https://www.ppomppu.co.kr/zboard/view.php?id=ppomppu&page=1&divpage=69&no=405198
[멸치쇼핑] 포항산홍게 3kg 10~12마리 내외 (11,940 원/무료)
https://www.ppomppu.co.kr/zboard/view.php?id=ppomppu&page=1&divpage=69&no=405197
[G마켓] 21년 햅쌀 강화섬쌀 참드림 10kg + 10kg (52,030/무료배송)
https://www.ppomppu.co.kr/zboard/view.php?id=ppomppu&page=1&divpage=69&no=405196
[지마켓]한끼 간편 냉동 도시락 12팩(쿠폰가23900/무배)
https://www.ppomppu.co.kr/zboard/view.php?id=ppomppu&page=1&divpage=69&no=405195
```

```
[티몬] ASUS RT-AC59U V2 유무선공유기 (54,400/3,000) 우리카드49,400
https://www.ppomppu.co.kr/zboard/view.php?id=ppomppu&page=1&divpage=69&no=405194
[11번가] 삼성전자 비스포크 에어드레서 DF60A8500HG 의류관리기 (839,000/무료) 카드 적용시 79만대
https://www.ppomppu.co.kr/zboard/view.php?id=ppomppu&page=1&divpage=69&no=405193
[롯데온] 도서문화상품권 5만원권 (46,000/무료)
show more (open the raw output data in a text editor) ...

https://www.ppomppu.co.kr/zboard/view.php?id=ppomppu&page=1&divpage=69&no=405186
[쿠팡] 농심 육개장 6개입 (3,750/와우무료)
https://www.ppomppu.co.kr/zboard/view.php?id=ppomppu&page=1&divpage=69&no=405185
[G마켓] 맛있닭 닭가슴살 스테이크 오리지널 3kg(100gX30팩) (36,170/무료)(스마일클럽 26,900/무료)
https://www.ppomppu.co.kr/zboard/view.php?id=ppomppu&page=1&divpage=69&no=405184
```

위에서 출력된 제목 중 "김치"를 찾아 "김치"가 포함되어 있다면 텔레그램으로 메시지를 보내는 코드를 만들어봅니다. 테스트할 때는 "김치"가 포함된 글이 없을 수 있으므로 출력된 제목의 키워드 중 하나로 합니다.

를 눌러 다음 코드를 작성합니다.

21. 핫딜 알리미\main21-1.ipynb

```
01  import telegram
02  message = ""
03  for i in range(len(titles)):
04      if "김치" in titles[i].text:
05          message = titles[i].text + "\n" +urls[i].get_attribute('href')
06          print(message)
07          token = "2147448681:AAF54C5_5U7nKqwKvwnbI9n4Dr6m5GmicbY"
08          id = "730238165"
09          bot = telegram.Bot(token)
10          bot.sendMessage(chat_id=id, text=message)
```

01 : 텔레그램의 라이브러리를 불러옵니다.
04 : 찾은 제목 중에 김치 가 포함되어 있다면 조건이 참이 됩니다.
05 : 보내는 message는 제목 + 링크입니다.
07~08 : 텔레그램의 API토큰과 ID를 입력합니다.
09~10 : 메시지를 전송합니다.

작성한 코드 왼쪽의 ▷ 버튼을 눌러 코드를 실행합니다. "김치" 키워드를 찾아 결과가 출력되었습니다.

```
[위메프] 비비고 보쌈김치 400g x3개 (13,210/무료배송)
https://www.ppomppu.co.kr/zboard/view.php?id=ppomppu&page=1&divpage=69&no=405199
```

스마트폰의 텔레그램으로도 메시지를 잘 받았습니다.

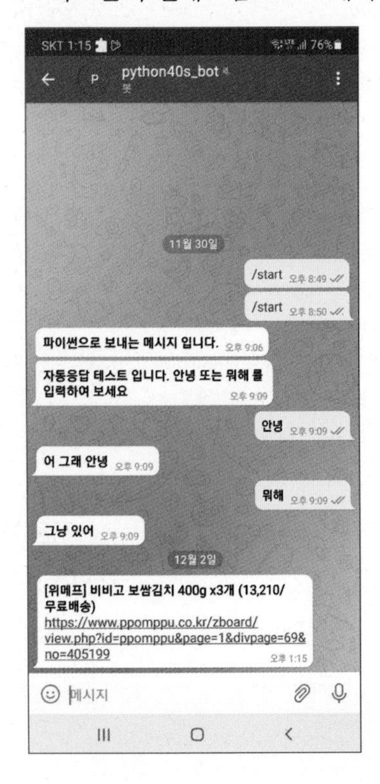

이제 반복적으로 게시판을 보고 있다가 찾는 키워드가 있으면 스마트폰으로 알림을 보내는 코드를 만들어봅니다.

main21-2.py 파일을 생성한 후 다음 코드를 작성합니다. 크롤링의 검증은 .ipynb의 주피터 노트북으로 한 후 실제 사용하는 코드는 .py를 만들어 진행합니다.

21. 핫딜 알리미\main21-2.py

```
01  from webdriver_manager.chrome import ChromeDriverManager
02  from selenium import webdriver
03  import telegram
04  import time
05  from selenium.webdriver.common.by import By
06  driver = webdriver.Chrome(ChromeDriverManager().install())
07
08  send_message_list = []
09
10  while True:
11      try:
12          driver.get(url='https://www.ppomppu.co.kr/zboard/zboard.php?id=ppomppu')
13          driver.implicitly_wait(time_to_wait=10)
14          titles = driver.find_elements(By.CSS_SELECTOR,'#revolution_main_table > tbody >
tr > td:nth-child(3) > table > tbody > tr > td:nth-child(2) > div > a > font')
15          urls = driver.find_elements(By.CSS_SELECTOR,'#revolution_main_table > tbody > tr
> td:nth-child(3) > table > tbody > tr > td:nth-child(2) > div > a')
```

```
16
17          message =""
18          for i in range(len(titles)):
19              if "김치"in titles[i].text:
20                  message = titles[i].text +"\n"+urls[i].get_attribute('href')
21                  if message not in send_message_list:
22                      print(message)
23                      send_message_list.append(message)
24                      token ="2147448681:AAF54C5_5U7nKqwKvwnbI9n4Dr6m5GmicbY"
25                      id ="730238165"
26                      bot = telegram.Bot(token)
27                      bot.sendMessage(chat_id=id, text=message)
28
29          time.sleep(60.0 *5)
30
31      except KeyboardInterrupt:
32          break
```

08 : 보낸 메시지를 기록하는 리스트를 만듭니다.
10~32 : while을 추가하여 계속 반복합니다.
12~15 : 뽐뿌 사이트에 접속하게 제목과, 링크 주소를 찾습니다.
21 : 보낸 메시지에 찾은 메시지가 포함되어 있지 않다면 조건이 참이 됩니다. 즉 이미 보낸 메시지와 동일한 메시지는 전송하지 않습니다.
29 : 60초 x 5로 5분 동안 기다립니다. 5분에 한 번씩만 실행합니다.

오른쪽 상단의 [▷] 버튼을 눌러 코드를 실행시킵니다.
코드를 실행 후 김치를 찾아 메시지를 전송하였습니다. 5분후에 다시 게시판을 검색하여 김치 키워드를 찾지만 이미 보낸 메시지이기 때문에 다시 메시지를 보내지 않습니다. 다른 김치 키워드의 제목이 있다면 그때 새로운 메시지를 전송합니다.

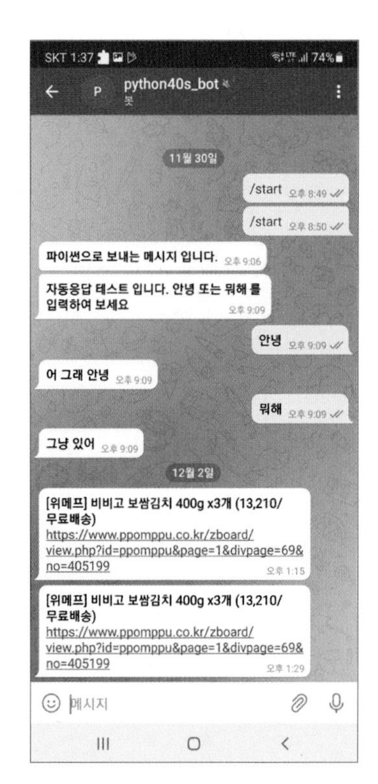

에러 메시지가 터미널에 출력될 경우가 있습니다. 크롬 버전 등의 오류로 인한 문제로 동작에는 문제가 없으므로 무시하고 사용합니다.

```
[8336:9660:1202/133120.028:ERROR:chrome_browser_main_extra_parts_metrics.cc(226)] crbug.
com/1216328: Checking Bluetooth availability started. Please report if there is no report
that this ends.
[8336:5692:1202/133120.034:ERROR:device_event_log_impl.cc(214)] [13:31:20.034] USB: usb_
device_handle_win.cc:1048 Failed to read descriptor from node connection: 시스템에 부착된 장
치가 작동하지 않습
니다. (0x1F)
[8336:9660:1202/133120.035:ERROR:chrome_browser_main_extra_parts_metrics.cc(229)] crbug.
com/1216328: Checking Bluetooth availability ended.
[8336:5692:1202/133120.035:ERROR:device_event_log_impl.cc(214)] [13:31:20.034] USB: usb_
service_win.cc:392 Could not read device interface GUIDs: 지정된 파일을 찾을 수 없습니다.
(0x2)
[8336:9660:1202/133120.035:ERROR:chrome_browser_main_extra_parts_metrics.cc(232)] crbug.
com/1216328: Checking default browser status started. Please report if there is no report
that this ends.
[8336:5692:1202/133120.035:ERROR:device_event_log_impl.cc(214)] [13:31:20.035] USB: usb_
device_handle_win.cc:1048 Failed to read descriptor from node connection: 시스템에 부착된 장
치가 작동하지 않습니다. (0x1F)
[8336:9660:1202/133120.043:ERROR:chrome_browser_main_extra_parts_metrics.cc(236)] crbug.
com/1216328: Checking default browser status ended.
```

PROJECT 22 _ 이미지에서 글자 추출하기

핵심 요약 이미지에서 글자를 인식하여 추출하는 코드를 만들어봅니다.

사전 준비 [파이썬과 40개의 작품들] 폴더에 [22. 이미지에서 글자추출하기] 폴더를 생성한 후 [main22-1.py] 파일을 생성합니다.

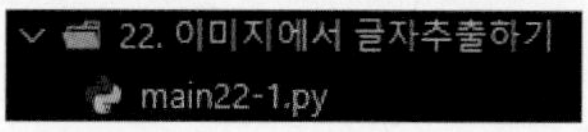

22. 이미지에서 글자추출하기
main22-1.py

라이브러리 설치

터미널에서 다음의 명령어를 입력하여 pytesseract 라이브러리를 설치합니다. pytesseract는 이미지에서 글자를 추출할 때 사용하는 라이브러리입니다.

```
pip install pytesseract
```

OCR 프로그램 설치

PC에 이미지 인식을 위한 OCR 프로그램이 설치되어야 합니다.

다음 사이트에 접속하여 OCR 프로그램을 다운로드 받습니다.

- https://github.com/UB-Mannheim/tesseract/wiki

윈도우 64비트의 경우 다음의 프로그램을 다운로드 받습니다.

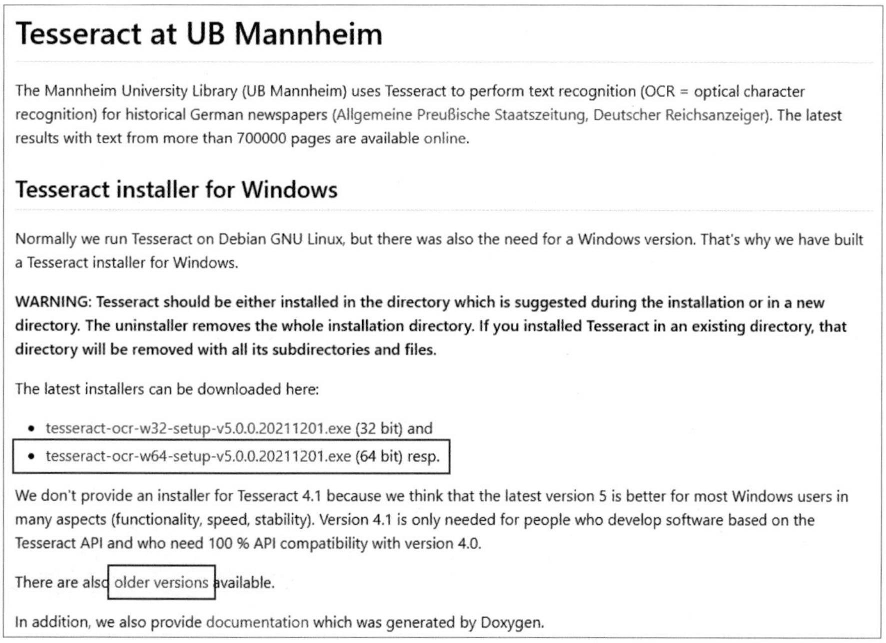

Tesseract at UB Mannheim

The Mannheim University Library (UB Mannheim) uses Tesseract to perform text recognition (OCR = optical character recognition) for historical German newspapers (Allgemeine Preußische Staatszeitung, Deutscher Reichsanzeiger). The latest results with text from more than 700000 pages are available online.

Tesseract installer for Windows

Normally we run Tesseract on Debian GNU Linux, but there was also the need for a Windows version. That's why we have built a Tesseract installer for Windows.

WARNING: Tesseract should be either installed in the directory which is suggested during the installation or in a new directory. The uninstaller removes the whole installation directory. If you installed Tesseract in an existing directory, that directory will be removed with all its subdirectories and files.

The latest installers can be downloaded here:

- tesseract-ocr-w32-setup-v5.0.0.20211201.exe (32 bit) and
- tesseract-ocr-w64-setup-v5.0.0.20211201.exe (64 bit) resp.

We don't provide an installer for Tesseract 4.1 because we think that the latest version 5 is better for most Windows users in many aspects (functionality, speed, stability). Version 4.1 is only needed for people who develop software based on the Tesseract API and who need 100 % API compatibility with version 4.0.

There are also older versions available.

In addition, we also provide documentation which was generated by Doxygen.

2021.12.03.일 최신버전 설치 시 언어팩의 다운로드 오류가 있어 older versions에서 20210811 버전을 다운로드 받아 설치를 진행하였습니다.

최신 버전에서 같은 문제가 있다면 이전 버전을 다운받아 설치를 진행합니다.

파일	날짜	크기
tesseract-ocr-w64-setup-v5.0.0-alpha.20190623.exe	2019-06-23 21:15	38M
tesseract-ocr-w64-setup-v5.0.0-alpha.20190708.exe	2019-07-08 23:09	40M
tesseract-ocr-w64-setup-v5.0.0-alpha.20191010.exe	2019-10-10 21:50	41M
tesseract-ocr-w64-setup-v5.0.0-alpha.20191030.exe	2019-10-30 19:30	42M
tesseract-ocr-w64-setup-v5.0.0-alpha.20200205.exe	2020-02-05 17:05	37M
tesseract-ocr-w64-setup-v5.0.0-alpha.20200223.exe	2020-02-23 17:51	42M
tesseract-ocr-w64-setup-v5.0.0-alpha.20200328.exe	2020-03-28 22:21	42M
tesseract-ocr-w64-setup-v5.0.0-alpha.20201127.exe	2020-11-27 18:55	42M
tesseract-ocr-w64-setup-v5.0.0-alpha.20210506.exe	2021-05-06 14:15	51M
tesseract-ocr-w64-setup-v5.0.0-alpha.20210811.exe	2021-08-11 11:35	51M
tesseract-ocr-w64-setup-v5.0.0-rc1.20211030.exe	2021-10-31 00:26	51M
tesseract-ocr-w64-setup-v5.0.0.20190526.exe	2019-05-26 19:05	36M
tesseract-ocr-w64-setup-v5.0.0.20190623.exe	2019-06-23 11:30	38M
tesseract-ocr-w64-setup-v5.0.0.20211201.exe	2021-12-01 14:53	51M

프로그램을 다운로드 받고 설치를 진행합니다. 설치 시에 언어팩을 체크하여 설치를 진행합니다. 설치 경로는 수정하지 않고 진행합니다.

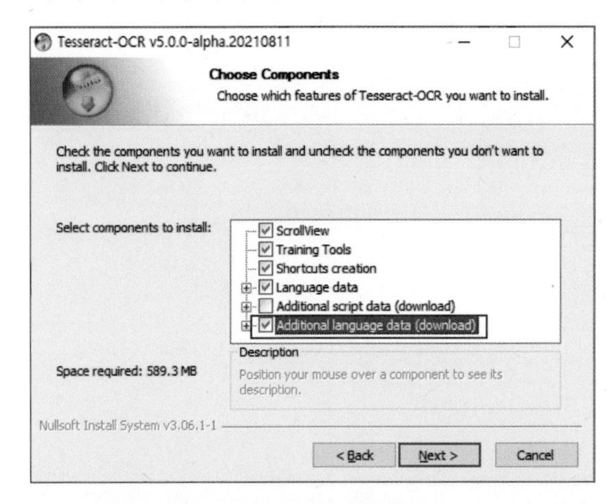

설치 완료 후 한글이 적힌 이미지를 캡처합니다. 다음의 내용은 네이버 뉴스 중 하나를 캡처하였습니다.

오미크론 韓 유입에...靑 NSC '외교·안보' 차원 대응
여야, 예산안 합의 결렬...與, 수정안 강행처리 시사
李 "규제 합리화 중요...美 국내 투자방법 모색"
尹 "이준석, 무리하게 압박할 생각 없어...함께 가야"
女 골퍼들의 '화려한 변신'...KLPGA 시상식 '화제'
中, 6년 만에 한국영화 상영...한한령 풀릴까

캡처한 이미지를 [22. 이미지에서 글자추출하기] 폴더에 [한글이미지]로 저장합니다. png, jpg 등의 이미지 형식으로 저장합니다.

이미지에서 한글 찾아 추출하는 코드 만들기

이미지에서 한글을 찾아 추출하는 프로그램을 만들어봅니다. 다음 코드를 작성합니다.

22. 이미지에서 글자추출하기\main22-1.py

```
01  from PIL import Image
02  import pytesseract
03
04  image_path = r"22. 이미지에서 글자추출하기\한글이미지.png"
05
06  pytesseract.pytesseract.tesseract_cmd = r'C:\Program Files\Tesseract-OCR\tesseract.exe'
07  text = pytesseract.image_to_string(Image.open(image_path), lang="kor")
08
09  print(text)
```

04: 이미지의 저장 경로입니다.
06: tesseract.exe 파일이 설치된 경로입니다. 기본적으로 C:₩Program Files₩Tesseract-OCR₩tesseract.exe 에 설치되어있습니다.
07: 이미지에서 한글을 찾아 문자로 추출합니다.
09: 추출된 문자를 출력합니다.

오른쪽 상단의 [▷] 버튼을 눌러 코드를 실행시킵니다. 다음과 같이 터미널에 출력되었습니다.

```
오미크론 를 유입에 .춤 1456 '외교안보' 자원 대응
여야 예산안 함의 결렬..뽀 수정안 강행처리 시사
추 "규제 할리화 중요 초 국내 투자방법 모색"

고 "이준석, 무리하게 압박할 생각 없어_함께 가야"
호 골퍼들의 '화려한 변신'….14064 시상식 '화제'
수, 6년 만에 한국영화 상영.        풀릴까
```

한글이 적힌 이미지와 비교하였을 때 비교적으로 잘 추출되었습니다. 뉴스이다 보니 한자도 같이 섞여 있어 100%는 아니지만 한글은 어느 정도 잘되었습니다.

```
오미크론 韓 유입에...靑 NSC '외교·안보' 자원 대응
여야, 예산안 합의 결렬...與, 수정안 강행처리 시사
李 "규제 합리화 중요...美 국내 투자방법 모색"
尹 "이준석, 무리하게 압박할 생각 없어...함께 가야"
女 골퍼들의 '화려한 변신'...KLPGA 시상식 '화제'
中, 6년 만에 한국영화 상영...한한령 풀릴까
```

사용 가능한 언어 확인하는 코드 만들기

사용 가능한 언어를 확인하는 코드를 만들어봅니다.

main22-2.py 파일을 생성한 후 다음 코드를 작성합니다.

22. 이미지에서 글자추출하기\main22-2.py

```
01  import pytesseract
02
03  pytesseract.pytesseract.tesseract_cmd = r'C:\Program Files\Tesseract-OCR\tesseract.exe'
04  laguages = pytesseract.get_languages(config='')
05  print(laguages)
```

04~05: 사용 가능한 언어를 출력합니다.

오른쪽 상단의 [▷] 버튼을 눌러 코드를 실행시킵니다. 다음과 같이 사용 가능한 언어가 출력되었습니다.

```
['afr', 'amh', 'ara', 'asm', 'aze', 'aze_cyrl', 'bel', 'ben', 'bod', 'bos', 'bre', 'bul',
'cat', 'ceb', 'ces', 'chi_sim', 'chi_sim_vert', 'chi_tra', 'chi_tra_vert', 'chr', 'cos',
'cym', 'dan', 'deu', 'div', 'dzo', 'ell', 'eng', 'enm', 'epo', 'equ', 'est', 'eus', 'fao',
'fas', 'fil', 'fin', 'fra', 'frk', 'frm', 'fry', 'gla', 'gle', 'glg', 'grc', 'guj', 'hat',
'heb', 'hin', 'hrv', 'hun', 'hye', 'iku', 'ind', 'isl', 'ita', 'ita_old', 'jav', 'jpn', 'jpn_
vert', 'kan', 'kat', 'kat_old', 'kaz', 'khm', 'kir', 'kmr', 'kor', 'lao', 'lat', 'lav',
'lit', 'ltz', 'mal', 'mar', 'mkd', 'mlt', 'mon', 'mri', 'msa', 'mya', 'nep', 'nld', 'nor',
'oci', 'ori', 'osd', 'pan', 'pol', 'por', 'pus', 'que', 'ron', 'rus', 'san', 'sin', 'slk',
'slv', 'snd', 'spa', 'spa_old', 'sqi', 'srp', 'srp_latn', 'sun', 'swa', 'swe', 'syr', 'tam',
'tat', 'tel', 'tgk', 'tha', 'tir', 'ton', 'tur', 'uig', 'ukr', 'urd', 'uzb', 'uzb_cyrl',
'vie', 'yid', 'yor']
```

image_to_string의 옵션에서 다음과 같이 언어를 변경할 수 있습니다.

lang="kor" 로 한국어를 선택하였습니다.

```
pytesseract.image_to_string(Image.open(image_path), lang="kor")
```

lang="kor+eng" 로 한국어+영어를 사용할 수도 있습니다.

```
pytesseract.image_to_string(Image.open(image_path), lang="kor+eng")
```

변환된 언어를 파일로 저장하는 코드 만들기

이제 변환된 언어를 파일로 저장하는 프로그램을 만들어봅니다.

main22-3.py 파일을 생성한 후 다음 코드를 작성합니다.

22. 이미지에서 글자추출하기\main22-3.py

```
01  from PIL import Image
02  import pytesseract
03
04  image_path = r"22. 이미지에서 글자추출하기\한글이미지.png"
05
06  pytesseract.pytesseract.tesseract_cmd = r'C:\Program Files\Tesseract-OCR\tesseract.exe'
07  text = pytesseract.image_to_string(Image.open(image_path), lang="kor")
08
09  print(text)
10
11  with open(r"22. 이미지에서 글자추출하기\한글변환.txt", "w", encoding="utf8") as f:
12      f.write(text)
```

오른쪽 상단의 [▷] 버튼을 눌러 코드를 실행시킵니다.

[22. 이미지에서 글자추출하기] 폴더에 한글변환.txt 파일이 생성되었습니다.

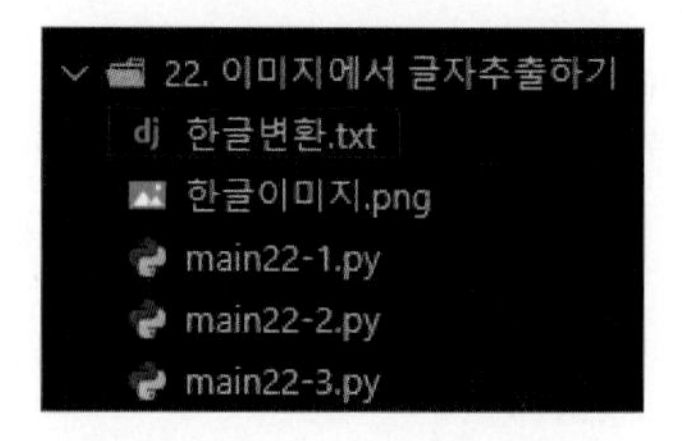

한글변환.txt을 확인해보면 변환된 이미지에서 추출한 한글이 저장되었습니다.

```
파이썬과 40개의 작품들 > 22. 이미지에서 글자추출하기 > dj 한글변환.txt
1   오미크론 를 유입에 .출 1456 '외교안보' 자원 대응
2   여야 예산안 함의 결렬..뽀 수정안 강행처리 시사
3   추 "규제 할리화 중요 초 국내 투자방법 모색"
4
5   고 "이준석, 무리하게 압박할 생각 없어_함께 가야"
6   호 골퍼들의 '화려한 변신'….14064 시상식 '화제'
7   수, 6년 만에 한국영화 상영.          풀릴까
```

PROJECT 23 _ 사진에 얼굴만 찾아 모자이크처리(OpenCV)

핵심 요약 OpenCV를 이용하여 사진에서 얼굴을 찾고 찾은 얼굴부분을 모자이크 해보도록 합니다.

사전 준비 [파이썬과 40개의 작품들] 폴더에 [23. 사진에서 얼굴만 찾아 모자이크처리 (OpenCV)] 폴더를 생성한 후 [main23-1.py] 파일을 생성합니다.

23. 사진에서 얼굴만 찾아 모자이크처리 (OpenCV)
main23-1.py

라이브러리 설치

터미널에서 다음의 명령어를 입력하여 opencv-python 라이브러리를 설치합니다. Opencv는 이미지처리 영상처리 분야에서 유명한 라이브러리입니다.

```
pip install opencv-python
```

OpenCV로 얼굴 사진 찾는 코드 만들기

얼굴을 찾기 위해 얼굴이 나온 사진을 준비합니다. 픽사베이 사이트에 접속하여 무료로 사용해도 저작권에 문제없는 사진을 찾아보겠습니다.

- https://pixabay.com/ko/

"group"로 검색하여 얼굴이 많은 사진을 찾아봅니다.

책에서는 다음의 가족사진을 사용하였습니다. 무료 다운로드를 클릭하여 다운로드 합니다.
꼭 같은 사진이 아니어도 괜찮습니다.

※초상권 문제로 사진 얼굴은 모자이크 처리하였습니다.

다운로드 받은 사진의 이름을 [샘플사진]으로 변경하여 [23. 사진에서 얼굴만 찾아 모자이크처리 (OpenCV)] 폴더로 이동하였습니다.

```
∨ 23. 사진에서 얼굴만 찾아 모자이크처리 (OpenCV)
    샘플사진.jpg
    main23-1.py
```

OpenCV의 코드를 이용하여 얼굴을 찾는 코드를 만들어 봅니다. 다음 코드를 작성합니다.

23. 사진에서 얼굴만 찾아 모자이크처리 (OpenCV)\main23-1.py

```
01  import numpy as np
02  import cv2
03
04  face_cascade = cv2.CascadeClassifier(cv2.data.haarcascades +'haarcascade_frontalface_default.xml')
05  eye_cascade = cv2.CascadeClassifier(cv2.data.haarcascades +'haarcascade_eye.xml')
06
07  ff = np.fromfile(r'23. 사진에서 얼굴만 찾아 모자이크처리 (OpenCV)\샘플사진.jpg', np.uint8)
08  img = cv2.imdecode(ff, cv2.IMREAD_UNCHANGED)
09  img = cv2.resize(img, dsize=(0, 0), fx=1.0, fy=1.0, interpolation=cv2.INTER_LINEAR)
10
11  gray = cv2.cvtColor(img, cv2.COLOR_BGR2GRAY)
12
13  faces = face_cascade.detectMultiScale(gray, 1.2,5)
14  for (x,y,w,h) in faces:
15      cv2.rectangle(img, (x,y), (x+w, y+h), (255,0,0),2)
16
17      roi_gray = gray[y:y+h, x:x+w]
18      roi_color = img[y:y+h, x:x+w]
19      eyes = eye_cascade.detectMultiScale(roi_gray)
20      for (ex, ey, ew, eh) in eyes:
21          cv2.rectangle(roi_color, (ex,ey), (ex+ew, ey+eh),(0,255,0),2)
22
23  cv2.imshow('face find', img)
24  cv2.waitKey(0)
25  cv2.destroyAllWindows()
```

01 : numpy 라이브러리를 불러옵니다.
02 : OpenCV 라이브러리를 불러옵니다.
04~05 : 얼굴과 눈을 찾기 위한 OpenCV 알고리즘이 적용된 파일을 불러옵니다.
07 : OpenCV에서 한글경로의 파일을 읽지 못해 numpy로 파일을 읽어옵니다.
08 : imdecode를 하여 numpy의 이미지 파일을 OpenCV 이미지로 불러옵니다.
09 : 이미지의 크기를 조절합니다. fx, fy의 비율로 조절할 수 있습니다. 코드에서는 원래의 비율로 사용합니다.
11 : 이미지에서 얼굴을 찾기 위해 회색조 처리합니다.
13 : 여러 개의 얼굴을 찾습니다. 1.2는 ScaleFactor, 5는 minNeighbor을 나타냅니다. ScaleFactor는 감도 minNeighbor는 최소 이격 거리입니다. 두 값을 조절하여 감도의 조절이 가능합니다.
13~19 : 얼굴을 찾아 파란색으로 네모 표시를 합니다.
20~21 : 눈을 찾아 녹색 네모 표시를 합니다.

오른쪽 상단의 [▷] 버튼을 눌러 코드를 실행시킵니다. 다음과 같이 얼굴과 눈을 찾아 표시하였습니다. 다음 코드를 실행하여 결과를 얻기 위해 실행된 OpenCV의 이미지 파일을 닫아줍니다. 닫지 않으면 다음 코드가 실행되지 않습니다.

사진 속 얼굴을 모자이크 처리하는 코드 만들기

찾은 얼굴을 모자이크 처리합니다. main23-2.py 파일을 생성한 후 다음 코드를 작성합니다.

23. 사진에서 얼굴만 찾아 모자이크처리 (OpenCV)\main23-2.py

```
01  import numpy as np
02  import cv2
03
04  face_cascade = cv2.CascadeClassifier(cv2.data.haarcascades + 'haarcascade_frontalface_default.xml')
05  eye_cascade = cv2.CascadeClassifier(cv2.data.haarcascades + 'haarcascade_eye.xml')
06
07  ff = np.fromfile(r'23. 사진에서 얼굴만 찾아 모자이크처리 (OpenCV)\샘플사진.jpg', np.uint8)
08  img = cv2.imdecode(ff, cv2.IMREAD_UNCHANGED)
09  img = cv2.resize(img, dsize=(0, 0), fx=1.0, fy=1.0, interpolation=cv2.INTER_LINEAR)
10
11  gray = cv2.cvtColor(img, cv2.COLOR_BGR2GRAY)
12
13  faces = face_cascade.detectMultiScale(gray, 1.2,5)
14  for (x,y,w,h) in faces:
15      face_img = img[y:y+h, x:x+w]
16      face_img = cv2.resize(face_img, dsize=(0, 0), fx=0.05, fy=0.05)
17      face_img = cv2.resize(face_img, (w, h), interpolation=cv2.INTER_AREA)
18      img[y:y+h, x:x+w] = face_img
19
20  cv2.imshow('face find', img)
21  cv2.waitKey(0)
22  cv2.destroyAllWindows()
```

15: 탐지된 얼굴부분을 자릅니다.
16: 이미지를 축소합니다.
17: 이미지를 확대합니다.
18: 자른 이미지를 축소 확대한 이미지로 대체합니다.

오른쪽 상단의 [▷] 버튼을 눌러 코드를 실행시킵니다. 다음과 같이 얼굴만 찾아 모자이크 처리 되었습니다.

다음의 코드에서 축소할 때의 비율을 변경하여 모자이크의 크기를 변경할 수 있습니다.

```
face_img = cv2.resize(face_img, dsize=(0, 0), fx=0.1, fy=0.1)
```

0.5로 하였을 때는 모자이크 효과가 없어 보입니다.

```
face_img = cv2.resize(face_img, dsize=(0, 0), fx=0.5, fy=0.5)
```

0.05일 때는 너무 모자이크 처리되었습니다.

```
face_img = cv2.resize(face_img, dsize=(0, 0), fx=0.05, fy=0.05)
```

PROJECT 24 _ 사진을 그림으로 변환하기(OpenCV)

핵심 요약 OpenCV를 이용하여 사진에 효과를 넣어 그림처럼 보이게 하는 프로그램을 만들어봅니다.

사전 준비 [파이썬과 40개의 작품들] 폴더에 [24. 사진을 그림으로 변환하기 (OpenCV)] 폴더를 생성한 후 [main24-1.py] 파일을 생성합니다.

24. 사진을 그림으로 변환하기 (OpenCV)
main24-1.py

라이브러리 설치

터미널에서 다음의 명령어를 입력하여 opencv-python 라이브러리를 설치합니다. Opencv는 이미지처리 영상처리 분야에서 유명한 라이브러리입니다.

```
pip install opencv-python
```

여행사진을 그림으로 변환하는 코드 만들기

픽사베이 사이트에 접속하여 저작권에 문제없는 사진을 찾아봅니다.

- https://pixabay.com/ko/

"여행" 키워드로 검색한 결과 중 그림으로 바꾸면 좋을 것 같은 사진을 찾아서 저장합니다.
책에서는 다음의 사진을 사용합니다. 다른 사진이어도 괜찮습니다.

다운로드 받은 사진의 이름을 [여행사진]으로 변경하여 [24. 사진을 그림으로 변환하기 (OpenCV)] 폴더로 이동하였습니다.

여행사진을 그림처럼 변하는 코드를 만들어봅니다. 다음 코드를 작성합니다.

24. 사진을 그림으로 변환하기 (OpenCV)\main24-1.py

```
01  import numpy as np
02  import cv2
03
04  ff = np.fromfile(r'24. 사진을 그림으로 변환하기 (OpenCV)\여행사진.jpg', np.uint8)
05  img = cv2.imdecode(ff, cv2.IMREAD_UNCHANGED)
06  img = cv2.resize(img, dsize=(0, 0), fx=1.0, fy=1.0, interpolation=cv2.INTER_LINEAR)
07
08  cartoon_img = cv2.stylization(img, sigma_s=100, sigma_r=0.1)
09
10  cv2.imshow('cartoon view', cartoon_img)
11  cv2.waitKey(0)
12  cv2.destroyAllWindows()
```

08: sigma_s 값과 sigma_r 값을 조절하여 이미지를 그림화합니다.

오른쪽 상단의 [▷] 버튼을 눌러 코드를 실행시킵니다. 사진이 그림처럼 변경되었습니다.

sigma_s 값과 sigma_r 값을 조절하여 실시간으로 sigma_s 값과 sigma_r 값의 변화에 따라 사진이 변하는 것을 확인하는 코드를 만들어봅니다. main24-2.py 파일을 생성한 후 다음 코드를 작성합니다.

24. 사진을 그림으로 변환하기 (OpenCV)\main24-2.py

```
01  import numpy as np
02  import cv2
03
04  ff = np.fromfile(r'24. 사진을 그림으로 변환하기 (OpenCV)\여행사진.jpg', np.uint8)
05  img = cv2.imdecode(ff, cv2.IMREAD_UNCHANGED)
06  img = cv2.resize(img, dsize=(0, 0), fx=1.0, fy=1.0, interpolation=cv2.INTER_LINEAR)
07
08  def onChange(pos):
09      pass
10
11  cv2.namedWindow("Trackbar Windows")
```

```
12
13  cv2.createTrackbar("sigma_s", "Trackbar Windows", 0, 200, onChange)
14  cv2.createTrackbar("sigma_r", "Trackbar Windows", 0, 100, onChange)
15
16  cv2.setTrackbarPos("sigma_s", "Trackbar Windows", 100)
17  cv2.setTrackbarPos("sigma_r", "Trackbar Windows", 10)
18
19  while True:
20
21      if cv2.waitKey(100) == ord('q'):
22          break
23
24      sigma_s_value = cv2.getTrackbarPos("sigma_s", "Trackbar Windows")
25      sigma_r_value = cv2.getTrackbarPos("sigma_r", "Trackbar Windows") / 100.0
26
27      print("sigma_s_value:",sigma_s_value)
28      print("sigma_r_value:",sigma_r_value)
29
30      cartoon_img = cv2.stylization(img, sigma_s=sigma_s_value, sigma_r=sigma_r_value)
31
32      cv2.imshow("Trackbar Windows", cartoon_img)
33
34  cv2.destroyAllWindows()
```

11 : 트랙 윈도우를 생성합니다.
13~14 : 트랙의 최소 최대값을 설정합니다. 트랙이 움직일 때 마다 동작하는 함수를 지정합니다.
16~17 : 트랙의 기본 위치를 지정합니다.
19~32 : 계속 반복합니다.
21~22 : OpenCV에서 킷값을 입력받습니다. 100mS동안 킷값을 기다리다가 값이 없으면 timeout으로 21줄의 코드를 종료하고 다음 코드를 실행합니다. q의 킷값이 입력되면 break로 while문을 종료합니다.
24~25 : 트랙의 포지션으로 sigma_s_value, sigma_r_value 값을 받습니다. sigma_r_value값은 나누기 100을 합니다.
30 : 트랙의 포지션에 따라서 이미지를 그림화 합니다.
34 : OpenCV의 모든창이 닫히고 종료됩니다.

오른쪽 상단의 [▷] 버튼을 눌러 코드를 실행시킵니다. 트랙바가 위쪽에 생성되었습니다. sigma_s 값과 sigma_r 값을 조절하여 사진을 그림으로 변경합니다.

PROJECT 25 _ 가상화폐 데이터 획득하여 데이터베이스에 저장

핵심 요약	업비트의 가상화폐 데이터를 획득하여 PC의 데이터베이스에 저장하고 저장된 데이터를 확인하는 프로그램을 만들어봅니다.

사전 준비 [파이썬과 40개의 작품들] 폴더에 [25. 가상화폐 데이터 획득하여 데이터베이스에 저장] 폴더를 생성한 후 [main25-1.py] 파일을 생성합니다.

25. 가상화폐 데이터 획득하여 데이터베이스에 저장
main25-1.py

라이브러리 설치

터미널에서 다음의 명령어를 입력하여 pyupbit 라이브러리를 설치합니다. pyupbit 업비트에서 가상화폐 데이터를 조회할 수 있는 라이브러리입니다.

```
pip install pyupbit
```

DB Browser for SQLite 설치

다음의 pyupbit의 github 주소로 사용방법, 소스 코드 등을 확인할 수 있습니다

- https://github.com/sharebook-kr/pyupbit

DB Browser for SQLite 프로그램을 PC에 설치합니다. PC에 설치하여 데이터베이스를 다룰 수 있는 프로그램으로 무료 프로그램입니다. 파이썬으로 받는 DB가 써졌는지 확인하기 위한 용도로 사용합니다.

다음의 DB Browser for SQLite 사이트에 접속합니다.

- https://sqlitebrowser.org/dl/

인스톨 파일을 다운로드 합니다.

중간에 바탕화면에 아이콘 생성에 체크하면 프로그램 설치 후 찾기가 쉽습니다.

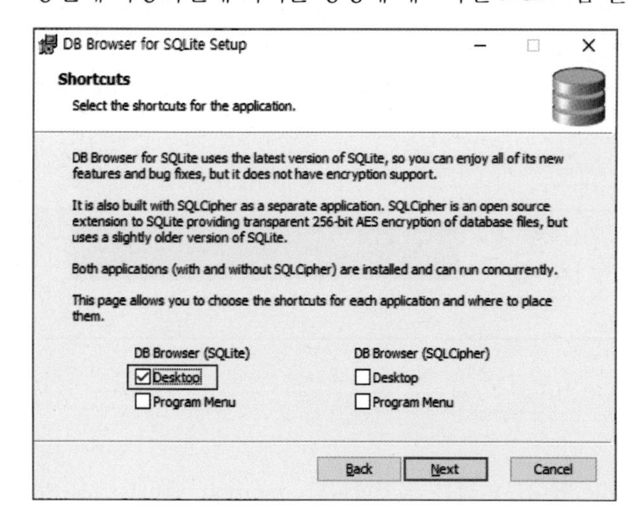

DB Browser for SQLite을 실행하였습니다. 파이썬으로 DB를 생성하고 확인할 때 사용합니다.

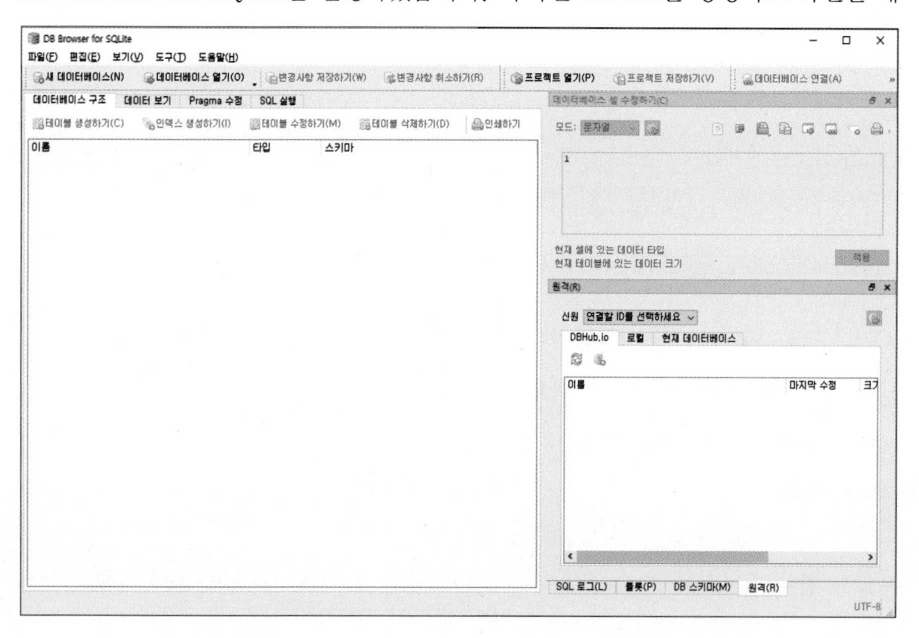

가상화폐 시세 조회 코드 만들기

pyupbit 라이브러리를 사용하여 가상화폐 리스트와, 현재 비트코인, 이더리움의 시세를 조회하는 코드를 만들어봅니다.

25. 가상화폐 데이터 획득하여 데이터베이스에 저장\main25-1.py

```
01  import pyupbit
02
03  coin_lists = pyupbit.get_tickers(fiat='KRW')
04  print(coin_lists)
05
06  price_now = pyupbit.get_current_price(["KRW-BTC", "KRW-ETH"])
07  print(price_now)
```

01 : 파이업비트 라이브러리를 불러옵니다.
03~04 : 거래되고 있는 가상화폐를 출력합니다.
06~07 : 비트코인과, 이더리움의 한국 시세를 출력합니다.

오른쪽 상단의 [▷] 버튼을 눌러 코드를 실행시킵니다. 터미널에 결과가 출력되었습니다.
거래되고 있는 가상화폐 리스트와, 비트코인, 이더리움의 현재 시세가 출력되었습니다.

```
['KRW-BTC', 'KRW-ETH', 'KRW-NEO', 'KRW-MTL', 'KRW-LTC', 'KRW-XRP', 'KRW-ETC', 'KRW-OMG',
'KRW-SNT', 'KRW-WAVES', 'KRW-XEM', 'KRW-QTUM', 'KRW-LSK', 'KRW-STEEM', 'KRW-XLM', 'KRW-ARDR',
'KRW-ARK', 'KRW-STORJ', 'KRW-GRS', 'KRW-REP', 'KRW-ADA', 'KRW-SBD', 'KRW-POWR', 'KRW-BTG',
'KRW-ICX', 'KRW-EOS', 'KRW-TRX', 'KRW-SC', 'KRW-ONT', 'KRW-ZIL', 'KRW-POLY', 'KRW-ZRX', 'KRW-
LOOM',
'KRW-BCH', 'KRW-BAT', 'KRW-IOST', 'KRW-RFR', 'KRW-CVC', 'KRW-IQ', 'KRW-IOTA', 'KRW-MFT',
'KRW-ONG', 'KRW-GAS', 'KRW-UPP', 'KRW-ELF', 'KRW-KNC', 'KRW-BSV', 'KRW-THETA', 'KRW-QKC',
'KRW-BTT', 'KRW-MOC', 'KRW-ENJ', 'KRW-TFUEL', 'KRW-MANA', 'KRW-ANKR', 'KRW-AERGO', 'KRW-
ATOM', 'KRW-TT', 'KRW-CRE', 'KRW-MBL', 'KRW-WAXP', 'KRW-HBAR', 'KRW-MED', 'KRW-MLK', 'KRW-
STPT', 'KRW-ORBS', 'KRW-VET', 'KRW-CHZ', 'KRW-STMX', 'KRW-DKA', 'KRW-HIVE', 'KRW-KAVA', 'KRW-
AHT', 'KRW-LINK', 'KRW-XTZ', 'KRW-BORA', 'KRW-JST', 'KRW-CRO', 'KRW-TON', 'KRW-SXP', 'KRW-
HUNT', 'KRW-PLA', 'KRW-DOT', 'KRW-SRM', 'KRW-MVL', 'KRW-STRAX', 'KRW-AQT', 'KRW-GLM', 'KRW-
SSX', 'KRW-META', 'KRW-FCT2', 'KRW-CBK', 'KRW-SAND', 'KRW-HUM', 'KRW-DOGE', 'KRW-STRK', 'KRW-
PUNDIX', 'KRW-FLOW', 'KRW-DAWN', 'KRW-AXS', 'KRW-STX', 'KRW-XEC', 'KRW-SOL', 'KRW-MATIC',
'KRW-NU', 'KRW-AAVE', 'KRW-1INCH', 'KRW-ALGO']
{'KRW-BTC': 70176000.0, 'KRW-ETH': 5650000.0}
```

비트코인의 분봉 데이터를 데이터베이스에 저장하는 코드 만들기

비트코인의 분봉 데이터를 데이터베이스에 저장하는 프로그램을 만들어봅니다.
main25-2.py 파일을 생성한 후 다음 코드를 작성합니다.

25. 가상화폐 데이터 획득하여 데이터베이스에 저장\main25-2.py

```
01  import pyupbit
02  import sqlite3
03
04  ticker = 'KRW-BTC'
05  interval = 'minute1'
06  to = '2021-12-02 11:20'
07  count = 200
08  price_now = pyupbit.get_ohlcv(ticker=ticker,interval=interval,to=to,count=count)
09
10  db_path = r"25. 가상화폐 데이터 획득하여 데이터베이스에 저장\coin.db"
11
12  con = sqlite3.connect(db_path, isolation_level=None)
13  price_now.to_sql('BTC', con, if_exists='append')
14
15  con.close
```

02: sqlite3 라이브러리를 불러옵니다. 아나콘다 설치 시 기본으로 설치됩니다.
04: 한화로 비트코인 데이터를 불러옵니다.
05: 분봉 데이터를 불러옵니다.
06: 2021년 12월 02일 11시 20분 이전데이터를 불러옵니다.
07: 200개 불러옵니다
08: 비트코인의 2021년 12월 02일 11시 20분 이전 200개의 분봉 데이터를 가지고 옵니다. 값은 데이터프레임 형식으로 반환합니다.
10: [25. 가상화폐 데이터 획득하여 데이터베이스에 저장] 폴더에 coin.db 이름으로 데이터베이스를 저장합니다.
12: 데이터베이스를 생성합니다.
13: BTC의 이름으로 데이터를 생성 후 데이터를 추가합니다.
15: 데이터베이스를 닫습니다.

오른쪽 상단의 [▷] 버튼을 눌러 코드를 실행시킵니다. coin.db 파일이 생성되었습니다.

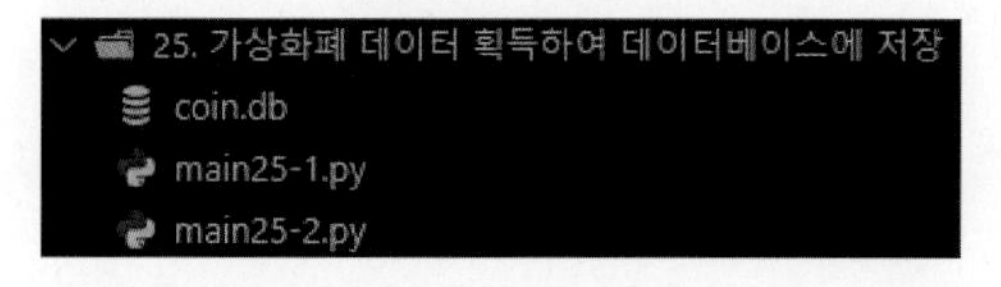

데이터베이스의 데이터 읽고 출력하는 코드 만들기

DB Browser for SQLite을 실행 후 [25. 가상화폐 데이터 획득하여 데이터베이스에 저장] 폴더에 coin.db 파일을 열어 데이터를 확인해 봅니다.

[데이터베이스 구조] 탭에서 데이터베이스의 구조를 확인할 수 있습니다.

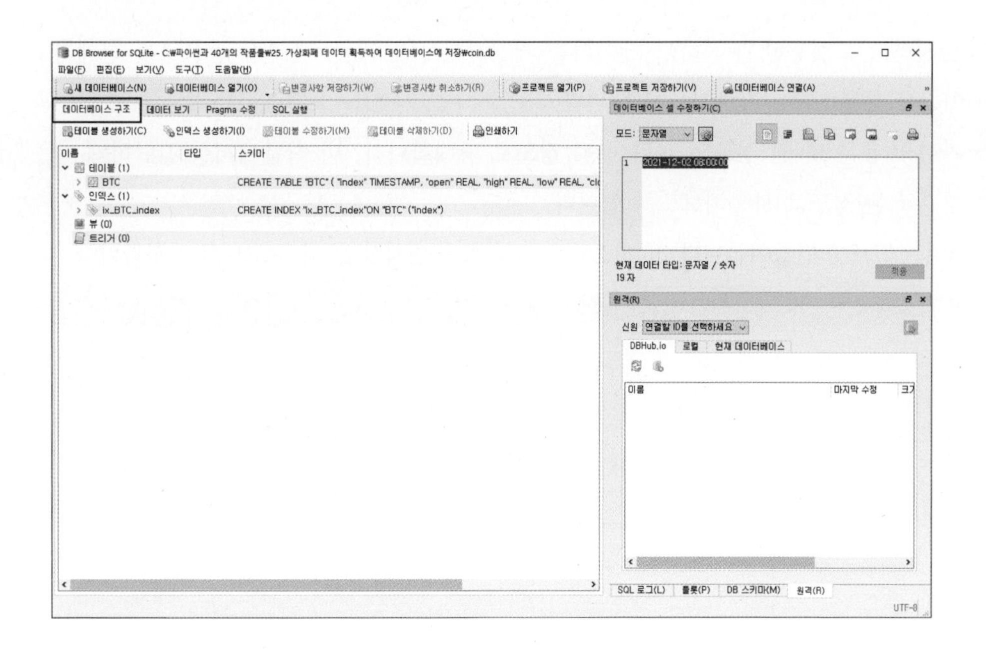

[데이터보기] 탭에서 BTC의 이름으로 데이터가 잘 입력되었음을 확인할 수 있습니다.

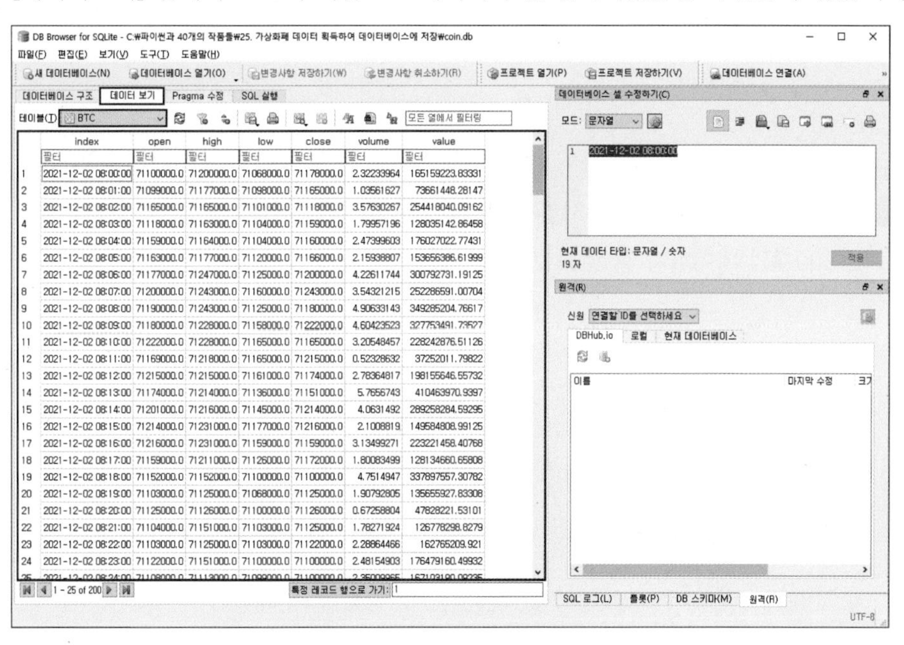

데이터를 저장하기 위해서 메모장, 엑셀 등으로 저장하면 되는데 굳이 데이터베이스로 저장해야 하는지 의문이 생길 것입니다. 데이터의 양이 많아지게 되면 하나의 파일로 관리하는데 어렵고 데이터의 중복이나 여러 곳에서 데이터를 동시에 사용하는 등의 문제점이 발생하게 됩니다. 데이터베이스는 많은 양의 데이터를 다루거나 많은 사람이 빈번하게 사용하는 것에 특화되어 있어 안전하게 데이터를 보관 관리할 수 있습니다.

개인데이터라 할지라도 오랫동안 누적하여 데이터를 저장하다보면 엑셀, 메모장 등으로는 한계가 있어 데이터베이스를 사용하여 저장해보도록 합니다.

데이터베이스 관련 내용은 몇 권 정도의 분량이 될 정도로 방대합니다. 이 작품에서는 간단하게 데이터베이스를 읽고 쓰는 정도로 사용해보도록 합니다.

데이터베이스를 읽는 코드를 만들어봅니다. main25-3.py 파일을 생성한 후 다음 코드를 작성합니다.

25. 가상화폐 데이터 획득하여 데이터베이스에 저장\main25-3.py

```
01  import pandas as pd
02  import sqlite3
03
04  db_path = r"25. 가상화폐 데이터 획득하여 데이터베이스에 저장\coin.db"
05  con = sqlite3.connect(db_path, isolation_level=None)
06
07  readed_df = pd.read_sql("SELECT * FROM 'BTC'", con, index_col = 'index')
08
09  print(readed_df)
```

01 : 판다스 라이브러리를 불러옵니다.
04~5 : 데이터베이스에 접속합니다.
07 : 판다스를 이용하여 BTC 데이터를 읽습니다.
09 : 읽은 데이터를 출력합니다.

오른쪽 상단의 [▷] 버튼을 눌러 코드를 실행시킵니다. 파이썬에서 데이터베이스를 읽어 터미널로 값을 출력하였습니다. 200개의 데이터가 잘 읽혔습니다.

```
                          open        high         low       close    volume         value
index
2021-12-02 08:00:00  71100000.0  71200000.0  71068000.0  71178000.0  2.322340  1.651592e+08
2021-12-02 08:01:00  71099000.0  71177000.0  71098000.0  71165000.0  1.035616  7.366145e+07
2021-12-02 08:02:00  71165000.0  71165000.0  71101000.0  71118000.0  3.576303  2.544180e+08
2021-12-02 08:03:00  71118000.0  71163000.0  71104000.0  71159000.0  1.799572  1.280351e+08
2021-12-02 08:04:00  71159000.0  71164000.0  71104000.0  71160000.0  2.473996  1.760270e+08
...                         ...         ...         ...         ...       ...           ...
2021-12-02 11:15:00  71052000.0  71052000.0  71010000.0  71011000.0  5.469163  3.884331e+08
2021-12-02 11:16:00  71011000.0  71014000.0  70966000.0  70967000.0  4.246762  3.015137e+08
2021-12-02 11:17:00  70966000.0  70967000.0  70900000.0  70900000.0  5.170740  3.667399e+08
2021-12-02 11:18:00  70900000.0  70900000.0  70842000.0  70842000.0  9.250863  6.555898e+08
2021-12-02 11:19:00  70843000.0  70855000.0  70804000.0  70809000.0  6.713807  4.755564e+08

[200 rows x 6 columns]
```

DB Browser for SQLite에서 열려있는 데이터베이스는 [데이터베이스 닫기]를 눌러 닫아줍니다. 파이썬에서 데이터베이스를 쓸 때 DB Browser for SQLite에서 열려있기 때문에 써지지 않습니다.

[읽기 전용으로 데이터베이스 열기]를 통해 데이터베이스를 열면 쓸 때 문제없이 쓸 수 있습니다.

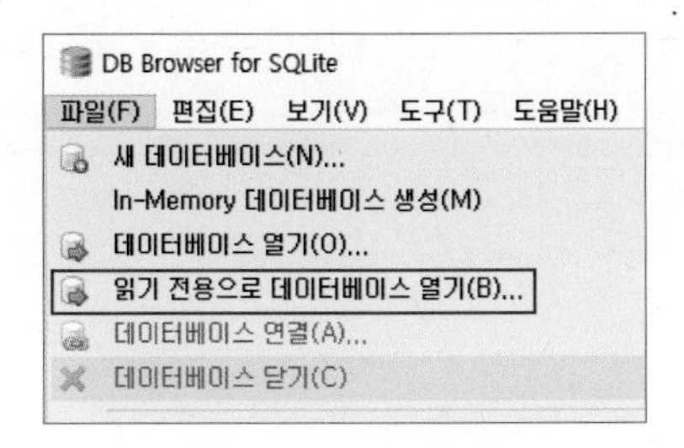

비트코인 데이터를 읽어 데이터베이스에 저장하는 코드 만들기

2021.11.30.일부터 2021.12.01.일까의 비트코인 데이터를 읽어 데이터베이스에 저장하는 코드를 만들어봅니다.

main25-4.py 파일을 생성한 후 다음 코드를 작성합니다.

25. 가상화폐 데이터 획득하여 데이터베이스에 저장\main25-4.py

```
01  import pyupbit
02  import sqlite3
03  import datetime
04
05  def date_range(start, end):
06      start = datetime.datetime.strptime(start, "%Y-%m-%d")
07      start = start + datetime.timedelta(days=1)
08      end = datetime.datetime.strptime(end, "%Y-%m-%d")
09      end = end + datetime.timedelta(days=1)
10      dates = [(start + datetime.timedelta(days=i)).strftime("%Y-%m-%d") for i in
range((end-start).days+1)]
11      return dates
12
13  dates = date_range("2021-11-30", "2021-12-01")
14
15  print(dates)
16
17  for day in reversed(dates):
18      myDay = day + ' 00:00'
19      print(myDay)
20
21      ticker = 'KRW-BTC'
22      interval = 'minute1'
23      to = myDay
24      count = 1440
25      price_now = pyupbit.get_ohlcv(ticker=ticker,interval=interval,to=to,count=count)
26
27      print(price_now)
28
```

```
29      db_path = r"25. 가상화폐 데이터 획득하여 데이터베이스에 저장\coin.db"
30
31      con = sqlite3.connect(db_path, isolation_level=None)
32      price_now.to_sql('BTC', con, if_exists='append')
33
34      con.close
```

05~11 : datetime 라이브러리를 이용하여 시작날짜와 종료날짜의 모든 날을 리스트형태로 반환합니다.
07 : 종료날은 12월1일의 00시00분 이전 하루치 데이터를 모으면 11월30일의 데이터가 되기 때문에 하루 더해줍니다.
09 : 시작일도 마찬가지고 1일 더합니다. 이유는 12월1일까지 데이터를 모으고 싶다고 한다면 12월2일 00:00시 이전의 데이터를 불러와야 하기 때문입니다.
17 : 날짜를 뒤집습니다. 최신의 날짜부터 데이터를 수집합니다.
21~25 : 하루치의 분봉 데이터를 요청합니다. 하루의 24시간 * 60분 = 1440분입니다.
29~34 : 데이터베이스에 데이터를 기록합니다.

오른쪽 상단의 [▷] 버튼을 눌러 코드를 실행시킵니다.
데이터의 확인은 [DB Browser for SQLite] 프로그램을 열어 읽기 전용으로 coin.db 파일을 열어 확인합니다. 읽기전용으로 열면 다음부터 [DB Browser for SQLite] 프로그램에서 데이터베이스를 닫지 않아도 파이썬에서 쓸 수 있습니다.

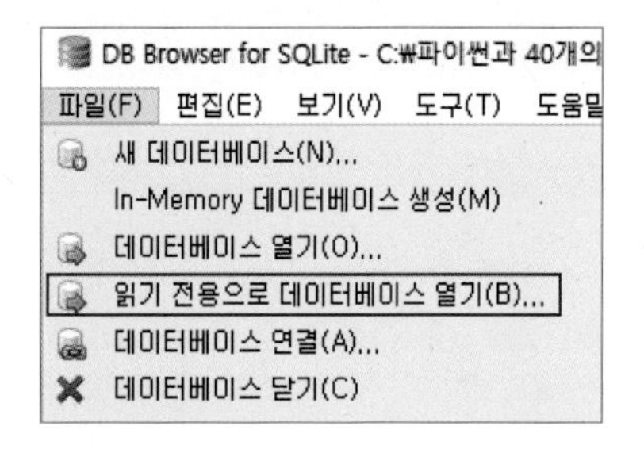

[데이터보기] 탭으로 이동하여 2021.11.30.일부터 2021.12.01.일까지의 데이터가 잘 기록되었는지 확인합니다.

201	2021-12-01 00:00:00	72599000.0	72602000.0	72500000.0	72572000.0	7.51128754	545110351.06873
202	2021-12-01 00:01:00	72579000.0	72603000.0	72572000.0	72603000.0	4.7227311	342794192.15913
203	2021-12-01 00:02:00	72602000.0	72612000.0	72500000.0	72500000.0	5.60657776	406985382.44396
204	2021-12-01 00:03:00	72518000.0	72523000.0	72426000.0	72509000.0	2.67774858	194096640.88376
205	2021-12-01 00:04:00	72509000.0	72600000.0	72507000.0	72558000.0	1.94214488	140910429.05348
206	2021-12-01 00:05:00	72558000.0	72576000.0	72507000.0	72511000.0	2.97123821	215512976.91669
207	2021-12-01 00:06:00	72511000.0	72594000.0	72511000.0	72594000.0	6.66619194	483591032.94345

3074	2021-11-30 23:53:00	72379000.0	72414000.0	72379000.0	72380000.0	5.70393299	412884870.34802
3075	2021-11-30 23:54:00	72379000.0	72412000.0	72379000.0	72380000.0	1.92959124	139666238.34398
3076	2021-11-30 23:55:00	72380000.0	72478000.0	72380000.0	72419000.0	4.81923607	349023310.23594
3077	2021-11-30 23:56:00	72419000.0	72437000.0	72384000.0	72419000.0	2.81306567	203688474.65645
3078	2021-11-30 23:57:00	72436000.0	72488000.0	72436000.0	72480000.0	3.88054722	281177127.51456
3079	2021-11-30 23:58:00	72466000.0	72568000.0	72461000.0	72568000.0	8.32180904	603380099.73873
3080	2021-11-30 23:59:00	72561000.0	72599000.0	72548000.0	72598000.0	7.13159238	517533990.50668

데이터를 모을 때 한 번에 모든 데이터를 모으기는 힘들 수 있습니다. 중간에 인터넷 때문에 끊기기도 하고 코드의 실수로 인해서 데이터가 잘못될 수도 있습니다.

데이터베이스에 데이터가 중복되더라도 우선 기록한 후 다음 코드를 이용하여 중복을 제거할 수 있습니다.

데이터베이스의 중복을 제거하는 코드를 만들어봅니다.

main25-5.py 파일을 생성한 후 다음 코드를 작성합니다.

25. 가상화폐 데이터 획득하여 데이터베이스에 저장\main25-5.py

```
01  import pandas as pd
02  import sqlite3
03
04  db_path = r"25. 가상화폐 데이터 획득하여 데이터베이스에 저장\coin.db"
05  con = sqlite3.connect(db_path, isolation_level=None)
06
07  readed_df = pd.read_sql("SELECT DISTINCT * FROM 'BTC'", con, index_col = 'index')
08
09  readed_df.to_sql('BTC_NEW', con, if_exists='replace')
10
11  print(readed_df)
```

07: BTC에서 중복된 값을 제외하고 불러옵니다.
09: BTC_NEW의 이름으로 저장합니다.

오른쪽 상단의 [▷] 버튼을 눌러 코드를 실행시킵니다.

BTC 데이터베이스에서 중복을 제거한 후 BTC_NEW를 생성하였습니다.

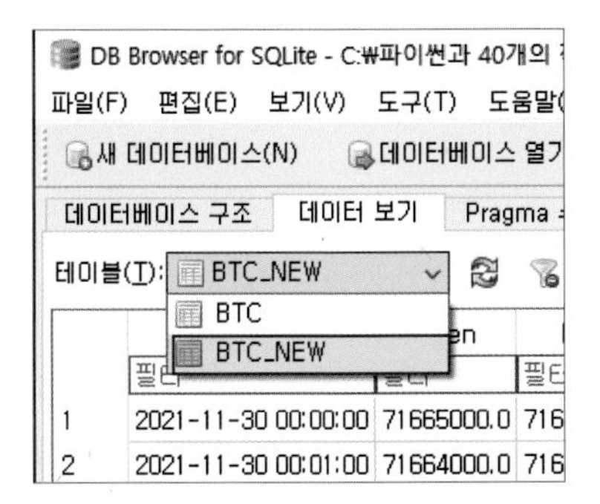

PROJECT 26 _ 로또번호 시각화하기

핵심 요약	동행복권에서 제공하는 로또 당첨번호의 엑셀 파일을 읽어 파이썬을 통해 시각화하는 프로그램을 만들어 봅니다.

사전 준비 [파이썬과 40개의 작품들] 폴더에 [26. 로또번호 시각화하기] 폴더를 생성한 후 [main26-1.py] 파일을 생성합니다.

26. 로또번호 시각화하기
main26-1.py

라이브러리 설치

라이브러리 설치 터미널에서 다음의 명령어를 입력하여 openpyxl 라이브러리를 설치합니다. openpyxl은 엑셀을 사용하기 위한 라이브러리입니다.

```
pip install openpyxl
```

로또 당첨번호 자료 엑셀 파일 다운받기

로또 당첨번호의 엑셀 파일을 받기 위해 다음 동행복권 사이트에 접속합니다.

- https://www.dhlottery.co.kr/

[당첨결과] 탭에서 [회차별 당첨번호]로 이동합니다.

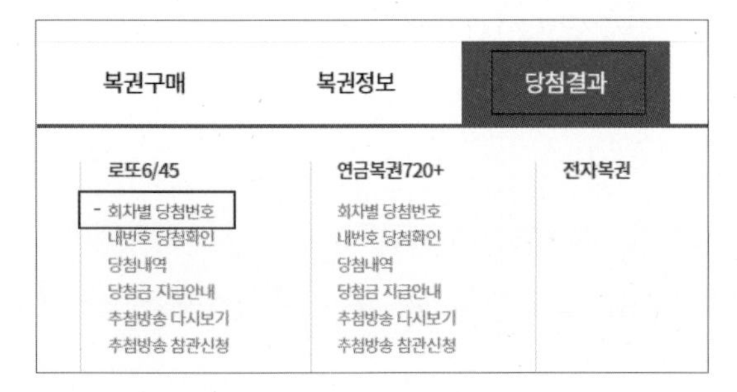

1회부터 최근 회까지 선택 후 엑셀다운로드를 클릭하여 엑셀 파일을 다운로드 합니다.

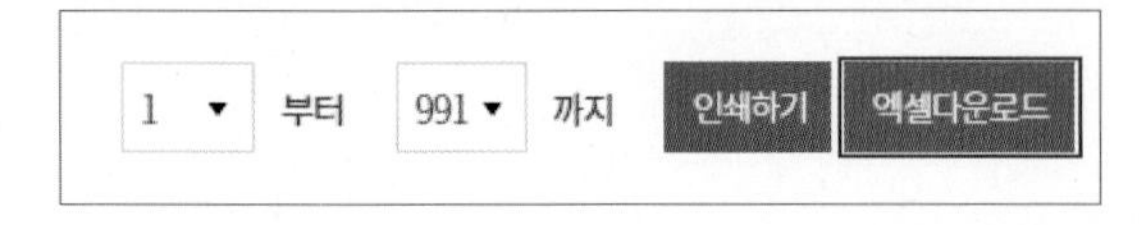

오래된 형식의 엑셀인 xls 형식으로 저장되었습니다.

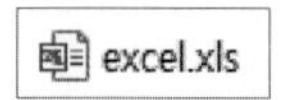

파일을 엑셀로 열어 다른 이름으로 저장 후 [26. 로또번호 시각화하기] 폴더에 lotto의 파일명으로 저장합니다. 파일 형식은 Excel 통합 문서 형식으로 저장합니다. Excel 통합 문서 형식은 .xlsx 입니다.

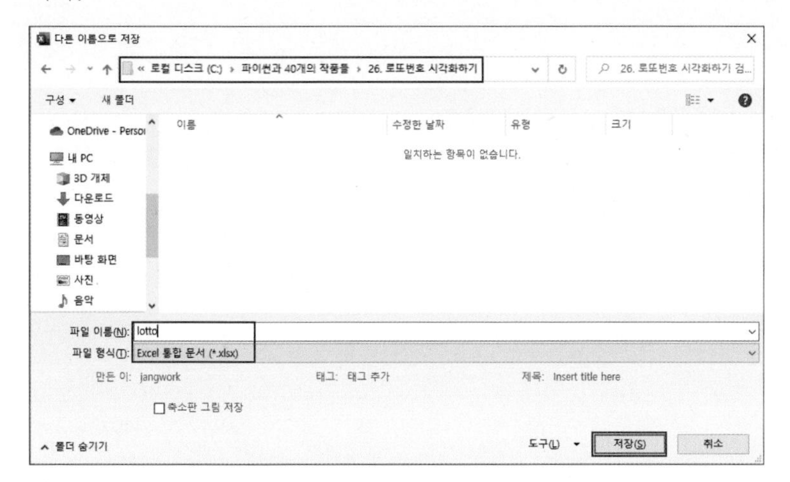

엑셀 파일을 열어보면 1~3행까지는 당첨금액 등이 아닌 각 열에 해당하는 이름입니다.

	A	B	C	D	E	F	G	H	I	J	K	L	M	N	O	P	Q	R	S	T
1	회차별 추첨결과																			
2	년도	회차	추첨일	1등		2등		3등		4등		5등		당첨번호						
3				당첨자수	당첨금액	당첨자수	당첨금액	당첨자수	당첨금액	당첨자수	당첨금액	당첨자수	당첨금액	1	2	3	4	5	6	보너스
4		991	2021.11.27	8	2,904,166,032원	110	35,202,013원	2,969	1,304,218원	138,068	50,000원	2,226,394	5,000원	13	18	25	31	33	44	38
5		990	2021.11.20	14	1,740,095,277원	56	72,503,970원	2,858	1,420,652원	129,113	50,000원	2,169,219	5,000원	2	4	25	26	36	37	28
6		989	2021.11.13	4	5,826,768,563원	63	61,658,927원	2,444	1,589,408원	127,891	50,000원	2,158,436	5,000원	17	18	21	27	29	33	26
7		988	2021.11.06	9	2,678,489,375원	61	65,864,493원	2,663	1,508,725원	129,322	50,000원	2,139,025	5,000원	2	13	20	30	31	41	27
8		987	2021.10.30	10	2,378,711,625원	73	54,308,485원	2,968	1,335,755원	140,004	50,000원	2,283,682	5,000원	2	4	15	23	29	38	7
9		986	2021.10.23	10	2,375,275,125원	70	56,554,170원	2,793	1,417,398원	133,889	50,000원	2,231,167	5,000원	7	10	16	28	41	42	40
10		985	2021.10.16	10	2,434,752,975원	62	65,450,349원	2,581	1,572,229원	126,523	50,000원	2,123,240	5,000원	17	21	23	30	34	44	19
11		984	2021.10.09	7	3,453,006,268원	64	62,945,427원	2,596	1,551,814원	128,129	50,000원	2,149,335	5,000원	3	10	23	35	36	37	18
12		983	2021.10.02	10	2,503,422,225원	78	53,491,928원	2,640	1,580,444원	131,780	50,000원	2,196,308	5,000원	13	23	26	31	35	43	15

판다스로 값 읽고 그래프로 그리는 코드 만들기

로또 당첨내역이 저장된 엑셀 파일에서 판다스로 값을 읽는 코드를 만들어봅니다.

26. 로또번호 시각화하기\main26-1.py

```
01  import pandas as pd
02
03  file_path = r'26. 로또번호 시각화하기\lotto.xlsx'
04  df_from_excel = pd.read_excel(file_path,engine='openpyxl')
05
06  df_from_excel = df_from_excel.drop(index=[0,1])
07
08  df_from_excel.columns = [
09                          '년도', '회차','추첨일','1등당첨자수',
10                          '1등당첨금액','2등당첨자수','2등당첨금액','3등당첨자수',
11                          '3등당첨금액','4등당첨자수','4등당첨금액','5등당첨자수',
```

```
12                         '5등당첨금액','당첨번호1','당첨번호2','당첨번호3',
13                         '당첨번호4','당첨번호5','당첨번호6','보너스번호'
14                         ]
15
16  print(df_from_excel.head())
17
18  print(df_from_excel['회차'].values)
19
20  print(df_from_excel['1등당첨금액'].values)
```

04 : 엔진은 openpyxl을 사용하여 판다스의 데이터프레임으로 엑셀 파일을 불러옵니다.
06 : 0,1 번 줄을 삭제합니다.
08~14 : colums의 이름을 다시 정의합니다.
16 : 앞부분의 데이터만 출력합니다.
18 : 회차를 출력합니다.
19 : 1등 당첨금액을 출력합니다.

오른쪽 상단의 [▷] 버튼을 눌러 코드를 실행시킵니다.

데이터프레임의 앞부분과, 회차, 1등 당첨금액이 1~991회까지 출력되었습니다.

```
'797,475,400원' '19,352,212,800원' '40,722,959,400원' '0원' '5,349,491,200원'
'4,377,146,100원' '17,014,245,000원' '9,375,048,300원' '0원' '1,348,845,700원'
'4,780,152,300원' '6,430,437,900원' '0원' '0원' '0원' '6,574,451,700원' '0원'
'0원' '2,000,000,000원' '2,002,006,800원' '0원']
```

회차별 당첨금액을 그래프로 그려봅니다. main26-2.py 파일을 생성한 후 다음 코드를 작성합니다.

26. 로또번호 시각화하기\main26-2.py

```
01  import pandas as pd
02  import matplotlib.pyplot as plt
03  from matplotlib import font_manager, rc
04
05  file_path = r'26. 로또번호 시각화하기\lotto.xlsx'
06  df_from_excel = pd.read_excel(file_path,engine='openpyxl')
07
08  df_from_excel = df_from_excel.drop(index=[0,1])
09
10  df_from_excel.columns = [
11                         '년도', '회차','추첨일','1등당첨자수',
12                         '1등당첨금액','2등당첨자수','2등당첨금액','3등당첨자수',
13                         '3등당첨금액','4등당첨자수','4등당첨금액','5등당첨자수',
14                         '5등당첨금액','당첨번호1','당첨번호2','당첨번호3',
15                         '당첨번호4','당첨번호5','당첨번호6','보너스번호'
16                         ]
```

```
17
18  df_from_excel['1등당첨금액']=df_from_excel['1등당첨금액'].str.replace(pat=r'[ㄱ-ㅣ가-힣,]+', repl=
r'', regex=True)
19  df_from_excel['2등당첨금액']=df_from_excel['2등당첨금액'].str.replace(pat=r'[ㄱ-ㅣ가-
힣,]+', repl= r'', regex=True)
20  df_from_excel['3등당첨금액']=df_from_excel['3등당첨금액'].str.replace(pat=r'[ㄱ-ㅣ가-
힣,]+', repl= r'', regex=True)
21  df_from_excel['4등당첨금액']=df_from_excel['4등당첨금액'].str.replace(pat=r'[ㄱ-ㅣ가-
힣,]+', repl= r'', regex=True)
22  df_from_excel['5등당첨금액']=df_from_excel['5등당첨금액'].str.replace(pat=r'[ㄱ-ㅣ가-
힣,]+', repl= r'', regex=True)
23
24  df_from_excel["1등당첨금액"] = pd.to_numeric(df_from_excel["1등당첨금액"])
25  df_from_excel["2등당첨금액"] = pd.to_numeric(df_from_excel["2등당첨금액"])
26  df_from_excel["3등당첨금액"] = pd.to_numeric(df_from_excel["3등당첨금액"])
27  df_from_excel["4등당첨금액"] = pd.to_numeric(df_from_excel["4등당첨금액"])
28  df_from_excel["5등당첨금액"] = pd.to_numeric(df_from_excel["5등당첨금액"])
29
30  print( df_from_excel[['1등당첨금액','2등당첨금액','3등당첨금액','4등당첨금액','5등당첨금
액']] )
31
32  font_path = "C:/Windows/Fonts/NGULIM.TTF"
33  font = font_manager.FontProperties(fname=font_path).get_name()
34  rc('font', family=font)
35
36  x = df_from_excel['회차'].iloc[:100].values
37  price = df_from_excel['1등당첨금액'].iloc[:100].values / 100000000
38
39  plt.figure(figsize=(10, 6))
40  plt.xlabel('회차')
41  plt.ylabel('당첨금액(단위:억원)')
42
43  plt.bar(x, price, width=0.4)
44
45  plt.show()
```

02~03 : 그래프를 그리기위해 matplotlib 라이브러리를 불러옵니다.
18~22 : 엑셀 파일을 확인하면 당첨금액이 숫자+,+원 형태로 되어있습니다. ,(콤마)와 원을 제거합니다.
24~28 : 값을 숫자형태로 다시 데이터프레임에 저장합니다. (엑셀 파일이 수정되는게 아닌 불러온 데이터프레임 형식에서 수정됩니다.)
32~34 : 그래프의 이름을 표시할 때 한글을 사용하기 위한 폰트를 설정합니다.
36 : 회차의 마지막 100개의 데이터만 x축으로 사용합니다.
37 : 당첨금액의 마지막 100개의 데이터만 y축으로 사용합니다. 단위는 억원으로 표시하기 위해 /1억을 하였습니다.
39 : 그래프의 초기 표시 크기를 결정합니다.
40 : x축 라벨을 설정합니다.
41 : y축 라벨을 설정합니다.
43 : 바의 x,y값과 바의 폭을 지정하여 그래프를 그립니다.
45 : 그래프를 표시합니다.

오른쪽 상단의 [▷] 버튼을 눌러 코드를 실행시킵니다. 최근 100회차의 1등 당첨금액이 그래프로 표시되었습니다.

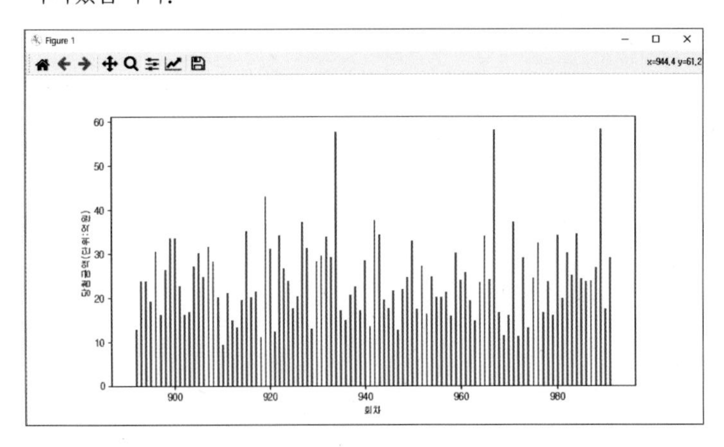

당첨번호의 빈도수를 출력하는 코드 만들기

당첨번호의 빈도수를 출력하는 코드를 만들어봅니다. main26-3.py 파일을 생성한 후 다음 코드를 작성합니다.

26. 로또번호 시각화하기\main26-3.py

```
01  import pandas as pd
02  from collections import Counter
03
04  file_path = r'26. 로또번호 시각화하기\lotto.xlsx'
05  df_from_excel = pd.read_excel(file_path,engine='openpyxl')
06
07  df_from_excel = df_from_excel.drop(index=[0,1])
08
09  df_from_excel.columns = [
10                      '년도', '회차','추첨일','1등당첨자수',
11                      '1등당첨금액','2등당첨자수','2등당첨금액','3등당첨자수',
12                      '3등당첨금액','4등당첨자수','4등당첨금액','5등당첨자수',
13                      '5등당첨금액','당첨번호1','당첨번호2','당첨번호3',
14                      '당첨번호4','당첨번호5','당첨번호6','보너스번호'
15                      ]
16
17  num_list = list(df_from_excel['당첨번호1'].astype(int))
18  num_list += list(df_from_excel['당첨번호2'].astype(int))
19  num_list += list(df_from_excel['당첨번호3'].astype(int))
20  num_list += list(df_from_excel['당첨번호4'].astype(int))
21  num_list += list(df_from_excel['당첨번호5'].astype(int))
22  num_list += list(df_from_excel['당첨번호6'].astype(int))
23
```

```
24  count = Counter(num_list)
25  most_num = count.most_common(45)
26
27  print(most_num)
```

17~22 : 6개의 번호를 숫자형 타입으로 읽어 num_list에 더해줍니다.
24~25 : 가장 많이 나온 숫자 45개를 찾습니다.
27 : 많이 나온 숫자를 출력합니다.

오른쪽 상단의 [▷] 버튼을 눌러 코드를 실행시킵니다.
터미널에 다음과 같이 출력되었습니다. 34번이 152회로 가장 많이 나온 번호이고, 9번이 105회로 가장 적게나온 번호입니다.

```
[(34, 152), (43, 145), (27, 144), (18, 144), (13, 142), (17, 142), (39, 141), (40, 141), (12, 140), (1, 139), (37, 139), (10, 138), (14, 138), (33, 138), (20, 137), (4, 136), (45, 136), (2, 135), (21, 135), (31, 135), (36, 134), (11, 133), (15, 133), (3, 132), (19, 132), (44, 132), (7, 131), (24, 131), (26, 131), (38, 131), (5, 130), (8, 129), (16, 129), (42, 129), (25, 128), (6, 123), (35, 123), (28, 123), (41, 123), (23, 121), (29, 121), (30, 120), (22, 113), (32, 112), (9, 105)]
```

PROJECT 27 _ 전국의 대학교 위치 시각화하기

핵심 요약 전국의 대학교 위치를 folium이라는 지도시각화 라이브러리를 활용하여 지도에 표시하여 시각화 합니다.

사전 준비 [파이썬과 40개의 작품들] 폴더에 [27. 전국의 대학교 위치 시각화하기] 폴더를 생성한 후 [main27-1.py] 파일을 생성합니다.

27. 전국의 대학교 위치 시각화하기
main27-1.py

라이브러리 설치

터미널에서 다음의 명령어를 입력하여 folium 라이브러리를 설치합니다. folium은 지도를 시각화할 수 있는 라이브러리입니다.

```
pip install folium
```

터미널에서 다음의 명령어를 입력하여 openpyxl 라이브러리를 설치합니다. openpyxl은 엑셀을 사용하기 위한 라이브러리입니다.

```
pip install openpyxl
```

전국의 대학교 주소록 엑셀 파일 자료 받기

전국 대학교의 위치는 아래 교육통계 사이트에 접속 후 [알림 • 서비스] 탭에서 [자료실]로 이동합니다.

- https://kess.kedi.re.kr/index

고등 교육기관 주소록 게시물에서 엑셀 파일을 다운로드 합니다.

자료실

🏠 > 고객센터 > 자료실 URL복사 인쇄하기

구분 전체 검색어 검색

번호	구분	제목	첨부파일	작성일	조회수
110	보도자료	2021년 직업계고 졸업자 취업 통계 조사 결과 발표		2021-12-02	1
109	보도자료	「OECD 교육지표 2021」 결과 발표		2021-09-15	1,216
108	주소록	2021년 유초중등 및 고등교육기관 주소록('21.4.1)		2021-08-26	1,645
107	보도자료	2021년 교육기본통계 결과 발표(+카드뉴스)		2021-08-26	1,753
106	기타	각 조사 지침서 모음		2021-05-07	1,264
105	보도자료	2020년 직업계고 졸업자 유지취업률 첫 조사 결과 발표		2021-04-01	1,337
104	주소록	2020년 하반기 고등교육기관 주소록 ('20.10.1.)		2021-02-03	3,015
103	주소록	2020년 평생교육기관 주소록(비형식)		2021-01-28	1,585
102	보도자료	「2020년 국가평생교육통계」 결과 발표		2021-01-22	2,491
101	주소록	2020년 하반기 유초중등교육기관 주소록 ('20.10.1.)		2021-01-21	3,257

전체 **110**건, 페이지 **1**/11 1 2 3 4 5 6 7 8 9 10 >

[고등교육기관 하반기 주소록(년도)]의 엑셀 파일이 다운로드 되고 엑셀 파일을 열어보면 다음과 같이 학교명 주소 등이 포함되어 있습니다.

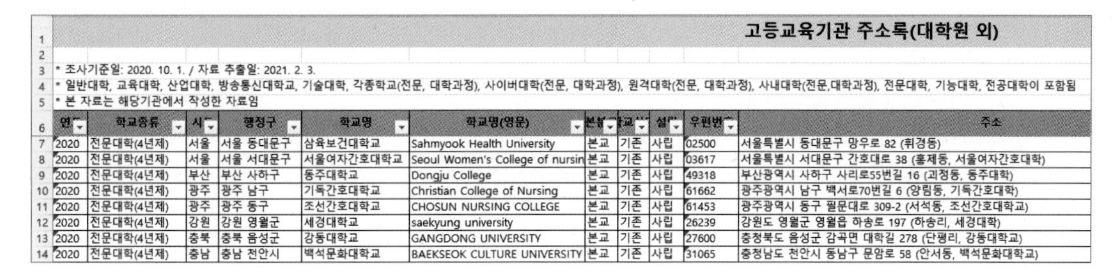

고등교육기관 주소록(대학원 외)

* 조사기준일: 2020. 10. 1. / 자료 추출일: 2021. 2. 3.
* 일반대학, 교육대학, 산업대학, 방송통신대학교, 기술대학, 각종학교(전문, 대학과정), 사이버대학(전문, 대학과정), 원격대학(전문, 대학과정), 사내대학(전문,대학과정), 전문대학, 기능대학, 전공대학이 포함됨
* 본 자료는 해당기관에서 작성한 자료임

연	학교종류	시	행정구	학교명	학교명(영문)	본분	학교	설	우편번	주소
2020	전문대학(4년제)	서울	서울 동대문구	삼육보건대학교	Sahmyook Health University	본교	기존	사립	02500	서울특별시 동대문구 망우로 82 (휘경동)
2020	전문대학(4년제)	서울	서울 서대문구	서울여자간호대학교	Seoul Women's College of nursin	본교	기존	사립	03617	서울특별시 서대문구 간호대로 38 (홍제동, 서울여자간호대학)
2020	전문대학(4년제)	부산	부산 사하구	동주대학교	Dongju College	본교	기존	사립	49318	부산광역시 사하구 사리로55번길 16 (괴정동, 동주대학)
2020	전문대학(4년제)	광주	광주 남구	기독간호대학교	Christian College of Nursing	본교	기존	사립	61662	광주광역시 남구 백서로70번길 6 (양림동, 기독간호대학)
2020	전문대학(4년제)	광주	광주 동구	조선간호대학교	CHOSUN NURSING COLLEGE	본교	기존	사립	61453	광주광역시 동구 필문대로 309-2 (서석동, 조선간호대학교)
2020	전문대학(4년제)	강원	강원 영월군	세경대학교	saekyung university	본교	기존	사립	26239	강원도 영월군 영월읍 하송로 197 (하송리, 세경대학)
2020	전문대학(4년제)	충북	충북 음성군	강동대학교	GANGDONG UNIVERSITY	본교	기존	사립	27600	충청북도 음성군 감곡면 대학길 278 (단평리, 강동대학교)
2020	전문대학(4년제)	충남	충남 천안시	백석문화대학교	BAEKSEOK CULTURE UNIVERSITY	본교	기존	사립	31065	충청남도 천안시 동남구 문암로 58 (안서동, 백석문화대학교)

다운로드 받은 [고등교육기관 하반기 주소록(년도)]의 엑셀 파일을 [27. 전국의 대학교 위치 시각화하기] 폴더로 이동 또는 복사하여 데이터를 준비합니다.

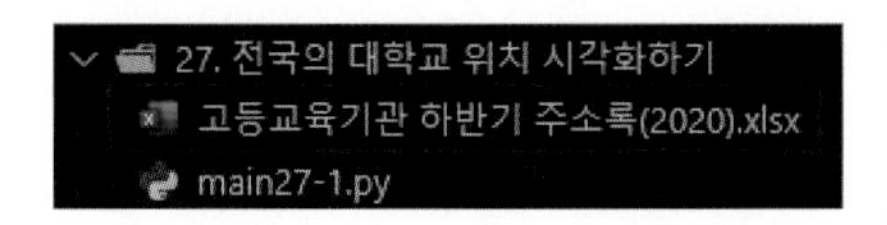

판다스에서 학교명과 주소 찾는 코드 만들기

[고등교육기관 하반기 주소록(년도)]의 엑셀 파일을 판다스에서 불러와 학교명과 주소를 찾는 코드를 만들어봅니다.

27. 전국의 대학교 위치 시각화하기

```
01  import pandas as pd
02
03  filePath = r'27. 전국의 대학교 위치 시각화하기\고등교육기관 하반기 주소록(2020).xlsx'
04  df_from_excel = pd.read_excel(filePath,engine='openpyxl')
05
06  df_from_excel.columns = df_from_excel.loc[4].tolist()
07
08  df_from_excel = df_from_excel.drop(index=list(range(0,5)))
09
10  print(df_from_excel.head())
11
12  print(df_from_excel['학교명'].values)
13
14  print(df_from_excel['주소'].values)
```

03~04 : 엑셀 파일을 불러옵니다.
06 : 5번째 위치의 데이터를 columns으로 설정합니다. 데이터의 이름입니다. 0부터 시작 하므로 4의 위치가 5번째 위치입니다.
08 : 0~5줄의 데이터를 버립니다. 엑셀에서 보면 데이터가 아닌 설명이나 이름 등의 데이터를 버립니다.
10 : 데이터의 앞쪽만 몇 개 표시합니다.
12 : 학교명 데이터를 모두 출력합니다.
14 : 주소 데이터를 모두 출력합니다.

오른쪽 상단의 [▷] 버튼을 눌러 코드를 실행시킵니다.

터미널의 확인하면 앞쪽데이터, 학교명, 주소의 데이터가 정상적으로 불러와 출력되었습니다.

※ 출력된 데이터의 양이 많아 마지막 몇 개의 데이터만 표시하였습니다.

```
'경상북도 구미시 수출대로3길 84 (공단동, 한국폴리텍대학구미캠퍼스)'
'경상남도 창원시 성산구 외동반림로 51-88 (중앙동, 한국폴리텍VII대학)'
'경상남도 사천시 대학길 46 (이금동, 한국폴리텍항공대학)'
'제주특별자치도 제주시 산천단동3길 2 (아라일동, 한국폴리텍대학제주캠퍼스)']
```

오픈 API를 이용해 주소를 좌표로 변환하는 코드 만들기

folium 라이브러리를 이용하여 지도에 표시하기 위해서는 주소가 아닌 좌표의 데이터가 있어야 합니다. 우리는 주소 데이터만 가지고 있기 때문에 주소를 좌표로 변환해야 합니다. 주소를 좌표로 변환하기 위해서는 나라에서 운영하는 오픈 API를 사용합니다.

다음의 사이트에 접속합니다.

- https://www.vworld.kr/dev/v4dv_geocoderguide2_s001.do

Geocoder API를 활용하여 주소를 좌표로 변환합니다. 회원 가입 후 [인증키] 탭으로 이동하여 [인증키 발급]에 접속합니다.

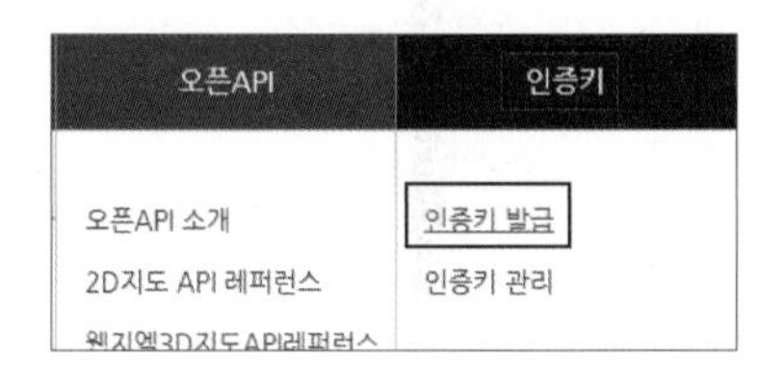

내용을 작성 후 인증키를 발급받습니다. 인증이 승인되는데 시간이 조금 소요될 수 있습니다. 서비스 설명 등은 실제 서비스할 내용 등을 상세히 적습니다.

[인증키 관리] 탭으로 이동하여 발급받은 인증키를 확인할 수 있습니다. 파이썬 코드에서는 인증키 부분을 복사하여 사용합니다.

발급받은 인증키를 활용하여 주소를 좌표로 변환하는 코드를 만들어봅니다. main27-2.py 파일을 생성한 후 다음 코드를 작성합니다.

27. 전국의 대학교 위치 시각화하기\main27-2.py

```
01  import requests
02
03  url = 'http://api.vworld.kr/req/address?'
04  params = 'service=address&request=getcoord&version=2.0&crs=epsg:4326&refine=true&simple=-
false&format=json&type='
05  road_type = 'ROAD' #도로명주소
06  road_type2 = 'PARCEL' #지번주소
07  address = '&address='
08  keys = '&key='
09  primary_key = '발급받은인증키를 붙여넣으세요'
10
11  def request_geo(road):
12      page = requests.get(url+params+road_type+address+road+keys+primary_key)
13      json_data = page.json()
14      if json_data['response']['status'] == 'OK':
15          x = json_data['response']['result']['point']['x']
16          y = json_data['response']['result']['point']['y']
17          return x,y
18      else:
19          x = 0
20          y = 0
21          return x,y
22
23  x,y = request_geo("경기도 시흥시 산기대학로 237 (정왕동, 한국산업기술대학교)")
24
25  print(f'x값: {x}')
26  print(f'y값: {y}')
```

03~09 : API의 접속내용입니다.
09 : 발급받은 인증키를 붙여 넣습니다.
11~21 : 주소를 x,y 좌표로 반환해주는 함수입니다. API에 접속하여 x,y부분만 분리하여 반환합니다.
23~26 : 주소를 입력하고 x,y값이 출력됩니다.

오른쪽 상단의 [▷] 버튼을 눌러 코드를 실행시킵니다. 터미널에서 x,y의 좌표가 출력되었습니다.

```
x값: 126.733026596
y값: 37.341435483
```

엑셀에서 읽은 학교명과 주소 데이터를 API를 통해 x,y 좌표로 변경하고 변경된 값을 [학교주소좌표.xlsx]의 엑셀 파일로 생성하는 코드를 만들어봅니다.

main27-3.py의 파일을 생성한 후 다음 코드를 작성합니다.

```
01  import pandas as pd
02  import requests
03  from openpyxl import load_workbook
04  from openpyxl import Workbook
05  import re
06
07
08  filePath = r'27. 전국의 대학교 위치 시각화하기\고등교육기관 하반기 주소록(2020).xlsx'
09  df_from_excel = pd.read_excel(filePath,engine='openpyxl')
10  df_from_excel.columns = df_from_excel.loc[4].tolist()
11  df_from_excel = df_from_excel.drop(index=list(range(0,5)))
12
13
14  url = 'http://api.vworld.kr/req/address?'
15  params = 'service=address&request=getcoord&version=2.0&crs=epsg:4326&refine=true&simple=-
false&format=json&type='
16  road_type = 'ROAD' #도로명주소
17  road_type2 = 'PARCEL' #지번주소
18  address = '&address='
19  keys = '&key='
20  primary_key = '자신의 인증키'
21
22  def request_geo(road):
23      page = requests.get(url+params+road_type+address+road+keys+primary_key)
24      json_data = page.json()
25      if json_data['response']['status'] == 'OK':
26          x = json_data['response']['result']['point']['x']
27          y = json_data['response']['result']['point']['y']
28          return x,y
```

```
29      else:
30          x = 0
31          y = 0
32          return x,y
33
34
35  try:
36      wb = load_workbook(r"27. 전국의 대학교 위치 시각화하기\학교주소좌표.xlsx", data_only=True)
37      sheet = wb.active
38  except:
39      wb = Workbook()
40      sheet = wb.active
41
42  university_list = df_from_excel['학교명'].to_list()
43  address_list = df_from_excel['주소'].to_list()
44
45  for num,value in enumerate(address_list):
46      addr = re.sub(r'\([^)]*\)', '', value)
47      print(addr)
48      x,y = request_geo(addr)
49      sheet.append([university_list[num],addr,x,y])
50
51  wb.save(r"27. 전국의 대학교 위치 시각화하기\학교주소좌표.xlsx")
```

01~05 : 라이브러리를 불러옵니다.
08~11 : 판다스를 사용하여 엑셀 파일을 읽어옵니다.
14~32 : 주소를 좌표로 변환하는 API를 사용하는 함수를 만들었습니다.
35~51 : 주소를 좌표로 바꾸어 [학교주소좌표.xlsx] 파일을 생성한 후 저장합니다.
46 : 주소에서 () 괄호 부분을 삭제합니다.
48 : API를 활용하여 주소를 좌표로 변환합니다.
49 : 학교명,주소,x,y의 순서대로 엑셀에 저장합니다.

오른쪽 상단의 [▷] 버튼을 눌러 코드를 실행시킵니다. [학교주소좌표.xlsx] 엑셀 파일이 생성되었습니다.

27. 전국의 대학교 위치 시각화하기
고등교육기관 하반기 주소록(2020).xlsx
학교주소좌표.xlsx
main27-1.py
main27-2.py
main27-3.py

학교명, 주소, x좌표, y좌표 순서대로 저장되었습니다. x,y좌표가 0으로 된 것은 api에서 주소를 읽지 못한 것입니다.

	A	B	C	D
1	서울여자긴	서울특별시	126.94761	37.597332675
2	동주대학교	부산광역시	128.99659	35.103680563
3	기독간호다	광주광역시	126.91620	35.138407664
4	조선간호다	광주광역시	126.92879	35.137801823
5	세경대학교	강원도 영	128.45347	37.175427178
6	강동대학교	충청북도	127.64618	37.143165409
7	백석문화다	충청남도	0	0
8	군산간호다	전라북도	126.75983	35.970734574
9	동아보건다	전라남도	126.56645	34.730207718
10	삼육보건다	서울특별시	127.06583	37.588758853
11	서울여자긴	서울특별시	126.94761	37.597332675
12	동주대학교	부산광역시	128.99659	35.103680563
13	기독간호다	광주광역시	126.91620	35.138407664
14	조선간호다	광주광역시	126.92879	35.137801823
15	세경대학교	강원도 영	128.45347	37.175427178

특정 학교의 위치에 마커를 표시하는 코드 만들기

folium을 이용하여 한국공학대학교의 위치에 마커를 표시하는 프로그램을 만들어봅니다. main27-4.py 파일을 생성한 후 다음 코드를 작성합니다.

27. 전국의 대학교 위치 시각화하기\main27-4.py

```
01  import folium
02
03  map = folium.Map(location=[37,127],zoom_start=7)
04
05  marker = folium.Marker([37.341435483, 126.733026596],
06                          popup='한국공학대학교',
07                          icon = folium.Icon(color='blue'))
08
09  marker.add_to(map)
10
11  map.save(r'27. 전국의 대학교 위치 시각화하기/uni_map.html')
```

03 : 처음보여주는 위도와 경도를 설정합니다. zoom_start의 지도의 배율입니다.
05~07: 위도와 경도에 popup이름으로 파란색의 아이콘으로 마커를 표시합니다.
09 : 마커를 추가합니다.
11 : uni_map.html로 저장합니다.

오른쪽 상단의 [▷] 버튼을 눌러 코드를 실행시킵니다. [uni_map.html]로 파일이 생성되었습니다.

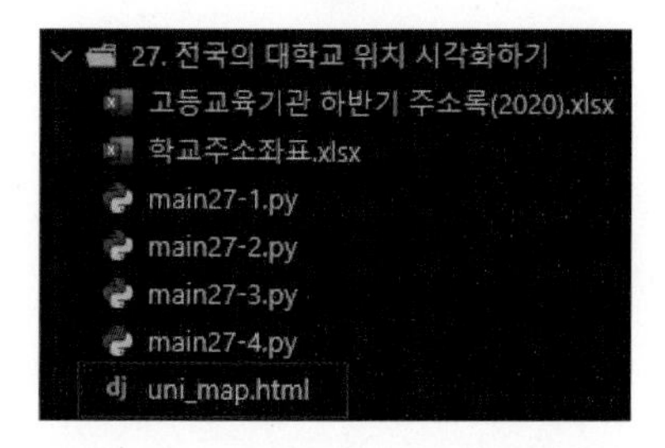

[uni_map.html] 파일을 크롬 브라우저를 통해 열면 다음과 같이 지도에 마커가 표시된 것을 확인할 수 있습니다. 파일을 크롬브라우저에 드래그하여 열면 됩니다.

마커의 이름도 표시되었습니다.

live server를 vs code에 설치

vs code에서는 html 파일이 변경될 때마다 바로바로 적용되는 live server를 설치하여 html을 확인할 수 있습니다. 파이썬에서는 html의 사용 빈도수가 높지 않으나 웹 개발 시에는 매우 유용한 기능합니다. live server를 vs code에 설치하여 봅니다.

확장:마켓플레이스에서 'live server'를 검색 후 liver server를 설치합니다.

파일로 돌아와 uni_map.html 파일을 선택하여 열어줍니다.

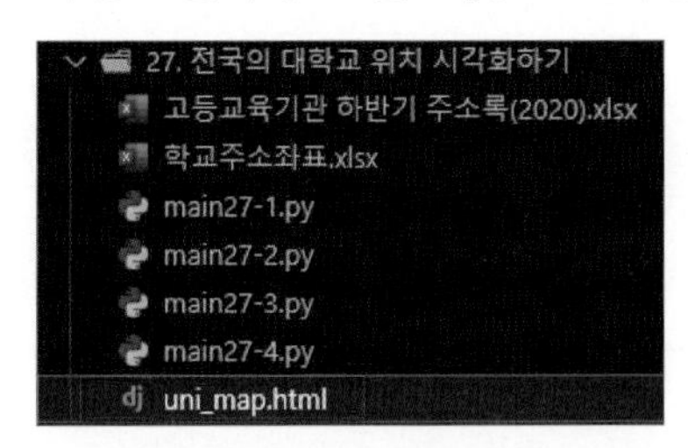

vs code의 오른쪽 아래 [Go Live] 버튼을 눌러 live server를 실행합니다.

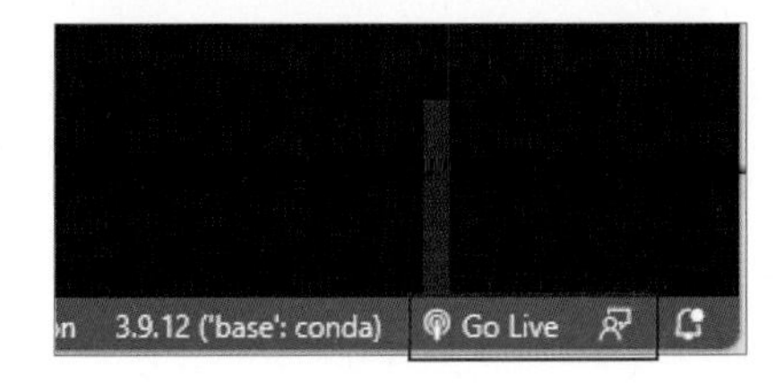

또는 uni_map.html 파일에 마우스 오른쪽을 클릭 후 [Open with Live Server]를 클릭하여 실행할 수 있습니다.

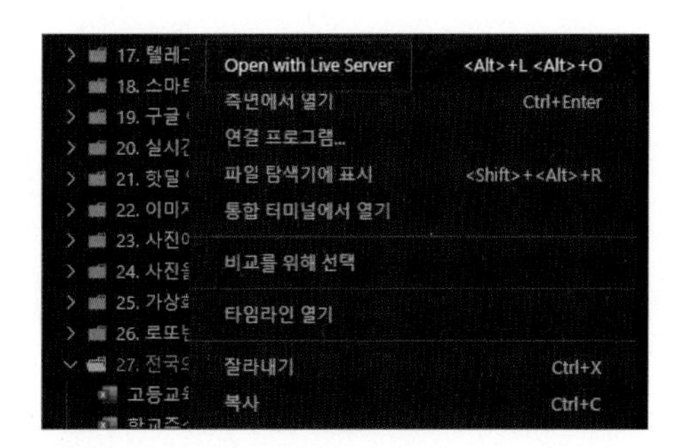

여러 개의 폴더가 열려있다면 "어떤 폴더를 live server로 사용할 것이냐?"라고 묻습니다. 자신의 폴더를 선택합니다.

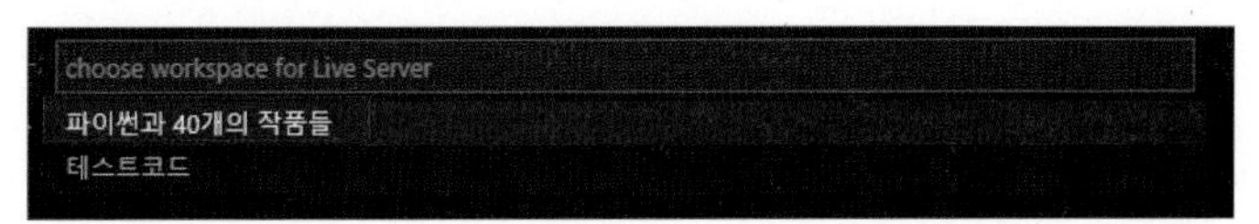

컴퓨터의 기본 브라우저가 자동으로 열리면서 live server가 실행되었습니다. html 코드를 변경하면 즉시 live server에 반영되어 확인할 수 있습니다.

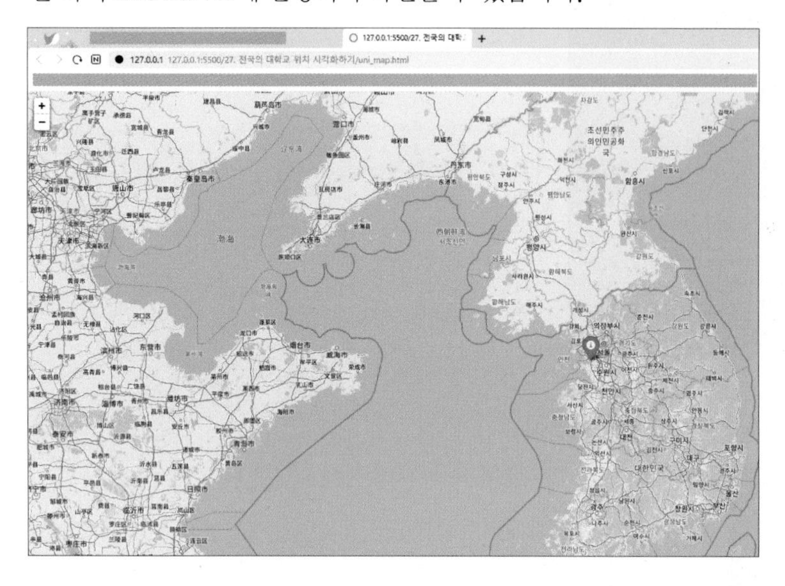

자료의 모든 대학교 주소에 마커 표시하는 코드 만들기

[학교주소좌표.xlsx] 파일을 읽어 모든 대학교 주소에 마커를 표시하는 프로그램을 만들어 봅니다. main27-5.py 파일을 생성한 후 다음 코드를 작성합니다.

전국의 대학교 위치 시각화하기\main27-5.py

```
01  import pandas as pd
02  import folium
03
04  filePath = r'27. 전국의 대학교 위치 시각화하기\학교주소좌표.xlsx'
05  df_from_excel = pd.read_excel(filePath,engine='openpyxl',header=None)
06
07  df_from_excel.columns = ['학교이름','주소','x','y']
08
09  name_list = df_from_excel['학교이름'].to_list()
10  addr_list = df_from_excel['주소'].to_list()
11  position_x_list = df_from_excel['x'].to_list()
12  position_y_list = df_from_excel['y'].to_list()
13
14  map = folium.Map(location=[37,127],zoom_start=7)
15
16  for i in range(len(name_list)):
17      if position_x_list[i] != 0:
18          marker = folium.Marker([position_y_list[i],position_x_list[i]],
19                                  popup=name_list[i],
```

```
20                              icon = folium.Icon(color='blue'))
21          marker.add_to(map)
22
23  map.save(r'27. 전국의 대학교 위치 시각화하기/uni_map.html')
```

05 : 판다스를 이용하여 엑셀 파일을 읽어옵니다. 우리가 만든 엑셀 파일은 헤더가 없기 때문에 header=None으로 합니다.

07 : columns를

09~12 : '학교이름','주소','x','y' 로 정합니다.

09~12 : '학교이름','주소','x','y'값을 각각 리스트 형태로 가지고 옵니다.

14 : 기본 맵을 설정합니다.

16 : 학교이름만큼 반복합니다.

17 : x값이 0이 아닐 때 조건이 참이 됩니다.

18 : 위도 경도값을 넣습니다.

19 : 이름값을 넣습니다.

21 : 마커를 추가합니다.

23 : uni_map.html로 저장합니다.

오른쪽 상단의 [▷] 버튼을 눌러 코드를 실행시킵니다.

지도상에서 모든 대학교의 위치에 마커가 표시되었습니다. (단 API에서 주소를 좌표로 변환하지 못한 학교는 표시가 되지 않았습니다)

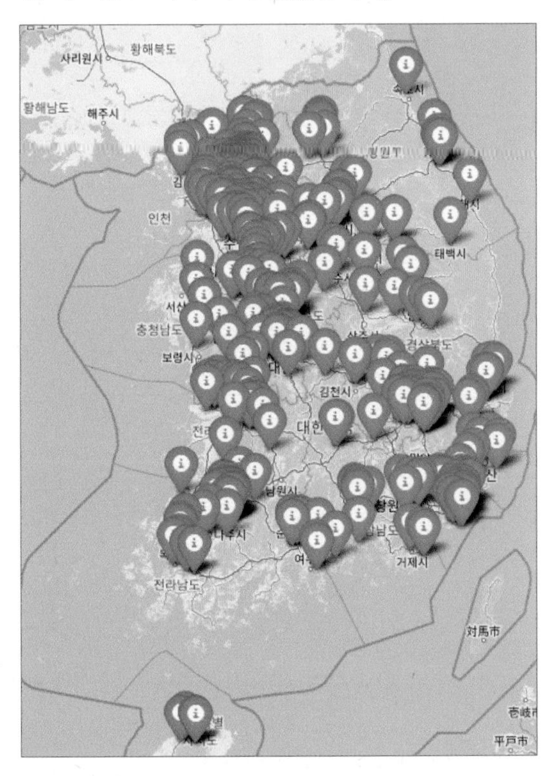

Python project

CHAPTER 06

웹 페이지 제작 및 GUI 프로그램 만들기

파이썬을 이용하여 간단한 웹서버와 그래픽으로 표시하는 GUI 프로그램을 만들어 봅니다.

PROJECT 28 _ 플라스크 웹서버 만들기

핵심 요약 구글 사이트에서 이미지를 검색하고 검색한 이미지를 저장하는 프로그램을 만들어봅니다.

사전 준비 [파이썬과 40개의 작품들] 폴더에 [28. 플라스크 웹서버 만들기] 폴더를 생성한 후 [main28-1.py] 파일을 생성합니다.

28. 플라스크 웹서버 만들기
main28-1.py

사전 지식 **플라스크란?**

플라스크(FLASK)는 파이썬 언어를 이용하여 웹을 개발할 수 있게 해주는 웹 개발 프레임워크입니다. 프레임워크란 쉽게 개발할 수 있도록 여러 개의 라이브러리, 모듈 등을 묶어서 제공하는 기능입니다. 웹 개발용 프레임워크는 플라스크 외에도 많지만 우리는 가볍게 동작이 가능하고 사용도 쉬운 플라스크를 선택하여 웹을 개발하여 봅니다.

다음의 주소는 플라스크의 공식 홈페이지로 어떠한 기능이 있는지 상세하게 확인 가능합니다.

- https://flask.palletsprojects.com

라이브러리 설치

터미널에서 다음의 명령어를 입력하여 flask 라이브러리를 설치합니다.

```
pip install flask
```

flask로 간단한 웹서버 만들고 구동하는 코드 만들기

flask를 활용한 hello을 출력하는 간단한 웹서버를 만들고 구동시켜 봅니다.

다음 코드를 작성합니다.

28. 플라스크 웹서버 만들기\main28-1.py

```
01  from flask import Flask
02  
03  app = Flask(__name__)
04  
05  @app.route('/')
06  def hello():
07      return "hello"
08  
09  def main():
10      app.run(debug=True,port=80)
11  
12  if __name__== '__main__':
13      main()
```

01　　: flask를 FLASK의 이름으로 불러옵니다.

05~07 : 주소로 접속하면 hello을 반환합니다. 즉 hello를 보여줍니다.

09~10 : main()함수를 만들었습니다.
10 : flask 웹서버를 실행합니다.
12~13 : 코드를 직접 실행 시 main() 함수를 실행합니다.

```
if __name__== '__main__': 의 의미
__name__은 코드를 직접 실행 시 이름이 __main__입니다.
코드가 모듈로 동작시는 __name__이 이름이 모듈이름으로 됩니다.
즉 if __name__== '__main__':  의 의미는 코드를 직접 실행 시 조건이 참입니다.
```

오른쪽 상단의 [▷] 버튼을 눌러 코드를 실행시킵니다.

터미널에 출력되는 주소를 복사 후 크롬 등의 웹 브라우저를 이용하여 접속합니다.

※ 실행단계에서 오류가 발생하면 vs code를 관리자 권한으로 실행합니다.

```
PS C:\파이썬과 40개의 작품들> & C:/ProgramData/Anaconda3/python.exe "c:/파이썬과 40개
 * Serving Flask app "main28-1" (lazy loading)
 * Environment: production
   WARNING: This is a development server. Do not use it in a production deployment.
   Use a production WSGI server instead.
 * Debug mode: on
 * Restarting with windowsapi reloader
 * Debugger is active!
 * Debugger PIN: 339-730-079
 * Running on http://127.0.0.1:80/ (Press CTRL+C to quit)
```

다음과 같이 hello를 출력하는 웹서버가 생성되었습니다.

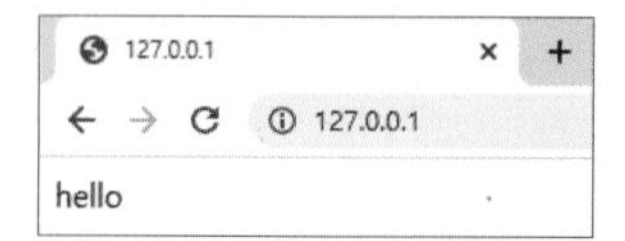

flask에 페이지를 추가하는 코드 만들기

flask에 페이지를 추가하는 방법에 대해 알아봅니다. main28-2.py 파일을 생성한 후 다음 코드를 작성합니다.

28. 플라스크 웹서버 만들기\main28-2.py

```
01  from flask import Flask
02
03  app = Flask(__name__)
04
05  @app.route('/')
06  def hello():
07      return "hello"
08
09  @app.route('/1')
10  def test1page():
11      return "1page ok"
12
```

```
13  @app.route('/2')
14  def test2page():
15      return "2page ok"
16
17  def main():
18      app.run(debug=True,port=80)
19
20  if __name__== '__main__':
21      main()
```

09~10: /1에 접속하였을 때 1page ok를 출력합니다.
13~15: /2에 접속하였을 때 2page ok를 출력합니다.

오른쪽 상단의 [▷] 버튼을 눌러 코드를 실행시킵니다. 접속주소/1 에 접속하였을 때 1page ok를 출력하였습니다.

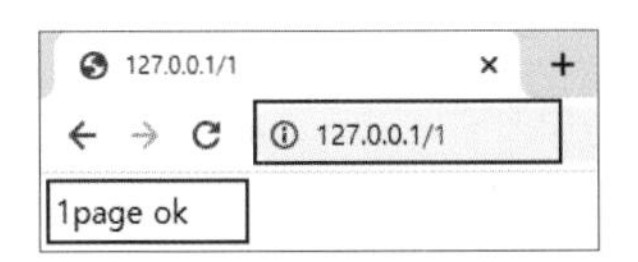

접속주소/2 에 접속하였을 때 2page ok를 출력하였습니다.

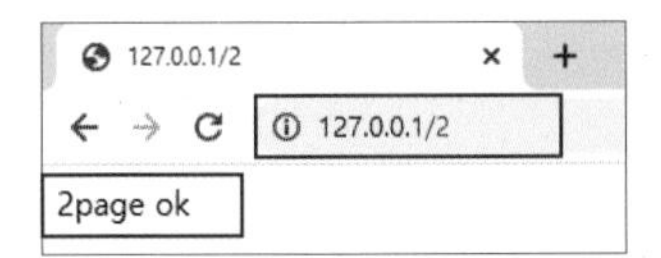

flask을 이용하여 html 파일을 서버로 만들어 보여주는 코드 만들기

우선 html을 서버로 활용하는 방법에 대해 알아봅니다.

[28. 플라스크 웹서버 만들기] 폴더에 [templates]의 이름으로 폴더를 하나 생성 합니다. flask를 사용하기 위해 폴더의 이름은 임의로 변경하면 안 됩니다. 정확하게 [templates] 이름으로 폴더를 생성합니다.

[27. 전국의 대학교 위치 시각화하기] 장에서 만들었던 [uni_map.html] 결과 파일을 [28. 플라스크 웹서버 만들기] 폴더의 [templates] 폴더에 복사합니다.

html 파일을 flask을 이용하여 서버로 만들어 보여주는 프로그램을 만들어봅니다.

main28-3.py 파일을 생성한 후 다음 코드를 작성합니다.

28. 플라스크 웹서버 만들기\main28-3.py

```
01  from flask import Flask, render_template
02
03  app = Flask(__name__)
04
05  @app.route('/')
06  def hello():
07      return "hello"
08
09  @app.route('/map')
10  def map():
11      return render_template("uni_map.html")
12
13  def main():
14      app.run(debug=True,port=80)
15
16  if __name__== '__main__':
17      main()
```

09~10: /map에 접속하면 [templates] 폴더의 uni_map.html 파일을 응답합니다.

오른쪽 상단의 [▷] 버튼을 눌러 코드를 실행시킵니다. 주소/map에 접속하면 [27. 전국의 대학교 위치 시각화하기]장에서 생성했던 [uni_map.html] 파일을 불러와 실행하였습니다.

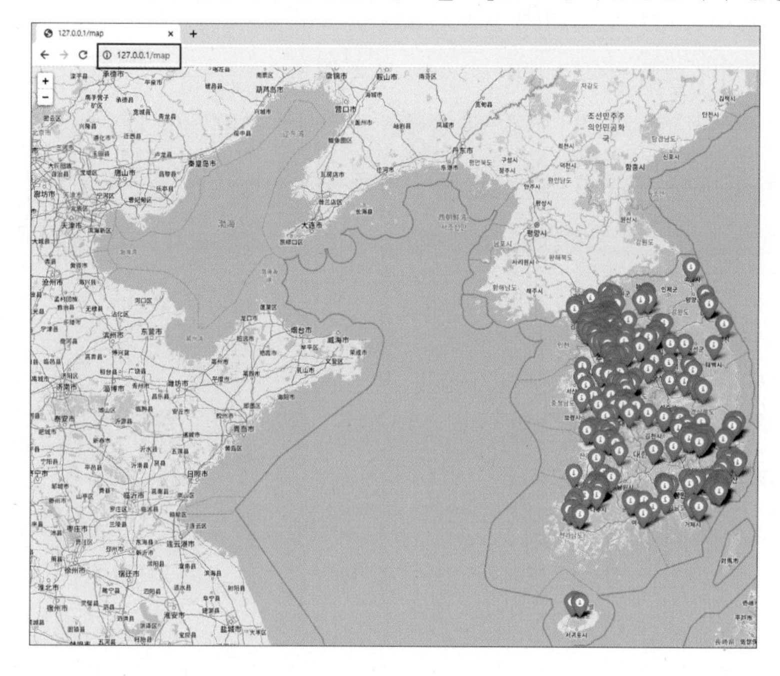

PROJECT 29 _ 쉬운 웹앱만들기

핵심 요약

바로 이전 실습에서 flask를 이용하여 웹서버를 만들어보았습니다. 웹서버를 잘 만들기 위해서는 파이썬 뿐만 아니라 html, 디자인 등 여러 가지를 잘해야 합니다. 이번 장에서는 파이썬만을 이용해서 쉽고 디자인적으로도 훌륭한 웹앱을 만들어보도록 합니다. 이번에 만드는 웹앱은 달력으로 날짜를 선택하여 비트코인의 시세를 1시간 단위로 그래프에 표시해주는 웹앱입니다.

사전 준비 [파이썬과 40개의 작품들] 폴더에 [29. 쉬운 웹앱만들기] 폴더를 생성한 후 [main29-1.py] 파일을 생성합니다.

라이브러리 설치

터미널에서 다음의 명령어를 입력하여 streamlit 라이브러리를 설치합니다. streamlit 라이브러리를 빠르고 쉽게 웹앱을 만들기 위한 라이브러리입니다.

설치 시 이메일을 입력하는 부분이 출력되면 사용하는 이메일을 입력합니다. 업데이트 내용 등을 이메일을 통해 알려줍니다.

```
pip install streamlit
```

터미널에서 다음의 명령어를 입력하여 pyupbit 라이브러리를 설치합니다. pyupbit 업비트에서 가상화폐 데이터를 조회할 수 있는 라이브러리입니다.

```
pip install pyupbit
```

다음의 streamlit의 사이트 주소로 개발현황, 사용법 등을 알 수 있습니다.

- https://streamlit.io/

streamlit을 이용하여 차트 그리는 코드 만들기

streamlit을 이용하여 간단한 차트를 그리는 프로그램을 만들어봅니다.

29. 쉬운 웹앱만들기\main29-1.py

```
01  import streamlit as st
02
03  data_list = {1,2,3,4,5,6,7,8,9,10}
04  st.write('''
05  샘플데이터
06  ''')
07
08  st.line_chart(data_list)
```

03: 차트에 넣을 데이터를 만듭니다.
08: 차트를 그립니다.

오른쪽 상단의 [▷] 버튼을 눌러 코드를 실행 할 경우 에러가 발생합니다. 터미널에서 명령을 입력하여 코드를 실행합니다.

```
    streamlit run c:/파이썬과 40개의 작품들/29. 쉬운 웹앱만들기/main29-1.py [ARGUMENTS]
PS C:\파이썬과 40개의 작품들> & C:/ProgramData/Anaconda3/python.exe "c:/파이썬과 40개의
2021-12-06 11:33:31.965
  Warning: to view this Streamlit app on a browser, run it with the following
  command:

    streamlit run c:/파이썬과 40개의 작품들/29. 쉬운 웹앱만들기/main29-1.py [ARGUMENTS]
```

[29. 쉬운 웹앱만들기] 폴더에서 마우스 오른쪽을 클릭 후 [통합 터미널에서 열기]를 클릭합니다.

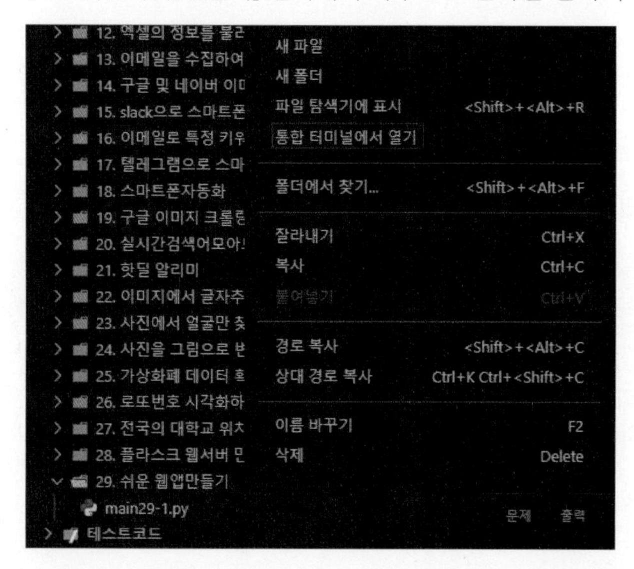

[29. 쉬운 웹앱만들기] 폴더의 경로로 이동하여 [streamlit run 파일명.py]의 명령어로 웹앱을 실행합니다.
실행하는 파일명은 main29-1.py입니다.
streamlit run main29-1.py 명령어를 입력하여 실행합니다.

```
PS C:\파이썬과 40개의 작품들\29. 쉬운 웹앱만들기> conda activate base
PS C:\파이썬과 40개의 작품들\29. 쉬운 웹앱만들기> streamlit run main29-1.py

  You can now view your Streamlit app in your browser.

  Local URL: http://localhost:8501
  Network URL: http://192.168.50.225:8501
```

기본 브라우저가 열리면서 웹앱이 실행됩니다. 기본 브라우저가 익스플로러라면 화면이 보이지 않을 수 있으므로 크롬 등으로 주소를 직접 입력하여 접속 가능합니다. 익스플로러는 호환성이 좋지 않아 동작하지 않는 경우가 많습니다.

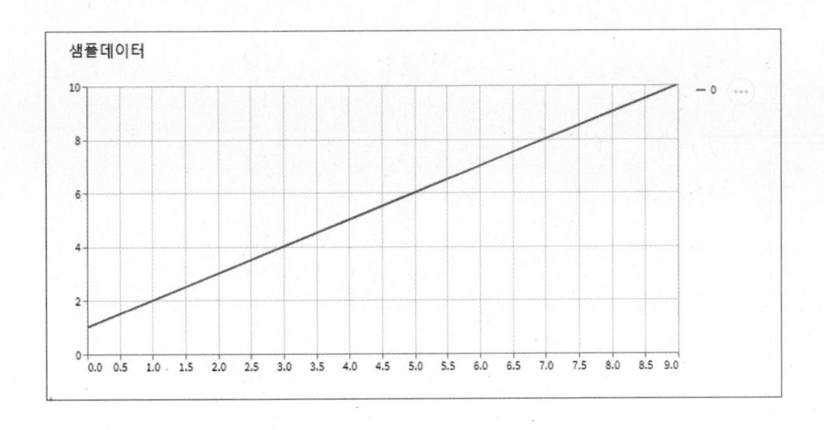

파이썬에서 웹앱을 종료하고 싶다면 실행되고 있는 터미널에서 [Ctrl + C]를 눌러 종료합니다.

달력에서 날짜를 선택하는 코드 만들기

달력에서 날짜를 선택하는 프로그램을 만들어봅니다. main29-2.py 파일을 생성한 후 다음 코드를 작성합니다.

29. 쉬운 웹앱만들기\main29-2.py

```
01  import streamlit as st
02  import datetime
03
04  d = st.date_input(
05      "날짜를 선택하세요",
06      datetime.date.today())
07
08  st.write('선택한 날짜:',d)
```

04~06 : 달력으로 날짜를 입력 받습니다.
08 : 선택한 날짜를 출력합니다.

[29. 쉬운 웹앱만들기] 폴더에서 마우스 오른쪽을 클릭 후 [통합 터미널에서 열기]를 클릭합니다. streamlit run main29-2.py 명령어를 입력하여 웹앱을 실행합니다.

기본 브라우저를 통해 웹앱이 실행됩니다. 날짜를 클릭 후 달력이 보이면 원하는 날짜를 클릭합니다.

날짜를 선택하여 실행하였습니다.

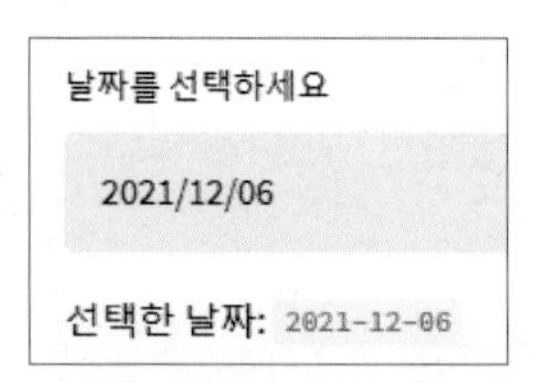

선택한 날짜의 비트코인 시세를 그래프로 출력해주는 웹앱 코드 만들기

선택한 날짜의 비트코인 시세를 그래프로 출력해주는 웹앱을 만들어봅니다. main29-3.py 파일을 생성한 후 다음 코드를 작성합니다.

29. 쉬운 웹앱만들기\main29-3.py

```
01  import streamlit as st
02  import datetime
03  import pyupbit
04
05  d = st.date_input(
06      "날짜를 선택하세요",
07      datetime.date.today())
08
09  st.write('비트코인 1일 차트')
10
11  ticker = 'KRW-BTC'
12  interval = 'minute60'
13  to = str(d + datetime.timedelta(days=1))
14  count = 24
15  price_now = pyupbit.get_ohlcv(ticker=ticker,interval=interval,to=to,count=count)
16
17  st.line_chart(price_now.close)
```

05~07 : 달력으로 날짜를 입력받습니다.
11~15 : 비트코인의 1시간데이터를 24개 가져옵니다.
13 : 입력한 날짜에 하루를 더해줍니다. 이전데이터 24개를 가지고 오기 때문에 예를 들어 12월 5일의 값을 알고 싶다면 12월6일부터 이전 24개의 데이터를 가지고 오면 됩니다.
17 : 그래프로 그려줍니다.

[29. 쉬운 웹앱만들기] 폴더에서 마우스 오른쪽을 클릭 후 [통합 터미널에서 열기]를 클릭합니다.
streamlit run main29-3.py 명령어를 입력하여 웹앱을 실행합니다.
달력으로 날짜를 선택 시 그날의 비트코인의 시세를 1시간 단위로 확인하는 웹앱을 만들었습니다.
[확대] 버튼을 누르면 그래프를 크게 볼 수 있습니다.

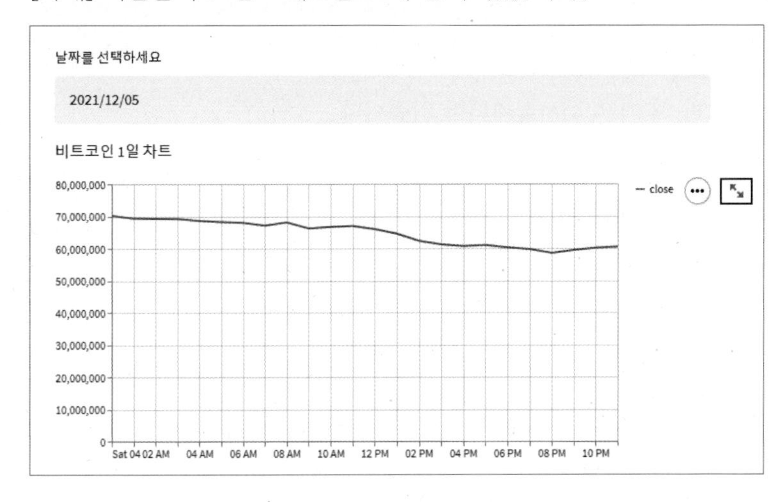

몇 줄 되지 않는 코드를 가지고 훌륭한 웹앱을 만들었습니다. html과 디자인을 할 줄 몰라도 파이썬 언어만을 가지고 훌륭한 웹앱을 만들 수 있습니다.

PROJECT 30 _ 가상화폐 금액표시 GUI 프로그램 만들기

핵심 요약	간단하게 GUI 프로그램을 만들 수 있는 tkinter를 이용하여 GUI 가상화폐의 실시간 금액을 표시하는 GUI 프로그램을 만들어 봅니다.

사전 준비 [파이썬과 40개의 작품들] 폴더에 [30. 가상화폐 금액표시 GUI 프로그램 만들기] 폴더를 생성한 후 [main30-1.py] 파일을 생성합니다.

30. 가상화폐 금액표시 GUI 프로그램 만들기
main30-1.py

라이브러리 설치

tkinter 라이브러리는 아나콘다를 설치 시 기본으로 설치되어 있습니다.

터미널에서 다음의 명령어를 입력하여 pyupbit 라이브러리를 설치합니다. pyupbit 업비트에서 가상화폐 데이터를 조회할 수 있는 라이브러리입니다.

```
pip install pyupbit
```

tkinter를 사용하여 GUI 코드 만들기

tkinter를 사용하여 GUI 프로그램을 만들어봅니다. 다음 코드를 작성합니다.

30. 가상화폐 금액표시 GUI 프로그램 만들기\main30-1.py

```
01  import tkinter
02
03  window = tkinter.Tk()
04  window.title("가상화폐 금액표시")
05  window.geometry("400x200")
06  window.resizable(False,False)
07
08  label=tkinter.Label(window, text="hello")
09  label.pack()
10
11  window.mainloop()
```

01 : tkinter 라이브러리를 불러옵니다.
03 : window 객체를 생성합니다.
04 : 타이틀을 정의합니다.
05 : GUI의 사이즈를 설정합니다. x는 영어 소문자입니다.
06 : 가로세로의 크기를 조절하지 못하도록 설정합니다.
08~09 : hello의 문자열을 출력합니다.
11 : GUI를 계속 실행하기 위해 mainloop를 실행합니다.

오른쪽 상단의 [▷] 버튼을 눌러 코드를 실행시킵니다. tkinter를 활용하여 GUI 프로그램을 만들었습니다.

글자 크기를 키우는 코드 만들기

"hello" 글자 크기를 키우는 코드를 만들어봅니다.

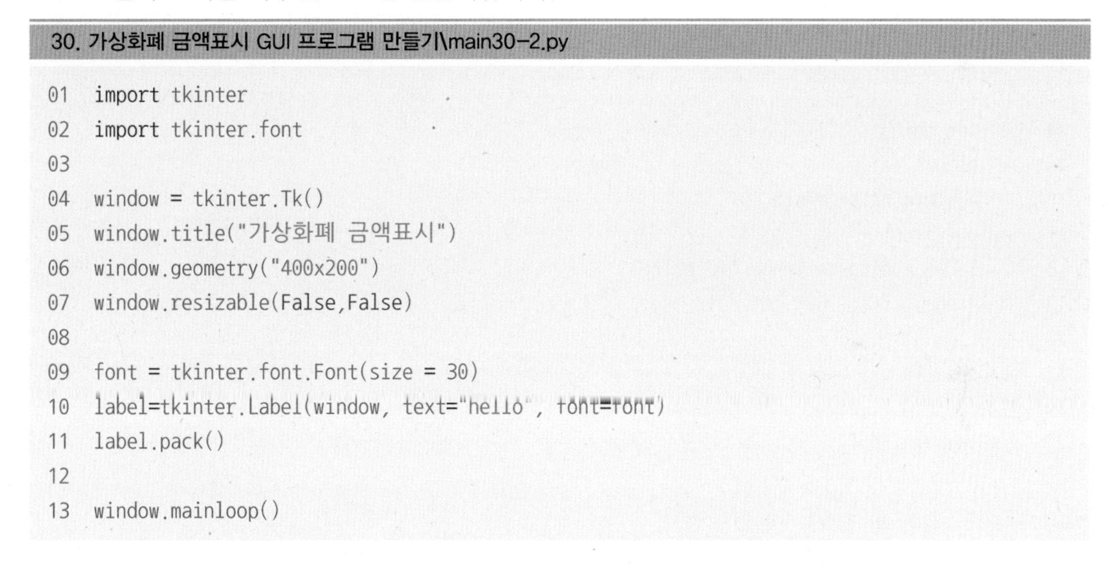

30. 가상화폐 금액표시 GUI 프로그램 만들기\main30-2.py

```
01  import tkinter
02  import tkinter.font
03  
04  window = tkinter.Tk()
05  window.title("가상화폐 금액표시")
06  window.geometry("400x200")
07  window.resizable(False,False)
08  
09  font = tkinter.font.Font(size = 30)
10  label=tkinter.Label(window, text="hello", font=font)
11  label.pack()
12  
13  window.mainloop()
```

02 : 폰트 라이브러리를 불러옵니다.
09~10 : 폰트를 적용합니다.

오른쪽 상단의 [▷] 버튼을 눌러 코드를 실행시킵니다. hello의 글자 크기를 30으로 크게 설정하여 출력하였습니다.

1초마다 반복해서 동작하는 코드 만들기

가상화폐의 실시간 데이터를 출력하기 위해서는 1초마다 반복적으로 동작하는 루틴이 필요합니다. 1초마다 실행되는 함수를 만들어봅니다. main30-3.py 파일을 생성한 후 다음 코드를 작성합니다.

30. 가상화폐 금액표시 GUI 프로그램 만들기\main30-3.py

```
01  import tkinter
02  import tkinter.font
03
04  window = tkinter.Tk()
05  window.title("가상화폐 금액표시")
06  window.geometry("400x200")
07  window.resizable(False,False)
08
09  font = tkinter.font.Font(size = 30)
10  label=tkinter.Label(window, text="", font=font)
11  label.pack()
12
13  cnt = 0
14  def get_coin_1sec():
15      global cnt
16      now_btc_price = str(cnt)
17      cnt = cnt + 1
18      label.config(text=now_btc_price)
19      window.after(1000,get_coin_1sec)
20
21  get_coin_1sec()
22
23  window.mainloop()
```

14~19 : 1초마다 실행되는 함수를 만들었습니다.
15 : 함수 안에서 cnt의 전역변수를 사용하기 위해 global을 붙여 전역 변수인 cnt를 사용합니다.
18 : 라벨의 text를 변경합니다.
19 : 1초 후에 get_coin_1sec 함수를 불러옵니다. 자기 자신의 함수입니다. 자신 자신의 함수를 1초 후에 불러와 1초마다 실행되게 합니다.
21 : get_coin_1sec 함수를 실행합니다. 한 번 실행 후 자신 자신을 1초마다 계속 호출합니다.

오른쪽 상단의 [▷] 버튼을 눌러 코드를 실행시킵니다. 1초마다 cnt의 값이 증가되면서 GUI에 표시됩니다.

1초마다 반복해서 동작하는 GUI 코드 만들기

비트코인의 거래가격을 1초 간격으로 받아와 비트코인의 실시간 시세를 1초마다 출력하는 GUI 프로그램을 만들어봅니다. main30-4.py 파일을 생성한 후 다음 코드를 작성합니다.

30. 가상화폐 금액표시 GUI 프로그램 만들기\main30-4.py

```
01  import tkinter
02  import tkinter.font
03  import pyupbit
04  import threading
05  import time
06
07  coin_price = 0
08  def get_coin_price():
09      global coin_price
10      while True:
11          coin_price = pyupbit.get_current_price("KRW-BTC")
12          time.sleep(1.0)
13
14  t1 = threading.Thread(target=get_coin_price)
15  t1.daemon = True
16  t1.start()
17
18  window = tkinter.Tk()
19  window.title("비트코인 실시간 가격")
20  window.geometry("400x50")
21  window.resizable(False,False)
22
23  font = tkinter.font.Font(size = 30)
24  label=tkinter.Label(window, text="", font=font)
25  label.pack()
26
27  def get_coin_1sec():
28      global coin_price
29      now_btc_price = str(coin_price)
30      label.config(text=now_btc_price)
31      window.after(1000,get_coin_1sec)
32
33  get_coin_1sec()
34
35  window.mainloop()
```

07~16: 1초마다 비트코인의 시세를 가져와 coin_price 전역변수에 저장하는 쓰레드 프로그램을 생성하였습니다. 데몬 쓰레드로 생성하여 메인 프로그램이 종료되면 함께 종료됩니다.

27~30: coin_price의 가격을 1초마다 GUI에 표시합니다.

오른쪽 상단의 [▷] 버튼을 눌러 코드를 실행시킵니다. 비트코인의 신시간 체결 금액을 출력하는 프로그램을 완성하였습니다.

exe 실행파일 만들고 응용프로그램으로 실행

일반적으로 PC에서 사용하는 프로그램은 .exe 등의 실행파일을 더블클릭하여 실행하면 프로그램이 동작합니다. 우리가 만든 프로그램도 .exe의 실행파일로 만들어 코드 상태에서 실행하지 않고 응용프로그램으로 실행하여 봅니다.

터미널에서 다음의 명령어를 입력하여 pyinstaller 라이브러리를 설치합니다.

```
pip install pyinstaller
```

[30. 가상화폐 금액표시 GUI 프로그램 만들기] 폴더에 마우스 오른쪽을 클릭 후 [통합 터미널에서 열기]를 클릭합니다.

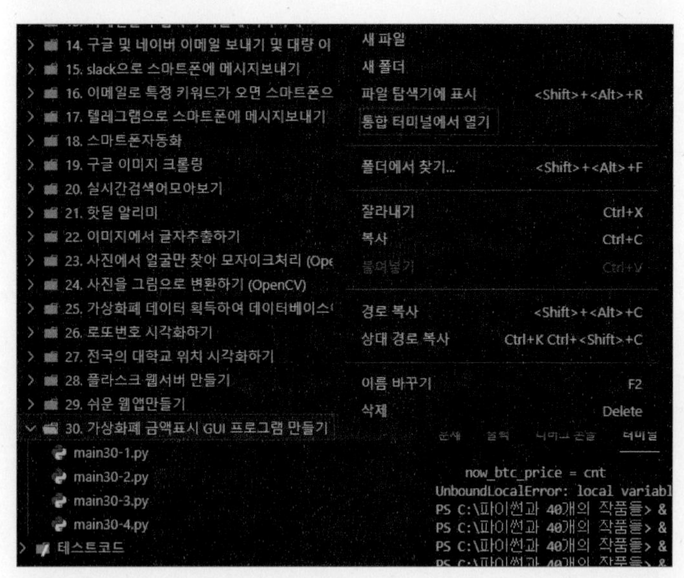

다음의 경로상에 터미널이 열렸습니다.

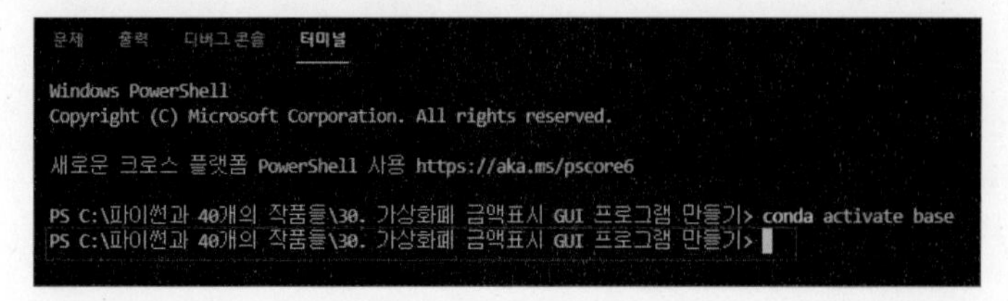

다음의 명령어로 실행파일을 만들 수 있습니다.

```
pyinstaller -w -F 파일이름.py
```

main30-4.py 파일을 실행파일로 만듭니다. 다음의 명령을 터미널에 입력합니다.

```
pyinstaller -w -F main30-4.py
```

```
문제  출력  디버그 콘솔  터미널

Windows PowerShell
Copyright (C) Microsoft Corporation. All rights reserved.

새로운 크로스 플랫폼 PowerShell 사용 https://aka.ms/pscore6

PS C:\파이썬과 40개의 작품들\30. 가상화폐 금액표시 GUI 프로그램 만들기> conda activate base
PS C:\파이썬과 40개의 작품들\30. 가상화폐 금액표시 GUI 프로그램 만들기> pyinstaller -w -F main30-4.py
```

사용되는 라이브러리가 많은 경우 시간이 오래 소요됩니다. 약 10~30분가량의 시간이 소요되어 완료 되었습니다.

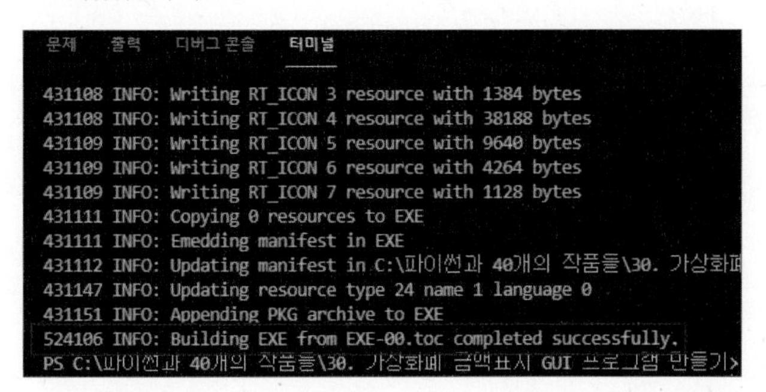

설치파일을 만든 폴더 [30. 가상화폐 금액표시 GUI 프로그램 만들기] 폴더에 [dist] 폴더로 들어갑니다.

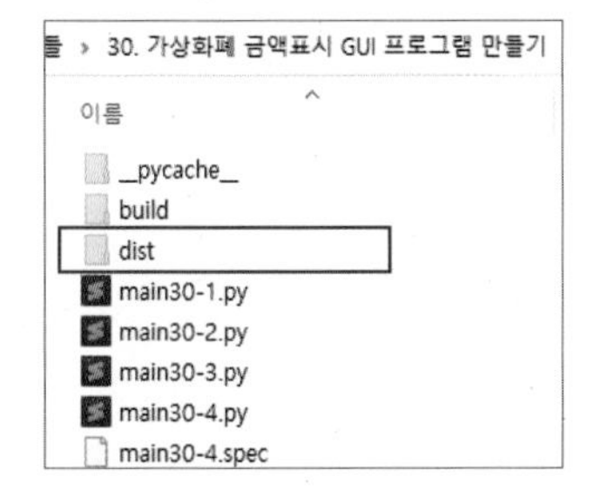

실행파일이 생성되었습니다. 단 아나콘다 패키지를 이용하였기에 필요 없는 라이브러리도 함께 실행파일로 만들어져 파일의 크기가 큽니다.

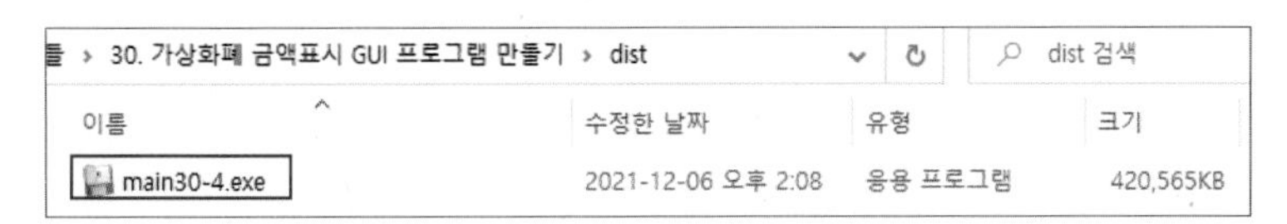

더블클릭하여 실행하면 프로그램이 실행됩니다.

PROJECT 31 _ 로또번호 생성기 GUI 프로그램 만들기

핵심 요약 랜덤한 번호를 추출하여 로또번호를 생성하는 GUI 프로그램을 만들어보도록 합니다. tkinter를 이용하여 GUI 프로그램을 만들어봅니다.

사전 준비 [파이썬과 40개의 작품들] 폴더에 [31. 로또번호 생성기 GUI 프로그램 만들기] 폴더를 생성한 후 [main31-1.py] 파일을 생성합니다.

31. 로또번호 생성기 GUI 프로그램 만들기
main31-1.py

랜덤 번호 중 6개의 번호를 출력하는 코드 만들기

랜덤한 번호를 생성하고 6개의 번호를 출력하는 프로그램을 만들어봅니다.

31. 로또번호 생성기 GUI 프로그램 만들기\main31-1.py

```
01  import random
02
03  lotto_num = range(1,46)
04
05  for i in range(5):
06      print(random.sample(lotto_num,6))
```

01: 랜덤한 값을 사용하기 위해 라이브러리를 불러옵니다.
03: 1~45의 숫자값을 생성합니다.
05: 5번 반복합니다.
06: .smaple을 이용하여 1~45의 숫자값 중에 6개의 값을 뽑습니다. sample은 중복된 값을 제외하고 가져옵니다.

오른쪽 상단의 [▷] 버튼을 눌러 코드를 실행시킵니다. 랜덤한 6개의 값을 5회 뽑아 출력하였습니다.

```
[39, 3, 9, 8, 10, 37]
[42, 11, 25, 43, 34, 19]
[5, 3, 40, 14, 11, 10]
[6, 23, 15, 28, 43, 35]
[44, 5, 18, 13, 31, 19]
```

tkinter를 이용하여 버튼을 누를 때마다 6개의 랜덤 번호를 출력하는 코드 만들기

tkinter를 이용하여 버튼을 누를 때마다 6개의 랜덤한 번호를 추출하는 프로그램을 만들어봅니다. main31-2.py 파일을 만들고 다음 코드를 작성합니다.

31. 로또번호 생성기 GUI 프로그램 만들기\main31-2.py

```
01  import tkinter
02  import tkinter.font
03  import random
04
05  lotto_num = range(1,46)
06
07  def buttonClick():
08      print(random.sample(lotto_num,6))
09
10  window=tkinter.Tk()
11  window.title("lotto")
12  window.geometry("400x200+800+300")
13  window.resizable(False, False)
14
15  button = tkinter.Button(window, overrelief="solid",text="번호확인", width=15, com-
mand=buttonClick, repeatdelay=1000, repeatinterval=100)
16  button.pack()
17
18  window.mainloop()
```

07~08 : 버튼을 누를 때마다 동작하는 함수입니다.
10~13 : 기본 GUI를 설정합니다.
12 : 가로세로의 크기와 +800+300은 초기 위치를 나타냅니다.
15~16 : 버튼을 생성합니다.

오른쪽 상단의 [▷] 버튼을 눌러 코드를 실행시킵니다. [번호확인] 버튼을 눌러봅니다.

터미널에 [번호확인] 버튼을 누를 때 마가 6개의 랜덤한 번호가 생성됩니다.

```
PS C:\파이썬과 40개의 작품들> &
[43, 19, 16, 14, 22, 30]
[45, 15, 22, 34, 25, 35]
```

번호를 누르면 번호를 자동 생성하여 GUI에 표시하는 코드 만들기

번호를 누르면 번호를 자동 생성하여 GUI에 표시하는 프로그램을 만들어 완성하도록 합니다. main31-3.py 파일을 생성한 후 다음 코드를 작성합니다.

31. 로또번호 생성기 GUI 프로그램 만들기\main31-3.py

```
01  import tkinter
02  import tkinter.font
03  import random
04
05  lotto_num = range(1,46)
06
07  def buttonClick():
08      for i in range(5):
09          lottoPick = map(str,random.sample(lotto_num,6))
10          lottoPick = ','.join(lottoPick)
11          lottoPick = str(i+1) + "회: " + lottoPick
12          print(lottoPick)
13          listbox.insert(i, lottoPick)
14      listbox.pack()
15
16  window=tkinter.Tk()
17  window.title("lotto")
18  window.geometry("400x200+800+300")
19  window.resizable(False, False)
20
21  button = tkinter.Button(window, overrelief="solid",text="번호확인", width=15, com-
mand=buttonClick, repeatdelay=1000, repeatinterval=100)
22  button.pack()
23
24  font = tkinter.font.Font(size = 20)
25  listbox = tkinter.Listbox(window, selectmode='extended', height=5, font=font)
26  listbox.insert(0, "1회:")
27  listbox.insert(1, "2회:")
28  listbox.insert(2, "3회:")
29  listbox.insert(3, "4회:")
30  listbox.insert(4, "5회:")
31  listbox.pack()
32
33  window.mainloop()
```

09 : 랜덤으로 생성된 번호 6개를 map함수를 사용하여 문자열로 변환합니다.
10 : 문자열 리스트를 합쳐서 하나의 문자열로 변환합니다. 중간에 ,(콤마)를 추가합니다.
13 : 리스트박스에 값을 넣습니다.
24~31 : 리스트박스를 생성합니다.

오른쪽 상단의 [▷] 버튼을 눌러 코드를 실행시킵니다. [번호확인] 버튼을 누르면 6개의 랜덤한 번호가 5번 실행되어 GUI에 표시됩니다.

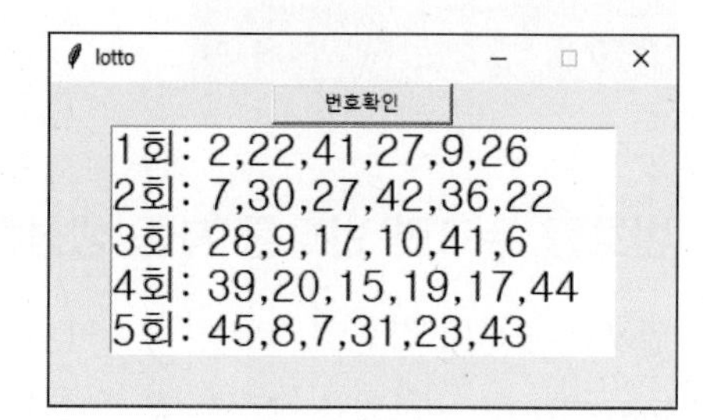

PROJECT 32 _ 메모장 만들기

핵심 요약	tkinter GUI를 이용하여 간단한 메모장 프로그램을 만들어 봅니다.

사전 준비 [파이썬과 40개의 작품들] 폴더에 [32. 메모장 만들기] 폴더를 생성한 후 [main32-1.py] 파일을 생성합니다.

tkinter GUI를 이용하여 메모장 뼈대와 메뉴 구성하는 코드 만들기

tkinter를 이용하여 메모장의 뼈대를 구성하고 메뉴 구성을 해봅니다. 다음 코드를 작성합니다.

32. 메모장 만들기\main32-1.py

```
01  from tkinter import *
02  from tkinter.filedialog import *
03
04
05  def new_file():
06      pass
07
08  def save_file():
09      pass
10
11  def maker():
12      pass
13
14  window = Tk()
15  window.title("메모장")
16  window.geometry("400x400+800+300")
17  window.resizable(False, False)
18
19  menu = Menu(window)
20  menu_1 = Menu(menu, tearoff=0)
21  menu_1.add_command(label="새파일", command=new_file)
22  menu_1.add_command(label="저장", command=save_file)
23  menu_1.add_separator()
24  menu_1.add_command(label="종료", command=window.destroy)
25  menu.add_cascade(label="파일", menu=menu_1)
26
27  menu_2 = Menu(menu, tearoff=0)
28  menu_2.add_command(label="만든이", command = maker)
29  menu.add_cascade(label="만든이", menu=menu_2)
30
31  window.config(menu=menu)
32
33  window.mainloop()
```

05~12 : 각각의 메뉴를 선택하였을 때 동작하는 함수입니다.
19~25 : 첫 번째 메뉴를 구성합니다. 새파일, 저장, 종료를 파일의 이름으로 묶습니다.
23 : 메뉴에 줄을 추가합니다.
27~29 : 두 번째 메뉴를 구성합니다. 만든이를 만든이의 이름으로 묶습니다.
31 : 메뉴를 구성합니다.

오른쪽 상단의 [▷] 버튼을 눌러 코드를 실행시킵니다. 파일에 새파일, 저장, 종료 메뉴가 구성되었습니다. 만든이에는 만든이 메뉴가 구성되었습니다.

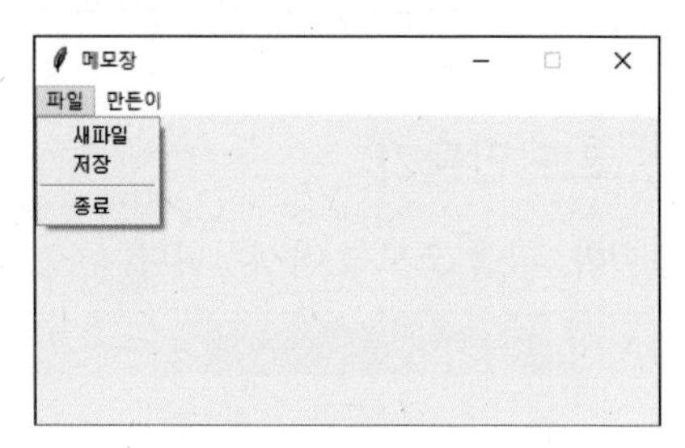

메뉴 아래에 텍스트를 입력할 수 있는 텍스트 창을 추가하도록 합니다. main32-2.py 파일을 생성한 후 다음 코드를 작성합니다.

32. 메모장 만들기\main32-2.py

```
01  from tkinter import *
02  from tkinter.filedialog import *
03
04
05  def new_file():
06      pass
07
08  def save_file():
09      pass
10
11  def maker():
12      pass
13
14  window = Tk()
15  window.title("메모장")
16  window.geometry("400x400+800+300")
17  window.resizable(False, False)
18
20  menu_1 = Menu(menu, tearoff=0)
21  menu_1.add_command(label="새파일", command=new_file)
22  menu_1.add_command(label="저장", command=save_file)
23  menu_1.add_separator()
24  menu_1.add_command(label="종료", command=window.destroy)
25  menu.add_cascade(label="파일", menu=menu_1)
```

```
26
27  menu_2 = Menu(menu, tearoff=0)
28  menu_2.add_command(label="만든이", command = maker)
29  menu.add_cascade(label="만든이", menu=menu_2)
30
31  text_area = Text(window)
32  window.grid_rowconfigure(0, weight=1)
33  window.grid_columnconfigure(0, weight=1)
34  text_area.grid(sticky = N + E + S + W)
35
36  window.config(menu=menu)
37
38  window.mainloop()
```

31~34 : 텍스트를 입력받을 수 있는 창을 추가하였습니다.
32~33 : 왼쪽 오른쪽 공백을 설정합니다.
34 : 텍스트 창을 동서남북 방향으로 붙입니다.

오른쪽 상단의 [▷] 버튼을 눌러 코드를 실행시킵니다. 텍스트를 입력받을 수 있는 텍스트 입력창이 추가되었습니다.

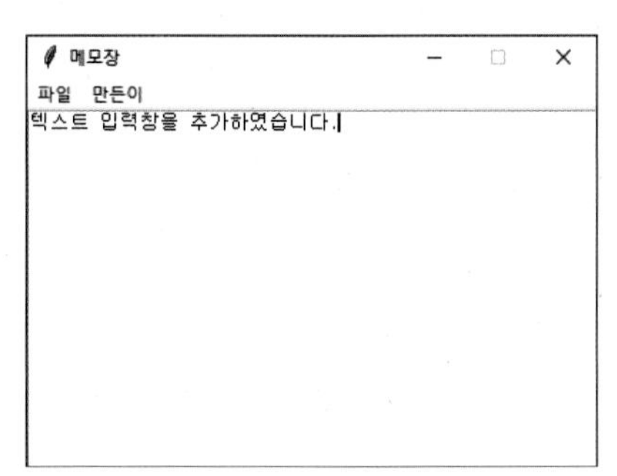

메뉴 버튼을 눌렀을 때 동작하는 기능을 추가하여 메모장을 완성합니다. main32-3.py 파일을 생성한 후 다음 코드를 작성합니다.

32. 메모장 만들기\main32-3.py

```
01  from tkinter import *
02  from tkinter.filedialog import *
03
04
05  def new_file():
06      text_area.delete(1.0,END)
07
08  def save_file():
09      f = asksaveasfile(mode = "w", defaultextension=".txt",filetypes=[('Text files', '.txt')])
```

```
10      text_save = str(text_area.get(1.0, END))
11      f.write(text_save)
12      f.close()
13
14  def maker():
15      help_view = Toplevel(window)
16      help_view.geometry("300x50+800+300")
17      help_view.title("만든이")
18      lb = Label(help_view, text = "파이썬과 40개의 작품들 메모장 만들기 입니다.")
19      lb.pack()
20
21  window = Tk()
22  window.title("메모장")
23  window.geometry("400x400+800+300")
24  window.resizable(False, False)
25
26  menu = Menu(window)
27  menu_1 = Menu(menu, tearoff=0)
28  menu_1.add_command(label="새파일", command=new_file)
29  menu_1.add_command(label="저장", command=save_file)
30  menu_1.add_separator()
31  menu_1.add_command(label="종료", command=window.destroy)
32  menu.add_cascade(label="파일", menu=menu_1)
33
34  menu_2 = Menu(menu, tearoff=0)
35  menu_2.add_command(label="만든이", command = maker)
36  menu.add_cascade(label="만든이", menu=menu_2)
37
38  text_area = Text(window)
39  window.grid_rowconfigure(0, weight=1)
40  window.grid_columnconfigure(0, weight=1)
41  text_area.grid(sticky = N + E + S + W)
42
43  window.config(menu=menu)
44
45  window.mainloop()
```

05~06: 새파일 메뉴를 눌렀을 때 new_flie 함수가 실행되어 텍스트영역을 지웁니다.
08~12: 저장 메뉴를 눌렀을 때 .txt 파일명으로 텍스트의 내용을 저장합니다.
14~19: 만든이 메뉴를 눌렀을 때 새로운 만든이 창이 생성되고 내용이 표시됩니다.

오른쪽 상단의 [▷] 버튼을 눌러 코드를 실행시킵니다. 각각의 메뉴를 눌러보고 저장해봅니다. 간단한 메모장을 완성하였습니다.

PROJECT 33 _ 계산기 만들기(PYQT)

핵심 요약	PYQT의 GUI를 만드는 라이브러리를 활용하여 윈도우의 계산기와 비슷한 계산기를 만들어봅니다.

사전 준비 [파이썬과 40개의 작품들] 폴더에 [33. 계산기 만들기(PYQT)] 폴더를 생성한 후 [main33-1.py] 파일을 생성합니다.

Qt Designer로 계산기 Widget 만들기

아나콘다를 이용해 파이썬 설치 시 pyqt는 기본으로 설치되어 있습니다. pyqt는 designer라는 그래픽 환경의 GUI 생성 툴이 있습니다. 터미널에서 designer를 입력합니다.

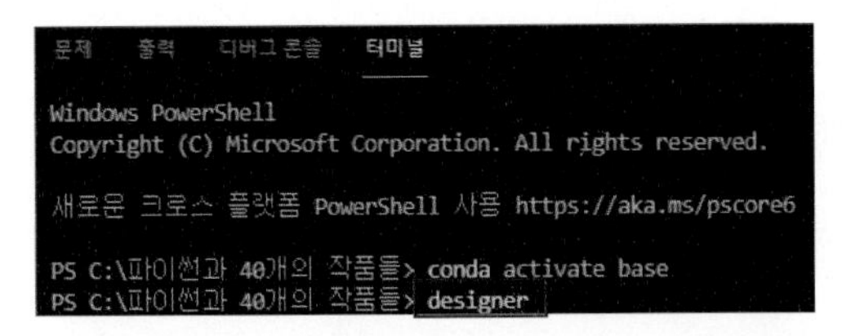

터미널이 보이지 않는다면 [터미널] -> [새 터미널]을 클릭하면 터미널이 생성됩니다.

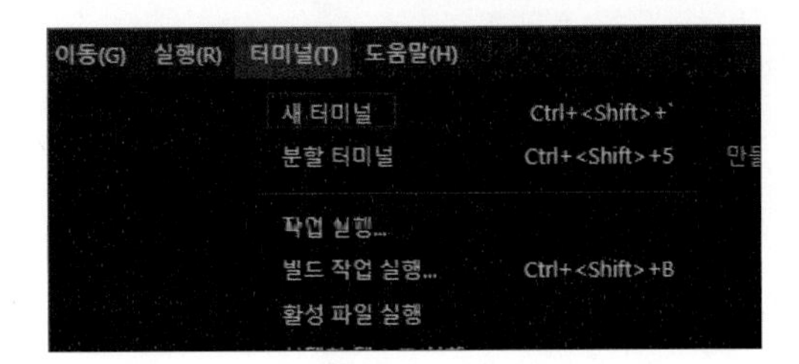

다음과 같이 Qt Designer 프로그램이 열렸습니다.

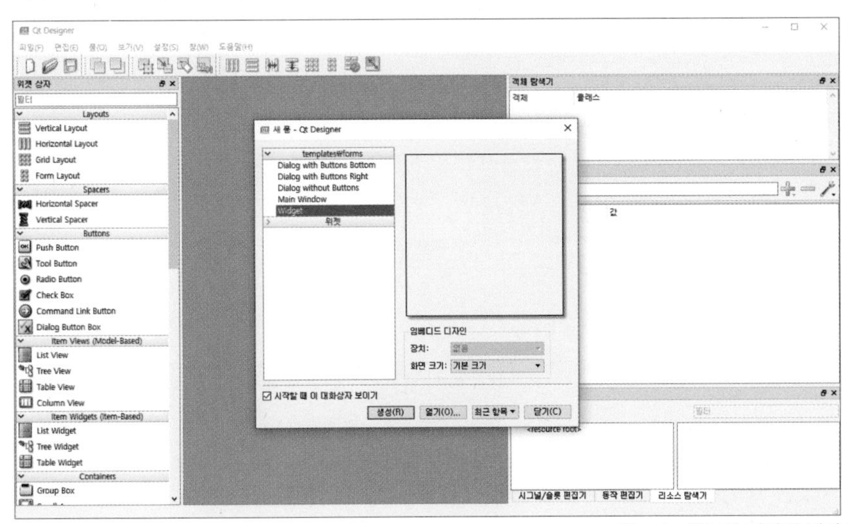

[Widget]을 선택 후 [생성] 버튼을 클릭하여 새로운 Widget을 생성합니다.

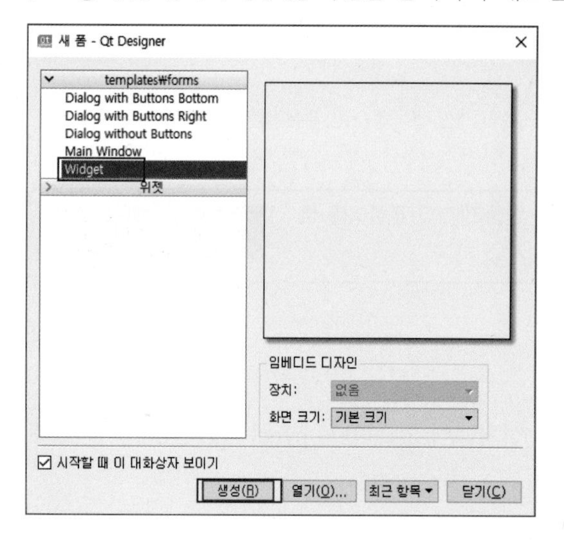

WIdget이 생성되었습니다. 위젯 상자에서 가운데 위젯으로 아이콘을 끌어다 위치 시켜 GUI를 구성할 수 있습니다. 속성 편집기에서 각각의 위젯의 속성을 변경할 수 있습니다.

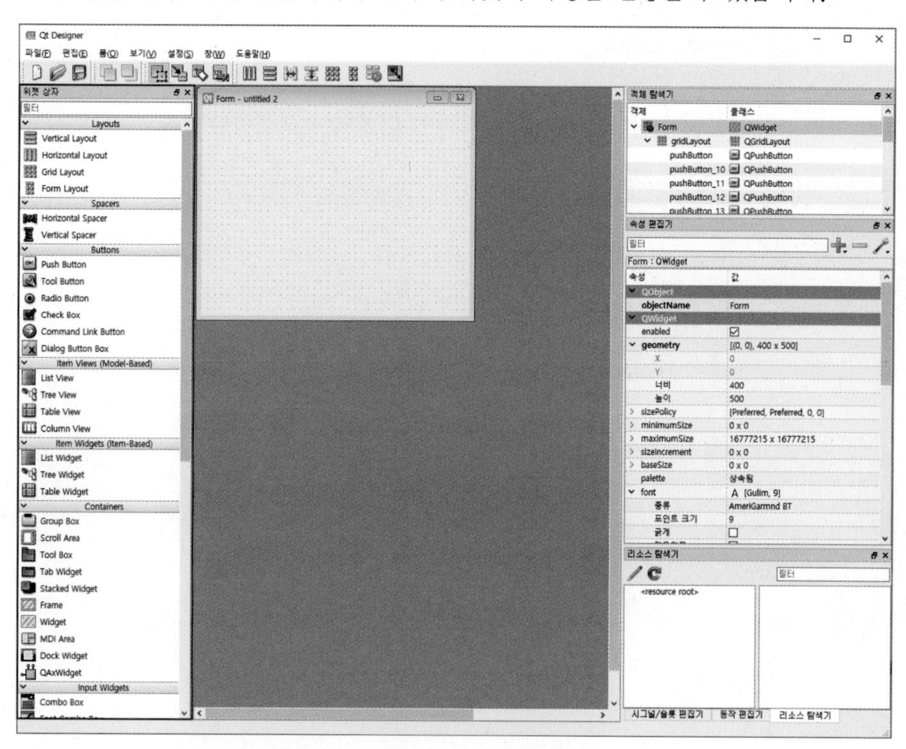

가운데 위젯을 선택 후 속성을 변경합니다.

geometry에서 너비와 높이를 각각 400, 500으로 설정합니다.

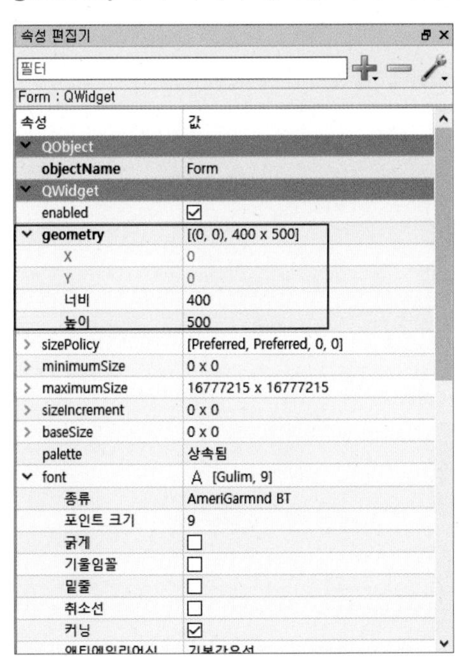

Layouts에서 위쪽의 빨간 네모는 [Vertical Layout] 아래쪽의 빨간 네모는 [Grid Layout]을 끌어다 놓아 사진처럼 위치시킵니다.

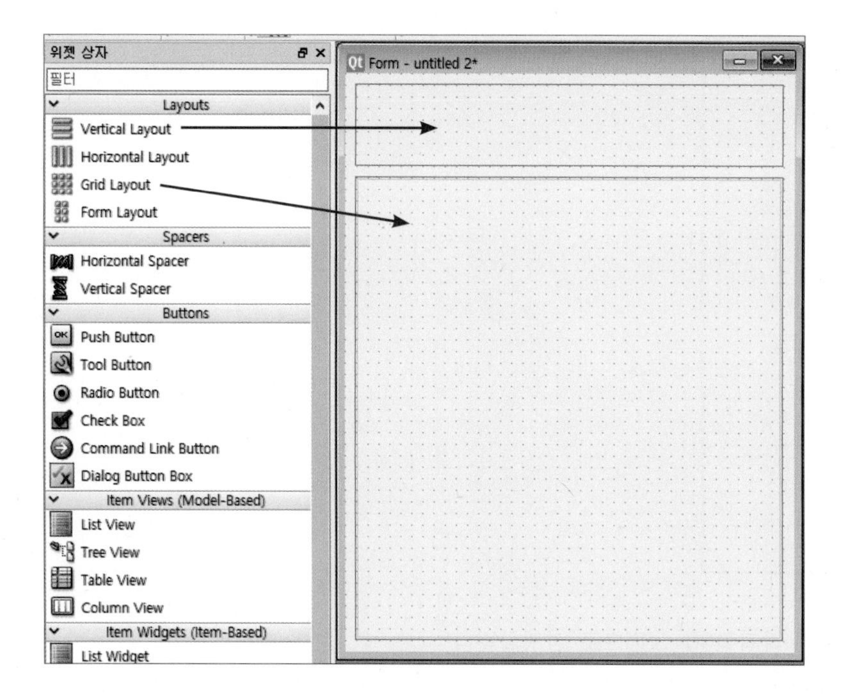

[Input Widgets]에서 [Line Edit]를 끌어다 [Vertical Layout]에 위치시킵니다.

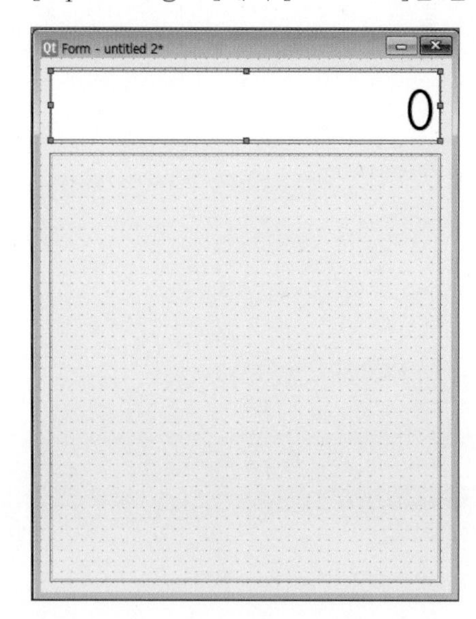

[Line Edit] 속성을 다음과 같이 설정합니다.

- objectName: le_view
- fonr -〉 포인트 크기: 40
- textt: 0
- alignment: 오른쪽 정렬, 아래로 정렬

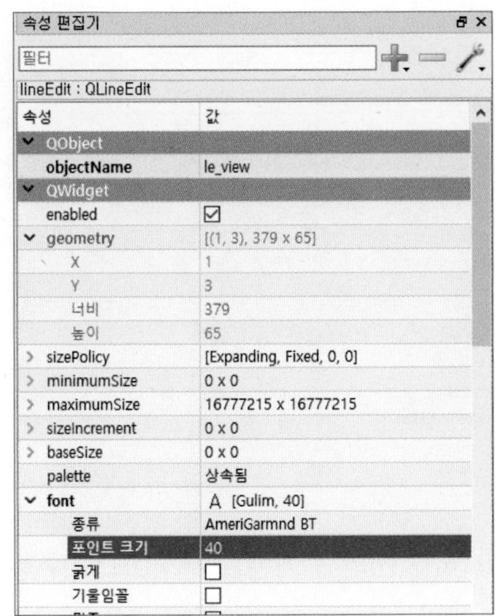

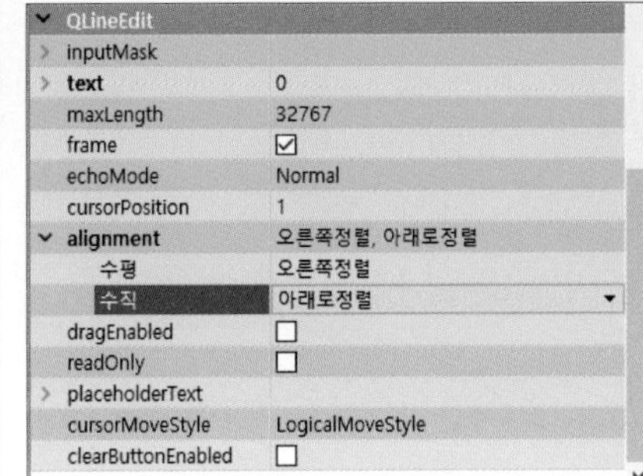

[Push Botton]을 16개 끌어다 다음과 같이 위치시킵니다.

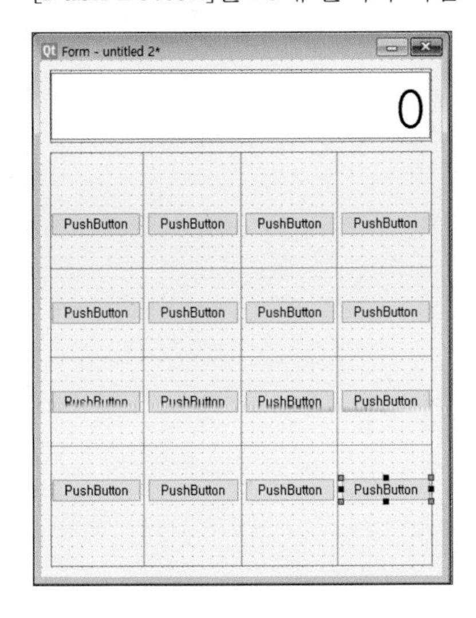

각각의 버튼의 텍스트를 다음과 같이 변경합니다. 버튼의 텍스트 부분을 더블클릭하거나 버튼 속성의 text를 변경하여 수정할 수 있습니다.

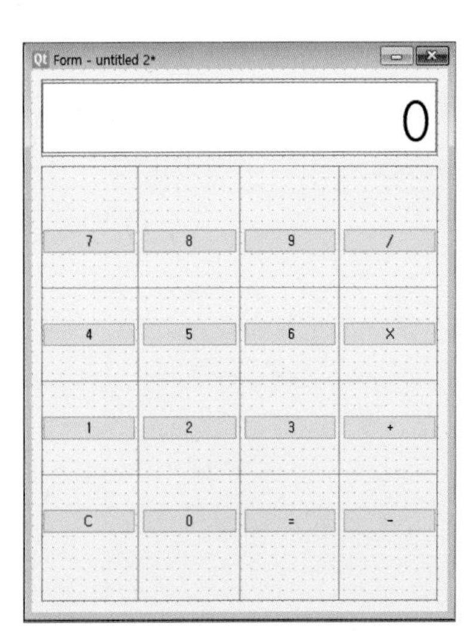

각각의 버튼의 objectName과, minimumSize를 수정합니다.

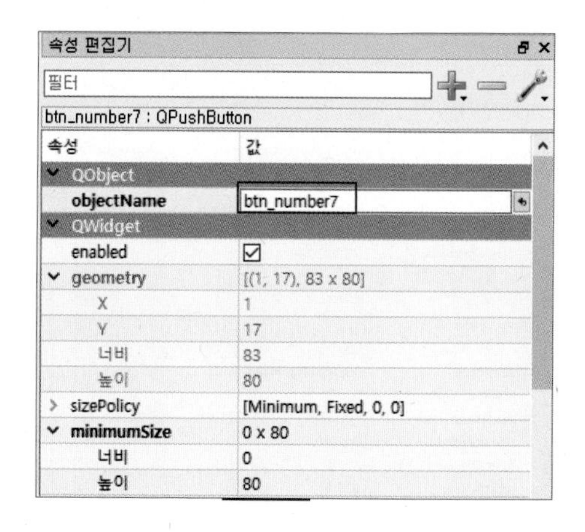

16개의 버튼의 objectName을 다음과 같이 수정합니다. minimumSize의 높이는 모두 80으로 수정합니다. objectName은 파이썬 코드에서 사용하므로 정확하게 입력합니다.

7: btn_number7
8: btn_number8
9: btn_number9
/: btn_divide
4: btn_number4
5: btn_number5
6: btn_number6
X: btn_multipy
1: btn_number1
2: btn_number2
3: btn_number3
+: btn_add
C: btn_C
0: btn_number0
=: btn_result
-: btn_minus

다음과 같이 수정되었습니다.

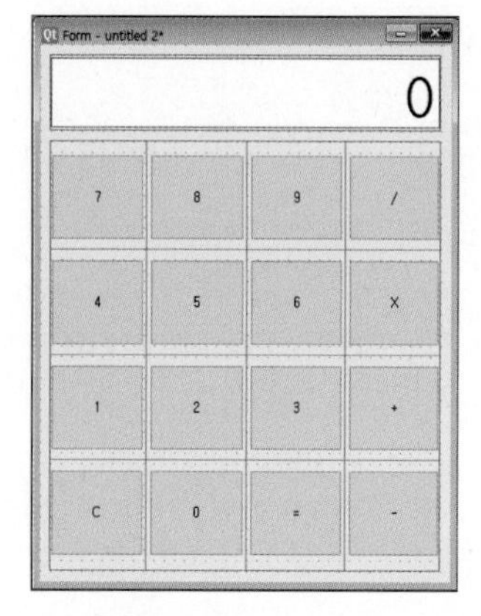

[33. 계산기 만들기(PYQT)] 폴더에 [계산기.ui]로 저장합니다.

33. 계산기 만들기(PYQT)
계산기.ui
main33-1.py

Qt Designer로 계산기 Widget 만들기

계산기.ui를 열어 실행하는 파이썬 코드를 만들어봅니다. main33-1.py에 다음 코드를 작성합니다.

33. 계산기 만들기(PYQT)\main33-1.py

```
01  import sys
02  from PyQt5.QtWidgets import *
03  from PyQt5 import uic
04
05
06  ui_path = r"33. 계산기 만들기(PYQT)\계산기.ui"
07  form_class = uic.loadUiType(ui_path)[0]
08
09
10  class WindowClass(QMainWindow, form_class) :
11      def __init__(self) :
12          super().__init__()
13          self.setupUi(self)
14
15
16  if __name__ == "__main__" :
17      app = QApplication(sys.argv)
18      myWindow = WindowClass()
19      myWindow.show()
20      app.exec_()
```

06~07 : [계산기.ui]를 불러옵니다.
10~13 : WindowClass를 생성합니다. form_class로부터 상속받은 자식 클래스입니다. form_class는 [계산기.ui]입니다.
12 : 부모 클래스를 초기화합니다.
17~20 : GUI를 불러옵니다.

오른쪽 상단의 [▷] 버튼을 눌러 코드를 실행시킵니다. [계산기.ui]를 실행하였습니다.
버튼에 대한 특별한 기능을 넣지 않았기 때문에 아무런 동작을 하지 않습니다.

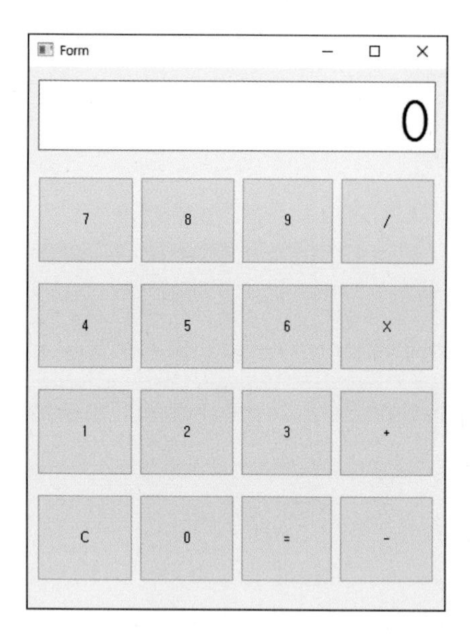

버튼 입력받아 출력하는 코드 만들기

버튼을 입력받는 프로그램을 만들어봅니다.

main33-2.py 파일을 생성한 후 다음 코드를 작성합니다.

33. 계산기 만들기(PYQT)\main33-2.py

```
01  import sys
02  from PyQt5.QtWidgets import *
03  from PyQt5 import uic
04
05
06  ui_path = r"33. 계산기 만들기(PYQT)\계산기.ui"
07  form_class = uic.loadUiType(ui_path)[0]
08
09
10  class WindowClass(QMainWindow, form_class) :
11      def __init__(self) :
12          super().__init__()
13          self.setupUi(self)
14
15          self.btn_C.clicked.connect(self.btn_clicked)
16          self.btn_number0.clicked.connect(self.btn_clicked)
17          self.btn_number1.clicked.connect(self.btn_clicked)
18          self.btn_number2.clicked.connect(self.btn_clicked)
19          self.btn_number3.clicked.connect(self.btn_clicked)
20          self.btn_number4.clicked.connect(self.btn_clicked)
21          self.btn_number5.clicked.connect(self.btn_clicked)
22          self.btn_number6.clicked.connect(self.btn_clicked)
```

```
23            self.btn_number7.clicked.connect(self.btn_clicked)
24            self.btn_number8.clicked.connect(self.btn_clicked)
25            self.btn_number9.clicked.connect(self.btn_clicked)
26            self.btn_result.clicked.connect(self.btn_clicked)
27            self.btn_minus.clicked.connect(self.btn_clicked)
28            self.btn_add.clicked.connect(self.btn_clicked)
29            self.btn_multipy.clicked.connect(self.btn_clicked)
30            self.btn_divide.clicked.connect(self.btn_clicked)
31
32            self.le_view.setEnabled(False)
33
34        def btn_clicked(self):
35            btn_value = self.sender().text()
36            print(btn_value)
37
38    if __name__ == "__main__" :
39        app = QApplication(sys.argv)
40        myWindow = WindowClass()
41        myWindow.show()
42        app.exec_()
```

15~30 : 각각의 버튼을 클릭하여 btn_clicked 함수가 실행됩니다.
32 : le_view는 글을 입력하지 못하게 합니다.
34~36 : 각각의 버튼을 누르면 버튼의 텍스트 값을 출력합니다.

오른쪽 상단의 [▷] 버튼을 눌러 코드를 실행시킵니다. 각각의 버튼을 눌러봅니다.

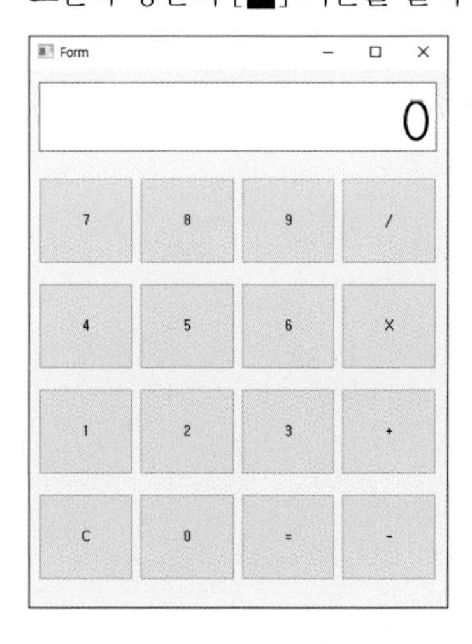

터미널에 버튼의 텍스트 값이 출력됩니다.

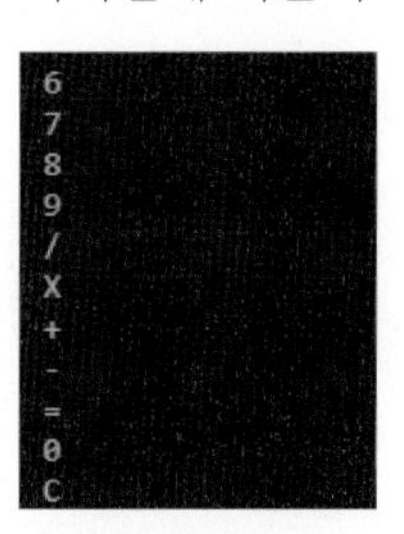

수식을 계산 코드 추가하여 계산기 코드 완성

수식을 계산하는 코드를 추가하여 계산기를 완성하도록 합니다. main33-3.py 파일을 생성한 후 다음 코드를 작성합니다.

33. 계산기 만들기(PYQT)\main33-3.py

```
01  import sys
02  from PyQt5.QtWidgets import *
03  from PyQt5 import uic
04
05
06  ui_path = r"33. 계산기 만들기(PYQT)\계산기.ui"
07  form_class = uic.loadUiType(ui_path)[0]
08
09
10  class WindowClass(QMainWindow, form_class) :
11      def __init__(self) :
12          super().__init__()
13          self.setupUi(self)
14
15          self.btn_C.clicked.connect(self.btn_clicked)
16          self.btn_number0.clicked.connect(self.btn_clicked)
17          self.btn_number1.clicked.connect(self.btn_clicked)
18          self.btn_number2.clicked.connect(self.btn_clicked)
19          self.btn_number3.clicked.connect(self.btn_clicked)
20          self.btn_number4.clicked.connect(self.btn_clicked)
21          self.btn_number5.clicked.connect(self.btn_clicked)
22          self.btn_number6.clicked.connect(self.btn_clicked)
23          self.btn_number7.clicked.connect(self.btn_clicked)
24          self.btn_number8.clicked.connect(self.btn_clicked)
25          self.btn_number9.clicked.connect(self.btn_clicked)
26          self.btn_result.clicked.connect(self.btn_clicked)
27          self.btn_minus.clicked.connect(self.btn_clicked)
28          self.btn_add.clicked.connect(self.btn_clicked)
29          self.btn_multipy.clicked.connect(self.btn_clicked)
30          self.btn_divide.clicked.connect(self.btn_clicked)
31
32          self.le_view.setEnabled(False)
33
34          self.text_value =""
35
36      def btn_clicked(self):
37          btn_value =self.sender().text()
38          if btn_value =='C':
39              print("clear")
40              self.le_view.setText("0")
41              self.text_value =""
42          elif btn_value =='=':
```

```
43              print("=")
44              try:
45                  resultValue = eval(self.text_value.lstrip("0"))
46                  self.le_view.setText(str(resultValue))
47              except:
48                  self.le_view.setText("error")
49          else:
50              if btn_value =='X':
51                  btn_value ='*'
52              self.text_value =self.text_value + btn_value
53              print(self.text_value)
54              self.le_view.setText(self.text_value)
55
56
57  if __name__ =="__main__" :
58      app = QApplication(sys.argv)
59      myWindow = WindowClass()
60      myWindow.show()
61      app.exec_()
```

34 : 클래스 내부의 변수를 초기화합니다.
38~41 : C 버튼이 눌렸다면 le_view의 텍스트를 0으로 초기화한 후 text_value 전역변수를 빈값으로 초기화합니다.
42~48 : = 버튼이 눌리면 계산을 해서 값을 보여줍니다.
45 : eval은 문자열 수식을 계산한 값을 출력합니다. .lstrip("0")은 왼쪽의 0을 제거합니다. 001일 경우 1로 됩니다.
46 : le_view에 계산된 값을 출력합니다.
49~54 : 숫자 및 수식 값이 눌려지면 self.text_value변수에 값을 더해나갑니다. X버튼이 눌렸다면 계산할 수 있는 *로 변경합니다.

오른쪽 상단의 [▷] 버튼을 눌러 코드를 실행시킵니다. 12x3을 입력 후 결과값 36이 나왔습니다. 계산기의 동작확인을 해봅니다.

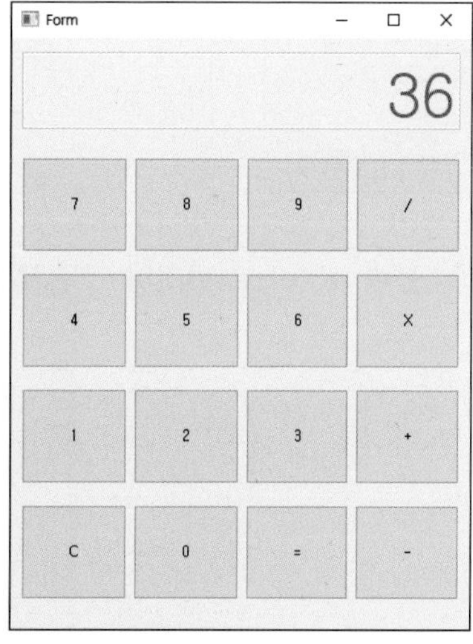

PYQT를 이용하여 계산기 프로그램을 만들었습니다.

PROJECT 34 _ 그림판 만들기(PYQT)

핵심 요약 버튼을 이용하여 펜의 색상을 변경하고 캔버스에 마우스를 이동하여 선을 그리는 그림판을 만들어봅니다.

사전 준비 [파이썬과 40개의 작품들] 폴더에 [34. 그림판 만들기(PYQT)] 폴더를 생성한 후 [main34-1.py] 파일을 생성합니다.

34. 그림판 만들기(PYQT)
main34-1.py

Qt Designer로 그림판 Widget 만들기

터미널에서 designer를 입력하여 Qt Designer를 실행합니다.

[Widget]을 선택 후 [생성] 버튼을 클릭하여 새로운 Widget을 생성합니다.

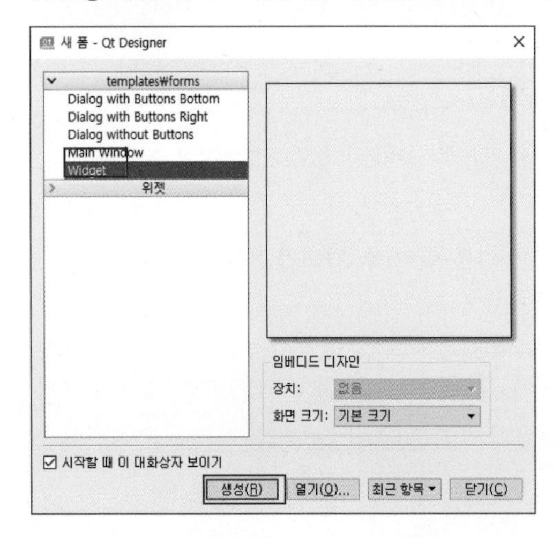

QWdiget의 크기를 너비 500, 높이 400으로 변경합니다.

속성 편집기에서 크기를 너비 500, 높이 400으로 변경합니다.

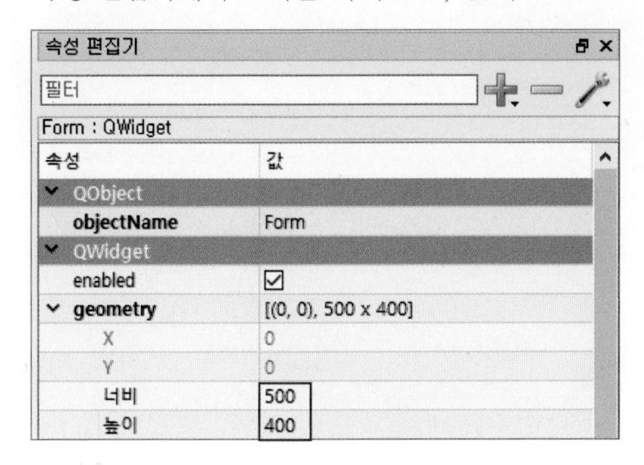

[Label]을 끌어다 다음과 같이 위치시킵니다. 파이썬 코드에서 TextLabel의 속성을 변경하여 캔버스로 사용합니다. objectName은 [lb_canvas]로 변경합니다.

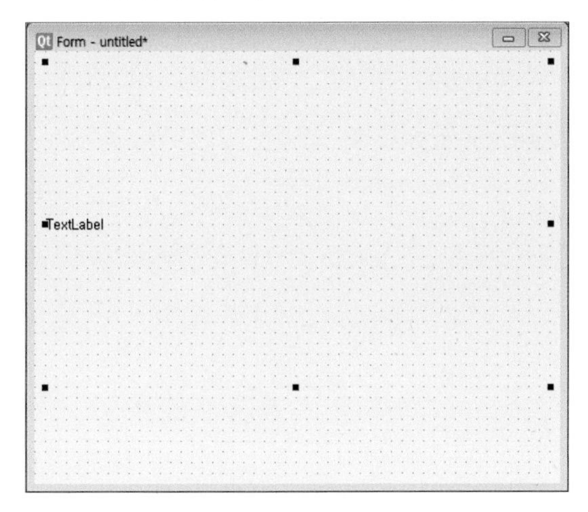

objectName은 [lb_canvas]로 변경합니다.

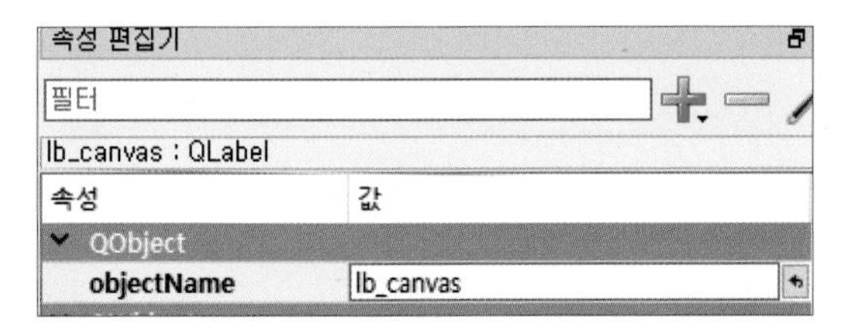

[Horizontal Layout]을 추가 후 [Push Button] 4개를 다음과 같이 추가합니다.

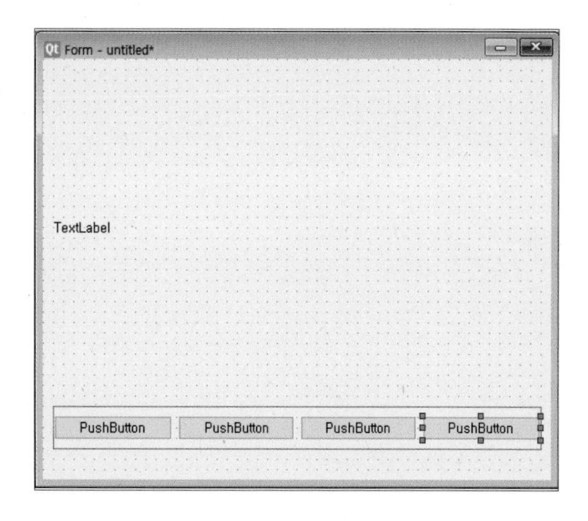

앞에 3개 버튼의 text는 지웁니다. 마지막 버튼의 이름은 모두 지움으로 수정합니다.

objectName을 다음과 같이 수정합니다.

- 첫 번째 버튼: btn_black
- 두 번째 버튼: btn_red
- 세 번째 버튼: btn_blue
- 모두지움 버튼: btn_clear

[34. 그림판 만들기(PYQT)] 폴더에 [그림판.ui]로 저장합니다.

그림판.ui를 열어 실행하는 파이썬 코드를 만들어봅니다. main34-1.py에 다음 코드를 작성합니다.

34. 그림판 만들기(PYQT)\main34-1.py

```
01  import sys
02  from PyQt5.QtWidgets import *
03  from PyQt5 import uic
04
05
06  ui_path = r"34. 그림판 만들기(PYQT)\그림판.ui"
07  form_class = uic.loadUiType(ui_path)[0]
08
09
10  class WindowClass(QMainWindow, form_class) :
11      def __init__(self) :
12          super().__init__()
13          self.setupUi(self)
14
15
16  if __name__ == "__main__" :
17      app = QApplication(sys.argv)
18      myWindow = WindowClass()
19      myWindow.show()
20      app.exec_()
```

오른쪽 상단의 [▷] 버튼을 눌러 코드를 실행시킵니다. [그림판.ui]를 실행하였습니다.
코드를 작성하지 않았기 때문에 아무런 동작을 하지 않습니다.

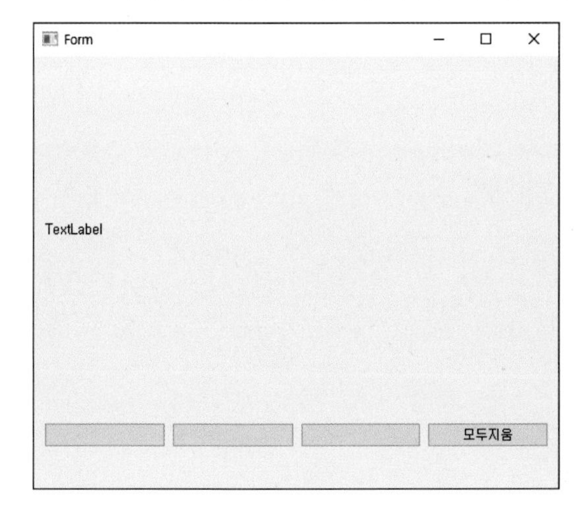

lb_canvas를 canvas 형식으로 변경하고 각각의 버튼입력과 버튼의 색상, 마우스의 좌표를 알아내는 코드를 만들어봅니다.

main34-2.py 파일을 생성한 후 다음 코드를 작성합니다.

34. 그림판 만들기(PYQT)\main34-2.py

```
01  import sys
02  from PyQt5 import QtGui, uic
03  from PyQt5.QtWidgets import *
04  from PyQt5.QtGui import *
05  from PyQt5.QtCore import *
06
07
08  ui_path = r"34. 그림판 만들기(PYQT)\그림판.ui"
09  form_class = uic.loadUiType(ui_path)[0]
10
11
12  class WindowClass(QMainWindow, form_class) :
13      def __init__(self) :
14          super().__init__()
15          self.setupUi(self)
16
17          self.brushColor = Qt.black
18
19          self.canvas = QtGui.QPixmap(self.lb_canvas.width(), self.lb_canvas.height())
20          self.canvas.fill(QtGui.QColor("white"))
21          self.lb_canvas.setPixmap(self.canvas)
22
23          self.btn_black.clicked.connect(self.btn_clicked)
24          self.btn_black.setStyleSheet('background:black')
25
26          self.btn_red.clicked.connect(self.btn_clicked)
27          self.btn_red.setStyleSheet('background:red')
28
29          self.btn_blue.clicked.connect(self.btn_clicked)
30          self.btn_blue.setStyleSheet('background:blue')
31
32          self.btn_clear.clicked.connect(self.btn_clear_clicked)
33
34      def btn_clicked(self):
35          btn_value = self.sender().objectName()
36          print(btn_value)
37
38      def btn_clear_clicked(self):
39          print("모두지움")
40
41      def mouseMoveEvent(self, e):
42          print(e.x(),e.y())
43
44  if __name__ == "__main__" :
45      app = QApplication(sys.argv)
```

```
46      myWindow = WindowClass()
47      myWindow.show()
48      app.exec_()
```

19~21: lb_canvas를 canvas로 설정합니다.
23~24: btn_black 버튼을 검정색으로 합니다. 버튼을 누를 때 동작하는 함수를 연결합니다.
34~36: btn_black, btn_red, btn_blue 버튼을 누를 때 동작하는 함수입니다.
38~39: 모두지움 버튼을 누를 때 동작하는 함수입니다.
41~42: 마우스를 클릭할 때 마우스의 좌표를 출력하는 함수입니다.

오른쪽 상단의 [▷] 버튼을 눌러 코드를 실행시킵니다. label이 canvas형식으로 변경되었습니다. 버튼에 색상이 생겼습니다.

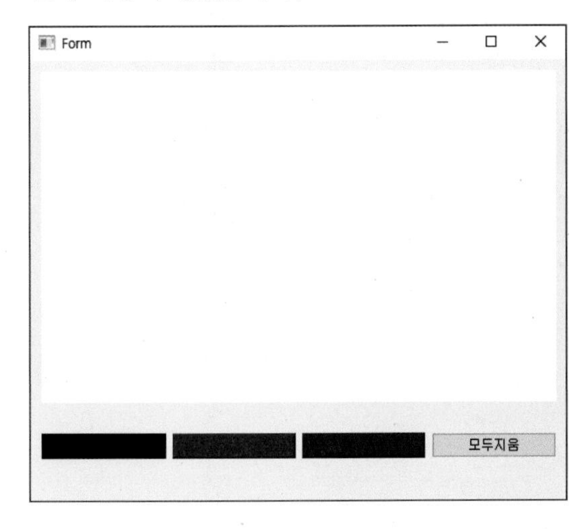

마우스를 클릭한다거나 버튼을 누르면 각각의 동작이 터미널에 출력됩니다.

버튼과 마우스 동작에 반응하는 그림판 코드 만들기

버튼이 눌리거나 마우스 이동할 때 동작하는 함수에 기능을 채워 넣어 그림판을 완성하도록 합니다. main34-3.py 파일을 생성한 후 다음 코드를 작성합니다.

34. 그림판 만들기(PYQT)\main34-3.py

```
01  import sys
02  from PyQt5 import QtGui, uic
03  from PyQt5.QtWidgets import *
04  from PyQt5.QtGui import *
05  from PyQt5.QtCore import *
06
07
08  ui_path = r"34. 그림판 만들기(PYQT)\그림판.ui"
09  form_class = uic.loadUiType(ui_path)[0]
10
11
12  class WindowClass(QMainWindow, form_class) :
13      def __init__(self) :
14          super().__init__()
15          self.setupUi(self)
16
17          self.brushColor = Qt.black
18
19          self.canvas = QtGui.QPixmap(self.lb_canvas.width(), self.lb_canvas.height())
20          self.canvas.fill(QtGui.QColor("white"))
21          self.lb_canvas.setPixmap(self.canvas)
22
23          self.btn_black.clicked.connect(self.btn_clicked)
24          self.btn_black.setStyleSheet('background:black')
25
26          self.btn_red.clicked.connect(self.btn_clicked)
27          self.btn_red.setStyleSheet('background:red')
28
29          self.btn_blue.clicked.connect(self.btn_clicked)
30          self.btn_blue.setStyleSheet('background:blue')
31
32          self.btn_clear.clicked.connect(self.btn_clear_clicked)
33
34      def btn_clicked(self):
35          btn_value = self.sender().objectName()
36          print(btn_value)
37          if btn_value == 'btn_black':
38              self.brushColor = Qt.black
39          elif btn_value == 'btn_red':
40              self.brushColor = Qt.red
41          elif btn_value == 'btn_blue':
42              self.brushColor = Qt.blue
43
44      def btn_clear_clicked(self):
45          print("모두지움")
```

```
46            self.canvas.fill(QtGui.QColor("white"))
47            self.lb_canvas.setPixmap(self.canvas)
48
49        def mouseMoveEvent(self, e):
50            painter = QtGui.QPainter(self.lb_canvas.pixmap())
51            painter.setPen(QPen(self.brushColor, 5, Qt.SolidLine, Qt.RoundCap))
52            painter.drawPoint(e.x(), e.y())
53            painter.end()
54            self.update()
55
56    if __name__ == "__main__" :
57        app = QApplication(sys.argv)
58        myWindow = WindowClass()
59        myWindow.show()
60        app.exec_()
```

34~42: 버튼에 따라서 브러쉬의 색상을 결정합니다.
44~47: 모두지움 버튼을 누르면 흰색으로 채워 지운 것 처럼 보이게 합니다.
49~54: 마우스를 클릭하여 이동시 이동하는 좌표를 표시합니다.

오른쪽 상단의 [▷] 버튼을 눌러 코드를 실행시킵니다.
색상버튼을 눌러 펜의 색상을 변경하고 모두지움 버튼을 눌러 그림판을 지울 수 있는 간단한 그림판 프로그램이 완성되었습니다.

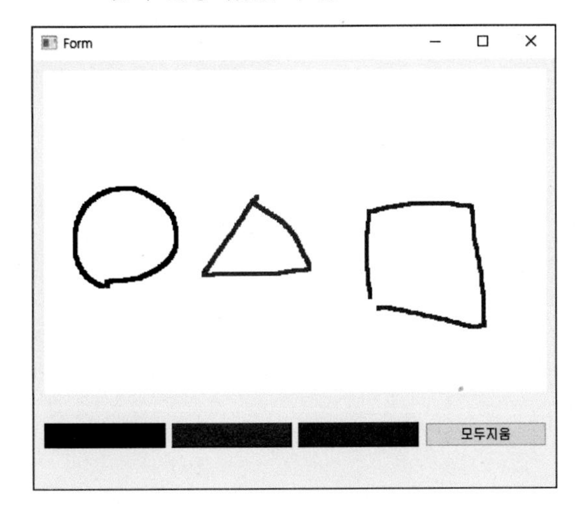

Python project

CHAPTER 07

게임 및 인공지능 프로그램 만들기

pygame 라이브러리를 이용하여 게임을 만들어보고 다양한 인공지능 프로그램을 만들어봅니다.

PROJECT 35 _ 점프 게임 만들기

핵심 요약 파이게임 라이브러리를 활용하여 점프게임을 만들어봅니다.

사전 준비 [파이썬과 40개의 작품들] 폴더에 [35. 점프 게임만들기] 폴더를 생성한 후 [main35-1.py] 파일을 생성합니다.

라이브러리 설치

터미널에서 다음의 명령어를 입력하여 pygame 라이브러리를 설치합니다. pygame은 게임을 만들 때 사용하는 라이브러리입니다.

```
pip install pygame
```

게임화면 구성하고 스페이스바를 입력받는 코드 만들기

파이게임(pygame) 라이브러리를 이용하여 게임화면을 구성하고 스페이스바를 입력받는 코드를 만들어봅니다.

35. 점프 게임만들기\main35-1.py

```
01  import pygame
02  import sys
03
04  FPS =60
05  MAX_WIDTH =600
06  MAX_HEIGHT =400
07
08  pygame.init()
09  clock = pygame.time.Clock()
10  screen = pygame.display.set_mode((MAX_WIDTH,MAX_HEIGHT))
11
12  def main():
13      while True:
14          for event in pygame.event.get():
15              if event.type == pygame.QUIT:
16                  pygame.quit()
17                  sys.exit()
18              if event.type == pygame.KEYDOWN:
19                  if event.key == pygame.K_SPACE:
20                      print("space")
21
```

```
22          clock.tick(FPS)
23          screen.fill((255, 255, 255))
24
25          pygame.display.update()
26
27  if __name__ =='__main__':
28      main()
```

08　　: 파이게임을 초기화합니다.
09　　: clock을 설정합니다.
10　　: 스크린을 설정합니다. 600 x 400 픽셀로 설정하였습니다.
14　　: 파이게임의 이벤트를 가져옵니다.
15~17 : [X] 버튼을 누르면 종료합니다.
18~20 : 키 다운 입력 중에 스페이스바가 눌리면 space를 출력합니다.
22　　: FPS를 설정합니다. 1초에 몇 프레임이 동작할지 경정합니다. 60FPS로 동작합니다.
23　　: 화면을 흰색으로 체웁니다.
25　　: 화면을 그립니다.

오른쪽 상단의 [▷] 버튼을 눌러 코드를 실행시킵니다.

파이게임을 이용하여 화면을 600 x 400의 크기로 흰색화면으로 화면을 구성하였습니다.

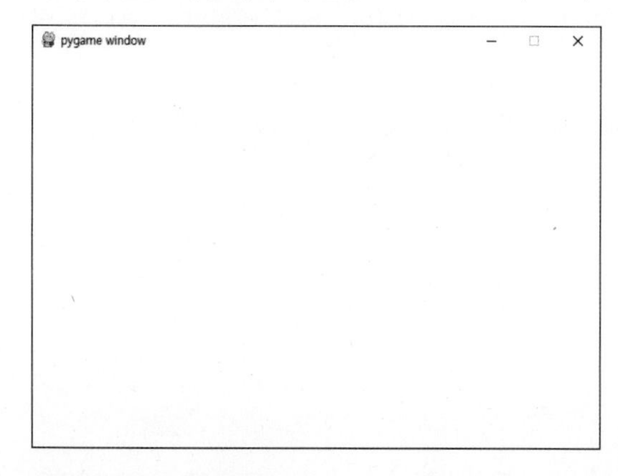

화면에서 스페이스바를 누르면 터미널에 space가 출력됩니다.

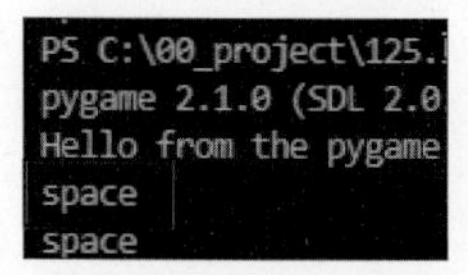

게임 플레이어 만드는 코드 만들기

게임의 플레이어를 만들어봅니다. 플레이어는 클래스를 사용하여 만들었습니다. 그 이유는 게임을 만들 때 직관적으로 프로그램 할 수 있기 때문입니다.

main35-2.py 파일을 생성한 후 다음 코드를 작성합니다.

35. 점프 게임만들기\main35-2.py

```
01  import pygame
02  import sys
03
04  FPS =60
05  MAX_WIDTH =600
06  MAX_HEIGHT =400
07
08  pygame.init()
09  clock = pygame.time.Clock()
10  screen = pygame.display.set_mode((MAX_WIDTH,MAX_HEIGHT))
11
12  class Player():
13      def __init__(self, x, y):
14          self.x = x
15          self.y = y
16          self.isJump =False
17          self.jumpCount =10
18
19      def draw(self):
20          return pygame.draw.rect(screen, (0,0,255), (self.x, self.y, 40, 40))
21
22      def jump(self):
23          if self.isJump:
24              if self.jumpCount >=-10:
25                  neg =1
26                  if self.jumpCount <0:
27                      neg =-1
28                  self.y -=self.jumpCount**2 *0.7 * neg
29                  self.jumpCount -=1
30              else:
31                  self.isJump =False
32                  self.jumpCount =10
33
34  player = Player(50, MAX_HEIGHT -40)
35
36  def main():
37      while True:
38          for event in pygame.event.get():
39              if event.type == pygame.QUIT:
40                  pygame.quit()
41                  sys.exit()
42              if event.type == pygame.KEYDOWN:
43                  if event.key == pygame.K_SPACE:
```

```
44                      player.isJump =True
45
46          clock.tick(FPS)
47          screen.fill((255, 255, 255))
48
49          player_rect = player.draw()
50          player.jump()
51
52          print(player_rect)
53
54          pygame.display.update()
55
56  if __name__ =='__main__':
57      main()
```

12~32 : 플레이어 클래스를 만들었습니다.
13~17 : 객체를 생성할 때 초기화됩니다.
19~20 : 파란색의 네모를 x,y 좌표에 40x40사이즈로 그립니다. 반환하는 값은 좌표와 크기입니다.
22~32 : 플레이어의 점프를 구현하였습니다.
34 : player의 이름으로 객체를 생성하였습니다. x좌표는 50 y좌표는 바닥입니다. 바닥면으로 붙이기 위해 높이에서 자신의 y크기만큼 빼줍니다. y좌표는 위부터 0입니다.
44 : 스페이스 키를 입력받으면 점프변수를 참으로 설정합니다.
49 : 플레이어를 그립니다. 반환하는 값은 좌표와 크기입니다.
50 : 점프를 구현합니다. player.isJump 변수가 참이어야 동작합니다. 즉 스페이스바를 누를 때 동작합니다.

오른쪽 상단의 [▷] 버튼을 눌러 코드를 실행시킵니다.
[스페이스바]를 누르면 파란색의 플레이어가 점프하는 것을 확인할 수 있습니다.

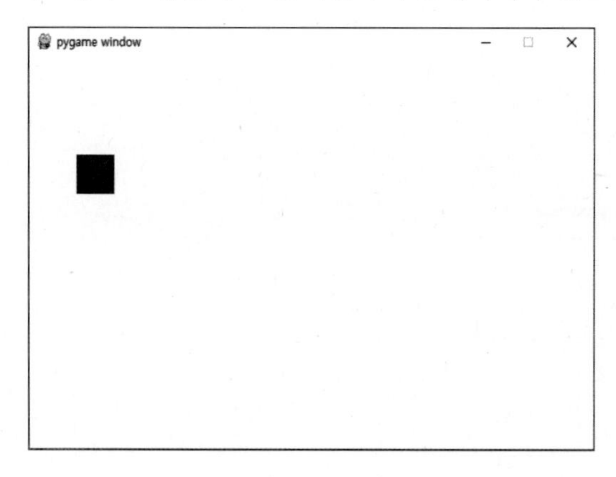

터미널의 값을 확인하면 다음과 같이 y좌표가 점프 시 변합니다. 순서대로 좌표 x,y 객체 크기 x,y 입니다.

```
<rect(50, 100, 40, 40)>
<rect(50, 111, 40, 40)>
<rect(50, 129, 40, 40)>
<rect(50, 154, 40, 40)>
<rect(50, 188, 40, 40)>
<rect(50, 233, 40, 40)>
<rect(50, 290, 40, 40)>
<rect(50, 360, 40, 40)>
<rect(50, 360, 40, 40)>
<rect(50, 360, 40, 40)>
```

적을 만들고 적과 닿으면 종료하는 게임 코드 만들기

적을 만들고 적과 닿으면 종료하는 기능을 추가하여 점프게임을 완성하도록 합니다.

main35-3.py 파일을 생성한 후 다음 코드를 작성합니다.

35. 점프 게임만들기\main35-3.py

```
01  import pygame
02  import sys
03
04  FPS =60
05  MAX_WIDTH =600
06  MAX_HEIGHT =400
07
08  pygame.init()
09  clock = pygame.time.Clock()
10  screen = pygame.display.set_mode((MAX_WIDTH,MAX_HEIGHT))
11
12  class Player():
13      def __init__(self, x, y):
14          self.x = x
15          self.y = y
16          self.isJump =False
17          self.jumpCount =10
18
19      def draw(self):
20          return pygame.draw.rect(screen, (0,0,255), (self.x, self.y, 40, 40))
21
22      def jump(self):
23          if self.isJump:
24              if self.jumpCount >=-10:
25                  neg =1
26                  if self.jumpCount <0:
27                      neg =-1
28                  self.y -=self.jumpCount**2 *0.7 * neg
```

```
29                  self.jumpCount -=1
30              else:
31                  self.isJump =False
32                  self.jumpCount =10
33
34  class Enemy():
35      def __init__(self,x,y):
36          self.x = x
37          self.y = y
38
39      def draw(self):
40          return pygame.draw.rect(screen, (255,0,0), (self.x, self.y, 20, 40))
41
42      def move(self,speed):
43          self.x =self.x - speed
44          if self.x <=0:
45              self.x = MAX_WIDTH
46
47  player = Player(50, MAX_HEIGHT -40)
48  enemy = Enemy(MAX_WIDTH, MAX_HEIGHT -40)
49
50  def main():
51
52      speed =7
53
54      while True:
55          for event in pygame.event.get():
56              if event.type == pygame.QUIT:
57                  pygame.quit()
58                  sys.exit()
59              if event.type == pygame.KEYDOWN:
60                  if event.key == pygame.K_SPACE:
61                      player.isJump =True
62
63          clock.tick(FPS)
64          screen.fill((255, 255, 255))
65
66          player_rect = player.draw()
67          player.jump()
68
69          enemy_rect = enemy.draw()
70          enemy.move(speed)
71          speed = speed +0.01
72
73          if player_rect.colliderect(enemy_rect):
74              print("충돌")
```

```
75              pygame.quit()
76              sys.exit()
77
78          pygame.display.update()
79
80  if __name__ =='__main__':
81      main()
```

34~45 : Enemy(적) 클래스를 만들었습니다.
42~45 : 화면의 오른쪽 끝에서부터 왼쪽으로 이동하는 함수입니다.
48 : enemy의 이름으로 객체를 생성하였습니다. 시작위치는 오른쪽 끝입니다.
52 : 적의 속도를 초기 7로 설정하였습니다.
69 : 적을 그립니다. 적의 위치와 크기를 반환합니다.
70~71 : 속도는 0.01씩 점점 빨리집니다.
73~76 : 플레이어와 적과 출동하면 종료합니다.

오른쪽 상단의 [▷] 버튼을 눌러 코드를 실행시킵니다.
빨간색의 적이 다가오면 스페이스를 눌러 점프하여 피하는 점프게임을 완성하였습니다.

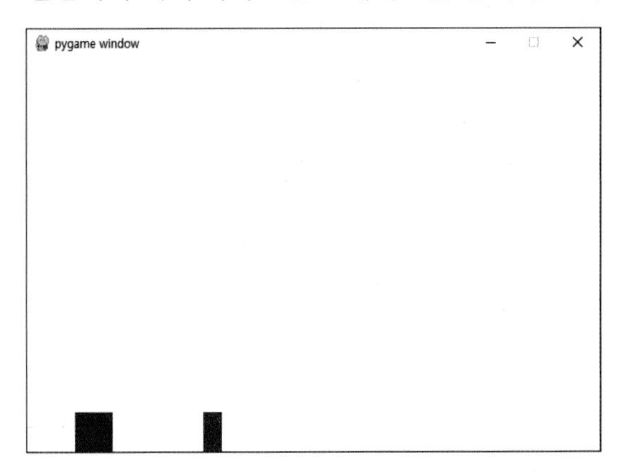

PROJECT 36 _ 똥 피하기 게임 만들기

핵심 요약 하늘에서 날아오르는 똥을 피하는 게임을 만들어봅니다.

사전 준비 [파이썬과 40개의 작품들] 폴더에 [36. 똥피하기 게임만들기] 폴더를 생성한 후 [main36-1.py] 파일을 생성합니다.

36. 똥피하기 게임만들기
main36-1.py

라이브러리 설치

터미널에서 다음의 명령어를 입력하여 pygame 라이브러리를 설치합니다. pygame은 게임을 만들 때 사용하는 라이브러리입니다.

```
pip install pygame
```

게임 화면 만드는 코드 만들기

파이게임 라이브러리를 이용하여 게임화면을 구성합니다. 다음 코드를 작성합니다.

36. 똥피하기 게임만들기\main36-1.py

```
01  import pygame
02  import sys
03
04  FPS =60
05  MAX_WIDTH =400
06  MAX_HEIGHT =600
07
08  pygame.init()
09  clock = pygame.time.Clock()
10  screen = pygame.display.set_mode((MAX_WIDTH,MAX_HEIGHT))
11
12  def main():
13      while True:
14          for event in pygame.event.get():
15              if event.type == pygame.QUIT:
16                  pygame.quit()
17                  sys.exit()
18              if event.type == pygame.KEYDOWN:
19                  if event.key == pygame.K_SPACE:
20                      print("space")
21
22          clock.tick(FPS)
23          screen.fill((255, 255, 255))
```

```
24
25          pygame.display.update()
26
27  if __name__ =='__main__':
28      main()
```

오른쪽 상단의 [▷] 버튼을 눌러 코드를 실행시킵니다. 파이게임을 이용하여 화면을 400 x 600의 크기로 흰색화면으로 화면을 구성하였습니다.

플레이어 클래스 생성하고 구현하는 코드 만들기

플레이어 클래스를 생성하고 구현합니다. main36-2.py 파일을 생성한 후 다음 코드를 작성합니다.

36. 똥피하기 게임만들기\main36-2.py

```
01  import pygame, sys
02  from pygame.locals import *
03  import random
04
05  FPS =60
06  MAX_WIDTH =400
07  MAX_HEIGHT =600
08
09  pygame.init()
10  clock = pygame.time.Clock()
11  screen = pygame.display.set_mode((MAX_WIDTH,MAX_HEIGHT))
12
13
14  class Player():
```

```
15     def __init__(self, x, y):
16         self.x = x
17         self.y = y
18
19     def draw(self):
20         return pygame.draw.rect(screen, (0,0,255), (self.x, self.y, 40, 40))
21
22     def move(self):
23         if pressed_keys[K_RIGHT]:
24             if self.x < MAX_WIDTH-40:
25                 self.x +=5
26         if pressed_keys[K_LEFT]:
27             if self.x >0:
28                 self.x -=5
29
30
31 player = Player(MAX_WIDTH/2, MAX_HEIGHT -40)
32
33 def main():
34     while True:
35         for event in pygame.event.get():
36             if event.type == pygame.QUIT:
37                 pygame.quit()
38                 sys.exit()
39
40         clock.tick(FPS)
41         screen.fill((255, 255, 255))
42         global pressed_keys
43         pressed_keys = pygame.key.get_pressed()
44         player_rect = player.draw()
45         player.move()
46
47         pygame.display.update()
48
49 if __name__ =='__main__':
50     main()
```

14~28 : 플레이어 클래스를 생성하였습니다.
22~28 : 키보드의 왼쪽 오른쪽 화살표 키를 입력받아 왼쪽 오른쪽으로 이동합니다. 화면을 밖으로 나가지 못하도록 합니다.
31 : player 객체를 생성합니다.
42 : pressed_keys변수는 전역변수의 것을 사용합니다.
43 : 킷값을 입력받습니다.
45 : 키에 따라 플레이어를 이동합니다.

오른쪽 상단의 [▷] 버튼을 눌러 코드를 실행시킵니다.

플레이어가 생성되었습니다. 키보드의 좌우 화살표를 이용하여 플레이어를 이동할 수 있습니다.

적을 만들고 적과 닿으면 게임을 종료하는 코드 만들기

적을 만들고 적과 닿으면 게임을 종료하는 기능을 넣습니다. main36-3.py 파일을 생성한 후 다음 코드를 작성합니다.

36. 똥피하기 게임만들기\main36-3.py

```
01  import pygame, sys
02  from pygame.locals import *
03  import random
04
05  FPS =60
06  MAX_WIDTH =400
07  MAX_HEIGHT =600
08
09  pygame.init()
10  clock = pygame.time.Clock()
11  screen = pygame.display.set_mode((MAX_WIDTH,MAX_HEIGHT))
12
13
14  class Player():
15      def __init__(self, x, y):
16          self.x = x
17          self.y = y
18
19      def draw(self):
20          return pygame.draw.rect(screen, (0,0,255), (self.x, self.y, 40, 40))
21
22      def move(self):
```

```
23          if pressed_keys[K_RIGHT]:
24              if self.x < MAX_WIDTH-40:
25                  self.x +=5
26          if pressed_keys[K_LEFT]:
27              if self.x >0:
28                  self.x -=5
29
30  class Enemy():
31      def __init__(self):
32          self.x = random.randrange(0, MAX_WIDTH-40)
33          self.y =50
34          self.speed = random.randrange(10, 20)
35
36      def draw(self):
37          return pygame.draw.rect(screen, (255,0,0), (self.x, self.y, 20, 20))
38
39      def move(self):
40          self.y =self.y +self.speed
41          if self.y >= MAX_HEIGHT:
42              self.y =50
43              self.x = random.randrange(0, MAX_WIDTH-40)
44              self.speed = random.randrange(7, 15)
45
46
47  player = Player(MAX_WIDTH/2, MAX_HEIGHT -40)
48  enemy = Enemy()
49
50  def main():
51      while True:
52          for event in pygame.event.get():
53              if event.type == pygame.QUIT:
54                  pygame.quit()
55                  sys.exit()
56
57          clock.tick(FPS)
58          screen.fill((255, 255, 255))
59          global pressed_keys
60          pressed_keys = pygame.key.get_pressed()
61          player_rect = player.draw()
62          player.move()
63
64          enemy_rect = enemy.draw()
65          enemy.move()
66
67          if player_rect.colliderect(enemy_rect):
68              print("충돌")
69              pygame.quit()
70              sys.exit()
71
```

```
73
74 if __name__ =='__main__':
75     main()
```

30~44 : Enemy 클래스를 생성합니다.
32 : 초기 x값은 랜덤한 값으로 설정합니다.
34 : 떨어지는 속도도 랜덤함 값으로 설정합니다.
39~44 : 아래로 떨어지며 이동합니다.
48 : 적 객체를 생성합니다.
67~70 : 플레이어와 적과 닿으면 게임을 종료합니다.

오른쪽 상단의 [▷] 버튼을 눌러 코드를 실행시킵니다.

적을 만들고 적과 닿으면 게임을 종료하는 코드 만들기

우리는 똥을 피하는 게임 만들기인데 적이 빨간색이어서 게임 몰입감이 떨어집니다. 빨간색 네모가 아닌 똥 그림을 불러오도록 합니다.

인공지능으로 그림을 그려주는 사이트인 오토드로우 사이트에 접속합니다.

- https://www.autodraw.com/

펜을 이용하여 똥 모양이야 비슷하게 그리면 위에 그림들이 보입니다. 똥 모양을 선택합니다.

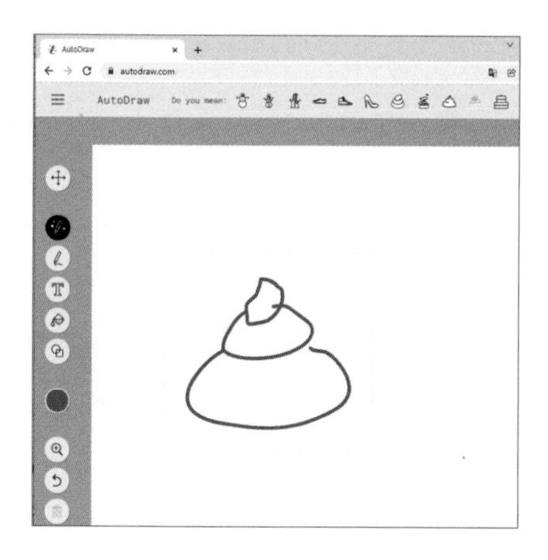

체우기와 색상을 선택 후 갈색으로 채워 넣습니다. 그 다음 똥 부분을 캡처하여 [36. 똥피하기 게임만들기] 폴더에 [똥.png]로 저장합니다.

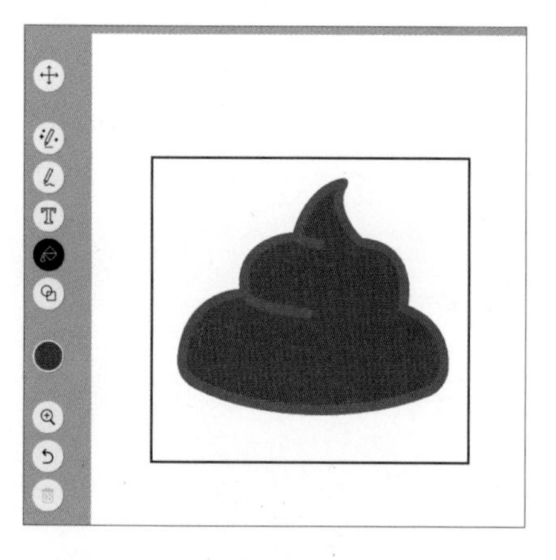

[36. 똥피하기 게임만들기] 폴더에 [똥.png]로 저장되었습니다.

사진을 게임에 적용시키는 코드 만들기

파이게임에서 사진을 불러와 게임에 적용하여 완성하도록 합니다. main36-4.py 파일을 생성한 후 다음 코드를 작성합니다.

36. 똥피하기 게임만들기\main36-4.py

```
01  import pygame, sys
02  from pygame.locals import *
03  import random
04
05  FPS =60
06  MAX_WIDTH =400
07  MAX_HEIGHT =600
08
09  pygame.init()
10  clock = pygame.time.Clock()
11  screen = pygame.display.set_mode((MAX_WIDTH,MAX_HEIGHT))
12
13
14  class Player():
15      def __init__(self, x, y):
16          self.x = x
17          self.y = y
18
19      def draw(self):
20          return pygame.draw.rect(screen, (0,0,255), (self.x, self.y, 40, 40))
21
22      def move(self):
23          if pressed_keys[K_RIGHT]:
24              if self.x < MAX_WIDTH-40:
25                  self.x +=5
26          if pressed_keys[K_LEFT]:
27              if self.x >0:
28                  self.x -=5
29
30  class Enemy():
31      def __init__(self):
32          self.x = random.randrange(0, MAX_WIDTH-40)
33          self.y =50
34          self.speed = random.randrange(10, 20)
35          self.enemy = pygame.image.load(r'C:\파이썬과 40개의 작품들\36. 똥피하기 게임만들
기\똥.png')
36          self.enemy = pygame.transform.scale(self.enemy,(40,40))
37
38      def draw(self):
39          return screen.blit(self.enemy, (self.x, self.y))
40
41      def move(self):
42          self.y =self.y +self.speed
43          if self.y >= MAX_HEIGHT:
44              self.y =50
45              self.x = random.randrange(0, MAX_WIDTH-40)
46              self.speed = random.randrange(7, 15)
47
48
49  player = Player(MAX_WIDTH/2, MAX_HEIGHT -40)
```

```
50 enemy = Enemy()
51
52 def main():
53     while True:
54         for event in pygame.event.get():
55             if event.type == pygame.QUIT:
56                 pygame.quit()
57                 sys.exit()
58
59         clock.tick(FPS)
60         screen.fill((255, 255, 255))
61         global pressed_keys
62         pressed_keys = pygame.key.get_pressed()
63         player_rect = player.draw()
64         player.move()
65
66         enemy_rect = enemy.draw()
67         enemy.move()
68
69         if player_rect.colliderect(enemy_rect):
70             print( " 충돌 " )
71             pygame.quit()
72             sys.exit()
73
74         pygame.display.update()
75
76 if __name__ =='__main__':
77     main()
```

35: 똥 사진을 불러옵니다. 상대경로가 아닌 절대 경로로 지정해야 합니다.
36: 이미지의 사이즈를 40,40으로 재설정합니다.
39: .blit로 이미지의 위치를 지정합니다.

오른쪽 상단의 [▷] 버튼을 눌러 코드를 실행시킵니다. 빨간네모로 그린 적이 아닌 똥 그림을 불러와 사용하였습니다.

PROJECT 37 _ 인공지능 사과와 오렌지 구분하기

핵심 요약 간단하게 인공지능의 모델을 학습할 수 있는 티처블 머신을 이용하여 사과와 오렌지를 구별하는 모델을 생성하고 파이썬에서 모델을 불러와 사과와 오렌지를 구분하는 프로그램을 만들어봅니다.

사전 준비 [파이썬과 40개의 작품들] 폴더에 [37. 인공지능 사과와 오렌지 구분하기] 폴더를 생성한 후 [main37-1.py] 파일을 생성합니다.

37. 인공지능 사과와 오렌지 구분하기
main37-1.py

가상환경 구성

인공지능 부분으로 파이썬 버전과 tensorflow 등의 버전을 맞추어야 합니다. 아나콘다를 설치하면 최신 버전의 파이썬이 설치됩니다. 2022. 06. 02일 기준 3.9.12의 파이썬 버전이 설치됩니다. 우리가 진행하는 프로젝트는 파이썬 3.8.8에서 잘 동작합니다. 아나콘다에서 파이썬 3.8.8 버전을 가상환경으로 구성하는 방법을 알아봅니다.

- 가상환경으로 파이썬 3.8.8 버전 설치 후 진행

아나콘다를 설치하여 작품을 만들었습니다. 아나콘다의 기본환경인 base 환경에서 라이브러리를 설치하고 진행하였습니다.

터미널을 열면 'conda activate base'라는 명령어가 자동으로 입력됩니다. 아나콘다의 base 환경을 활성화하겠다는 뜻입니다. base의 환경을 활성하하고 라이브러리를 설치하고 사용하였습니다. 모든 라이브러리는 base에 설치되었습니다.

가상환경을 새로 만들어 내가 원하는 파이썬 버전, 라이브러리 버전 등을 설치하여 독립된 환경으로 파이썬의 실행이 가능합니다.

가상환경을 생성하기 위한 명령어는 다음과 같습니다.

가상환경을 생성하기 위한 명령어

❶ 가상환경 생성하기

conda create –n 가상환경이름 python=버전

다음과 같이 설치하면 anaconda의 기본 라이브러리가 같이 설치됩니다.(추천)

conda create –n 가상환경이름 python=버전 anaconda –y

다음의 명령어로 설치 가능한 파이썬 버전의 확인이 가능합니다.

conda search python

다음의 명령어로 자신의 파이썬 버전의 확인이 가능합니다.

python ––version

❷ 가상환경 확인하기(두 개의 명령어 동일합니다.)

conda info ––envs

conda env list

❸ 가상환경 활성화하기

conda activate 가상환경이름

❹ 가상환경 비활성화하기

conda deactivate

❺ 가상환경에 라이브러리 설치하기

conda activate 가상환경 이름

pip install 설치할 라이브러리

여기서 다음과 같이 하면 가상환경으로 들어가지 않고도 설치할 수 있습니다.

conda install –n 가상환경이름 설치할 라이브러리

❻ 가상환경 라이브러리 확인하기

conda list

❼ 가상환경 복사하기

conda create –n 복사된_가상환경 이름 ––clone 복사할_가상환경 이름

❽ 가상환경 삭제하기

conda remove –n 가상환경이름 ––all –y

터미널에 다음의 입력하여 env_python40s 이름으로 가상환경을 생성합니다. env_를 붙인 이유는 가상환경임을 알기 쉽게 하기 위해서 붙였습니다. anaconda를 붙이면 아나콘다의 기본 설치된 라이브러리가 설치됩니다. 시간은 2~20분가량 소요됩니다. anaconda를 붙이지 않으면 기본 파이썬만 설치됩니다.

```
conda create -n env_python40s python==3.8.8 anaconda -y
```

다음의 명령어로 설치된 가상환경의 리스트를 확인할 수 있습니다.

```
conda env list
```

* 표시는 activate(활성화)된 가상환경입니다.

- 파이썬 인터프리티 설정

가상환경을 설치 후 vs code를 재시작합니다. vs code에서 파이썬 인터프리티를 설정하는 방법입니다. 왼쪽 아래의 파이썬 부분을 클릭합니다.

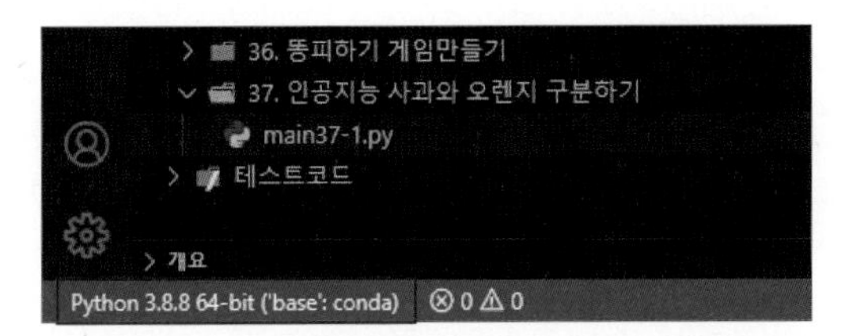

방금 생성한 env_python40s을 선택합니다.

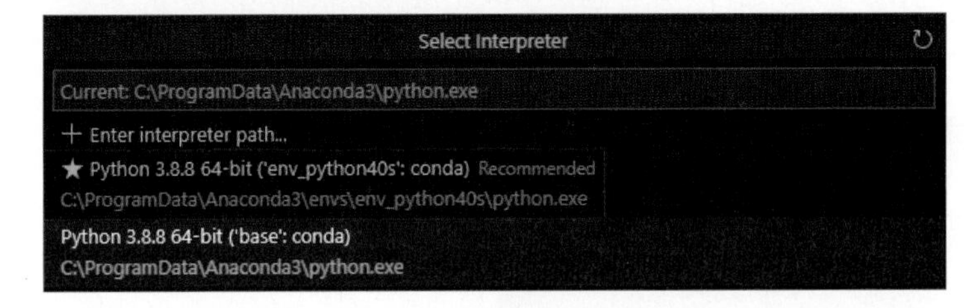

env_python40s의 파이썬 인터프리터가 선택되었습니다.

Python 3.8.8 64-bit ('env_python40s': conda)

터미널 설정 구성

[터미널] -> [새 터미널]을 클릭하여 새로운 터미널을 생성합니다.

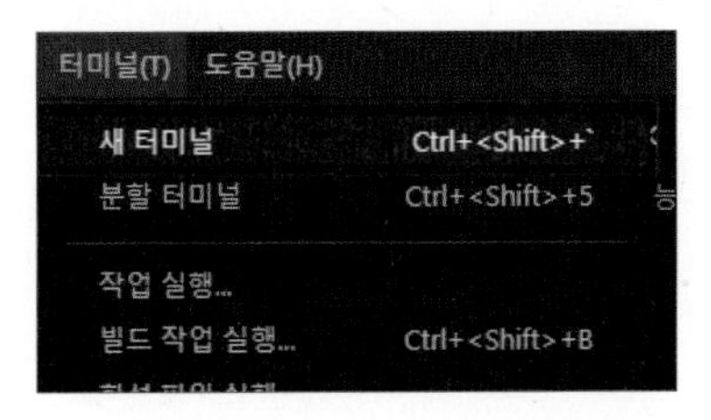

conda activate env_python40s의 환경을 활성화하는 명령어를 입력합니다. 하지만 윈도우의 powershell은 아나콘다의 activate 명령이 동작하지 않습니다. 윈도우의 기본 [Command Prompy]로 변경해주어야 동작합니다.

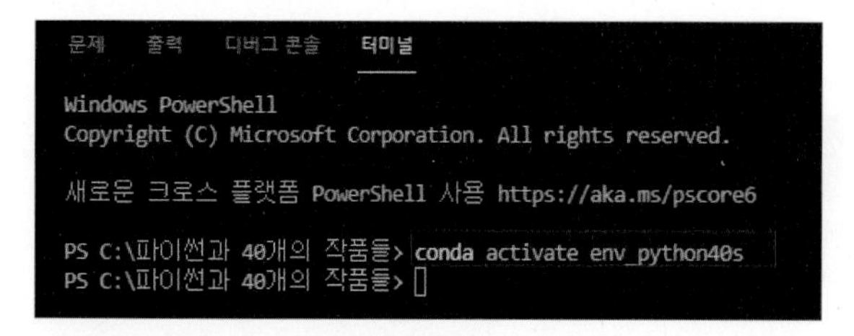

vs code에서 터미널 부분 [아래화살표]를 클릭 후 [터미널 설정 구성]을 클릭합니다.

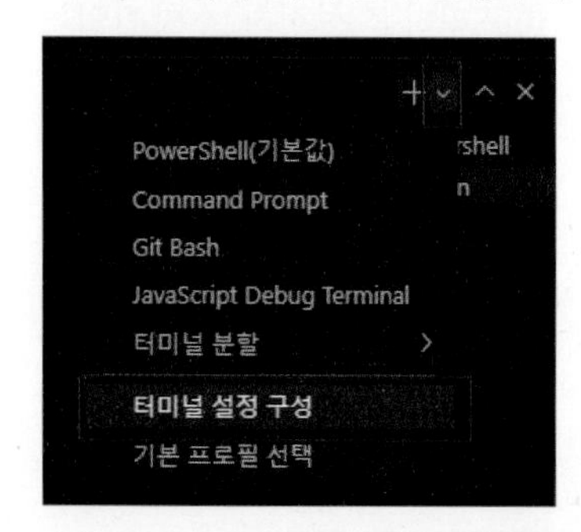

다음의 옵션을 [Command Prompy]로 변경합니다. 기본 터미널의 [Command Prompy]로 사용하겠다는 뜻입니다. 설정하면 자동으로 저장됩니다. 탭에서 X를 눌러 닫아도 됩니다.

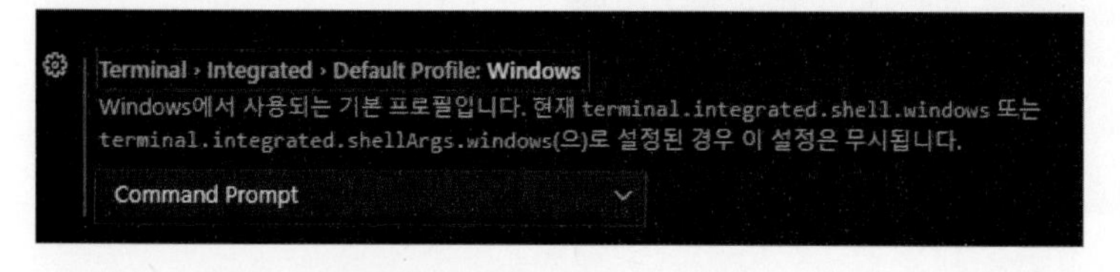

터미널 생성과 라이브러리 설치

[터미널] -> [새 터미널]을 클릭하여 새로운 터미널을 생성합니다. [Command Prompy]로 터미널이 열린 후 자동으로 conda activate env_python40s 명령어를 입력하여 env_python40s 환경을 활성화 하였습니다. env_python40s 환경이 활성화 되어있기 때문에 pip install로 라이브러리를 설치하면 env_python40s 환경에 라이브러리가 설치됩니다.

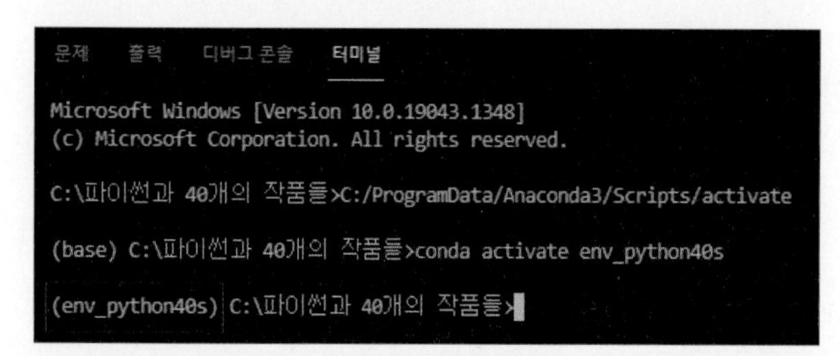

터미널에 다음의 명령어를 입력하여 라이브러리를 설치합니다. tensorflow은 인공지능을 사용하기 위한 구글에서 만든 유명한 라이브러리입니다.

```
pip install tensorflow==2.3
```

학습용 사진 다운로드 받기

사과와 오렌지를 구별하기 위해서 학습용으로 사용될 사진과 테스트 용도로 사용될 사진이 필요합니다.

다음의 사이트에 접속하여 사과, 오렌지 사진을 다운로드 받습니다.

- https://pixabay.com/ko/

사과 과일, 오렌지 과일의 키워드로 검색하면 사진을 찾기 쉽습니다.

[사과사진] 폴더에는 사과 사진을 10장 이상 저장합니다.

[오렌지사진] 폴더에는 오렌지 사진을 10장 이상 저장합니다.

[검증용사진] 폴더에는 사과 사진 2장과 오렌지 사진 2장을 저장합니다.

픽사베이에서 다운로드 받은 그대로 이름을 변경하지 않아도 됩니다.

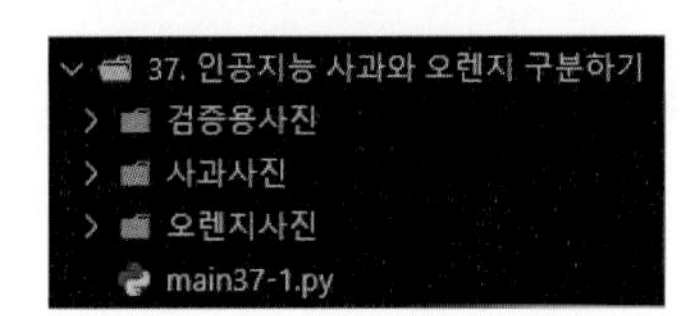

학습데이터 생성하기

학습데이터를 생성하기 위해 티처블머신 사이트에 접속합니다.

- https://teachablemachine.withgoogle.com/

[시작하기]를 클릭합니다.

[이미지 프로젝트]를 선택합니다.

[표준 이미지 모델]을 선택합니다.

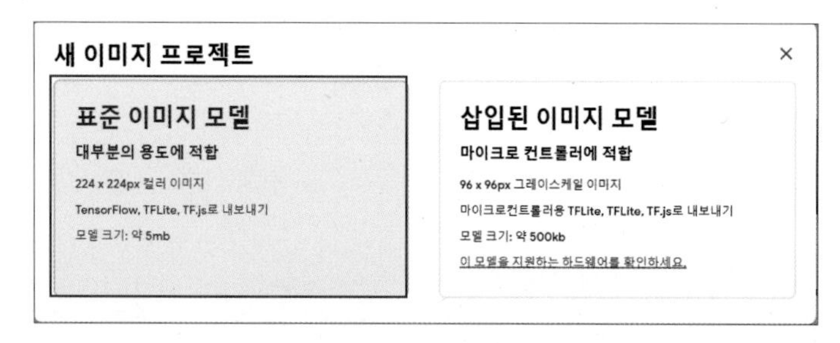

이름을 사과, 오렌지로 변경 후 [업로드] -> [파일에서 이미지]를 선택하여 각각 사과사진과, 오렌지 사진을 10장 이상 업로드 합니다.

사진 업로드 후 [모델 학습시키기] 버튼을 눌러 모델을 학습합니다.

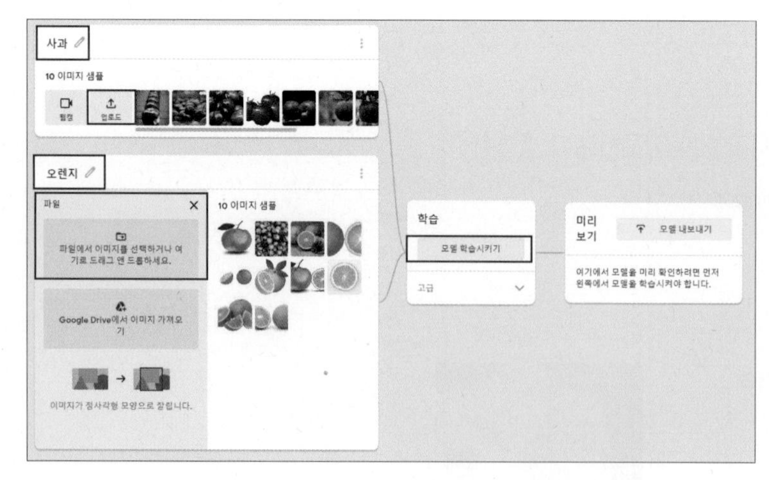

학습완료 후 [모델 내보내기]를 클릭합니다.

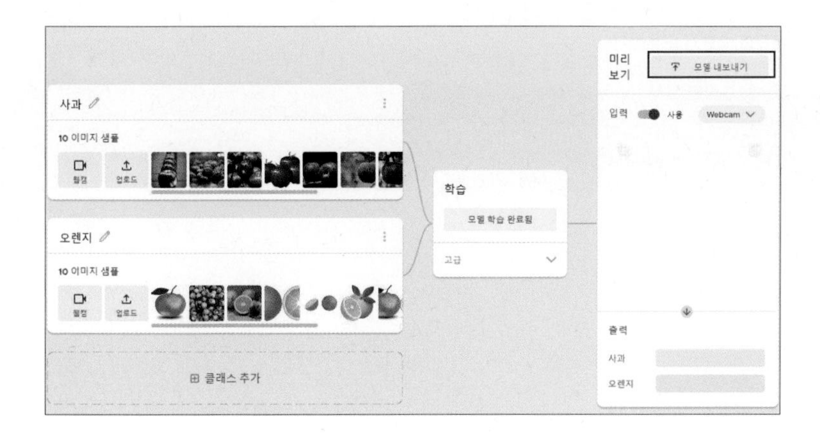

[Tensorflow] 탭에서 [Keras]를 선택 후 [모델 다운로드] 버튼을 눌러 모델을 다운로드 합니다. 아래에서 샘플코드의 확인이 가능합니다.

변환 완료 후 [다운로드] 폴더에 다음과 같이 모델 파일이 저장된 압축파일이 생성되었습니다.

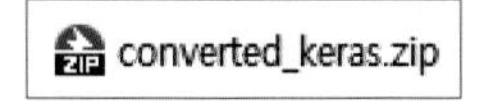

[C:₩파이썬과 40개의 작품들₩37. 인공지능 사과와 오렌지 구분하기] 폴더로 압축파일을 이동 후 압축을 풀어줍니다.

파이썬과 40개의 작품들 › 37. 인공지능 사과와 오렌지 구분하기

이름	수정한 날짜
converted_keras	2021-12-07 오후
검증용사진	2021-12-07 오후
사과사진	2021-12-07 오후
오렌지사진	2021-12-07 오후
converted_keras.zip	2021-12-07 오후
main37-1.py	2021-12-07 오후

사진을 구분하고 분류하는 코드 만들기

티처블머신에서 생성된 모델 파일을 불러와 사진을 입력하였을 때 사과인지 오렌지인지 구분하는 프로그램을 만들어봅니다.

37. 인공지능 사과와 오렌지 구분하기\main37-1.py

```
01  import tensorflow.keras
02  from PIL import Image, ImageOps
03  import numpy as np
04
05  model_path = r"37. 인공지능 사과와 오렌지 구분하기\converted_keras\keras_model.h5"
06  labels_path = r"37. 인공지능 사과와 오렌지 구분하기\converted_keras\labels.txt"
07  image_path = r"37. 인공지능 사과와 오렌지 구분하기\검증용사진\oranges-2533198_1920.jpg"
08
09  model = tensorflow.keras.models.load_model(model_path)
10
11  data = np.ndarray(shape=(1, 224, 224, 3), dtype=np.float32)
12
13  image = Image.open(image_path)
14  size = (224, 224)
15  image = ImageOps.fit(image, size, Image.ANTIALIAS)
16
17  image_array = np.asarray(image)
18  normalized_image_array = (image_array.astype(np.float32) / 127.0) - 1
19  data[0] = normalized_image_array
20
21  prediction = model.predict(data)
22  print(prediction)
23
24  with open(labels_path, 'rt', encoding='UTF8') as f :
25      readLines = f.readlines()
26
27  if prediction[0,0] > prediction[0,1] :
28      print(readLines[0])
29  else:
30      print(readLines[1])
```

05 : 모델 파일의 경로를 지정합니다.
06 : labels 파일의 경로를 지정합니다.
07 : 검증용 이미지의 경로를 지정합니다. [검증용사진] 폴더의 무작위 이미지 하나를 선택하였습니다.
09~22 : 티처블머신의 기본 코드를 사용하였습니다.
24 : labels.txt 파일에서 결과의 이름을 불러옵니다.
27~28 : 0번째 값일 확률이 더 크다면 labels.txt에서 읽은 0번째 값을 출력합니다.
29~30 : 그렇지 않다면 즉 1번째 값일 확률이 더 크다면 labels.txt에서 읽은 1번째 값을 출력합니다.

오른쪽 상단의 [▷] 버튼을 눌러 코드를 실행시킵니다. 다음의 사진을 읽어 분류하였습니다.

터미널에 "오렌지"로 출력되었습니다. 오렌지로 잘 분류되었습니다.

```
[[0.01246176 0.9875382 ]]
1 오렌지
```

[검증용사진] 폴더에 저장된 모든 사진을 분류하는 코드를 만들어봅니다. main37-2.py 파일을 생성한 후 다음 코드를 작성합니다.

37. 인공지능 사과와 오렌지 구분하기\main37-2.py

```
01  import tensorflow.keras
02  from PIL import Image, ImageOps
03  import numpy as np
04  from glob import glob
05
06  model_path = r"37. 인공지능 사과와 오렌지 구분하기\converted_keras\keras_model.h5"
07  labels_path = r"37. 인공지능 사과와 오렌지 구분하기\converted_keras\labels.txt"
08  img_list = glob(r'37. 인공지능 사과와 오렌지 구분하기\검증용사진\*.jpg')
09  img_list.extend(glob(r'37. 인공지능 사과와 오렌지 구분하기\검증용사진\*.png'))
10
11  model = tensorflow.keras.models.load_model(model_path)
12  data = np.ndarray(shape=(1, 224, 224, 3), dtype=np.float32)
13
14  for img_path in img_list:
15      image = Image.open(img_path)
16      size = (224, 224)
```

```
17        image = ImageOps.fit(image, size, Image.ANTIALIAS)
18
19        image_array = np.asarray(image)
20        normalized_image_array = (image_array.astype(np.float32) /127.0) -1
21        data[0] = normalized_image_array
22
23        prediction = model.predict(data)
24        print(prediction)
25
26        with open(labels_path, 'rt', encoding='UTF8') as f :
27            readLines = f.readlines()
28
29        if prediction[0,0] > prediction[0,1] :
30            print(img_path,readLines[0])
31        else:
32            print(img_path,readLines[1])
```

08 : glob으로 [검증용사진] 폴더의 .jpg파일을 찾아 파일경로를 리스트형태로 반환합니다.
09 : glob으로 [검증용사진] 폴더의 .png파일을 찾아 파일경로를 리스트에 추가합니다.
14~32 : 찾은 .jpg, .png 파일을 수만큼 반복하여 분류합니다.

오른쪽 상단의 [▷] 버튼을 눌러 코드를 실행시킵니다.

터미널에 다음과 같이 출력되었습니다. 사과 사진과 오렌지 사진을 잘 구별하였습니다.

```
[[0.9895376  0.01046243]]
37. 인공지능 사과와 오렌지 구분하기\검증용사진\apple-1589869_1920.jpg 0 사과

[[9.9973983e-01 2.6020256e-04]]
37. 인공지능 사과와 오렌지 구분하기\검증용사진\apple-256267_1920.jpg 0 사과

[[0.00280444 0.9971956 ]]
37. 인공지능 사과와 오렌지 구분하기\검증용사진\oranges-1117498_1920.jpg 1 오렌지

[[0.01246176 0.9875382 ]]
37. 인공지능 사과와 오렌지 구분하기\검증용사진\oranges-2533198_1920.jpg 1 오렌지
```

PROJECT 38 _ 음성인식 비서 만들기

핵심 요약 | 음성을 인식하여 텍스트로 바꾸고 텍스트의 조건에 따라 동작하는 음성인식 비서를 만들어봅니다.

사전 준비 [파이썬과 40개의 작품들] 폴더에 [38. 음성인식 비서 만들기] 폴더를 생성한 후 [main38-1.py] 파일을 생성합니다.

38. 음성인식 비서 만들기
main38-1.py

이번작 품은 파이썬 3.8.8 버전에서 동작합니다. [37. 인공지능 사과와 오렌지 구분하기] 작품(323~326페이지)을 참고하여 가상환경을 설치하고 진행합니다.

라이브러리 설치

터미널에서 다음의 명령어를 입력하여 SpeechRecognition 라이브러리를 설치합니다. SpeechRecognition은 음성을 텍스트로 변환해주는 라이브러리입니다.

```
pip install SpeechRecognition
```

터미널에서 다음의 명령어를 입력하여 pyaudio 설치합니다. pyaudio 오디오를 입력받을 때 쓰는 라이브러리입니다.

```
conda install pyaudio -y
```

다음의 명령어를 터미널에 입력하여 playsound 라이브러리를 설치합니다. playsound는 음악파일을 파이썬에서 재생하기 위한 라이브러리입니다.

```
pip install playsound==1.2.2
```

음성을 녹음하는 코드 만들기

pyaudio 라이브러리를 이용하여 음성을 녹음하는 코드를 만들어봅니다. 마이크가 정상적으로 작동되는지 확인하여 봅니다. 녹음 후 바로 재생됩니다. 다음 코드를 작성 합니다.

38. 음성인식 비서 만들기\main38-1.py

```
01  import pyaudio
02  import wave
03  from playsound import playsound
04  import os
05  os.chdir(os.path.dirname(os.path.abspath(__file__)))
06
07  CHUNK =1024
```

```
08  FORMAT = pyaudio.paInt16
09  CHANNELS =1
10  RATE =44100
11  RECORD_SECONDS =5
12  WAVE_OUTPUT_FILENAME ="output.wav"
13
14  p = pyaudio.PyAudio()
15
16  stream = p.open(format=FORMAT,
17                  channels=CHANNELS,
18                  rate=RATE,
19                  input=True,
20                  frames_per_buffer=CHUNK)
21
22  print("음성녹음을 시작합니다.")
23
24  frames = []
25
26  for i in range(0, int(RATE / CHUNK * RECORD_SECONDS)):
27      data = stream.read(CHUNK)
28      frames.append(data)
29
30  print("음성녹음을 완료하였습니다.")
31
32  stream.stop_stream()
33  stream.close()
34  p.terminate()
35
36  wf = wave.open(WAVE_OUTPUT_FILENAME, 'wb')
37  wf.setnchannels(CHANNELS)
38  wf.setsampwidth(p.get_sample_size(FORMAT))
39  wf.setframerate(RATE)
40  wf.writeframes(b''.join(frames))
41  wf.close()
42
43  print("녹음된 파일을 재생합니다.")
44  playsound(WAVE_OUTPUT_FILENAME)
```

07~20 : 녹음파일의 형식등을 설정합니다.
12 : 녹음파일의 위치를 지정합니다.
24~28: 음성을 녹음합니다.
32~41 : 녹음된 음성을 저장합니다.
44 : 저장된 음성파일을 재생합니다.

오른쪽 상단의 [▷] 버튼을 눌러 코드를 실행시킵니다.

터미널에 다음과 같이 음성녹음을 시작합니다. 와 음성녹음을 완료하였습니다. 사이에 음성을 녹음하고 녹음 완료 후 바로 음성을 재생합니다. 컴퓨터에 마이크가 없다면 녹음되지 않습니다.

```
음성녹음을 시작합니다.
음성녹음을 완료하였습니다.
녹음된 파일을 재생합니다.
```

음성을 텍스트로 변환하는 코드 만들기

SpeechRecognition 라이브러리를 활용하여 음성을 텍스트로 변환해 봅니다. SpeechRecognition에서 구글 음성변환을 사용하고 있습니다. API키 없이 사용하면 하루 50회의 제한이 있습니다. 50회 이상 사용 시 구글 API를 신청하여 사용하시면 됩니다.

main38-2.py 파일을 생성한 후 다음 코드를 작성합니다.

38. 음성인식 비서 만들기\main38-2.py

```
01  import speech_recognition as sr
02
03  try:
04      while True :
05          r = sr.Recognizer()
06
07          with sr.Microphone() as source:
08              print("음성을 입력하세요.")
09              audio = r.record(source, offset=1, duration=3)
10          try:
11              print("음성변환: "+ r.recognize_google(audio, language='ko-KR'))
12          except sr.UnknownValueError:
13              print("오디오를 이해할수 없습니다.")
14          except sr.RequestError as e:
15              print(f"에러가 발생하였습니다. 에러원인: {e}")
16
17  except KeyboardInterrupt:
18      pass
```

07~09 : 마이크에서 음성을 받습니다.
09 : 1초후 시작하여 3초간 음성을 녹음합니다.
10~11 : 한국어 음성을 인식하여 변환합니다.

오른쪽 상단의 [▷] 버튼을 눌러 코드를 실행시킵니다.

안녕하세요. 오늘은 날씨가 좋네요의 음성을 텍스트로 잘 변환하였습니다. 구글 음성변환을 사용하고 있기 때문에 인식률이 매우 좋습니다.

```
음성을 입력하세요.
음성변환: 안녕하세요
음성을 입력하세요.
음성변환: 오늘은 날씨가 좋네요
```

특정 키워드에 답변하는 음성인식 비서 코드 만들기

음성을 텍스트로 변환하여 특정한 키워드가 있을 경우 답변을 하는 코드를 만들어 음성인식 비서를 완성하도록 합니다.

main38-3.py 파일을 생성한 후 다음 코드를 작성합니다.

38. 음성인식 비서 만들기\main38-3.py

```
01  import speech_recognition as sr
02
03  try:
04      while True :
05          r = sr.Recognizer()
06
07          with sr.Microphone() as source:
08              print("음성을 입력하세요.")
09              audio = r.record(source, offset=1, duration=3)
10          try:
11              stt = r.recognize_google(audio, language='ko-KR')
12              print("음성변환: "+ stt)
13              if "안녕"in stt:
14                  print("네 안녕하세요")
15              elif "날씨"in stt:
16                  print("정말 날씨가 좋네요")
17
18          except sr.UnknownValueError:
19              print("오디오를 이해할수 없습니다.")
20          except sr.RequestError as e:
21              print(f"에러가 발생하였습니다. 에러원인: {e}")
22
23  except KeyboardInterrupt:
24      pass
```

13~14: 음성인식된 글자 중에 "안녕"이 포함되어 있다면 "네 안녕하세요"를 출력합니다.
15~16: 음성인식된 글자 중에 "날씨"가 포함되어 있다면 "정말 날씨가 좋네요"를 출력합니다.

오른쪽 상단의 [▷] 버튼을 눌러 코드를 실행시킵니다.

"안녕"과 "날씨" 키워드일 때 결과값이 출력되었습니다.

```
음성을 입력하세요.
음성변환: 안녕하세요
네 안녕하세요
음성을 입력하세요.
음성변환: 오늘은 날씨가 좋네요
정말 날씨가 좋네요
```

PROJECT 39 _ 삼성전자의 주식 예측하기

핵심 요약 인공지능 라이브러리를 활용하여 삼성전자의 주식시세를 예측해봅니다.

사전 준비 [파이썬과 40개의 작품들] 폴더에 [39. 삼성전자의 주식 예측하기] 폴더를 생성한 후 [main39.ipynb] 파일을 생성합니다.

39. 삼성전자의 주식 예측하기
main39.ipynb

이번 작품은 파이썬 3.8.8 버전에서 동작합니다. [37. 인공지능 사과와 오렌지 구분하기] 작품(323~326페이지)을 참고하여 가상환경을 설치하고 진행합니다

라이브러리 설치

터미널에서 다음의 명령어를 입력하여 tensorflow 라이브러리를 설치합니다. tensorflow은 인공지능을 사용하기 위한 구글에서 만든 유명한 라이브러리입니다.

```
pip install tensorflow==2.3
```

터미널에서 다음의 명령어를 입력하여 keras 라이브러리를 설치합니다. keras는 tensorflow를 쉽게 사용할 수 있게 도와주는 라이브러리로 인공지능을 위한 유명한 라이브러리입니다.

```
pip install keras==2.4.3
```

터미널에서 다음의 명령어를 입력하여 pandas-datareader 라이브러리를 설치합니다. pandas-datareader는 주식데이터를 판다스의 형식으로 가져옵니다.

```
pip install pandas-datareader
```

터미널에서 다음의 명령어를 입력하여 yfinance 라이브러리를 설치합니다. yfinance 야후의 주식정보를 쉽게 가져올 수 있는 라이브러리입니다.

```
pip install yfinance
```

각종 라이브러리를 불러옵니다. main39.ipynb 파일에 첫 번째 코드를 작성합니다.

39. 삼성전자의 주식 예측하기\main39.ipynb

```
01  import numpy as np
02  import matplotlib.pyplot as plt
03  from keras.models import Sequential
04  from keras.layers import LSTM, Dense
05  from datetime import datetime
06  from dateutil.relativedelta import relativedelta
07  from pandas_datareader import data as pdr
08  import yfinance as yf
09  yf.pdr_override()
```

09: 야후에서 데이터를 획득하는 방식이 크롤링으로 변경되어 주가 데이터를 불러옵니다.

삼성전자 주식의 10년간 주식 데이터를 불러오는 코드 만들기

삼성전자의 10년간 일봉 주식 데이터를 야후 파이낸스를 이용하여 불러오는 코드를 작성합니다. [+코드]를 눌러 다음 코드를 작성합니다.

39. 삼성전자의 주식 예측하기\main39.ipynb

```
01  now = datetime.now()
02
03  before = now - relativedelta(years=10)
04
05  now_day = now.strftime("%Y-%m-%d")
06  befor_day = before.strftime("%Y-%m-%d")
07  print(f"end : {now_day}")
08  print(f"start: {befor_day}")
09
10  samsung_stock = pdr.get_data_yahoo( "005930.KS", start=befor_day, end=now_day)
11  print(samsung_stock)
```

01: 현재시간을 가져옵니다.

03: 현재시간부터 10년전의 시간을 가져옵니다.

05: YYYY-mm-dd 연월일의 문자열로 변환합니다.

10: pandas_datareader 라이브러리를 사용하여 삼성전자의 10년치의 주식을 판다스의 데이터프레임 형식으로 가져옵니다. 삼성전자의 주식 코드는 005930으로 한국 주식 시세를 가져오기 위해 .KS를 붙여줍니다.

[결과]

2011-12-07일부터 2021-12-07까지 10년치의 삼성전자 주식 데이터를 불러왔습니다.

```
end  : 2021-12-07
start: 2011-12-07
[*********************100%***********************]  1 of 1 completed
              Open     High      Low    Close     Adj Close    Volume
Date
2011-12-07  21000.0  21360.0  20820.0  21120.0  17197.035156  19746900
2011-12-08  21140.0  21660.0  20920.0  21280.0  17327.310547  25893000
2011-12-09  20980.0  21480.0  20740.0  21060.0  17148.173828  13804200
2011-12-12  21260.0  21680.0  21200.0  21680.0  17653.011719  12163550
2011-12-13  21480.0  21500.0  21000.0  21000.0  17099.320312  13210000
...             ...      ...      ...      ...           ...       ...
2021-11-30  73200.0  73900.0  70500.0  71300.0  71300.000000  30364841
2021-12-01  72000.0  74800.0  71600.0  74400.0  74400.000000  21954856
2021-12-02  73900.0  75800.0  73800.0  75800.0  75800.000000  23652940
2021-12-03  75600.0  76000.0  74100.0  75600.0  75600.000000  18330240
2021-12-06  75100.0  76700.0  74900.0  76300.0  76300.000000  16391250

[2461 rows x 6 columns]
```

samsung_stock 데이터 중 close(종가) 데이터만 가져와 데이터를 31개씩 분리 후 정규화를 진행하도록 합니다. **+ 코드** 를 눌러 다음 코드를 작성합니다.

39. 삼성전자의 주식 예측하기\main39.ipynb

```
01  close_prices = samsung_stock['Close'].values
02  print(close_prices)
03
04  windown_size = 30
05
06  result_list = []
07  for i in range(len(close_prices) - (windown_size + 1)):
08      result_list.append(close_prices[i: i + (windown_size + 1)])
09
10  normal_data = []
11  for window in result_list:
12      window_list = [((float(p) / float(window[0])) - 1) for p in window]
13      normal_data.append(window_list)
14
15  result_list = np.array(normal_data)
16  print(result_list.shape[0], result_list.shape[1])
```

01 : samsung_stock에서 close(종가) 데이터만 가져옵니다.
06~08 : 데이터를 31개씩 분리합니다. 30개의 입력데이터 1개의 출력데이터입니다. 이전 30일치의 주식시세를 가지고 다음날 1일치의 주식시세를 예측하기 위한 데이터입니다.
10~13 : 데이터를 정규화합니다. 첫 번째 데이터를 나누어 데이터의 폭을 줄입니다.

[결과]

첫 번째 줄은 close_prices를 출력하였습니다. 두 번째 2430 31은 2차원 리스트로 31개의 데이터 묶음이 2430개 있습니다.

```
[21120. 21280. 21060. ... 75800. 75600. 76300.]
2430 31
```

학습용 데이터와 검증용 데이터를 분리합니다. **+ 코드** 를 눌러 다음 코드를 작성합니다.

39. 삼성전자의 주식 예측하기\main39.ipynb

```
01  row = int(round(result_list.shape[0] * 0.9))
02  train = result_list[:row, :]
03
04  x_train = train[:, :-1]
05  x_train = np.reshape(x_train, (x_train.shape[0], x_train.shape[1], 1))
06  y_train = train[:, -1]
07
08  x_test = result_list[row:, :-1]
09  x_test = np.reshape(x_test, (x_test.shape[0], x_test.shape[1], 1))
10  y_test = result_list[row:, -1]
11
12  x_train.shape, x_test.shape
```

[결과]

2187개의 학습용 데이터와 243개의 검증용 데이터로 분리되었습니다. 이전 30일치의 주식시세로 1일치의 주식시세를 예측합니다.

```
((2187, 30, 1), (243, 30, 1))
```

주식 예측 모델 구성 코드 만들기

모델을 구성합니다. 음식의 레시피와 같습니다. 잘 구성된 레시피가 있으면 학습의 결과가 좋습니다. 많은 인공지능 엔지니어들은 레시피를 변경하면서 더 좋은 결과를 얻는 과정을 반복합니다.
를 눌러 다음 코드를 작성합니다.

39. 삼성전자의 주식 예측하기\main39.ipynb

```
01  model = Sequential()
02  model.add(LSTM(window_size, return_sequences=True, input_shape=(window_size, 1)))
03  model.add(LSTM(64, return_sequences=False))
04  model.add(Dense(1, activation='linear'))
05  model.compile(loss='mse', optimizer='rmsprop')
06  model.summary()
```

[결과]

총 28,225의 수만큼의 파라미터가 생성되었습니다. CPU만을 이용하여 학습하기에 더 깊이있는 학습은 하지 않았습니다.

```
Model: "sequential"
_________________________________________________________________
Layer (type)                 Output Shape              Param #
=================================================================
lstm (LSTM)                  (None, 30, 30)            3840
_________________________________________________________________
lstm_1 (LSTM)                (None, 64)                24320
_________________________________________________________________
dense (Dense)                (None, 1)                 65
=================================================================
Total params: 28,225
Trainable params: 28,225
Non-trainable params: 0
_________________________________________________________________
```

학습을 진행하고 결과파일을 얻습니다. + 코드 를 눌러 다음 코드를 작성합니다.

39. 삼성전자의 주식 예측하기\main39.ipynb

```
01  model.fit(x_train, y_train,
02      validation_data=(x_test, y_test),
03      batch_size=10,
04      epochs=10)
05
06  model.save(r'C:\파이썬과 40개의 작품들\39. 삼성전자의 주식 예측하기\samsung.h5')
```

01~04 : 학습을 진행합니다.
03 : 데이터를 10개씩 묶어서 진행합니다.
04 : 학습을 10회 진행합니다.
06 : 모델 파일을 samsung.h5 파일이름으로 저장합니다.

[결과]

약 1~3분가량 학습을 진행하였습니다. Epoch는 횟수로 10회 진행합니다.

```
Epoch 1/10
219/219 [==============================] - 2s 11ms/step - loss: 0.0011 - val_loss: 4.9050e-04
Epoch 2/10
219/219 [==============================] - 2s 9ms/step - loss: 5.0290e-04 - val_loss: 3.2967e-04
Epoch 3/10
219/219 [==============================] - 2s 9ms/step - loss: 3.6915e-04 - val_loss: 2.4918e-04
Epoch 4/10
219/219 [==============================] - 2s 9ms/step - loss: 3.3758e-04 - val_loss: 2.6372e-04
Epoch 5/10
219/219 [==============================] - 2s 9ms/step - loss: 3.3320e-04 - val_loss: 2.5519e-04
Epoch 6/10
219/219 [==============================] - 2s 9ms/step - loss: 3.2877e-04 - val_loss: 2.5995e-04
Epoch 7/10
219/219 [==============================] - 2s 9ms/step - loss: 3.2974e-04 - val_loss: 2.7868e-04
Epoch 8/10
219/219 [==============================] - 2s 9ms/step - loss: 3.2619e-04 - val_loss: 3.1122e-04
Epoch 9/10
219/219 [==============================] - 2s 9ms/step - loss: 3.2204e-04 - val_loss: 3.5935e-04
Epoch 10/10
219/219 [==============================] - 2s 9ms/step - loss: 3.2788e-04 - val_loss: 2.4388e-04
```

모델 파일을 samsung.h5 파일로 저장하였습니다. 지금 작품은 학습하는데 시간이 오래 소요되지 않아 바로 데이터를 적용하여 사용하여 samsung.h5 파일은 사용하지 않습니다. 복잡한 인공지능은 학습하는데 길게는 몇 달이 걸릴 수도 있으므로 학습된 결과파일을 저장하였다가 코드에서 불러와 활용할 수 있습니다.

39. 삼성전자의 주식 예측하기
main39.ipynb
samsung.h5

특정 주식의 실제값과 예측값을 그리는 코드 만들기

실제값과 예측값의 그래프를 그려 학습결과를 확인합니다. + 코드 를 눌러 다음 코드를 작성합니다.

39. 삼성전자의 주식 예측하기\main39.ipynb

```
01  pred = model.predict(x_test)
02
03  pred_price = []
04  for i in pred:
05      pred_price.append( (i + 1) * window[0] )
06
07  real_price = []
08  for i in y_test:
09      real_price.append( (i + 1) * window[0] )
10
11  fig = plt.figure(facecolor='white', figsize=(70, 15))
12  ax = fig.add_subplot(234)
13  ax.plot(real_price, label='real_price')
14  ax.plot(pred_price, label='pred_price')
15  ax.legend()
16  plt.show()
```

01 : x_test 값을 가지고 예측합니다.
03~05 : 정규화된 예측된 값을 원래 값으로 계산합니다.
07~09 : 정규화된 테스트 값을 원래 값으로 계산합니다.
11~16 : 예측값과 테스트값의 그래프를 그립니다.

[결과]

파란색의 real_price 실제 가격이고, 주황색의 pred_price는 예측가격입니다.

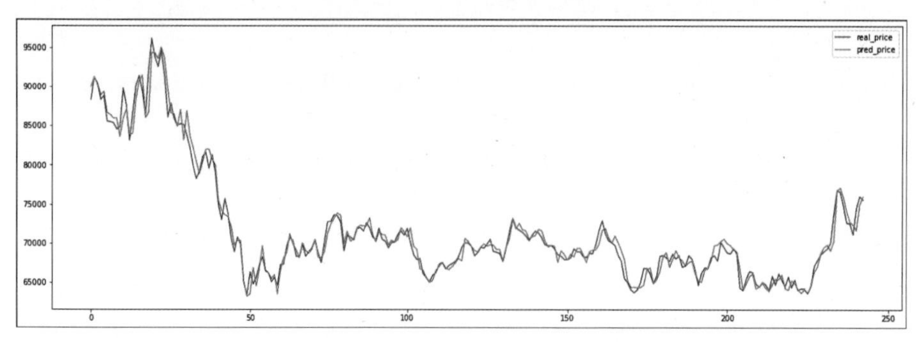

PROJECT 40 _ 사진에서 사람을 인식하여 분류하기

핵심 요약 필자는 5살 아이가 있습니다. 아이가 있다 보니 사진을 많이 찍습니다. 아이사진, 놀러간 사진, 풍경사진등 스마트폰에서 사진이 수천 장이 넘습니다. 사진 중에 사람만 나온 사진을 분류하면 좋을 거 같다는 생각에 작품을 만들게 되었습니다. 페이스북에서 개발한 파이토치를 이용하여 사진에서 사람이 나온 사진만 분류하여 특정 폴더로 이동하는 작품을 만들어봅니다.

사전 준비 [파이썬과 40개의 작품들] 폴더에 [40. 사진에서 사람을 인식하여 분류하기] 폴더를 생성한 후 [main40-1.py] 파일을 생성합니다.

40. 사진에서 사람을 인식하여 분류하기
main40-1.py

이번 작품은 파이썬 3.8.8 버전에서 동작합니다. [37. 인공지능 사과와 오렌지 구분하기] 작품(323~326페이지)을 참고하여 가상환경을 설치하고 진행합니다.

라이브러리 설치

터미널에서 다음의 명령어를 입력하여 torch 라이브러리를 설치합니다. torch는 파이토치로 페이스북 인공지능 개발팀에서 주로 개발을 담당하여 만든 라이브러리입니다. 구글에서 만든 tensorflow와 같이 인공지능의 유명한 라이브러리입니다.

```
pip install torch==1.9.0
```

터미널에서 다음의 명령어를 입력하여 torchvision 라이브러리를 설치합니다. torchvision은 파이토치의 이미지 인식을 위해 사용합니다.

```
pip install torchvision==0.10.0
```

이미지를 찾아 리스트의 형태로 반환하는 코드 만들기

[40. 사진에서 사람을 인식하여 분류하기] 폴더에 [사람만분류],[원본이미지],[이미지확인용] 폴더 3개를 생성합니다. [원본이미지] 폴더에서 분류할 사진을 넣어둡니다. 이름은 변경하지 않아도 됩니다. 본 책에서는 인물사진과 풍경사진을 분류하기 위해 이름을 임의로 정했습니다.

다음과 같이 인물4장, 풍경3장을 사용하였습니다. 테스트용 이미지는 구글이나 픽사베이에서 다운로드 가능합니다.

다음은 픽사베이 사이트입니다.

- https://pixabay.com/ko/

◆ 인물1.jpg ◆ 인물2.jpg ◆ 인물3.jpg ◆ 인물4.jpg

◆ 풍경1.jpg ◆ 풍경2.jpg ◆ 풍경3.jpg

분류할 이미지가 저장된 [원본이미지] 폴더에서 이미지를 찾아 리스트의 형태로 반환하는 코드를 만들어봅니다.

다음 코드를 작성합니다.

40. 사진에서 사람을 인식하여 분류하기\main40-1.py

```
01  from glob import glob
02
03  img_path = r'40. 사진에서 사람을 인식하여 분류하기\원본이미지'
04
05  img_list = glob(img_path + '\*.jpg')
06  img_list.extend(glob(img_path + '\*.png'))
07
08  print(img_list)
```

03: 원본이미지가 저장된 경로입니다.
05: [원본이미지] 폴더에 .jpg 파일을 찾아 파일의 경로를 리스트형태로 반환합니다.
06: [원본이미지] 폴더에 .png 파일을 찾아 파일의 경로를 리스트형태로 반환합니다.
08: img_list를 출력합니다.

오른쪽 상단의 [▷] 버튼을 눌러 코드를 실행시킵니다.

[원본이미지] 폴더에서 찾은 .jpg, .png 형태의 이미지 파일을 찾아 출력하였습니다. 테스트용으로 사용한 사진은 .png파일은 없어 찾지 못했습니다.

```
['40. 사진에서 사람을 인식하여 분류하기\\원본이미지\\인물1.jpg', '40. 사진에서 사람을 인식하여 분류하기\\원본이미지\\인물2.jpg', '40. 사진에서 사람을 인식하여 분류하기\\원본이미지\\인물3.jpg', '40. 사진에서 사람을 인식하여 분류하기\\원본이미지\\인물4.jpg', '40. 사진에서 사람을 인식하여 분류하기\\원본이미지\\풍경1.jpg', '40. 사진에서 사람을 인식하여 분류하기\\원본이미지\\풍경2.jpg', '40. 사진에서 사람을 인식하여 분류하기\\원본이미지\\풍경3.jpg']
```

파이토치를 이용해서 사진 폴더에서 특정 사진을 찾는 코드 만들기

파이토치 라이브러리를 이용하여 사진에서 사람, 물건 등을 찾아봅니다.

main40-2.py 파일을 생성한 후 다음 코드를 작성합니다.

40. 사진에서 사람을 인식하여 분류하기\main40-2.py

```
01  import torch
02  from glob import glob
03
04  img_path = r'40. 사진에서 사람을 인식하여 분류하기\원본이미지'
05
06  img_list = glob(img_path + '\*.jpg')
07  img_list.extend(glob(img_path + '\*.png'))
08
09  print(img_list)
10
11  model = torch.hub.load('ultralytics/yolov5', 'yolov5s')
12
13  for img_path in img_list:
14      results = model(img_path)
15      print(img_path)
16      results.save(r"40. 사진에서 사람을 인식하여 분류하기\이미지확인용")
17      for pred in results.pred[0]:
18          tag = results.names[int(pred[-1])]
19          print(tag)
```

01 : 파이토치 라이브러리를 불러옵니다.
11 : yolov5 모델을 torch.hub에서 불러와 사용합니다. 인터넷이 되어야 합니다.
13 : [원본이미지]폴더에 이미지 수만큼 반복합니다.
14 : 이미지에서 사람, 물건 등을 찾아 반환합니다.
16 : [이미지확인용] 폴더에 결과 사진을 저장합니다.
17~19 : 찾은 사람, 물건 등의 이름을 출력합니다.

오른쪽 상단의 [▷] 버튼을 눌러 코드를 실행시킵니다.

인물 사진에는 person을 찾아 출력되었고 풍경사진은 대체로 객체를 찾지 못하였습니다.

```
Using cache found in C:\Users\jangwork/.cache\torch\hub\ultralytics_yolov5_master
YOLOv5  2021-10-25 torch 1.9.0+cpu CPU

Fusing layers...
Model Summary: 213 layers, 7225885 parameters, 0 gradients
Adding AutoShape...
40. 사진에서 사람을 인식하여 분류하기\원본이미지\인물1.jpg
Saved 1 image to 40. 사진에서 사람을 인식하여 분류하기\이미지확인용
person
40. 사진에서 사람을 인식하여 분류하기\원본이미지\인물2.jpg
Saved 1 image to 40. 사진에서 사람을 인식하여 분류하기\이미지확인용
donut
person
person
umbrella
person
40. 사진에서 사람을 인식하여 분류하기\원본이미지\인물3.jpg
Saved 1 image to 40. 사진에서 사람을 인식하여 분류하기\이미지확인용
person
40. 사진에서 사람을 인식하여 분류하기\원본이미지\인물4.jpg
Saved 1 image to 40. 사진에서 사람을 인식하여 분류하기\이미지확인용
person
person
cup
40. 사진에서 사람을 인식하여 분류하기\원본이미지\풍경1.jpg
Saved 1 image to 40. 사진에서 사람을 인식하여 분류하기\이미지확인용
40. 사진에서 사람을 인식하여 분류하기\원본이미지\풍경2.jpg
Saved 1 image to 40. 사진에서 사람을 인식하여 분류하기\이미지확인용
bench
40. 사진에서 사람을 인식하여 분류하기\원본이미지\풍경3.jpg
Saved 1 image to 40. 사진에서 사람을 인식하여 분류하기\이미지확인용
```

[이미지확인용] 폴더에 다음과 같이 원본이미지에서 찾은 내용을 포함하여 저장되었습니다.

특정 사진을 찾아 특정 폴더로 이동하는 코드 만들기

[원본이미지] 폴더의 이미지에서 사람, 물건 등을 찾아 person(사람)을 찾으면 [사람만분류] 폴더로 사진을 이동하는 코드를 만들어봅니다.

main40-3.py 파일을 생성한 후 다음 코드를 작성합니다.

40. 사진에서 사람을 인식하여 분류하기\main40-3.py

```
01  import torch
02  from glob import glob
03  import shutil
04  import os
05
06  img_path = r'40. 사진에서 사람을 인식하여 분류하기\원본이미지'
07
08  img_list = glob(img_path + '\*.jpg')
09  img_list.extend(glob(img_path + '\*.png'))
10
11  print(img_list)
12
13  model = torch.hub.load('ultralytics/yolov5', 'yolov5s')
14
15  img_move_path = r'40. 사진에서 사람을 인식하여 분류하기\사람만분류'
16
17  for img_path in img_list:
18      results = model(img_path)
19      print(img_path)
20      for pred in results.pred[0]:
21          tag = results.names[int(pred[-1])]
22          print(tag)
23          if tag == "person":
24              print("move")
25              shutil.move(img_path, img_move_path + '\\' + os.path.basename(img_path))
26              break
```

03: 파일이동을 위한 라이브러리입니다.
04: os에 관련된 라이브러리입니다.
23: 찾은 tag 중에 person(사람)이 있으면 조건이 참이 됩니다.
25: shutil.move로 파일을 이동합니다. shutil.move(파일, 목적지)로 파일을 목적지로 이동합니다. os.path.basename은 파일의 경로에서 파일의 이름만 가져 옵니다. 즉 40. 사진에서 사람을 인식하여 분류하기₩사람만분류 폴더에 원래 이름으로 이동합니다. '₩₩'은 윈도우에서 경로를 표시하기 위해서입니다. ₩₩ 두 번을 입력하면 ₩ 하나로 인식합니다.

오른쪽 상단의 [▷] 버튼을 눌러 코드를 실행시킵니다.

[원본이미지] 폴더에 위치하였던 인물사진들이 [사람만분류] 폴더로 이동하였습니다.

실제 사진이 몇 천 장이 되더라도 이미지를 인식하여 분류하기 때문에 오랜 시간이 걸리지 않고 분류됩니다.

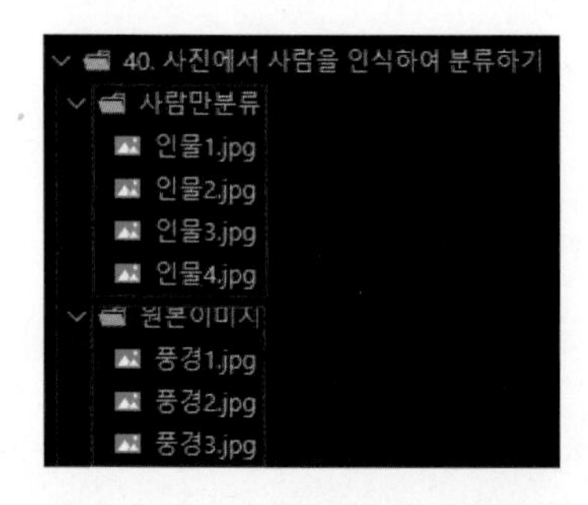